논어,
천년의 만남

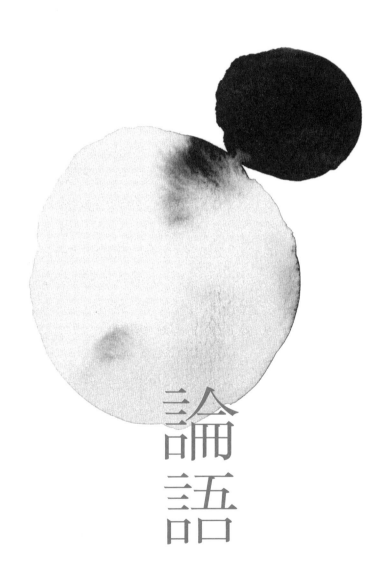

논어,
천년의 만남

논어에서 조우하는 유불회통의 사유

이지·장대·지욱 — 이영호 편역

論語

궁리
KungRee

머리말

불경이 중국으로 전래되어 번역된 뒤, 유학자들 사이에서는 불교와 유교의 이념을 상호 소통시켜 이해하려는 시도를 하였다. 특히 『논어』를 사이에 두고 이러한 작업은 왕성하게 이루어졌는데, 천년의 시간이 흘러 이 만남은 정점을 찍었다. 이 책은 그 만남의 결실에 대한 모음집이다. 먼저 아래 일화를 통하여 그 만남의 단초를 살펴보기로 하자.

『논어』「공야장」1장에서 공자는 공야장이라는 인물에 대하여 다음과 같이 평가하였다.

> 공자께서 공야장을 평가하시기를 "사위 삼을 만하다. 비록 포승에 묶여 옥중에 있었으나 그의 죄가 아니었다." 이렇게 말씀하시고서 자신의 딸을 그의 처로 삼아주었다.
>
> (子謂公冶長 "可妻也, 雖在縲絏之中, 非其罪也." 以其子妻之.)

이 경문에서 왜 공야장이 감옥에 갇혔는지에 대한 설명이 없다. 『논어』가 편찬된 이후, 오랜 시간이 지나 남북조(南北朝) 시대에 이르렀을 때, 양(梁) 나라 학자 황간(皇侃, 488~545)은 『논어집해의소(論語集解義

疏)』에서 그 이유를 다음과 같이 밝혀 놓고 있다.

『논석(論釋)』이라는 책에 다음과 같은 기사가 실려 있다.

공야장이 위(衛) 나라에서 노(魯) 나라로 돌아올 때 두 나라 국경에 이르렀다.

이때 새들이 서로 지저귀며,

"청계(淸溪)로 가서 죽은 사람의 고기를 먹자."라고 하였다.

잠시 뒤 어떤 노파가 길을 막고 앉아 통곡하고 있었다.

이를 본 공야장이 왜 우느냐고 물었다.

노파는, "우리 아들이 얼마 전에 먼 길을 떠나 아직 돌아오지 않으니, 이미 죽은 것으로 생각되는데 그 시신이 어디 있는지 모른다오."라고 하였다.

이에 공야장이, "조금 전에 새들이 서로 지저귀며 '청계로 가서 죽은 사람의 고기를 먹자'라고 하였는데, 죽은 사람이 아마도 노파의 아들인 성싶소."라고 하였다.

이 말을 들은 노파가 청계로 가서 그 아들을 찾았는데, 이미 죽어 있었다.

노파가 즉시 촌장에게 가서 아뢰니, 촌장이 어떻게 아들이 죽은 곳을 알았느냐고 물었다.

노파가, "공야장을 만났는데 그가 그렇게 말하였습니다."라고 하였다.

이에 촌장이, "공야장이 사람을 죽이지 않았다면 어떻게 이러한 사실을 알았겠는가!"라고 하고서는 공야장을 구속하여 옥관(獄官)에게 넘겼다.

옥관이 공야장에게, "어째서 사람을 죽였느냐?"라고 물었다.

논어, 천년의 만남

공야장이, "나는 새의 말을 알아들었을 뿐이지, 내가 사람을 죽인 것은 아닙니다."라고 답하였다.

그러자 옥관이, "시험해보고서 새의 말을 알아듣는다면 즉시 석방하겠지만, 만약 새의 말을 알아듣지 못한다면 법에 따라 죽일 것이다."라고 하고서, 육십 일을 기한으로 정해 공야장을 옥에 가두었다. 육십 일이 되는 날에 참새가 옥사의 난간에 앉아 서로 지저귀니 공야장이 빙그레 웃었다.

이를 본 옥리가 옥관에게, "공야장이 참새의 말에 웃었으니 새들의 말을 아는 것 같습니다."라고 하니, 옥관이 옥리를 시켜 공야장에게 참새들이 무슨 말을 하였기에 웃은 것인지를 묻게 하였다.

공야장이, "참새들이 짹짹거리며, '백연수(白蓮水) 가에 곡식을 싣고 가던 수레가 뒤집혀서 황소 뿔이 부러졌다. 곡식을 다 수습하지 않았으니 가서 쪼아 먹자'고 하면서 서로 부르고 있습니다."라고 답하였다.

옥관은 믿지 않고서 사람을 보내어 가서 살펴보게 하니, 과연 그의 말대로였다. 뒤에 다시 돼지와 제비의 말을 누차 알아듣자 이에 공야장을 방면하였다.

이상과 같은 공야장의 기사는 잡서(雜書)에서 나와 다 믿을 수는 없으나, 고서에 전하기를 "공야장은 새의 말을 알아들었다."라고 하기에, 우선 기록해둔다.(『논어집해의소』 권3, 「공야장」 1장)

이 주석의 내용대로라면, 공야장이 감옥에 갇힌 이유는 짐승의 말을 알아들었기 때문이다. 다소 황당하지만 서양에도 이렇게 짐승의 말을 알아들은 성직자가 있었다고 하니, 이유가 안 될 것은 없다. 그러나 공자가 신이(神異)함에 대하여 언급하지 않았기에, 유학자들은 이런 황당무

계한 이야기를 좋아하지 않는다. 때문에 황간의 이런 해석은 대부분의 유학자들이 수용하기 어려운 내용으로, 이른바 '경전에 실릴 수 없는 말'이었다. 사정이 이러하였기에 황간 이후, 이 해석은 거의 완전하게 유학사에서 사라졌다.

그러다가 20세기 초 중국 역사학의 대가인 진인각(陳寅恪, 1890~1969)에 이르러서 황간의 이 해석은 새롭게 의미를 부여받았다.

> 인도의 불교는 논장(論藏) 외에 별도로 한 부류가 있으니, 바로 비유의 경장이나 여러 종파의 율장이 이것이다. 이것은 널리 성인과 범인의 행사를 인용하여 부처의 설을 증명하거나 해석한다. 그런데 그 문체는 대체로 신화적 이야기이니, 이는 중국에서 경전을 해석하는 방식과는 크게 달랐다. …… 남북조 시대 불교가 크게 중국에서 퍼져나가자 사대부들의 학문하는 방법도 또한 여기에 영향을 받게 되었다. …… 오직 황간의 『논어집해의소』에서 『논석』의 내용을 인용하여 「공야장」 1장을 이해한 것은 인도의 비유경(譬喩經)의 문체와 매우 비슷하다. 아마도 육조 시대 유학자들이 불교에 점점 물든 것이 매우 심하여, 불교의 문법을 인용하여 공자의 서적을 해석하였기 때문일 것이다.(진인각, 「『논어소증(論語疏證)』 서문」)

진인각에 의하면, 황당무계한 이러한 이야기가 공야장의 감옥행을 설명하는 데 인용된 것은 순전히 불교의 영향이라는 것이다. 유가는 신이함을 기피하였지만, 불가는 대중을 인도하기 위하여 의도적으로 괴이하거나 신이한 이야기들을 설법에 끌어들였다. 일상보다는 무언가 신비로운 것이 예나 지금이나 사람들의 눈을 끌기 때문이다.

논어, 천년의 만남

어찌 되었든 일상을 중시하는 유교와 전략으로서의 신이함을 추구한 불교는 중국 역사에서 불교 전성기에 해당하는 남북조 시기에 『논어』에서 서로 조우하게 된다. 그 역력한 증거를 우리는 바로 위에서 예로 든 공야장의 이야기에서 찾을 수 있었다.

부처(B.C 624~544)와 공자(B.C 551~479)는 그 살아간 시기를 보면, 약 10여 년이 겹치는데 공자가 후학이다. 한 사람은 왕자였고 한 사람은 유복자로서 그 처지가 매우 달랐다. 그러나 부처는 어린 시절 어머니를 잃은 애자(哀子)였으며 공자는 어린 시절 아버지를 잃은 고자(孤子)였으니, 어찌 보면 고단한 삶의 시작은 같았다고 할 수 있다.

이 두 성인이 모두 세상을 떠나고 수백 년의 시간이 흐른 뒤, B.C. 2년경에 불교는 중국으로 전래되었다. 그리고 이로부터 다시 수백 년의 시간이 지나 구마라즙(鳩摩羅什, 344~413)과 현장(玄奘, 602~664) 같은 언어의 천재들이 나타나 인도어로 이루어진 불경들을 중국어(한문)로 번역함으로써, 비로소 중국 전역에 불교의 바람이 세차게 불었다. 앞서 살펴본 황간의 『논어』 해석에 나타나는 불교와 유교의 만남도 이 와중에 이루어진 것이다.

그런데 불교와 유교의 이런 조우는 단순한 만남에 그친 것이 아니었다. 서로 다른 나라에서 생성된 이 두 사상은 만남을 통해 미증유의 새로운 조류를 형성하여, 불교와 유교에서 공히 새로운 융합 사상이 등장하였다. 이 중 대표적인 것을 들자면 불교에서는 선종(禪宗)을, 유교에서는 주자학(朱子學)과 양명학(陽明學)을 거론할 수 있다. 특히 유교의 양명학은 깨달음을 중시하였다. 그 분파 중, 양명좌파는 이 깨달음을 극도로 추구하여, '미친 선종의 무리[狂禪派]'라는 비난을 받는 지경에 이르렀다.

양명좌파는 비록 중국 사상사에서 좋은 평가를 받았다고는 할 수 없지만, 적어도 두 측면에서 큰 공헌을 하였다.

첫째는 인도 문명과 중국 문명이 조우하는 현장에서 유불회통적 사유의 극치를 보여주었다는 점이다.

둘째는 그 경학사적 공헌을 들 수 있다. 종래 경학사에서 명대는 경학의 쇠퇴기로 평가받았다. 송대 경학의 의리학적 측면과 청대 경학의 고증학적 면모에 비해, 명대 경학은 뚜렷한 특징을 지니지 못한 것으로 인식되었기 때문이다. 그러나 양명좌파의 유불회통의 사유가 내재된 경학은 전무후무할 정도로 독특한 양상을 구현하였다. 비록 전통적 경학의 관점에서 보면 불교에 물들었다고 평가할 수도 있지만, 바로 이 지점이 그들 경학의 가장 큰 특징으로 종래 송학과 청학으로 대별되는 경학사에서 또 하나의 유파를 형성했다고 할 정도로 의미를 지닌다고 할 것이다.

이러한 양명좌파 경학의 정점에 위치한 학자는 이지(李贄, 1527~1602)이다. 이름보다 그의 호인 탁오(卓吾)로 더 잘 알려진 이지는, 그가 남긴 저서인『분서(焚書)』에서 유불회통의 사유를 명백하게 드러냈다. 그리고 이러한 유불회통의 사유는 그의 경학 저술인『논어평(論語評)』에도 고스란히 반영되었다. 이지의『논어평』에 담겨 있는 유불회통적 사유는 이후 그를 존숭하는 여러 학자들에 의하여 계승, 심화되면서 하나의 학술 집단을 형성하게 된다.

이지의 경학적 사유를 계승한 이들 가운데, 유가에서는 장대(張岱, 1597~1689?), 불가에서는 지욱선사(智旭禪師, 1599~1655)가 그와 가장 긴밀하게 연계되어 있다. 그들의『논어』주석에는 이지의『논어평』의 내용을 빈번하게 인용하고 있을 뿐 아니라, 그 유불회통적 사유 또한 심화시켜서 논의하고 있기 때문이다.

논어, 천년의 만남

이 책에서는 이지의 『논어평』을 완역하고, 그 아래에 장대의 『논어우(論語遇)』와 지욱선사의 『논어점정(論語點睛)』에서 유관한 부분을 절취하여 붙이고 번역하였다. 즉 이 책은 이지, 장대, 지욱선사의 『논어』 주석을 번역한 것인데, 이지의 『논어』 주석은 완역을 하고 장대와 지욱선사의 『논어』 주석은 부분역을 하여 집성한 것이다.

그러면 이 세 『논어』 주석서를 관통하고 있는 유교와 불교의 만남의 양상이 어떤지를 『논어』의 첫 구절에 대한 세 학자의 견해를 통해 잠시 살펴보기로 하자.

주지하다시피 『논어』의 첫 구절은 "배우고 항상 익히면 기쁘지 않겠느냐!(學而時習之, 不亦說乎!)"이다. 이 경문에 대하여 이지, 장대, 지욱선사는 각각 다음과 같이 해설을 달았다.

이지(李贄), 『논어평(論語評)』: "배우면 열락(悅樂)이 있을 뿐 불평은 없도다. 그 얼마나 쾌활하며 그 얼마나 안락한가! 배우지 않으면 참으로 소인이 되어, 일생 동안 번뇌 속을 헤맬 것이로다."

(學則有悅樂, 而無慍. 何等快活, 何等受用! 不學眞是小人, 一生惟有煩惱而已矣.)

장대(張岱), 『논어우(論語遇)』: "세상 사람들의 '배움'에 대한 인식이 참되지 못하도다. 만약 '배움'이 어떤 일인지를 인식하게 된다면, 곧바로 저절로 이 광휘 속에서 열락에 잠길 것이다. 오직 성인만이 이 열락의 한두 지점을 묘사하였는데, 이는 물을 마시면 차가움을 알고 꿀을 먹으면 달달함을 아는 것과 같다."

(世人只認學不眞耳, 若識得學爲何事, 便自然悅此際光景. 獨聖人能描寫一二, 所謂飮水知冷, 食蜜知甜也.)

지욱선사(智旭禪師), 『논어점정(論語點睛)』: "대체로 사람마다 영각(靈覺)의 본성이 있어서 애초에 외물에 얽매임도 없고, 그 근원에는 열락만이 있다. 이 같은 마음의 본성을 밝히지 못한 까닭에 셀 수 없는 두려움과 근심 걱정이 솟아나는 것이다. 배움이란 바로 이것을 깨쳐 나가는 지혜를 말함이다. 생각, 생각 그 본래의 깨어 있는 성품[本覺]을 깨쳐 나가 어느 순간도 깨어 있지 않을 때가 없는 것, 이를 '시습(時習)'이라 한다. 어느 때이건 깨어 있기 때문에 항상 열락(悅樂)이 있는 것이다."

(蓋人人本有靈覺之性, 本無物累, 本無不悅. 由其迷此本體, 生出許多恐懼憂患. 今學, 卽是始覺之智, 念念覺于本覺, 無不覺時, 故名時習. 無時不覺, 斯無時不悅矣.)

'학이시습(學而時習)'에서 '학(學)'은 그 처음에는 하루, 한 계절, 일 년에 배워야 할 구체적 과목으로 인식되었다. 그러다가 유교와 불교의 만남의 현장에서 그 한 축을 담당한 주자학에 이르러서 '학'은 '깨달음[覺]'으로 정의된다. 여기서 주자가 생각하는 '깨달음'은 우리의 본성에 대한 깨달음이다. 이미 여기까지만 해도 현실의 삶에서 인간의 본성으로 그 초점이 선회하였기에 다분히 불교적 영향이 짙다고 할 것이다.

그런데 이지는 여기에서 한 걸음 더 나아가, 이런 깨달음으로서의 학이 없다면, 일생을 번뇌 속에서 보낼 것이며, 이 깨달음이 있어야만 번뇌 없는 즐거운 삶을 살 것이라고 확언한다. 깨달음에서 번뇌로 점점 불교적 색채가 드리워진다.

논어, 천년의 만남

그러다 장대에 이르면, 이런 깨달음의 결과로서 생겨나는 열락은 물 마실 때 차가움을 알고 꿀 먹을 때 달달함을 아는 것과 같다고 하였다. 이는 진리가 무엇이냐고 물었을 때, 일상에서 진리를 찾는 선종의 사유와 그리 멀지 않다.

더 나아가 지욱선사에 이르면, 영각의 본성을 어느 한순간도 쉼 없이 깨우쳐 있는 상태로서의 학을 말하고 있다. 이지에서 장대로, 장대에서 지욱선사로 『논어』에서 유교와 불교의 만남은 그 농도가 점점 짙어진다.

실상 이것뿐만이 아니다. 이 세 『논어』 주석서에는 부처, 선(禪), 깨달음 등등의 언어가 종횡무진으로 등장하고 있다. 마침내 공자와 부처를 동일시하거나 부처와 공자의 제자들을 동일 선상에서 비교하는 지경으로까지 나아갔다.

이상의 내용을 요약하면 다음과 같다. 불교가 중국으로 전래된 이래, 외래 사상이었던 불교는 중국 본토의 사상이었던 유교와 상호 융합하였다. 유교의 신유학, 불교의 선종은 그 정점에서 성립한 새로운 사상이었다. 인도어로 이루어진 불경이 한문으로 번역된 지 약 천 년이 흐른 뒤에 이루어진 만남이었다. 그리고 이 만남의 현장을 역력하게 보여준 것이 이지를 중심에 두고서 진행된 명대 양명좌파의 논어학이었다.

그러나 한편 더 생각해볼 것이 있다. 어쩌면 유교와 불교는 서로 만나기 이전에 이미 상호 소통할 수 있는 지점을 공유하고 있었을 것이다. 사는 곳도 다르고 언어도 다르지만, 인간이라는 공통된 바탕 위에 가지는 고민이 유사하였기 때문일 것이다.

즉 부처와 공자는 태어난 나라도 자라난 환경도 달랐지만, 공통된 문제의식이 있었다. 바로 삶은 '고난'이라는 점을 철저하게 인식하였으며,

그 고난에서 벗어나는 방법을 발견하였고, 또 그 방법대로 실천하는 삶을 살았다는 점이다.

이 두 성인이 살았던 세상은 전쟁과 병마가 수시로 인간의 삶을 위협하는 시대였다. 삶이 언제 끝나더라도 크게 이상하지 않은 그런 시대였다. 설혹 잠시 전쟁과 병마가 비켜가더라도 유한한 인간의 삶에서 겪는 희로애락과 늙음은 또 다른 지점에서 인간을 괴롭혔다.

그러면 외적인 위협과 내적인 고통에서 벗어나는 방법은 무엇인가?

부처와 공자는 다양한 형태로 이러저러한 방법을 이야기하였지만, 가장 근원적인 해결책은 '무아(無我)'의 체득에 있다고 본다. 부처는 『금강경』에서 '나라는 형상이 없다[無我相]'고 하였으며, 공자도 『논어』에서 '나는 없다[無我]'라고 하셨다.

'나는 없다'는 두 분의 말씀은 고난 속에 살아가면서 고통을 겪는 인간에게 일종의 복음일 것이다. 이렇게 삶의 고비고비를 넘어가기 어렵고 힘든데, 그것을 겪고 있는 주체인 '내[我]'가 없다니…….

그러면 애초 우리가 가지는 이 근심과 고통은 도대체 어디서 생겨나는 것이란 말인가? 이 물음에 답할 수 있다면, 공자와 부처의 '나 없음'의 정체가 역력하게 드러날 것이다. 이 정체가 밝혀지면 우리는 더 이상 삶의 고(苦)에서 시달리지 않고, 공자가 『논어』의 처음에서 말한 '즐거움' 속에서 살아갈 수 있을 것이다.

어쩌면 이런 공통된 문제의식이 있었기에, 중국에서 유교와 불교가 만났을 때 상호 융합이 그처럼 활발하게 이루어져서 새로운 형태의 사상을 탄생시켰을 수도 있다. 이런 관점에서 보면, 아득한 과거부터 수많은 시간을 거쳐 지금에 이르기까지 하나의 공통된 문제의식과 그에 대한 해답이 우리 문명을 떠받치는 중심축인 듯하다. 그 문제의식을 한마디로 요약하면 이러하다.

"어떻게 하면 고통 없는 본래의 나 자신으로 살아갈 것인가!"

이 책을 번역하는 데 활용한 원전과 번역서는 다음과 같다.

· 이지(李贄), 『논어평(論語評)』
『李贄文集』(社會科學文獻出版社, 2000), 『이탁오의 논어평』(이영호 역, 성
균관대출판부, 2009)
· 장대(張岱), 『논어우(論語遇)』
『四書遇』(浙江古籍出版社, 1985), 『(白話四書遇)當才子遇上論語』(中華書
局, 2020)
· 지욱선사(智旭禪師), 『논어점정(論語點睛)』
『周易·四書禪解』(巴蜀書社, 2004), 「『論語點睛補注』譯注」(김승만, 고려
대 박사논문, 2021)

2023년 5월 이영호 삼가 씀.

차례

머리말   5

학이學而   19

위정爲政   39

팔일八佾   67

이인里仁   93

공야장公冶長   119

옹야雍也   149

술이述而   181

태백泰伯   213

자한子罕   233

향당鄉黨   267

선진先進   285

안연顏淵   317

자로子路   347

헌문憲問   379

위령공衛靈公   427

계씨季氏   465

양화陽貨   485

미자微子   513

자장子張   529

요왈堯曰   553

학
이

學而

공자　"배우고 수시로 익히면 기쁘지 않겠느냐! 벗들이 멀리서 온다면 즐겁지 않겠느냐! 남이 몰라줘도 불평하지 않는다면 군자가 아니겠느냐!"

子曰　"學而時習之, 不亦說乎! 有朋自遠方來, 不亦樂乎! 人不知而不慍, 不亦君子乎!"

評　배우면 열락(悅樂)이 있을 뿐 불평은 없도다. 그 얼마나 쾌활하며 그 얼마나 안락한가! 배우지 않으면 참으로 소인이 되어, 일생 동안 번뇌 속을 헤맬 것이로다.

學則有悅樂, 而無慍. 何等快活, 何等受用! 不學眞是小人, 一生惟有煩惱而已矣.

遇　장동초(張侗初): "세상 사람들의 '배움'에 대한 인식이 참되지 못하도다. 만약 '배움'이 어떤 일인지를 인식하게 된다면, 곧바로 저절로 이 광휘 속에서 열락에 잠길 것이다. 오직 성인만이 이 열락의 한두 지점을 묘사하였는데, 이는 물을 마시면 차가움을 알고 꿀을 먹으면 달달함을 아는 것과 같다."

張侗初曰: "世人只認學不眞耳, 若識得學爲何事, 便自然悅此際光景. 獨聖人能描寫一二, 所謂飲水知冷, 食蜜知甜也."

장동초(張侗初, 1572~1630): 이름은 내(鼐), 자는 세조(世調), 동초(侗初)는 그의 호이다. 명나라 말엽의 저명한 소품문 작가이다. 저서로『엽당고고(饁堂考故)』등이 있다.

點睛 대체로 사람마다 영각(靈覺)의 본성이 있어서 애초에 외물에 얽매임도 없고, 그 근원에는 열락만이 있다. 이 같은 마음의 본성을 밝히지 못한 까닭에 셀 수 없는 두려움과 근심 걱정이 솟아나는 것이다. 배움이란 바로 이것을 깨쳐 나가는 지혜를 말함이다. 생각, 생각 그 본래의 깨어 있는 성품[本覺]을 깨쳐 나가 어느 순간도 깨어 있지 않을 때가 없는 것, 이를 '시습(時習)'이라 한다. 어느 때이건 깨어 있기 때문에 항상 열락이 있는 것이다.

蓋人人本有靈覺之性, 本無物累, 本無不悅. 由其迷此本體, 生出許多恐懼憂患. 今學, 卽是始覺之智, 念念覺于本覺, 無不覺時, 故名時習. 無時不覺, 斯無時不悅矣.

──── 제2장 ────

유자(有子) "그 사람됨이 효도하고 공손한데, 윗사람에게 대들기를 좋아하는 자 드물 것이다. 윗사람에게 대들기를 좋아하지 않는데, 난리 일으키는 것을 좋아하는 자는 있지 않을 것이다. 군자는 근본을 세우는 데 힘을 쓰니, 근본이 확립되면 모든 길이 여기에서 생겨나는 것이다. 효도와 공손함은 바로 인(仁)의 근본이라고 할 수 있다."

有子曰 "其爲人也孝弟, 而好犯上者鮮矣. 不好犯上, 而好作亂者未之有也. 君子務本, 本立而道生, 孝弟也者, 其爲仁之本與!"

評 효도와 공손함을 꼭 집어 근본으로 삼다니, 매우 절실하고도 친절하도다.

指點孝弟爲本, 亦甚切近.

遇   '근본'이라는 글자의 함의를 깨달아보라. 효도와 공손함이 바로
천지를 생성시키도다.

會得本字, 孝弟直是生天生地.

點睛   사람답다는 것, 바로 인의예지(仁義禮智)를 두루 갖추는 것인데,
효도와 공손함은 이 인의예지의 근본이다. 또한 효도와 공손함은 천부
적인 양지(良知)와 양능(良能)인데, 이 양지와 양능은 만사와 만물의 본
원이다.

爲人, 卽仁義禮智, 皆具足, 故孝弟是仁義禮智之本. 蓋孝弟, 是良知, 良
能. 良知, 良能, 是萬事萬物之本源也.

—— 제3장 ——

공자   "말 잘하고 얼굴빛 잘 꾸미는 자. 드물도다! 이 중에 어진 사람."
子曰   "巧言令色, 鮮矣仁!"

評   '드물도다[鮮矣]'라는 두 글자를 '어진 사람[仁]'이라는 글자 위
에 도치시켜놓았다. 아! 사람으로 하여금 모골이 송연케 하는구나. 성인
의 문자! 참으로 작취(昨醉)와 미몽(迷夢)에서 깨어나게 하도다.
倒鮮矣二字在仁上, 便令人骨悚. 聖人文字, 眞能醒醉覺夢.

遇   '어진 사람이 드물다[仁鮮矣]'라고 하지 않고, '드물도다! 어진
사람[鮮矣仁]'이라고 하였으니, 성인은 자비로운 노파심에서 단호하게
말하려 하지 않는다.

不曰仁鮮矣, 而曰鮮矣仁, 聖人婆心, 不肯說煞.

點睛　'인(仁)'은 마음에 초점을 맞추는 공부이니, 만약 말과 얼굴빛에서 공부를 시작한다면 비슷해질수록 더욱 어긋날 것이다.

仁是心上工夫, 若向言色處下手, 則愈似而愈非.

──── 제4장 ────

증자(曾子)　"나는 날마다 세 가지로 내 자신을 들여다본다. 남을 위해 애쓸 때 진정이었는가? 벗과 사귈 때 진실하였는가? 배운 것을 복습하였는가?"

曾子曰　"吾日三省吾身, 爲人謀而不忠乎? 與朋友交而不信乎? 傳不習乎?"

評　그대 성현의 심사(心思)를 들여다보라. 단 한순간이라도 스승과 벗을 잊은 적이 있던가!

你看聖賢念頭, 何嘗一刻忘着師友!

遇　예전에 어떤 선사가 항상 마음의 주인공을 부르면서 "너! 깨어 있느냐?"라고 하고는, "깨어 있도다."라고 자답하였으니 이것이 바로 날마다 자신을 들여다본다는 의미이다. 세 개의 '호(乎)'자는 세심하게 마음에게 묻는다는 말이니, 때문에 '삼성(三省)'이라 한 것이다.

昔有禪師常日喚主人公惺惺否? 自答曰: "惺惺." 此卽是日省之意. 三乎字, 是細細問心之詞, 故曰三省.

　논어, 천년의 만남

點睛 세 가지 일은, 바로 나 자신의 일대사(一大事)이다.

三事只是己躬下一大事耳.

공자 "천승(千乘)의 큰 나라를 다스릴 때, 일을 공경하게 하며 신뢰를 얻어
야 한다. 아껴 쓰고 사람들을 사랑해야 한다. 농한기에 맞춰 백성을
부려야 한다."

子曰 "道千乘之國, 敬事而信, 節用而愛人, 使民以時."

評 '일을 공경히 하는 것' 이것 하나면 천승의 제후국을 다스림에
충분하도다. 그 나머지는 모두 이 '경(敬)' 하나면 족할 뿐이다.

一敬事, 便足以道千乘之國. 其餘總之是敬耳.

點睛 위에서 말한 다섯 가지는 '일을 공경히 하는 것[敬事]'을 위주로
한다. '일을 공경히 하는 것'은 또한 어떤 상황에서든 '공경함에 머물러
살아가는[敬止]' 공부로부터 생성된다.

五者以敬事爲主, 敬事又從敬止功夫得來.

공자 "자제들은 집에 들어오면 효도하고 밖에 나가면 공손해야 한다. 행
동을 조심하고 말은 진실하게 해야 한다. 널리 사람들을 사랑하되
어진 사람과 친하게 지내야 한다. 이렇게 행하고도 여가가 있다면,

그 즉시 글을 배워야 한다."

子曰 "弟子入則孝, 出則弟, 謹而信, 汎愛衆, 而親仁. 行有餘力, 則以學文."

評 '즉이(則以)'라는 두 글자는 '그 즉시 해야 한다[卽用]'라는 말과 같으니, 결단코 단 일각이라도 허공중에 버려두어서는 안 된다. 만약 지금 '덕행(德行)'을 앞세우고 문예(文藝)를 뒤로해야 한다'라고 말하는 자가 있다면, 이 어찌 천 리 밖에 동떨어진 소리가 아니겠는가!

則以二字, 猶言卽用也. 決不令之有一刻放空. 如今爲先德行而后文藝之說者, 何啻千里!

點睛 몽매함에서 깨어나게 함은 학문만 한 것이 없다. 학문은 잃어버린 마음을 찾는 것에 불과한데, 잃어버린 마음을 찾는 방법으로 '사물을 탐구하는 가운데 지각식별의 인식 능력을 구현하는 것[格物致知]'만 한 것이 없다. 효도, 공손함, 행동의 조심함, 말의 진실함, 그리고 문예를 배움에 이르기까지 이는 모두 격물치지의 공부이다. 곧 모든 시간에 문예와 덕행을 합일(合一)하여 수양하는 것이지, 덕행을 먼저 하고 문예를 뒤로하는 것이 아니다.

養蒙莫若學問, 學問不過求放心, 求放心莫若格物致知. 孝弟謹信, 乃至學文, 皆格物致知之功也. 直教一切時文行合一而修, 不是先行後文.

제7장

자하(子夏) "현인을 훌륭하게 여기되 여색 좋아하는 마음과 바꿀 듯이 하며, 어버이 받들되 있는 힘 다하며, 임금 섬기되 몸을 바치며, 벗을 사귀되

논어, 천년의 만남

말에 진실이 담겨 있다면, 비록 그가 아직 배우지 않았다고 할지라도 나는 그를 '이미 배웠다'라고 할 것이다."

子夏曰 "賢賢易色, 事父母, 能竭其力, 事君, 能致其身, 與朋友交, 言而有信, 雖曰未學, 吾必謂之學矣."

評 이런 사람이야말로 참으로 '배움[學]'을 아는 자이다.

是眞知學者.

遇 장공간(張恭簡): "오늘날 사람들은 남의 청렴함을 훌륭하게 여기기만 하고, 자신의 이익을 좋아하는 마음을 바꾸지는 않는다. 또한 타인의 겸손함을 훌륭하게 여기기만 하고, 자신의 나아감을 추구하는 마음을 바꾸지는 않는다. 여기에서 '마음을 바꾼다[易]'는 글자의 의미를 알 수 있다."

張恭簡云: "今人賢人之廉, 未嘗易其好利之心, 賢人之恬退, 未嘗易其好進之心. 可想易字之義."

點睛 '현인을 훌륭하게 여긴다[賢賢]'는 것은 다만 현인을 좋아하는 것뿐만 아니라, 그 걸음마다 본받는다는 의미이다. 대개 자신을 성현과 동렬(同列)에 두는 것이 바로 배움의 근본이다. 어버이 섬기고 임금 섬기며 벗들과 교유하는 것을 모두 몸소 행하고 실천하여, 자신이 기약한 성현의 경지에 이르고자 한다. 이것을 일러, '진실한 학문', 바로 '실학(實學)'이라고 한다.

賢賢不但是好賢, 乃步步趨趨之意. 蓋自置其身於聖賢之列, 此卽學之本也. 事親, 事君, 交友, 皆躬行實踐, 克到聖賢自期待處, 所以名爲實學.

공자	"군자는 중후하지 않으면 위엄이 없으니, 학문을 하더라도 견고하지 않을 것이다. 충실함과 신의로 한결같이 지내야 할 것이다. 자기만 못한 이를 벗하지 말 것이로다. 그리고 잘못이 있다면 고치기를 서슴지 말아야 할 것이다."
子曰	"君子不重則不威, 學則不固. 主忠信. 無友不如己者, 過則勿憚改."

評 첫 구절은 병통을 반어적으로 지적한 것이다. 둘째 구절은 이 병에 딱 알맞은 약이다. 그리고 셋째와 넷째 구절은 모두 병을 다스리는 처방이다.

首節反言病也, 次節是對病之藥, 三節, 四節總是調理之方.

點睛 만약 스스로를 대함에 조금이라도 경솔하면 곧바로 생각 생각마다 부지런하거나 두려워하지 않게 되어, 잠시 깨달았던 것도 미혹으로 되돌아간다. 이것은 바로 중후하지 않음을 근본 병통으로 삼았기 때문이다. '충(忠)'은 곧은 마음으로 '진여(眞如)'를 바르게 생각함이요, '신(信)'은 확실하게 자기가 성현이 될 수 있음을 아는 것이니, 이것이 바로 자신을 중후하게 여기는 지점이다. 자신이 중후하게 되면, 다시 스승을 가까이하고 훌륭한 벗들을 사귀어서 자신의 허물을 고치는 데에 용감해야 한다. 이 세 가지는 모두 병증을 치료하는 묘약이다. 그러므로 오늘날 자기보다 못한 자를 즐거워하고 허물을 고치는 데 거리낌이 있는 자는 모두 스스로 경솔한 사람임을 알 수 있다. 또한 충실함과 신의로 한결같이 지냄은 양약(良藥)이요, 나만 같지 못한 이를 벗하고 허물을 고치는

데 거리낌이 있는 것은 복약(服藥)의 금기이다.

倘自待稍輕, 便不能念念兢業惕厲, 而暫覺還迷矣. 此直以不重爲根本病也. 忠則直心正念眞如, 信則的確知得自己可爲聖賢, 正是自重之處. 旣能自重, 更須親師取友, 勇於改過. 此三皆對症妙藥也. 故知今之悅不若己, 憚於改過者, 皆是自輕者耳. 又主忠信, 是良藥, 友不如, 憚改過, 是藥忌.

제9장

증자　"어버이 상을 당하여서는 예를 다하며, 먼 조상의 제사에는 추모의 염(念)을 극진히 한다면, 사람들은 인후(仁厚)한 본성으로 돌아가게 될 것이다."

曾子曰　"愼終追遠, 民德歸厚矣."

評　'돌아가게 될 것이다[歸]'란 한 글자, 오묘하도다. 우리는 이에서 인후한 도덕심이야말로 인간의 근원적 고향임을 볼 수 있다. 마음이 각박한 저 소인(小人)들, 모두가 타향을 떠도는 인간들이로다. 이 얼마나 가련하고 마음 아픈 일인가!

歸字妙, 可見厚是故鄕. 今之刻薄小人, 俱是流落他鄕之人. 可憐, 可痛!

遇　마음이 각박한 사람들은 마치 유랑민이 긴 시간 고향을 떠나 있는 것과 같다. 이때 만약 어쩌다 만난 사람이 고향의 풍경을 말해주면, 즉시 집으로 돌아갈 것을 생각하게 된다. 때문에 "사람들은 인후한 본성으로 돌아가게 될 것이다."라고 말씀하신 것이다.

澆薄之民, 如亡子久離鄉井. 若遇人指點故鄉景色, 便想歸來. 故曰民德
歸厚.

點睛　인후함은 바로 본성의 덕이니, 그 본성을 회복하는 것은 마치
집으로 돌아가는 것과 같은 것이다.
厚, 是本性之德, 復其本性, 故似歸家.

------ 제10장 ------

자금(子禽)이 자공(子貢)에게 묻기를 "선생님께서 어떤 나라에 가시면 반드시
　　　　그 정치에 참여하시니, 몸소 구하신 것인가? 아니면 위정자들이 제
　　　　공한 것인가?"
자공　　　"선생님은 온순, 정직, 공경, 검소, 겸허한 덕이 있었기에, 위정자들이
　　　　정치에 참여할 기회를 제공하여 저절로 얻게 되신 것이다. 때문에
　　　　선생님이 정치 참여를 추구하심은 일반 사람들이 추구하는 것과 다
　　　　르다."
子禽問於子貢, 曰 "夫子至於是邦也, 必聞其政, 求之與, 抑與之與?"
子貢曰　　"夫子溫良恭儉讓以得之. 夫子之求之也, 其諸異乎人之求之與?"

評　　　자공의 말, 참으로 교묘하도다! '선생님이 정치 참여를 추구하
심[夫子之求之也]'이라는 두 마디는, 그 정치 참여의 기회를 얻는 방법의
오묘함을 묘사한 것에 불과하다.
子貢之言, 巧甚! 夫子之求之也二語, 不過形容其得之之妙耳.

遇　　자신의 마음을 비우고 타인을 가까이하는 광채를 드러내시니, 마치 봄볕이 따스함에 만물이 모두 화창한 듯하였다. 공자께서 묻거나 살핌이 이르는 곳에 저절로 요령을 얻으셨다.

現出一片虛己近人光容, 如春日和照, 萬物皆怡, 咨詢觀考到處, 自然得其要領.

點睛　　지금 자금이 "몸소 구하신 것인가?"와 "위정자들이 제공한 것인가?"로써 질문을 하였는데, 자공이 또한 "구하신 것이다."라고 말하였다. 다만 온순, 정직, 공경, 검소, 겸허 등 다섯 글자를 들어서, 곧바로 일반적으로 정치 참여를 구하는 방법과 같지 않음을 말하였다. 만약 "구하지 않았다."고 …… 말하였다면 숨어 살았던 소보(巢父), 허유(許由)와 무엇이 달랐으며, 만약 "구하였다."고 답하였다면 …… 공명을 추구하는 선비와 어떤 구별이 있었겠는가?

今子禽以求㰦與爲問, 子貢亦言求之, 只是説出溫良恭儉讓五字, 便與尋常求法不同. 若竟説不求, …… 則與巢許何別? 若竟説求之, …… 則與功名之士何別?

─────── 제11장 ───────

공자　　"아버지 살아생전에는 그 자식의 속마음을 살필 것이오, 아버지 돌아가신 뒤에는 그 자식의 행동을 살펴볼 것이다. 그리고 아버지 사후 삼 년간은 자식이 아버지의 행하시던 일을 바꾸지 않아야만, 효도라고 할 만하다."

子曰　　"父在, 觀其志, 父沒, 觀其行. 三年, 無改於父之道, 可謂孝矣."

評　　분명 이렇게 이야기할 만한 까닭이 있었기에 하신 말씀이다.

決是有爲之言.

遇　　관등지(管登之): "이 경문은, 반드시 가문을 소유한 대부가 아버지가 행하시던 일을 가볍게 바꾸려 하면서, 그 일을 주관함에 자신의 재능을 믿는 것을 두고 하신 말씀이시다."

管登之曰: "此章必爲有家之大夫輕改父道, 而以幹蠱矜能者發."

관등지(管登之, 1536~1608): 이름은 지도(志道), 호는 동명(東溟), 등지(登之)는 그의 자이다. 양명학파인 나여방(羅汝芳)의 학문을 이어서, 삼교일치론(三敎一致論)을 주장하였다. 불교에 치우친 그의 학문으로 인해 후대에 '광선파(狂禪派)'라는 평가를 받기도 하였다.

제12장

유자　　"엄격함을 본질로 하는 예를 현실에 적용할 때는 온화함이 가장 귀중하다. 선왕의 도는 이것을 아름답게 여겼다. 때문에 큰일이나 작은 일이나 모두 이를 준수하였다. 그러나 한편 주의하고 행해서는 안 될 것이 있으니, 예를 적용할 때 온화함만 귀중한 줄 알아 온화함으로만 치우치고 예로써 절제하지 않는다면, 이는 또한 행해서는 안 된다."

有子曰　　"禮之用, 和爲貴. 先王之道, 斯爲美. 小大由之. 有所不行, 知和而和, 不以禮節之, 亦不可行也."

評　　'예(禮)'는 겉모습, '온화함[和]'은 핏줄, '절제[節]'는 뼈마디, 이

모두를 아우르는 이름 '도(道)'.

禮是面貌, 和是血脈, 節是骨節, 總而命之曰道.

遇 『중용』에서 "감정이 드러났을 때, 모두 절도에 맞는 것을 '온화함[和]'이라고 한다."라고 하였는데, 바로 이 경문의 주석이라 할 것이다. '온화함'은 '예'의 밖에 있는 것이 아니기에 '예의 현실에서의 적용'이라고 하였으며, '절제'도 또한 '예'의 밖에 있는 것이 아니기에 '예로써 절제한다'라고 하였다.

『中庸』, 發而皆中節, 謂之和, 是此章註疏. 和不在禮外, 故曰禮之用, 節亦不在禮外, 故曰以禮節之.

—— 제13장 ——

유자 "남과 한 약속이 의리에 맞으면, 그 약속한 말을 실천할 수 있다. 남에게 공손하되 예의에 가깝게 한다면 치욕을 멀리할 수 있다. 친근함을 잃지 않을 만한 사람에게 의지한다면, 또한 그를 존경할 수 있을 것이다."

有子曰 "信近於義, 言可復也. 恭近於禮, 遠恥辱也. 因不失其親, 亦可宗也."

評 한나라 유학자들은, '의리와 예의 있는 사람과 친하다면, 그 친한 관계를 잃지 않게 될 것이다'라고 이 경문을 해석하였다. 그렇다면 끝구절의 '또한[亦]'이라는 한 글자에 특히 이 경문의 중심이 있다.

漢儒謂因義禮, 而不失其親, 于末句亦字, 殊有着落.

遇　　소요부(邵堯夫): "우리들은 선(善)을 행할 때, 마땅히 자신의 힘을 헤아려서 해야 한다'라고 하니, 이 말은 매우 깊은 의미가 있다. 무릇 만물은 자신의 역량을 지나치면 지속될 수 없다. 충후(忠厚)함은 덕이 있는 자의 명칭이나, 이 또한 많이 들으면 안 된다. 평생 동안 훌륭한 일을 함에 한계가 있으니, 어찌 남의 인정을 쉽사리 받아들일 수 있겠는가. 유자가 곧바로 기운이 뻗쳐 넘치는 일을 하는 자들을 위해 따끔한 금침(金針) 한 방을 놓았다."

邵堯夫曰: "吾人爲善, 當量力而爲之, 此語最深. 夫物過其量, 不能相繼. 忠厚長者之名, 亦不宜多取. 且生平肝膽有數, 豈容輕易許人. 有子直爲負氣者下一金針."

소요부(邵堯夫, 1011~1077): 이름은 옹(雍), 호는 안락선생(安樂先生), 시호가 강절(康節)이라 소강절(邵康節)로 주로 불린다. 요부(堯夫)는 그의 자이다. 성리학의 기초를 세운 북송오자(北宋五子)의 한 사람이다. 『황극경세서(皇極經世書)』를 지어 우주를 수리로 해석하고 그 장래를 예시하였다. 저서에 『이천격양집(伊川擊壤集)』 등이 있다.

제14장

공자　"군자는 먹을 때 배부름을 구하지 않고 거처함에 편안함을 추구하지 않으며, 일은 민첩하고 말은 신중하게 해야 한다. 그러고도 미진한 점이 있으면 도를 깨우친 사람에게 나아가서 자신을 바로잡아야만, '학문을 좋아한다'라고 할 만하다."

子曰　"君子食無求飽, 居無求安, 敏於事而愼於言, 就有道而正焉, 可謂好學也已."

評   이 경문은 공자께서 군자는 이와 같아야 함을 가르친 것이지, 군자가 이와 같다고 칭찬한 것이 아니다. 만약 군자를 칭찬한 것으로 이 경문을 본다면, 끝 구절의 문맥은 곧 이해할 수 없다.

此是訓君子如此, 不是贊君子如此. 若作贊君子看, 末句血脈便礙.

遇   생각해보라! 우리들이 배우는 것이 과연 어떤 일인지? 이 일을 알게 되면, 민첩하지 않으려 해도 그렇게 되지 않을 것이다. 배부름을 구하거나, 편안함을 구하거나, 말을 신중하지 않게 하거나, 도를 깨우친 사람에게 나아가지 않고자 해도, 또한 그렇게 할 수 없을 것이다.

試思吾輩所學, 果有何事? 識得此事, 即欲不敏, 亦不能也. 即欲不無求飽, 不無求安, 不愼言, 不就正, 亦不能也.

———— 제15장 ————

자공   "가난하되 아첨함이 없으며, 부유하되 교만함이 없으면 어떻습니까?"

공자   "그것도 괜찮기는 하다. 그러나 가난하면서도 즐거워하며, 부유하면서도 예를 좋아하는 자만은 못 하다."

자공   "『시경』에 '절단하고 다시 그것을 간 듯하며, 쪼아놓고 다시 그것을 간 듯하다'라고 하였는데, 바로 이를 두고 이르는 말이군요."

공자   "사(賜, 자공의 이름)야! 비로소 너와 함께 시(詩)를 이야기할 만하구나! 말을 해주니, 다음에 할 말을 아는구나."

子貢曰   "貧而無諂, 富而無驕, 何如?"

子曰   "可也, 未若貧而樂, 富而好禮者也."

子貢曰　　"『詩』云: '如切如磋, 如琢如磨.' 其斯之謂與?"

子曰　　　"賜也, 始可與言詩已矣, 告諸往而知來者."

評　　　이 경문은, 아첨함이 없고 교만함이 없는 경지에서 나아간 뒤에
야, 즐거워하고 예를 좋아할 수 있게 되었음을 기술한 것이다. 때문에 이
경문의 문답은 부질없는 논의가 아니다.

此處已進無諂, 無驕, 爲樂與好禮矣. 不是空空議論一番而已.

방비(旁批): 자공이 깨우쳤음을 인정하신 것이다.

許其悟也.

遇　　　일찍이 지학장(志學章)에서 말한 것은 공자의 나아감이 아니고
바로 공자의 버림이었다. 학문이란 수시로 나아가는 것이지만 이것은
또한 수시로 버리는 것이다. 천룡선사가 시동의 손가락을 잘라버렸을
때, 그 아픔의 순간이 바로 깨달음의 순간이다. 선학(禪學)의 요지는 쓸
어버리는 데 있고, 성학인 유학의 요지는 벗어나는 데 있으니, 이 양자는
모두 동일한 가르침이다. 일찍이 정명도(程明道)는 말하였다. "배움이란
더해짐을 없애고 오로지 덜어내는 것이다. 덜어냄이 다한 곳, 그곳이 바
로 일없는 경지이다." 이 경문의 절차탁마는 모두 덜어내는 방법이다.

嘗言志學章, 非夫子能進, 乃夫子能舍. 學問時時進, 便時時舍. 天龍截
却一指, 痛處卽是悟處. 禪學在掃, 聖學在脫, 總一機鋒. 明道云: "學者
無可添, 惟有可減, 減盡便無事." 切磋琢磨, 俱是減法.

공자 "남이 나를 알아주지 않는 것을 근심하지 말고, 내가 남을 알지 못할
까 걱정해야 한다."

子曰 "不患人之不己知, 患不知人也."

評 요즘 사람 중에도 남 아는 것을 걱정거리로 삼는 자가 있는가?

今人亦有患知人者否?

遇 거울이 사물을 비출 수 없는 것은 거울 자체가 혼탁하기 때문이
다. 그러므로 이것이 근심스러운 것이다. 만약 진(秦)나라 거울 조담(照
膽)처럼 밝게 비출 수 있다면, 또한 남이 알아주지 않는 것을 근심할 것
이 없다.

鏡子不能照物, 是鏡體昏, 故患. 若果是秦銅照膽, 亦不愁人不知.

點睛 자신을 이롭게 하려면 스승을 가까이하고 벗들과 사귀어야 하
는데, 반드시 남을 알아야 할 것이다. 남을 이롭게 하려면 그의 결점(병)
에 따라 해결책(약)을 주어야 하니, 더욱 남을 알아야만 할 것이다.

自利則親師取友, 必要知人. 利他則應病與藥, 尤要知人.

위
정

爲政

공자　　"정치를 덕으로 한다면, 비유컨대 마치 북극성이 제자리에 자리하고
　　　　　있으매 뭇별들이 모두 그곳을 향하여 받드는 것과 같다."

子曰　　"爲政以德, 譬如北辰居其所, 而衆星共之."

評　　그윽이 우러르는 마음 솟아오른다.

有穆然之思.

遇　　순임금이 현인인 팔원(八元)을 등용하고 악인인 사흉(四凶)을
토벌하였으며, 태산에 제사 올리고 산천을 정비함에 일마다 노력하심을
생각해보라. 바로 '그 마음 고요하여 움직이지 않는 경지[寂然不動]'이니,
이것이 황제의 도이다.

**要想擧八元, 誅四凶, 封山濬川, 事事勤勞, 却有個寂然不動處, 是爲帝
道.**

點睛　　정치를 '덕으로써 한다는 것[以德]'은 마음의 삼관(三觀: 空觀, 假
觀, 中道圓觀)으로 경계의 삼제(三諦: 眞諦, 俗諦, 中諦)를 보면서, 이 성품
에 삼덕(三德: 恩德, 斷德, 智慧德)이 구비되어 있음을 아는 것이다. 내재된
삼덕은 만법의 으뜸이며, 부동의 도량으로 만법의 회동처이다. 그러므
로 북극성이 제자리에 머물러 있는 것으로써 비유하였다.

**以德者, 以一心三觀, 觀於一境三諦, 知是性具三德也. 三德秘藏, 萬法
之宗, 不動道場, 萬法同會, 故譬之以北辰之居所.**

공자　　"『시경』삼백 수의 시, 한마디로 표현하면 '생각에 왜곡이 없는 것[思無邪]'이라고 말할 수 있다."

子曰　　"『詩』三百, 一言以蔽之, 曰: '思無邪.'"

評　　'사무사(思無邪)'란 세 글자로,『시경』 전체를 말씀하셨다.

三个字, 便講了一部『詩經』.

遇　　소장공(蘇長公, 소식),『심경장기(心經藏記)』: "공자에게서 『시경』삼백 수의 대의에 대하여 들었다. 대저 생각이 있으면 언제나 왜곡이 있다. …… 한편 생각이 없다면, 이것은 흙이나 나무와 같다. 그렇다면 어떻게 하여야 생각이 있으면서도 왜곡이 없을 수 있으며, 생각이 없을 때도 흙과 나무처럼 되지 않을 수 있겠는가?"

蘇長公『心經藏記』云: "聞之孔子,『詩』三百云云, 夫有思, 皆邪也. …… 無思, 則土木也. 云何能使有思而無邪, 無思而非土木乎?"

소장공(蘇長公, 1037~1101): 이름은 식(軾), 자는 자첨(子瞻), 호는 동파(東坡)이다. 소순(蘇洵)의 아들이고 소철(蘇轍)의 형으로, 대소(大蘇) 혹은 장공(長公)이라고도 불렸다. 송나라 최고의 시인이며, 당송팔대가(唐宋八大家)의 한 사람이다. 대표작 「적벽부(赤壁賦)」는 불후의 명작으로 널리 애창되고 있다. 시서화(詩書畵)에 모두 뛰어났다. 저서로『동파집(東坡集)』등이 있다.

點睛　　'사무사'는『시경』의 핵심을 가리켜 보여서, 사람들이 이 경문을 통해 관조에 들어가 듣는 즉시 생각하는 즉시 곧바로 수양하게 한 것이

다. 만약 『시경』의 핵심을 안다면, '천 가지 경전과 만 가지 논의[千經萬論]'도 이 핵심과 동일함을 알 것이다.

此指示一經宗要, 令人隨文入觀, 卽聞, 卽思, 卽修也. 若知『詩』之宗要, 則知千經萬論亦同此宗要矣.

───── 제3장 ─────

공자 "정치제도로 인도하고 형벌로써 다스린다면, 백성들은 법망을 빠져 나가더라도 수치심이 없을 것이다. 덕행으로 인도하고 예로써 다스린다면, 백성들은 수치심을 느낄 것이고, 더 나아가 기질이 변화되어 선(善)하게 될 것이다."

子曰 "道之以政, 齊之以刑, 民免而無恥. 道之以德, 齊之以禮, 有恥且格."

評 오늘날 정치 현실을 그려내면서, 옛적 치세(治世)를 생각하도다. 이는 또한 작금의 병든 정치에 대한 약 처방이기도 하다.

由今以思古也, 亦對病而下藥也.

點睛 오패(五霸)는 비록 '덕'과 '예'를 말하곤 하였지만, 이는 모두 '법령'과 '형벌'이었다. 옛 성왕(聖王)들은 비록 '법령'과 '형벌'을 사용한 것 같지만, '덕'과 '예'가 아닌 것이 없었다.

五霸雖駕言於德禮, 總只政刑, 帝王雖亦似用政刑, 無非德禮.

공자	"나는 열다섯 살에 학문에 뜻을 두었고 서른 살에 주관을 확립하였으며, 마흔 살에는 세상사에 흔들림이 없었고 쉰 살에는 천명(天命)을 알았다. 나이 예순 살에는 귀로 들어오는 말 중에 거슬리는 것이 없었으며, 일흔 살에 이르자 내 마음 가는 대로 살아도 세상의 올바른 이치를 넘어서는 짓은 하지 않게 되었다."
子曰	"吾十有五而志于學, 三十而立, 四十而不惑, 五十而知天命, 六十而耳順, 七十而從心所欲, 不踰矩."

評　공자의 살아온 이력서이자, 후대인들이 마음에 새겨야 할 이정표.
孔子年譜, 後人心訣.

遇　양복소(楊復所): "성인의 이력서는 그 자신의 입에서 나왔지만, 마치 꿈에서 본 바를 기억하는 듯하며 그 옛날 알던 것을 추억하는 듯하여, 자신의 삶을 음미하고 감상함에 이 오묘한 지점을 무어라 이름 붙여 말할 수 없다."

　왕용계(王龍溪): "'이순'은 육경(六經)에서 하지 않은 말이다. 눈은 감고 뜸이 있고 입은 뱉고 먹음이 있으며 코는 숨이 드나듦이 있는데, 오직 귀만이 나가고 들어옴이 없다. 불가에서는 이를 두고 '원통(圓通)'이라 한다. '순(順)'은 '역(逆)'과 상반된 의미인데, 이는 아름다움과 추함을 따지거나 선택함이 없는 경지이다."

楊復所曰: "聖人履歷, 從聖人口中吐出, 如憶夢中所見, 如追舊時所識, 有一種自吟自賞, 不可名言妙處."

王龍溪曰: "耳順乃六經中未道之語. 目有開閉, 口有吐納, 鼻有呼吸, 惟耳無出入, 佛家謂之圓通. 順與逆對, 更無好醜揀擇矣."

양복소(楊復所, 1547~1599): 이름은 기원(起元), 자는 정복(貞復), 복소(復所)는 그의 호이다. 양명좌파의 핵심인물인 나여방의 제자이다. 『대학』의 삼강령을 학문의 종지로 삼았으며, 유불합일(儒佛合一)을 추구하였다. 저서에 『증학편(證學編)』, 『제경품절(諸經品節)』 등이 있다.

왕용계(王龍溪, 1498~1583): 이름은 기(畿), 자는 여중(汝中), 용계(龍溪)는 그의 호이다. 왕양명의 수제자로서, 자증자오(自證自悟)를 중시했다. 간혹 사설(師說)에 충실하지 않아서 정통파인 전서산의 학통에 비해 좌파로 일컬어졌다. 저서에 『왕용계전집(王龍溪全集)』이 있다.

點睛 '배움'이란 한 글자, 이 글 전체를 관통하고 있으니, 배움이란 깨어남이다. 생각, 생각 속진(俗塵)을 등지고 깨어나고자 함을 '지(志)'라 하고, 깨어나서 흔들리는 마음에 의해 동요되지 않음을 '립(立)'이라 하며, 깨어나서 미세한 의심 덩어리를 깨뜨림을 '불혹(不惑)'이라 한다. 깨어나서 진망(眞妄)의 관문을 투시함을 '지천명(知天命)'이라 하며, 깨어나서 육근(六根)이 모두 여래장(如來藏)이 됨을 '이순'이라 하며, 깨어나서 육식(六識)이 모두 여래장(如來藏)이 됨을 '종심소욕불유구(從心所欲不踰矩)'라 하니, 이것이 바로 마음의 자재(自在)한 경지이다. 만약 법(法)이 자재한 경지에 이르고자 한다면 반드시 팔십, 구십 세에 이르러야만 비로소 미칠 수 있다. 그러므로 "성인과 인자의 경지를 내 어찌 바랄 수 있으리오."라고 하신 공자의 말씀은 바로 진실한 말씀이자 실제를 반영하신 말씀이다. 만약 이를 공자의 겸손하신 말씀으로 해석한다면 위대한 성인의 일생의 고심을 저버리는 것이다.

只一學字到底, 學者, 覺也. 念念背塵合覺, 謂之志, 覺不被迷情所動, 謂之立, 覺能破微細疑網, 謂之不惑, 覺能透眞妄關頭, 謂之知天命, 覺六根皆如來藏, 謂之耳順, 覺六識皆如來藏, 謂之從心所欲不踰矩, 此是得心自在. 若欲得法自在, 須至八十九十, 始可幾之. 故云: "若聖與仁, 則吾豈敢?"此孔子之眞語實語, 若作謙詞解釋, 冤却大聖一生苦心.

—— 제5장 ——

맹의자(孟懿子)가 '효'에 대하여 여쭈었다.

공자 "예에 어긋남이 없어야 합니다."

이 대화 이후, 제자인 번지(樊遲)가 수레를 몰게 되었다.

공자 "맹손(孟孫)이 나에게 효에 대하여 묻기에 내가 '어긋남이 없어야 합니다'라고 대답하였다."

번지 "무슨 말씀이십니까?"

공자 "부모님 살아 계실 때는 예에 맞게 섬기고, 돌아가시면 예에 맞게 장사지내며, 제사 또한 예에 맞게 지내야 한다는 의미이다."

孟懿子問孝.

子曰 "無違."

樊遲御.

子告之曰 "孟孫, 問孝於我, 我對曰: '無違.'"

樊遲曰 "何謂也?"

子曰 "生事之以禮, 死葬之以禮, 祭之以禮."

評 번지와 문답한 이 단락은 우연히 일어난 일이다. 오늘날 사람들은 모두 공자께서 무슨 의도를 가지고 나눈 문답으로 보는데, 그렇다면

논어, 천년의 만남

이는 성인의 행동거지가 아니다.

樊遲一段, 偶然之事. 今人都看做有心, 便非聖人擧動.

點睛 '자신을 이기고 예를 회복[克己復禮]'하여야만 예로써 부모님을 섬길 수 있으니, 예에 어긋나면 곧 효가 아니다.

克己復禮方能以禮事親, 違禮卽非孝矣.

제6장

맹무백(孟武伯)이 '효'에 대하여 여쭈었다.

공자　　"부모님은 오직 자식이 질병을 얻을까 근심하지요."

孟武伯問孝.

子曰　　"父母唯其疾之憂."

評　　　단지 부모의 마음을 말씀하였을 뿐인데, 참으로 '효'에 관해서 잘 표현하셨도다.

只說父母之心, 眞善言孝者.

遇　　　속담에 "자식을 키워보면 부모의 은혜를 알 것이다."라고 하였다. 단지 부모의 마음을 말하였지만, 효자와 불효자 모두 온몸에 땀이 흥건해졌도다.

諺曰: "養子方知父母恩." 只說父母之心, 孝子逆子都通身汗下.

點睛　　이러한 지적은 사람의 마음을 가진 자로 하여금 통곡하게 한다.

此等點示, 能令有人心者痛哭.

<hr>

제**7**장

<hr>

자유(子游)가 '효'에 대하여 여쭈었다.

공자   "오늘날에는 음식 봉양만 잘하면 효자라고 한다. 그러나 개나 말의
경우도 모두 음식 봉양을 한다고 할 수 있으니, 만약 공경심이 없다
면 무슨 구별이 있겠는가?"

子游問孝.

子曰   "今之孝者, 是謂能養. 至於犬馬, 皆能有養, 不敬, 何以別乎?"

評   요즘 세상의 효자는 음식 봉양 잘하는 이조차 없으니, 이 어찌
개탄스럽지 아니한가!

今之孝者, 幷能養, 亦無之矣, 豈不可嘆!

遇   공자께서 효(孝)에 대하여 논하시면서, 어찌 부모를 개, 말과 서
로 비교하는 이치가 있겠는가!

『예기』「내칙」에서 증자는, "이런 까닭에 부모님이 사랑하시는 것은
또한 사랑하고, 부모님이 공경하시는 것도 또한 공경한다. 개나 말에 이
르러서도 그러한데, 하물며 사람에 있어서랴."라고 하였다. 그렇다면, 이
경문의 개와 말은 바로 부모님이 기르시는 개와 말인 것이다. …… 이 경
문을 해석하는 자들이 이 점을 고찰하지 못하는 바람에 천 년을 이어오
는 오류를 만들고 말았다.

孔子論孝, 豈有以父母與犬馬相比之理! 按「內則」, 曾子曰:"是故父母之所愛, 亦愛之, 父母之所敬, 亦敬之. 至於犬馬盡然, 而況於人乎?"則 犬馬者, 是父母之犬馬. …… 釋者不考, 遂成千古之誤.

點睛 개와 말을 봉양한다는 것은 단지 그 몸뚱이만을 봉양하는 것이 다. 능히 마음을 봉양할 수 있는 자라야, 이에 공경한다고 말할 수 있다. 以犬馬養, 但養口體. 能養志者, 乃名爲敬.

—— 제8장 ——

자하가 '효'에 대하여 여쭈었다.

공자 "부모님의 얼굴빛을 살펴서 그 마음을 알아차리는 것이 어렵고 중요 하다. 자제들이 수고로운 일을 하고, 술과 밥이 있으면 부모님에게 차려드려 잡숫게 하는 것만 가지고 효도한다고 할 수 있겠는가?"

子夏問孝.

子曰 "色難. 有事, 弟子服其勞, 有酒食, 先生饌, 曾是以爲孝乎?"

評 "부모님의 얼굴빛을 살펴서 그 마음을 알아차리는 것이 어렵고 중요하다."는 것은 이렇게 실천하는 것이 가장 중요하다는 말이지, 참으 로 이것이 어렵다는 의미는 아니다.

色難者, 言以色爲第一義也, 非眞以色爲難也.

遇 자유에게는 부모님께 바치는 '공경[敬]'에 대하여 심각하게 말 하였고, 자하에게는 '사랑[愛]'에 대하여 은근하게 말씀하셨다. 이 두 제 자는 문학(文學)으로 이름난 현자이니, 부모님을 모시는 외적 형식에 결

코 흠결이 없었을 것이다. 다만 그들이 부모님을 모실 때, 사랑과 공경의 진심이 조금 모자랄까 걱정하셨다.

告子游, 甚言一個敬字. 告子夏, 隱言一箇愛字. 夫二子乃文學之賢, 其於外面事親的儀文決不缺, 特懼其少愛敬之眞耳.

點睛　마음에 뿌리를 두고서 얼굴빛에 나타나니, '효'는 마음에 달린 것이지 오직 섬기는 행위에만 있는 것은 아니다.

根於心而生於色, 孝在心而不獨在事也.

제9장

공자　"내 종일토록 안회(顔回)와 이야기하였는데, 내 말에 이견을 내지 않아서 어수룩하다고 여겼다. 그런데 내 물러나와 그와 마주하던 때를 돌이켜보니, 안회는 내 말을 충분히 이해하였다는 생각이 든다. 참으로 안회는 어리석지 않구나."

子曰　"吾與回言終日, 不違, 如愚. 退而省其私, 亦足以發, 回也不愚."

評　"물러나와 그와 마주하던 때를 돌이켜 본다."는 경문은, 공자께서 안회와 헤어진 뒤에 그와 마주하던 때를 생각하시고 말씀하신 구절이다. 이처럼 해석해야만 첫 구절의 문맥을 이해할 수 있다.

退而省其私, 從旣別之后, 思其相對之時也. 如此則一節之血脈貫通矣.

遇　안자와 공자, 서로 마주함에 의기가 투합하고 말과 말이 녹아들었다. 마치 붉게 단 난로 위에 눈이 점점이 떨어져 녹아내리듯! 만약 서

로 녹아들지 않았다면, 말은 말대로 남았을 터이니 어찌 감발함이 있었겠는가. 마치 사람이 음식을 먹음에 소화를 시키지 못하고 뱃속에 그대로 쌓여 있다면, 어찌 신체를 보양하여 윤택하게 할 수 있겠는가.

　우서천(尤西川): "여러 제자는 공자를 모방하였고, 안자는 자신에 대하여 공부하였다. 이 모두 좋도다."

顏子與聖人機鋒相對, 針芥相投, 語語消融, 如紅爐點雪. 若不消融, 一句只是一句, 如何發得出來? 如人喫物, 若不消化, 只生在肚裏, 如何滋益肌膚?

尤西川曰: "諸子是摹倣孔子, 顏子是學自家, 都好."

우서천(尤西川, 1503~1580): 이름은 시희(時熙), 자는 계미(季美), 서천(西川)은 그의 호이다. 왕양명의 학문을 계승하여, 치양지(致良知), 지행합일(知行合一)을 강조하였다. 저서에 『의학소기(擬學小記)』가 있다.

點睛　'사(私)'는 남들이 보지 못하는 곳이니, 바로 '신독(愼獨)'의 '독(獨, 홀로 아는 내면세계를 가리킴)'이라는 글자와 같다. 오직 공자만이 타심통(他心通)의 도안(道眼)을 갖추고 있었기에, 이야기하고 행동하는 사이에 안회의 내면을 엿볼 수 있었다.

私者, 人所不見之地, 卽愼獨獨字. 惟孔子具他心道眼, 能於言語動靜之際窺見其私.

―――― 제10장 ――――

공자　　　"그가 하는 일을 보면서, 그의 일하는 마음가짐을 눈여겨보며, 그가 일하는 과정에서 편안해하는지를 들여다보라. 이러면 사람이 어찌 자신의 본모습을 감출 수 있겠는가? 감출 수 있겠는가?"

子曰 　"視其所以, 觀其所由, 察其所安. 人焉廋哉? 人焉廋哉?"

評 　매우 훌륭한 관상법(觀相法)이다. '일하는 마음가짐을 눈여겨보
는 것[觀由]'과 '일하는 과정에서 편안해하는지를 들여다보는 것[察安]'
은, 모두 '그가 하는 일을 볼 때[視以]' 그 자리에서 행해지는 것이다.

好相法. 觀由, 察安, 都在視以處.

遇 　'일', '마음가짐', '편안해함'은 모두 분리될 수 없는 한 가지 일이
며, 세 가지 일이 아니다. 이 세 가지는 한 가지 일, 한 사람의 몸에 모두
동시에 구현된다.

以, 由, 安, 是囫圇一件, 非三件. 一事之間, 一人之身, 同時俱具.

———— 제11장 ————

공자 　"옛것을 익히고 이를 바탕으로 새로운 것을 알아내야만, 선생이라
　　　할 수 있다."

子曰 　"溫故而知新, 可以爲師矣."

評 　유가(儒家)에서 전수(傳受)되는 비결.

口訣.

遇 　이탁오(李卓吾): "우물에 물이 샘솟지 않는다면 우물이라 할 수
있는가? 종(鐘)이 소리를 내지 못하면 종이라고 할 수 있는가? '이해 없

이 암기만 하는 학문[記問之學]'을 하면 남의 스승이 되기에 부족하니, 이는 남의 말만 외우고 마음에 얻어짐이 없기 때문이다. 속담에 '늙을 때까지 책을 읽었지만, 질문 하나에 곧 고꾸라진다'라고 하였다. 그렇다면 이같은 사람은 또한 물 없는 우물이요, 소리 없는 종 같은 존재라 할 것이로다!"

李卓吾曰:"井不及泉, 謂之井, 可乎? 鐘不能聲, 謂之鐘, 可乎? 若記問之學, 不足爲人師者, 以其言人之言, 無所得於心也. 諺曰:'讀書至老, 一問便倒.' 其亦所謂井不泉, 而鐘不聲者與!"

點睛　마음을 관조하는 것이 '옛것을 익히는 것[溫故]'이다. 마음을 관조하면, 원해(圓解, 원만구족한 이해)가 열린다. 이에 다라니(陀羅尼, 선법을 지키고 악법을 막을 수 있는 경지)를 얻게 되어, '새로운 것을 알게 된다.[知新]' 대개 천하에는 마음보다 더 오래된 것은 없으며, 또한 마음보다 더 새로운 것은 없다.

觀心爲溫故. 由觀心故, 圓解開發, 得陀羅尼, 爲知新. 蓋天下莫故於心, 亦莫新於心也.

────── 제12장 ──────

공자　"군자는 제한된 용량을 가진 그릇 같은 존재가 아니라, 인간사와 우주적 진리를 두루 통달한 사람이다."

子曰　"君子不器."

評　'아래로 인간사를 배우며, 위로 우주적 진리를 깨우친다[下學而

上達]'라는 공자의 말씀, 바로 '불기(不器)'의 경지이다.

下學而上達, 便是不器.

點睛　'형이상(形而上)'을 '도(道)'라 하며, '형이하(形而下)'를 '기(器)'라고 한다. 건곤(乾坤)과 태극(太極)은 모두 '기(器)'이다. 인자(仁者)는 이것을 보고 '인(仁)'이라 하며, 지자(智者)는 이것을 보고 '지(智)'라 하니, 이 모든 것은 '기'이다. 하물며 그릇에 해당되는 호련(瑚璉)과 두소(斗筲)도 기가 아니겠는가!

　　이탁오가 "아래로 인간사를 배우며, 위로 우주적 진리를 깨우친다[下學而上達]'라는 공자의 말씀, 바로 '불기(不器)'의 경지이다."라고 하였으니, 이 말이 매우 적실하다.

形而上者謂之道, 形而下者謂之器. 乾坤, 太極, 皆器也. 仁者見之謂之仁, 智者見之謂之智, 無非器也. 況瑚璉斗筲而非器哉! 李卓吾云: "下學而上達, 便是不器." 此言得之.

제13장

자공이 '군자'에 관하여 질문하였다.

공자　　"군자는 의지를 말로 먼저 표현하고, 그 후에 행동으로 실천한다."

子貢問君子.

子曰　　"先行其言, 而後從之."

評　　'의지를 말로 먼저 표현한다'는 것은 의지를 확립하는 것이고, '그 후에 행동으로 실천한다'는 것은 비로소 행동으로 실천하는 것이다.

先行其言, 立定主意, 而後從之, 始行也.

點睛 "일장(一丈)만큼 말하는 것이, 일척(一尺)만큼 행동하는 것보다 못하다."라고 하였는데, 바로 이 뜻이다.

說得一丈不如行得一尺, 正是此意.

―――― 제14장 ――――

공자 "군자는 공심으로 함께 하고, 사심으로 뭉치지 않는다. 소인은 사심으로 뭉치기는 하나, 공심으로 함께하지는 않는다."

子曰 "君子, 周而不比, 小人, 比而不周."

遇 '공심으로 함께 하는 것[周]'과 '사심으로 뭉치는 것[比]'은 사람의 숫자가 많은지 적은지에 달려 있지 않다. 그 마음이 공심(公心)이냐 사심(私心)이냐에 의거한다. 마음이 공심이면 한 사람이 믿어주어도 이는 '주(周)'이며, 마음이 사심이면 곳곳에서 엎어지는 친우들이 있더라도 이는 '비(比)'이다. 여러 사람을 사랑하는 것과 한 사람만을 친애하는 것으로 '주(周)'와 '비(比)'를 나누는 것은 오류이다.

周與比不在量之廣狹, 而在情之公私. 情公, 即一人相信亦周, 情私即到處傾蓋亦比. 以普愛衆人, 專昵一人, 分周比者誤.

―――― 제15장 ――――

공자 "배우기만 하고 사색하지 않으면 얻는 것이 없고, 사색만 하고 배우지 않는다면 위태롭게 될 것이다."

子曰　"學而不思則罔, 思而不學則殆."

評　　그 병폐를 두 갈래로 나누어 말씀하셨는데, 바로 증상에 대하여
약 처방을 내린 것이다.

分言其病, 正是對下其藥.

遇　　견문(배움)이 있고 지혜(사색)가 없으면, 마치 어떤 사람이 훤한
대낮에 있으면서 눈이 없어서 한 물건도 보지 못하고 끝내 어둠 속에 있
는 것과 같다. 지혜가 있고 견문이 없으면, 마치 눈 밝은 사람이 짙은 어
둠 속에 있어서 발을 들자 곧 구덩이로 떨어지는 것과 같으니, 어찌 위태
롭게 여기지 않을 수 있겠는가!

有聞見而無智慧, 如人在三光之下而自家無眼, 不見一物, 終冥然而已.
有智慧而無聞見, 如明眼人在大暗中擧足坑塹, 豈不艱危!

點睛　'배우기만 하고 사색하지 않음[學而不思]'은 견문은 있으나 지혜
가 없는 것이요, '사색하기만 하고 배우지 않음[思而不學]'은 지혜는 있으
나 견문이 없는 것이다. '얻는 것이 없음[罔]'은 어떤 사람이 남의 보물을
세면서 스스로는 반 푼의 돈도 없는 것과 같다. '위태로움[殆]'은 남보다
뛰어난 진리를 얻었다고 여기는 사람이 구덩이에 떨어지는 것과 같다.

學而不思卽有聞無慧, 思而不學卽有慧無聞. 罔者, 如人數他寶, 自無半
錢分也, 殆者, 如增上慢人, 墮坑落塹也.

공자   "이단(異端)을 전공한다면, 이것은 해로울 뿐이다."

子曰   "攻乎異端, 斯害也已."

評   '이것[斯]'이라는 글자, 음미할 만하다.

斯字可味.

遇   육상산(陸象山): "공자의 시대에는 불교가 아직 중국에 들어오지 않았고, 노자(老子)가 비록 있었다고는 하지만 그 학설이 성행하지는 않았다. 그렇다면 '이단(異端)'은 무엇을 가리키는가? 대체로 '이단[異]'과 '같음[同]'은 상대가 되니, 비록 함께 요순의 도를 배웠다 하더라도, 배운 바의 단서가 요순과 조금이라도 같지 않으면 이것이 바로 이단이다. 어찌 불교와 도가에만 한정되는 것이겠는가!"

陸象山云: "孔子時佛教未入中國, 雖有老子, 其說未著, 却指那個爲異端? 蓋異與同對, 雖同學堯舜, 而所學之端緒, 與堯舜稍不同, 便是異端, 何止佛老哉!"

육상산(陸象山, 1139~1193): 이름은 구연(九淵), 자는 자정(子靜), 상산(象山)은 그의 호이다. 육상산은 송명 시대에 주희와 더불어 양대 산맥을 이루어서 '주륙(朱陸)'으로 불렸다. 후일 육상산을 계승한 왕양명과 병칭하여 '육왕(陸王)'으로 불렸다. 주요 저서로 어록, 서간, 문집을 수록한 『상산선생전집(象山先生全集)』이 있다.

點睛   '단(端)'은 실마리이다. 이치는 본래 다르지 않으나, 다만 실마리가 한번 어긋나면 하늘과 땅 차이만큼 벌어지게 된다.

端, 頭緖也. 理本不異, 但頭緖一差, 則天地懸隔.

─── 제17장 ───

공자　"중유(仲由)야! 너에게 '앎[知]'에 대하여 가르쳐줄까? 아는 것을 안
　　　　다 하고, 모르는 것을 모른다 하는 바로 그것! 이것이 바로 '앎'이니
　　　　라."

子曰　"由! 誨女知之乎? 知之爲知之, 不知爲不知, 是知也."

評　　"아는 것을 안다 하고, 모르는 것을 모른다고 한다."라고 말씀하
셨는데, 여기에서 바로 이 '알고 모르고를 판단하는 존재[爲]'에 공부를
쏟아야만 한다.
爲字, 煞有工夫.

遇　　"아는 것을 안다 하고, 모르는 것을 모른다."라고 하였을 때, 이
알고 모르고를 판단하는 존재는 한시도 어두워지지 않고 영겁 동안 길
이 존재하는 것이다. 선가(禪家)에서는 이를 '고명(孤明)'이라 하고 우리
유가(儒家)에서는 이를 '독체(獨體)'라 한다. 이것은 견문에 기대지 않고
또한 사유를 필요로 하지도 않는다. 그 자리에서 바로 비추어 다시 한 생
각의 일어남도 없다. 이것을 이름하여 '지(知)'라 한다.
知之爲知之, 不知爲不知, 息息不昧, 千古長存. 禪家謂之孤明, 吾儒指
爲獨體. 旣不倚靠聞見, 亦不假借思維. 當下卽照, 更無轉念, 故曰是知.

點睛　자로(子路)는 '내적 인식[能知]'과 '외적 대상[所知]'에 마음을 써

　　　　　　　　　　　　　　　논어, 천년의 만남

서, 알지 못하는 것이 없어야 비로소 '지(知)'라는 이름을 붙일 수 있다고 생각하였다. …… 이것은 밖을 향하여 열심히 구하는 것이니, 지(知)의 본체를 전혀 모르는 것이다. 그러므로 이제 바로 본체를 지적하여, 다만 자신의 '진지(眞知)'의 본체를 알아야 하지 다른 지(知)는 없다고 하신 것이다. …… 만약 이를 버리고 따로 '지(知)'를 구한다면, 병정동자(丙丁童子, 불씨를 맡은 동자)가 불을 구함과 다르지 않고 또한 소의 등에 올라타고서 소를 구하는 것과 비슷한 것이다.

子路向能知所知上用心, 意謂無所不知, 方名爲知. …… 此則向外馳求, 全昧知體. 故今直向本體點示, 只要認得自己眞知之體, 更無二知. …… 若捨此而別求知, 不異丙丁童子求火, 亦似騎牛覓牛矣.

—— 제18장 ——

자장(子張)이 벼슬하는 방법에 관하여 배우고자 하였다.

공자   "많이 들은 것에서 의심나는 말은 버리고 그 나머지를 신중하게 말하면 과오가 적을 것이며, 많이 본 것에서 위태로운 행동은 도외시하고 그 나머지를 신중하게 행한다면 후회가 적을 것이다. 말에 과오가 적고 행동에 후회가 적으면 벼슬은 그 가운데 있는 것이다."

子張學干祿.

子曰   "多聞闕疑, 愼言其餘, 則寡尤, 多見闕殆, 愼行其餘, 則寡悔. 言寡尤, 行寡悔, 祿在其中矣."

評   자장이 벼슬하는 방법에 관하여 배우려 하였는데, 그가 잘하는 것은 다만 '많이 듣는 것'과 '많이 보는 것'뿐이었다. 때문에 공자께서 만

약 '많이 듣는 것'과 '많이 보는 것'으로 말머리를 삼지 않았다면, 자장은 결코 마음속으로 승복하지 않았을 것이다. 공자께서 많이 듣고 많이 보는 지점에서부터 말씀하셨으니, 참으로 '병'을 '약'으로 삼으신 것이다.

子張學干祿, 只是多聞, 多見耳. 夫子若不此處說起, 其心決不服. 夫子就從此處說起, 眞是以病爲藥.

遇　'자장이 벼슬하는 방법에 대하여 배우고자 한 것', '자공이 재화를 증식한 것'은 모두 사자가 수놓은 공을 가지고 노는 격이다. 공자께서 이 두 제자를 조련하여 심복시킨 지점은, 진흙뻘에서 도검(刀劍)을 휘둘렀으나 흔적조차 없었도다. '벼슬은 그 가운데 있는 것이다'라는 말씀은 공자가 아니면, 감히 말할 수 없는 것이다.

子張學干祿, 子貢貨殖, 俱是獅子弄繡球. 故夫子調伏二子處, 俱在泥水中使刀劍. 只是祿在其中一語, 非夫子不敢言.

點睛　'벼슬은 그 가운데 있는 것이다[祿在其中]'라고 할 때, 벼슬은 바로 인의충신(仁義忠信)과 같은 '천작(天爵)'과 '천록(天祿)'을 가리킨 것이니, 바로 우리가 참으로 누려야 할 곳이다. 만약 '세속의 공경대부(公卿大夫) 같은 벼슬을 얻는 방법'이 있다는 것으로 해석한다면, 고루하도다! 고루하도다!

祿在其中, 是點破天爵天祿, 乃吾人眞受用處. 若作有得祿之道解釋, 陋矣! 陋矣!

애공(哀公)　"어떻게 하면 백성이 복종하겠습니까?"

공자　　　"정직한 사람을 등용하고 부정한 사람을 내치면 백성이 복종하고,
　　　　　　부정한 사람을 등용하고 정직한 사람을 내치면 백성이 복종하지 않
　　　　　　습니다."

哀公問曰　"何爲則民服?"

孔子對曰　"擧直錯諸枉, 則民服, 擧枉錯諸直, 則民不服."

評　　　애공의 백성들이 복종하지 않는 것은, 바로 부정한 사람을 등용
하고 정직한 사람을 내쳤기 때문이다.

哀公之民所以不服, 只爲擧枉錯諸直耳.

遇　　　양복소: "'군자'와 '소인'이라고 말하지 않고, '정직한 사람[直]',
'부정한 사람[枉]'이라고 말씀하셨으니, 매우 오묘하다. 똑같은 군자이지
만, 정직한 군자는 가장 크게 시비를 야기하니 내쳐지기가 쉽다. 똑같은
소인이지만, 부정한 소인은 남에게 가잘 잘 영합하니 등용되기가 쉽다."

楊復所曰: "不說君子小人, 而曰直枉, 極妙. 同一君子, 惟直的君子, 最
惹是非, 所以容易錯. 同一小人, 惟枉的小人, 最善迎合, 所以容易擧."

點睛　　　오직 '격물치지(格物致知)'와 '성의(誠意)'의 덕목을 갖춘 어진 사
람만이 정직한 사람을 등용하고 부정한 사람을 내칠 수 있다. 때문에 백
성들이 복종하고 복종하지 않는 것은 전적으로 위정자 자신의 공심(公心)
과 사심(私心)에 달려 있다. 백성들에게서 그 원인을 찾아서는 안 된다.

惟格物誠意之仁人爲能擧直錯枉, 可見民之服與不服, 全由己之公私, 不可求之於民也.

―――― 제20장 ――――

계강자(季康子) "어떻게 하여야 백성을 부릴 때, 윗사람을 공경하고 충성을 바치며, 이로써 서로를 권면(勸勉)하게 할 수 있습니까?"

공자 "위엄 있는 얼굴로 그들을 대하면 공경할 것이고, 위정자가 효도하고 자애하면 백성들은 충성할 것이며, 좋은 인재들을 등용하여 잘못하는 자를 가르치면 백성들은 서로 권면할 것입니다."

季康子問 "使民敬忠以勸, 如之何?"

子曰 "臨之以莊, 則敬, 孝慈, 則忠, 擧善而敎不能, 則勸."

評 이런 위정자는 백성을 부릴 수 없을 것이다.

不消得使.

遇 계강자의 뜻은 백성을 책망하는 데 있었지만, 성인이신 공자는 다만 자신을 돌아보게 하였다. '부리다[使]'라는 한 글자에는 인위적 노력이 담겨 있고, 세 개의 '~면[則]'이라는 글자에는 저절로 그렇게 된다는 의미가 들어 있다.

康子意在責民, 聖人只令反己. 一使字有意, 三則字無心.

논어, 천년의 만남

제 21장

어떤 사람 "선생님께서는 어찌하여 정치하지 않으십니까?"

공자 "『서경』에 효도에 관하여 말하였지! '효도하고 형제간에 우애하며, 이를 정사에 베푼다'고 하였는데, 이 또한 정치하는 것이니 어찌 관리가 되어 정치하는 것만을 정치한다고 여기겠는가?"

或謂孔子, 曰 "子奚不爲政?"

子曰 "『書』云孝乎! '惟孝, 友于兄弟, 施於有政.' 是亦爲政, 奚其爲爲政?"

評   한편 완곡하고 또 한편 직설적이니, 이것이 바로 성인의 말씀이다.
又委婉, 又直截, 聖人之言.

遇   육상산이 집안 살림을 맡은 지 삼 년 만에, 그 자신이 말하기를 학문에 진보가 있었다고 하였다. 이 대목에서 "'효도하고 형제간에 우애하며, 이를 정사에 베푼다'고 하였는데, 이 또한 정치하는 것이다."라는 경문의 의미를 알 수 있다. 효도와 우애의 실천적 행위는, 완전히 진심으로 매진해야 할 실제적 지점이다. 이를 가정사의 쌀과 소금을 마련하는 잡스럽고 자그마한 일로 보아서는 안 될 것이다. …… 한편 달리 생각해 볼 여지도 있다. '이 또한[是亦]'이라는 글자를 음미해보면, 함축된 의미가 많다. 만약 효도와 우애만을 가지고서 '정치'라고 고집한다면, 공자께서 여러 나라를 부지런히 주유(周遊)하신 것은 어째서인가?

陸象山當家三年, 自謂於學有進. 此正可想施於有政, 是亦爲政, 全是孝友眞功實際處. 莫徒作米鹽零雜細碎觀也. …… 是亦二字, 多少含蓄, 若執定只此是政, 則吾夫子栖栖皇皇者何爲?

공자   "사람에게 신의가 없다면 그가 사람 노릇 할 수 있을지 모르겠다. 큰
                수레에 멍에를 매는 가로나무가 없고 작은 수레에 멍에를 매는 갈고
                리가 없으면 어찌 갈 수 있겠는가?"

子曰   "人而無信, 不知其可也. 大車無輗, 小車無軏, 其何以行之哉?"

評   참으로 한 걸음도 갈 수 없을 것이다.

眞是一步行不去.

遇   소자유(蘇子由): "나와 사물은 완전히 다른 두 가지이며, 수레와
말도 전혀 다른 두 가지이다. 그러면 수레는 어떻게 갈 수 있는가? 오로
지 멍에를 매는 가로나무와 갈고리가 연결해서 뒤의 수레가 소와 말의
힘에 도움을 받을 수 있기 때문이다. 가로나무와 갈고리는 서로를 연결
시켜주는 물건이다. 수레와 소, 말은 가로나무와 갈고리가 있어서 연결
이 되고, 나와 사물은 신의가 있어서 이어진다. 견고한 금석(金石)과 아
득한 천지(天地)도 만약 정성(精誠)과 신의(信義)가 있다면 반드시 서로
소통된다. 나는 이제야 신의가 바로 사람과 사물을 연결시켜주는 가로
나무와 갈고리임을 알겠노라!"

蘇子由云: "我與物判然二也, 車與牛馬判然二也, 將何以行之? 惟有輗
軏以交之, 而後車得藉於牛馬也. 輗軏者, 相交之物也. 車與牛馬得輗軏
而交. 我與物得信而交. 金石之堅, 天地之遠, 苟有誠信, 無所不通. 吾然
後知信之爲輗軏也."

                              논어, 천년의 만남

소자유(蘇子由, 1039~1112): 이름은 철(轍), 호는 난성(欒城), 자유(子由)는 그의 자이다. 소순(蘇洵)의 아들이고, 소식(蘇軾)의 동생이다. 당송팔대가(唐宋八大家)의 한 사람이며, 소순, 소식과 함께 '삼소(三蘇)'로 불린다. 시문 외에도 경전 주석서를 많이 남겼다. 저서에 『난성집(欒城集)』, 『논어습유(論語拾遺)』 등이 있다.

제23장

| 자장 | "열 왕조가 지난 뒤의 일을 알 수 있겠습니까?" |

공자 "은(殷)나라는 하(夏)나라의 예(禮)를 이어받았으니 그 가감(加減)된 부분을 알 수 있으며, 주(周)나라는 은나라의 예를 계승하였으니 또한 그 덜고 더한 것을 알 수 있다. 만약 주나라를 계승하는 나라가 있다면, 비록 백 왕조가 지난 뒤의 일이라 하더라도 알 수 있을 것이다."

子張問 "十世可知也?"

子曰 "殷因於夏禮, 所損益, 可知也, 周因於殷禮, 所損益, 可知也, 其或繼周者, 雖百世, 可知也."

評 자장은 열 왕조 뒤의 일을 아는 것을 기이하고 특별한 것으로 여기는데, 공자는 이것을 매우 평이하고 상식적인 일로 생각하시도다.
子張以爲奇特, 孔子甚是平常.

遇 공자는 백 왕조 뒤의 일을 다만 '예(禮)'의 관점에서 예측하였다. 예로써 국가를 다스릴 때, 그 예가 '중(中)'을 얻으면 치세(治世)이고 '중'을 잃으면 난세(亂世)인 것이다.
孔子知百世, 只在禮上看. 制世以禮, 禮得中則治, 失中則亂.

공자	"제사 지낼 귀신이 아닌데 제사를 올린다면 이것이 아첨이고, 마땅히 해야 할 일을 보고도 행하지 않는다면 이는 용기가 없는 것이다."
子曰	"非其鬼而祭之, 諂也, 見義不爲, 無勇也."

評　그 말씀 참으로 통쾌하도다!

說得痛快!

遇　한구중(韓求仲): "자신이 제사 지낼 귀신이 아님을 분명하게 알고서도 제사 지내고, 마땅히 해야 할 일을 보고도 행하지 않는다면, 그 본심의 한 점 양지(良知)가 어찌 애석하지 않을쏜가!"

韓求仲云: "既曉得非其鬼而又祭之, 既見義而又不爲, 一點良知, 豈不可惜?"

한구중(韓求仲, 1580~?): 이름은 경(敬), 호는 지수(止修), 구중(求仲)은 그의 자이다. 탕빈이(湯賓尹)에게 수학하였으며, 불학(佛學)을 매우 좋아하였다고 한다. 편서에 『동림점장록(東林點將錄)』이 있다.

點睛　통렬하게 꾸짖어서 양심을 격동시키도다.

罵得痛切, 激動良心.

팔
일

八佾

계씨(季氏)에 대한 공자의 평 "천자(天子)의 팔일무(八佾舞)를 자신의 뜰에서
춤추게 하니, 내가 이런 짓도 참아내는데 무슨 짓인들 참지 못하겠
는가!"

孔子謂季氏 "八佾舞於庭, 是可忍也, 孰不可忍也!"

評 울고 싶구나, 계씨여!

季氏要哭.

遇 재여(宰予)가 부모의 상(喪)을 단축하려고 하자, 공자께서 "네가
편안하면 그렇게 해라!"라고 하셨다. 계씨가 예를 넘어서는 행위를 하
자, "내가 이런 짓도 참아낸다."라고 하셨다. 성인은 불충(不忠), 불효(不
孝)한 인간을 만나면 그의 양심을 일깨워서 스스로 반성하게 하셨다.

宰予短喪, 夫子曰: "女安, 則爲之." 季氏僭禮, 夫子曰: "是可忍也."
聖人遇不忠不孝的, 只是挑動他良心, 使之惻然自省.

삼가에서 제사를 마치고『시경』의 옹장(雍章)을 노래하면서 제사상을 물렸다.

이를 보신 공자 말씀하시길 "제후들은 제사를 돕고, 천자는 근엄하게 계시도
다'라는『시경』의 노래를 어찌 삼가가 자신의 집에서 취해다 쓰는
가?"

三家者以雍徹.

子曰   "相維辟公, 天子穆穆.' 奚取於三家之堂?"

評   가소롭도다, 삼가여!

三家要笑.

遇   '무일상(舞佾章)'이 뜨거운 꾸짖음이라면, '옹철장(雍徹章)'은 차가운 비웃음이다. 삼가가 이를 들었다면 또한 땀이 흘러내렸을 것이다.

舞佾章是熱喝, 雍徹章是冷嘲. 三家聞之, 亦應汗下.

———— 제3장 ————

공자   "사람이 인(仁)하지 못하다면 예의가 무슨 소용이며, 사람이 인하지 못하다면 음악이 무슨 소용이겠는가!"

子曰   "人而不仁, 如禮何? 人而不仁, 如樂何?"

評   계씨와 삼가, 울 수도 웃을 수도 없구나!

季氏三家, 哭不得, 笑不得.

點睛   세상 사람들은 비록 즐겨 불인(不仁)을 하면서도, 기꺼이 예악(禮樂)을 버리는 자는 없다. 다만 인(仁)을 버리고 나면 곧 예악을 버리게 된다. 때문에 예악을 버리는 것을 기꺼워하지 않는 곳으로 나아가 일깨워주신 것이다. 이에 이탁오는 이렇게 말하였다. "계씨와 삼가, 울 수도 웃을 수도 없구나!"

世人雖甘心爲不仁, 未有肯甘棄禮樂者. 但旣棄仁, 卽棄禮樂, 故就其不

     논어, 천년의 만남

肯棄禮樂處喚醒之也. 卓吾云: "季氏三家, 哭不得, 笑不得."

임방(林放)이 예의 근본에 대하여 질문하였다.

공자　"훌륭한 질문이구나! 길례(吉禮)는 사치를 부리기보다는 검소한 것
　　　이 좋으며, 상례(喪禮)는 너무 절차만 따져서 치르기보다는 슬퍼함
　　　이 낫다."

林放問禮之本.

子曰　"大哉問! 禮, 與其奢也, 寧儉, 喪, 與其易也, 寧戚."

評　방비(旁批): 그 본분(本分)으로 돌아가라.

還他本去.

點睛　검소함은 예의 근본이 아니지만, 그 근본에 가깝다. 그러므로
이것을 지적하여 근본을 깨달을 수 있기를 바란 것이다.

儉非禮之本, 而近於本, 故就此指點, 庶可悟本.

공자　"오랑캐 땅에도 현명한 임금이 있다면, 우리 중국에 임금이 없는 듯
　　　혼란한 상황보다는 나을 것이다."

子曰　"夷狄之有君, 不如諸夏之亡也."

評　　서글픈 마음이 드는구나!

凄然!

遇　　내(張岱)가 난세를 만나 오랑캐 땅에 임금이 있는 것을 보니, 중
국에 비해 그 정황이 더 좋았다. 여진족의 황제는 종친을 없애고 공신을
도륙하여 열에 아홉은 제거하니, 그들이 감히 숨죽이고 움직이지를 못
하였다. 우리 명나라 건문제(建文帝)는 미약하게 종친들을 억제하다가
숙부인 연왕(燕王)이 기병(起兵)을 하게 되었다. 오랑캐에 비해 부끄러운
점이 많도다!

余遭亂世, 見夷狄之有君, 較之中華更甚. 如女直之荑夷宗黨, 誅戮功臣,
十停去九, 而寂不敢動. 如吾明建文之稍虐宗藩, 而靖難兵起, 有媿於夷
狄多矣.

點睛　　이는 통곡하고 눈물을 흘리면서 하시는 말씀이다. 아! 어찌 중
국이 오랑캐만도 못하단 말인가!

此痛哭流涕之言也. 嗚呼! 可以中國而不如夷乎!

────── 제6장 ──────

대부(大夫)인 계씨가 태산(泰山)에 제후만이 지낼 수 있는 여(旅)제사를 지냈다.

이에 계씨의 가신인 염유(冉有)에게 하신 공자의 말씀　"네가 그것을 바로잡
을 수 없겠느냐?"

염유　　"불가능합니다."

공자　　"아! 일찍이 태산의 신령이 예의 근본을 물은 임방보다 못하다고 생

각하느냐?"

季氏旅於泰山.

子謂冉有, 曰 "女弗能救與?"

對曰 "不能."

子曰 "嗚呼! 曾謂泰山不如林放乎?"

評 계씨가 이 말씀을 듣는다면 이리저리 변명을 늘어놓았을 것이
다. 이것이 바로 공자께서 계씨의 잘못을 바로잡아주는 곳이다.
季氏聞之, 不勝扯淡. 這便是夫子救季氏處.

제7장

공자 "군자는 다투지 않는다. 그러나 활쏘기에서는 반드시 경쟁한다. 상
대방에게 예를 표하고 서로 먼저 활 쏘는 누대 위에 오르라고 양보
한 뒤, 올라가서 활을 쏜 뒤에 내려와 술을 마신다. 그러니 이러한 경
쟁이야말로 군자다운 경쟁이라 할 수 있다."

子曰 "君子無所爭. 必也射乎! 揖讓而升, 下而飮, 其爭也君子."

評 "활쏘기에서는 반드시 경쟁한다."라는 이하의 구절은, 바로 군
자의 다투지 않음을 설명한 것이다.
必也射手以下, 正說君子無所爭.

遇 단지 '경쟁하지 않음'을 말하였다면, 이는 경쟁하지 않음으로
오랫동안 정권을 차지한 풍도(馮道)나 호광(胡廣) 같은 사람이었을 것이

다. 이 경문은 '경쟁'에서 시작하여 그 말이 '경쟁하지 않음'에 이르렀으니, 참으로 군자의 크나큰 마음 씀이라 할 것이다.

單說不爭, 尚是馮道胡廣一流. 此獨從爭說到不爭, 方是君子大作用.

제8장

자하	"옛 시에 '방긋 웃는 입맵시, 아름다운 눈동자! 흰색으로 채색하네'라고 하였는데, 무슨 말입니까?"
공자	"그림을 그릴 때, 가장 뒤에 흰색으로 채색하는 법이다."
자하	"예는 바로 그림을 다 그린 뒤에 칠하는 흰 바탕색 같은 것이군요."
공자	"내 말을 알아듣는 자는 복상(卜商)이로구나! 이제야 너와 함께 시를 이야기할 수 있겠구나."

子夏問曰 "巧笑倩兮, 美目盼兮, 素以爲絢兮.' 何謂也?"

子曰 "繪事後素."

曰 "禮後乎?"

子曰 "起予者, 商也! 始可與言詩已矣."

評 "너와 함께 시를 이야기할 수 있겠구나."라는 공자의 말씀은 자하를 인정하신 것이 아니다. 이 구절은 바로 예를 되살리고자 하는 고심에서 하신 말씀이니, 이 점을 분명하게 알아야 할 것이로다.

與言詩, 非許可子夏也. 正救禮苦心處, 要知, 要知!

遇 육경(六經)의 해석은, 어떤 경우는 그 해석이 없는 것이 낫다. '흰색으로 채색하네'에 대한 해석은 하나둘이 아니었으니, 시의 뜻이 얼

논어, 천년의 만남

마나 다양하고 원만한가! 공자께서는 부득이하여 그림 그릴 때 뒤에 하는 것으로 '소(素)'의 의미를 깨우쳐 살펴보게 하였는데, 달의 바깥에서 손가락을 보탠 격이라 할 만하다. 그런데 자하는 "예(禮)는 바로 그림을 다 그린 뒤에 칠하는 흰 바탕색 같은 것이군요."라고 하였으니, 이것은 공자가 가리킨 그 애초의 달이 아니다. 그런데도 공자는 자하가 달을 보고서 손가락 잊은 것을 기뻐하였기에, 더불어 시를 말할 만하다고 하신 것이다.

후세 사람들이 '~뒤에[後]'의 의미를 곡해하고 여기에 또 '먼저[先]'라는 글자를 덧붙였으니, 가소롭도다.(주자는 "먼저 흰 비단으로 바탕을 마련한 뒤에 다섯 가지 채색을 칠한다.[先以粉地爲質而後, 施五采.]"라고, 이 경문을 해석하였다. 즉 '후(後)'자를 설명하기 위하여 '선(先)'자를 덧붙였다.)

六經有解, 不如無解. 素以爲絢, 非一非二, 詩意何圓? 夫子不得已明以繪之後覺, 已於月外添指. 子夏復曰: "禮之後." 則更非初月矣. 子喜他得月忘指, 故以言詩與之. 堪笑世人又添一先字也.

─── 제9장 ───

공자 "하나라의 예를 내가 말할 수 있으나 그 후예인 기나라로써는 증명할 수 없으며, 은나라의 예를 내가 말할 수 있으나 그 후예인 송나라로써는 증명할 수 없다. 이는 문(文, 典籍)과 헌(獻, 賢人)이 부족하기 때문이니, 만약 문헌(文獻)이 충분하다면 내 말의 증거를 댈 수도 있을 터인데……"

子曰 "夏禮, 吾能言之, 杞不足徵也, 殷禮, 吾能言之, 宋不足徵也. 文獻不足故也, 足則吾能徵之矣."

評　끝 두 구절의 말씀, 무한히 안타까운 마음이 서려 있도다.
末二語, 有無限徘徊.

遇　송우황(宋羽皇): "이 경문에서 세 번 나온 '내가 ~할 수 있다[吾能]'는 글자의 의미가 서로 호응하고 있다. 즉 문헌이 부족하지만 나의 말이 있으니, 이것(공자와 그의 말)이 바로 아직까지 없어지지 않은 문헌인 것이다. 그러므로 끝 구절에서 '증거가 없구나'라고 안타까운 마음을 드러내었다. 공자의 한마디 말이 곧바로 문헌에 해당하니, 그 한 몸이 하나라와 은나라의 문헌을 보존하신 것이다. 이는 기나라와 송나라의 망함을 탄식하신 것이 아니라, 두 나라의 문헌이 망실된 것에 대한 탄식이다."

宋羽皇曰: "章內三個吾能, 字意相映發, 文獻不足而有吾言在, 即未亡之文獻也, 故末句致慨無徵. 直是以一言當文獻, 以一身存二代上. 不是嘆杞宋淪亡, 直是撇開杞宋."

송우황(宋羽皇: ?~?): 이름은 봉상(鳳翔), 우황(羽皇)은 그의 자이다. 명나라에서 문명(文名)을 떨친 인물로, 당시 사람들은 우황선생(羽皇先生)이라 불렀다. 저서에 『추경필승(秋涇筆乘)』이 있다.

제10장

공자　"체제사(禘祭祀)에서 강신주(降神酒)를 따른 뒤로부터는 성의(誠意)가 없는지라 내 더 이상 보고 싶지 않다."

子曰　"禘自旣灌而往者, 吾不欲觀之矣."

방외사(方外史): "선(禪)은 백추(白椎, 수행자에게 알릴 것이 있을 때 나무 방망이로 나무 기둥을 쳐서 집중시키는 것)를 하고 난 이후부터 나는 들으려 하지 않았다. 교(敎)는 격고(擊鼓)를 사용하고 난 이후부터 내가 듣고자 하지 않았다. 율(律)은 보리심을 일으키고 난 이후부터는 나는 보고자 하지 않았다. 아! 예나 지금이나 마음 아픈 일이 같고, 출세간과 세간의 법이 그 폐단이 같으니, 이를 어찌할 것인가!"

方外史曰: "禪自白椎而往者, 吾不欲聞之矣, 敎自擊鼓而往者, 吾不欲聽之矣, 律自發心而往者, 吾不欲觀之矣. 嗚呼! 古今同一痛心事, 世出世法同一流弊, 奈之何哉?"

제11장

어떤 이가 체제사의 의미에 대하여 여쭈었다.

공자   "알지 못하겠다. 그 의미를 아는 자는 천하를 다스릴 때 여기에다 올려놓고 보는 것과 같을 것이다."라고 하시고는, 자신의 손바닥을 가리키셨다.

或問禘之說.

子曰   "不知也. 知其說者之於天下也, 其如示諸斯乎!" 指其掌.

評   10장과 11장, 이 두 편에서 공자는 체제사에 대하여 한 말씀도 하지 않으셨지만, 실로 한 글자도 말씀하지 않은 것이 없도다.

此二篇不曾說出一字, 實是無一字不曾說出.

點睛   방외사: "알지 못하겠다고 하고서는 다시 손바닥을 가리키셨으

니, 이른바 '(어떤 사람이 은 30냥을 땅 아래 묻고는) 이곳에 은 30냥이 없다'라고 써 놓은 것과 같다."

方外史曰: "旣云不知, 又指其掌, 所謂此處無銀三十兩也."

─── 제12장 ───

공자께서는 선조(先祖)께 제사를 지내실 때는 선조가 윗자리에 계신 듯이 하셨으며, 다른 신(神)을 제사 지낼 적에도 신이 계신 듯이 하셨다.

공자　　"내가 제사에 참여하지 않고 다른 사람으로 대행(代行)하게 한다면, 마치 제사를 지내지 않은 것과 같을 것이다."

祭如在, 祭神如神在.

子曰　　"吾不與祭, 如不祭."

評　　제사에 참여하지 못할까 걱정되어 먼저 이렇게 말씀하신 것이지, 실제 제사에 참여하지 못하고 나서 하신 말씀이 아니다.

恐不與祭而先言, 非眞不與祭而后言也.

遇　　왕준(王浚)이 노유(盧裕)에게 물었다. "'신을 제사 지낼 적에 신이 계신 듯이 하셨다'라고 하였는데, 신이 있다는 말입니까? 신이 없다는 말입니까?" 노유가 답하였다. "신이 있다는 말입니다." 다시 왕준이 물었다. "신이 있다면 '신이 있다'라고 말하는 것이 당연한데, 어째서 '신이 계신 듯이 하다'라고 공자께서 말씀하셨습니까?"

이 대화는 매우 정밀한 뜻을 함유하고 있다. '~듯[如]'이라는 글자에는 나의 정신이 투영되어 있으니, 내가 제사에 참여하지 않는다면 이 정신이 어디에 있겠는가. 이 경문의 본의는 제사를 지내면 나의 정신이 그 곳에 있고, 정신이 함께 하지 않으면 제사를 지내지 않은 것과 같다는 것 이다.

王浚問盧裕曰:"祭神如神在, 爲有神耶? 無神耶?"答曰:"有神."曰: "有神當言神在, 何以言如?"此語最微. 如者, 吾之精神着之也, 不與祭 而有之乎? 此段精神, 祭則如在, 不與則如不祭.

제13장

왕손가(王孫賈)　"속담에 '아랫목 신에게 아첨하기보다는 차라리 부엌 신에게
　　　　　　　잘 보이는 것이 이롭다'라고 하니, 무슨 말입니까?"
공자　"그렇지 않습니다. 하늘에 죄를 얻으면 빌 곳조차 없는 법입니다."
王孫賈問曰　"與其媚於奧, 寧媚於竈, 何謂也?"
子曰　"不然. 獲罪於天, 無所禱也."

評　'아첨'이라는 한 글자가 말해지는 순간, 곧바로 하늘에 죄를 얻
는 것이다.

說一媚字, 便獲罪于天矣.

제14장

공자　"주나라의 문물제도는 하, 은 두 나라를 본떴다. 찬란하구나, 그 문화
　　　　여! 나는 주나라의 문화를 따르겠다."
子曰　"周監於二代, 郁郁乎文哉! 吾從周."

遇　　문화의 융성은 주나라의 제도가 크게 갖추어진 면모이다. 주나라 후대 유왕(幽王)과 여왕(厲王)의 시대에 가서 기강이 땅에 떨어지자, 그 문화도 스러지고 나라도 또한 따라서 망했으니, 어찌 문화의 넉넉함을 우려하겠는가! …… 한(漢)나라가 개국하였을 때, 신하와 백성이 거만하여 제멋대로 굴었다. 이때 숙손통(叔孫通)이 제도를 제정하고 정비하자, 한고조(漢高祖)가 "이제서야 비로소 천자의 귀함을 알겠노라!"라고 하였으니, 번쇄한 문화와 예절이 적지 않은 부분임을 알 수 있도다.

文盛, 是周制大備處. 降自幽厲, 紀綱掃地, 文盡而國亦隨之, 豈憂文勝耶! …… 漢室草創, 臣民倨侮. 自綿蕝制興, 而漢高曰: "今日始知天子之貴." 覺繁文縟節, 自不可少.

제15장

공자께서 처음으로 태묘(大廟)에 들어가 제사에 참여하시면서 매사를 물으셨다.
이를 본 어떤 이가 말하기를 "누가 추(鄹)땅 사람의 아들을 일러 예를 안다고 하였는가? 태묘에 들어와서 모든 일을 남에게 묻는구나!"
이 말을 들으신 공자 "이것이 바로 예이다."

子入大廟, 每事問.
或曰　　"孰謂鄹人之子知禮乎? 入大廟, 每事問."
子聞之, 曰 "是禮也."

評　　"이것이 바로 예이다."라고 하셨으니, 공자의 언동(言動)은 그 자체로 예인 것이다. 어디에 '안다'는 글자가 붙을 수 있겠는가!

曰是禮, 夫子便是禮矣, 何處着一知字!

　　　　　　　논어, 천년의 만남

點睛　이탁오: "다만 예이냐 예가 아니냐를 논할 뿐이지, 어찌 아느냐 모르느냐를 따지겠는가."

　　방외사: "모르면 바로 묻는 것이 공자의 마음 그대로 닦는 도량(道場)이다. 만약 '비록 알고 있었지만 또한 물었다'라고 해석한다면, 이것은 잘못된 것이다."

卓吾云: "只論禮與非禮, 那爭知與不知."

方外史曰: "不知便問, 是孔子直心道場處. 若云雖知亦問者, 謬矣."

—— 제16장 ——

공자　"활 쏘는 데 있어서는 과녁을 뚫는 데 주력하지 말고, 맞추는 데 힘 써라'라고 하였는데, 이는 사람마다 힘이 같지 않은 때문이었으니, 이것이 바로 옛날의 활 쏘는 도이다."

子曰　"射不主皮, 爲力不同科, 古之道也."

評　요즘 세태는 어떠한가?

今則何如?

遇　옛날의 활 쏘는 도를 말씀하셨는데, 이것은 옛날 이루어진 법도는 반드시 변할 수 없다는 것으로, 이 말 너머에는 곧 요즘 세태를 마음 아파하는 뜻이 들어 있다.

説古之道, 是古之成法, 必不可變者, 言外便有傷今意.

자공이 초하룻날 사당에 아뢰고 나서 희생양을 바치는 예식을 없애려고 하였다.

이를 들으신 공자 "사야! 너는 그 양이 아까운 것이냐? 나는 그 예가 없어지는
　　　　　　　　 것이 안타깝구나."

子貢欲去告朔之餼羊.

子曰　　 "賜也! 爾愛其羊, 我愛其禮."

評　　 이 한 마리의 양을 바치는 예식을 남겨두면 예가 보존되고, 없
애버리면 양이 살게 된다. 그래서 '그 양[其羊]', '그 예[其禮]'라고 말씀하
신 것이다.

此一羊也, 留之則爲禮, 去之則爲羊, 故曰其羊, 其禮.

遇　　 서자명(徐自溟): "예가 시행되는 시대에는 양을 죽이는 것이 예
이며, 예가 폐지될 시기에는 양을 살리는 것이 예이다." …… 양에게 이
예를 기탁한 것이니, 양을 바치는 예식을 남겨두면 그 예가 보존되고, 없
애버리면 그 양이 살게 된다. '그[其]'자에는 오묘한 해석이 들어 있다.

徐自溟曰: "行禮時, 殺羊是禮, 廢禮時, 存羊是禮." …… 羊以寄此禮,
故留之則其禮也, 去之則其羊也. 其字有妙解.

서자명(**徐自溟**, 1560~1642?): 이름은 분붕(奮鵬), 별호는 필동선생(筆峒先生), 자명(自
溟)은 그의 자이다. 명대의 저명한 문학가, 역사학자였다. 저서로 『필동집(筆峒集)』, 『고
금치통(古今治統)』 등이 있다.

　　　　　　　　　　　　　　　　　　　　　論語, 천년의 만남

──── 제18장 ────

공자　　"임금 섬김에 예를 다하였더니, 사람들은 아첨한다고 여기는구나!"

子曰　　"事君盡禮, 人以爲諂也."

評　　'아첨한다'라는 오명(汚名)에서 벗어나고 싶어만 한다면, 실제로는 예에서 벗어난 일을 하게 될 것이다. 부모를 섬김에서도 마찬가지이다.

惟避諂之名, 則蹈非禮之實矣. 事父母亦然.

點睛　　불(佛), 법(法), 승(僧) 삼보(三寶)의 경계에 널리 공양(供養)을 올릴 때, 사람들 중에 또한 낭비하는 것으로 생각하는 자들이 많다. 슬프도다!

於三寶境, 廣修供養, 人亦以爲靡費者多矣. 哀哉!

──── 제19장 ────

정공(定公)　　"임금이 신하를 부리며, 신하가 임금을 섬기자면 어찌해야 합니까?"

공자　　"임금이 신하 부리기를 예로써 하면, 신하는 임금 섬기기를 충성으로써 해야 합니다."

定公問　　"君使臣, 臣事君, 如之何?"

孔子對曰　　"君使臣以禮, 臣事君以忠."

評　　올바른 말씀.

正當.

遇　　마초(馬超)가 처음 유비(劉備)를 알현하였을 때, 유비와 대담을 하면서 유비의 자(字)인 현덕(玄德)으로 불렀다. 이에 관우(關羽)가 분노하면서 그를 죽이려 하였다. 그러자 유비는 "사람이 곤궁해지자 몸을 맡기러 왔는데, 나의 자를 불렀다고 해서 그를 죽인다면, 천하에 무엇을 보이겠는가?"라고 하였다. 이 말을 들은 장비(張飛)가 "상황이 이러하다면, 마땅히 예를 보여야 할 것입니다."라고 하였다. 다음날, 크게 모임을 열고 마초를 불러들였다. 이때 관우와 장비가 칼을 차고 꼿꼿하게 서 있으니, 이에 마초가 매우 놀라 다시는 유비의 자를 부르지 못하였다. 예가 아랫사람을 제어하는 것이 이와 같다.

馬超初見先主, 與先主言, 呼先主字. 關羽怒, 請殺之. 先主曰: "人窮來歸, 以呼我字而殺之, 何以示天下?" 張飛曰: "如是, 當示之以禮." 明日大會, 請超入, 羽飛並杖刀立直, 超乃大驚, 遂不復敢呼字. 禮之足以御下也如此.

———— 제20장 ————

공자　　"『시경』「관저(關雎)」의 노래 곡조는 즐겁되 음란하지 않고, 슬프되 마음 상할 정도는 아니다."

子曰　　"「關雎」, 樂而不淫, 哀而不傷."

評　　이 경문은 『시경』의 곡조인 음악을 찬미한 것이지, 『시경』의 가사인 시구를 찬미한 것이 아니다. 『시경』의 시구를 찬미한 것으로 읽으

면 말이 되지 않는다.

贊樂也, 非贊詩也. 贊詩則説不去矣.

遇 이 경문은 『시경』의 곡조인 음악을 찬미한 것이지, 『시경』의 가사인 시구를 찬미한 것이 아니다. 때문에 반드시 「관저」에 나오는 '종과 북[鍾鼓]', '거문고와 비파[琴瑟]', '잠을 깨나 자나[寤寐]', '이리 뒤척 저리 뒤척[反側]' 등의 시어로 그 슬픔과 즐거움을 헤아릴 필요는 없다.

此是贊樂, 不是贊詩. 不必以鍾鼓琴瑟寤寐反側等語, 較量哀樂.

─── 제21장 ───

애공이 재아(宰我)에게 사직단(社稷壇)에 심겨 있는 나무가 시대에 따라 다른 이유에 대하여 물었다.

재아 "하나라는 사직단에 소나무를 심었고, 은나라 사람들은 잣나무를 심었으며, 주나라 사람들은 밤나무를 심었는데, '밤나무[栗]'를 심은 이유는 백성들로 하여금 '두려움[戰栗]'을 느끼게 하려고 해서였습니다."

이 대화를 들으신 공자 "벌어진 일이니 더 말할 것도 없으며, 다 된 일이니 충고할 필요도 없으며, 이미 지나간 일이니 탓할 것도 없다."

哀公問社於宰我.

宰我對曰 "夏后氏以松, 殷人以柏, 周人以栗, 曰 '使民戰栗.'"

子聞之, 曰 "成事不說, 遂事不諫, 既往不咎."

評 실제는 재아를 상대로 말하고 충고하고 탓한 것이지만, 또한 이

는 애공을 상대로 말하고 충고하고 탓한 것이기도 하다.

實是說他, 諫他, 咎他, 亦是說哀公, 諫哀公, 咎哀公.

點睛　애공이 삼가(三家)가 강포한 것을 근심하여 유약(有若)에게 대책을 물었다. 유약이 "오직 예만이 삼가의 포악함과 혼란스러움을 제어할 수 있습니다."라고 하였으니, 이것이 근원을 바로잡고 깨끗이 할 수 있는 정론이다.

哀公患三家之强暴, 問於有若. 有若對曰: "惟禮可禦暴亂." 此端本澄源之論也.

―――― 제22장 ――――

공자　　　"관중(管仲)은 기량(器量)이 작구나!"

어떤 사람　"관중이 검소했다는 말씀입니까?"

공자　　　"관중은 세 명의 아내를 두었으며, 가신(家臣)들에게 일을 겸직시키지 않았으니, 어찌 검소하다고 할 수 있겠는가?"

어떤 사람　"그러면 관중은 예를 알았습니까?"

공자　　　"나라를 가진 임금만이 병풍으로 문을 가릴 수 있는데 관중도 병풍으로 문을 가렸으며, 임금만이 두 나라의 우호를 다질 때 술잔을 되돌려 놓는 자리를 둘 수 있는데 관중도 술잔을 되돌려 놓은 자리를 두었으니, 관중더러 예를 안다고 한다면 누가 예를 모르겠는가?"

子曰　　　"管仲之器小哉!"

或曰　　　"管仲, 儉乎?"

曰　　　　"管氏有三歸, 官事不攝, 焉得儉?"

　　　　　　“然則管仲知禮乎?”

曰　　　“邦君樹塞門, 管氏亦樹塞門. 邦君爲兩君之好, 有反坫, 管氏亦有反
　　　　　坫, 管氏而知禮, 孰不知禮?”

評　　　공자께서 관이오(管夷吾, 管仲)를 평가하시는 태도를 보면, 가히
“좋아하였지만, 그의 나쁜 점을 알았다.”라고 할 만하다.
孔子于夷吾, 可謂好而知惡.

遇　　　탕선성(湯宣城, 탕곽림): “관중은 참으로 천하의 인재이지만, 그
의 기량은 칭찬하기에 부족하다'고 하였는데, 이 말은 잘 이해하여야만
한다.”
湯宣城云: “仲固天下才也, 其器不足稱也. 語有領會.”

탕곽림(湯霍林, 1568~?): 이름은 빈이(賓尹), 자는 가빈(嘉賓), 곽림(霍林)은 그의 호이
다. 명대 정치세력인 선당(宣黨)의 영수로서 탕선성이라고도 불렸다. 선종의 영향을 받
은 소품문으로 유명하였다. 저서에 『역경익주(易經翼註)』 등이 있다.

點睛　　관중이 한번 어지러운 천하를 바로잡은 것이 바로 그의 인(仁)
이다. 관중이 검소하지 못했던 것, 예를 알지 못했던 지점이 바로 그의
기량이 작은 것이다. 공자께서 사람을 논할 때 얼마나 공평하며, 또한 얼
마나 명백한가!
一匡天下處, 是其仁. 不儉, 不知禮處, 是其器小. 孔子論人, 何等公平,
亦何等明白.

공자께서 노(魯)나라의 악관인 태사(大師)에게 음악에 대하여 말씀하시기를

"음악의 이치를 알아야만 하네. 처음 음악이 시작될 때는 여러 음률
이 나란히 연주되다가, 연주가 이어지면서는 음률끼리 조화를 이루
면서도 제 음색을 내게 되는데, 이러한 양상이 이어지면서 한 곡조
가 완성되어야만 한다네."

子語魯大師樂, 曰 "樂其可知也. 始作, 翕如也, 從之, 純如也, 皦如也, 繹如也, 以
成."

評　　공자 당대의 음악이 이렇지 않았음을 알 수 있다.

當時之樂, 不能如此可知.

遇　　공자는 일생 동안 소악(韶樂)을 통해 순(舜)임금을 알현하였고,
거문고 소리를 통해 문왕(文王)을 보았다. 음악에 마음을 둔 이 몇 마디
말씀에는 소왕(素王)이신 공자의 음악의 도에 관한 생각이 담겨 있다.

孔子生平見舜於韶, 見文王於琴. 留心音律, 只此數語, 已備素王一部鼓
吹.

點睛　　음악은 마음의 소리이니, 그 음악을 들으면 그 덕을 알 수 있다.
그러므로 '음률이 나란히 연주됨[翕如]', '음률끼리 조화를 이룸[純如]' 등
은 모름지기 명덕(明德)의 관점에서 이해하여야지, 말단인 음운에 맡겨
서는 안 된다.

樂是心之聲, 聞其樂而知其德. 故翕如純如等, 須從明德處悟將來, 非安

排於音韻之末也.

─── 제24장 ───

의(儀) 땅의 국경을 지키는 이가 공자 뵙기를 청하면서, 말하기를 "군자가 이
　　곳에 이르면 내 일찍이 만나보지 않은 적이 없었네."
이에 공자를 따르는 제자들이 뵈옵게 인도하였다.
그가 공자를 만나 뵙고 나와서 제자들에게 말하기를 "그대들은 어찌 선생께
　　서 벼슬 잃음을 걱정하는가? 천하에 도가 없어진 지 이미 오래되었
　　으니, 하늘이 장차 선생을 목탁(木鐸)으로 삼으실 것이다."

儀封人請見.

曰　　　"君子之至於斯也, 吾未嘗不得見也."

從者見之.

出曰　　"二三子何患於喪乎? 天下之無道也久矣, 天將以夫子爲木鐸."

評　　　의 땅의 국경을 지키는 사람은 중니(仲尼)의 제일가는 지기(知
己)이자, 또한 하느님의 지기이기도 하다. 기인이로다, 기인이로다!
儀封人是仲尼第一个知己, 亦是老天一个知己. 異人, 異人!

遇　　　노자가 관문을 나설 때 윤희(尹喜)가 있었고, 공자가 위(衛)나라
에 갔을 때 국경지기가 있었다. 이들은 모두 풍진세상의 지기라 할 만하다.
老子出關而有尹喜, 孔子適衛而有封人, 皆是風塵知己.

點睛　　공자의 일생을 확정하는 평가이니, 바로 천고(千古)의 지기(知

己)라고 하겠다. 공자는 참으로 만고의 목탁이로다!

終身定評, 千古知己, 夫子眞萬古木鐸也!

제25장

순임금의 음악인 소악(韶樂)에 대한 공자의 평 "곡조가 매우 아름답고, 또한
　　　지극히 좋다."
무왕의 음악인 무악(武樂)에 대한 공자의 평 "곡조가 매우 아름다우나, 지극
　　　히 좋다고 할 수는 없다."
子謂韶　　"盡美矣, 又盡善也."
謂武　　　"盡美矣, 未盡善也."

評　　음악을 비평한 것이지, 순임금과 무왕을 평가한 것이 아니다.
評樂也, 非評舜與武王也.

點睛　　각랑선사(覺浪禪師): "이 경문은 음악을 비평한 것이지, 사람을
평가한 것이 아니다. 순악(舜樂, 소악)은 순임금의 아름다움을 다 표현한
데다 또한 순임금의 선함도 남김없이 표현하였다. 그러나 무악(武樂)은
무왕의 아름다움은 남김없이 표현했지만, 무왕의 선함은 다 표현하지를
못하였다. 순임금과 무왕은 모두 성인인데, 어찌 선(善)을 다 발휘하지
못함이 있었겠는가?"
覺浪禪師曰: "此評樂, 非評人也. 蓋舜樂, 能盡舜帝之美, 又能盡舜帝之
善. 武樂, 能盡武王之美, 未能盡武王之善. 舜, 武, 都是聖人, 豈有未盡
善者?"

각랑선사(覺浪禪師, 1592~1659): 명나라 말기의 조동종(曹洞宗) 승려. 속성(俗姓)은 장(張)씨, 호는 각랑(覺浪)이며, 별호는 장인(杖人)이다. 청나라 순치(順治) 3년(1646) 무렵 강소 천계사(天界寺) 주지를 지내면서 선풍(禪風)을 크게 떨쳤다.

—— 제26장 ——

공자 "윗자리에 있으면서 관대하지 않으며, 예를 행할 때 공경심이 없으며, 어버이 상을 치를 때 슬퍼하지 않는다면, 내가 무엇으로 그의 행동의 잘잘못을 살펴볼 수 있겠는가?"

子曰 "居上不寬, 爲禮不敬, 臨喪不哀, 吾何以觀之哉?"

評 이런 사람들도 윗자리에 있을 수 있고, 예를 행할 수 있으며, 상도 치를 수 있구나.

可以居上矣, 可以爲禮矣, 可以臨喪矣.

點睛 이 경문은 바로 이런 위정자들을 내가 더 이상 보고 싶지 않다는 뜻이지, 그 잘잘못을 살펴보시려는 것이 아니다.

卽是吾不欲觀之意, 非是觀其得失.

이
인

里仁

제1장

공자 "마을의 인심이 인후(仁厚)한 것이 아름다우니, 이런 마을을 택하여 살면서도 인(仁)하지 않다면 어찌 지혜롭다 하겠는가!"

子曰 "里仁爲美. 擇不處仁, 焉得知!"

評 이런 마을을 택하여 살면서도 인(仁)하지 않으니, 바로 이것 때문에 어리석게 되는 것이다.

擇而不處, 所以爲愚.

遇 장동초: "인심이 인후한 마을을 택하여 살지도 않고 인(仁)하지도 않다면 이는 어리석은 백성이다. 그러나 한번 깨달으면 곧바로 변화할 수 있다. 반면 이런 마을을 택하여 살면서도 인하지 않다면 이는 지름길을 좋아하는 백성들로 영원히 본래의 고향으로 돌아갈 길이 끊어질 것이다."

張侗初曰: "不擇而不處, 是蚩蚩之民, 一覺便轉. 擇而不處, 是好徑之民, 永斷歸路."

點睛 마을은 몸이 사는 곳이라서 인후한 마을을 아름답다고 여길 줄은 아는데, 도(道)는 마음이 거처하는 곳인데도 도리어 인(仁)을 택하여 거처하지 않는다. 어찌 그리도 껍데기는 중히 여기고 성령(性靈)은 가벼이 여기는가!

里以宅身, 尙知以仁爲美, 道以宅心, 反不擇仁而處, 何其重軀殼而輕性靈也?

공자　"인(仁)하지 못한 자는 오랫동안 곤궁함을 견딜 수 없으며, 장구하게 즐거움도 누릴 수 없다. 인자(仁者)는 인을 편안히 여기고, 지자(智者)는 인을 이롭게 여긴다."

子曰　"不仁者, 不可以久處約, 不可以長處樂. 仁者安仁, 知者利仁."

評　세상에서는 오직 '인(仁)'과 '지(知)'의 편의성에 대해서만 말들한다.

世上惟仁知的討了便宜.

遇　곤궁함과 즐거움에 잠시 머무름은 오히려 쉽다. 오랫동안 머물러보아야 곧 인품을 볼 수 있다.

約樂暫處尚易, 久處之, 便見人品.

點睛　인(仁)을 편안하게 여기면 곤궁과 즐거움이 모두 편안하고, 인을 이롭게 여기면 곤궁과 즐거움이 모두 이로우니, 얼마나 쾌활하고 안락한가!

安仁, 則約樂皆安, 利仁, 則約樂皆利, 何等快活受用.

──── 제3장 ────

공자　"오직 인자만이 남을 좋아할 수 있으며, 남을 미워할 수 있다."

子曰　"惟仁者能好人, 能惡人."

評   불인(不仁)한 자, 어찌 제대로 사람을 좋아하고 미워할 수 있겠는가!

不仁的如何好惡得人!

遇   오늘날의 사람들은 악인을 보면, 전적으로 분노와 불평에 휩싸이니, 이것은 그 이전에 이미 인의 본체를 잃고서 악에 떨어졌기 때문이다. 이런 사람들이 어찌 제대로 사람을 미워할 수 있겠는가!

今人見惡人, 一切忿恨不平, 是先己失仁體而墮於惡矣. 又何能惡人之有!

點睛   좋아함도 없고 미워함도 없기에 진정으로 좋아하고 미워할 수 있다. 좋아함도 없고 미워함도 없는 것은 성량(性量)이고, 좋아할 수 있고 미워할 수 있음은 성구(性具)이며, 인(仁)은 성체(性體)이다.

無好無惡故能好能惡. 無好無惡, 性量也. 能好能惡, 性具也. 仁, 性體也.

제4장

공자   "인(仁)에 뜻을 둔다면, 악(惡)은 없을 것이다."

子曰   "苟志於仁矣, 無惡也."

評   간단, 명백한 진리의 말씀.

直截.

遇   뜻[志]은 기(氣)를 통솔하는 장군이다. 이 뜻이 한번 깨어나면,

마치 대장이 단상에 올라 호령함에 삼군(三軍)이 명령을 듣는 것과 같다. 이러하다면 어찌 수많은 욕망들의 날뜀이 있겠는가!

설암상인(雪庵上人): "수원(水源)이 맑아지면 지류(支流)는 모두 맑아질 것이며, 지혜의 등불을 들면 바위산을 지나더라도 어둡지 않으리라. 공자 문하의 '인에 뜻을 두면 악이 없다'는 말의 요지는 바로 이것이다. 마구니가 일어나는 빌미는 모두 정신의 주인인 제집을 지키지 못하기 때문이다. 이 점을 명심, 또 명심하라."

志者, 氣之帥也. 此志一提醒, 如大將登壇, 三軍聽命, 更何衆欲紛擾之有?

雪庵上人曰: "一源旣澄, 萬流皆清. 揭起慧燈, 千巖不夜. 孔門志仁無惡, 其旨如此. 塵魔作祟, 皆緣主人神不守舍. 念之, 念之."

點睛　영겁의 어두운 방, 암흑을 밝히는 등불 하나.

千年暗室, 一燈能破.

제5장

공자　"재물과 권력은 사람들이 원하는 것이나 그 정상적인 방법으로 얻을 수 없으면 욕심내지 않아야 한다. 가난과 비천함은 사람들이 싫어하는 것이지만 절로 찾아왔다면 이것을 버리지 않아야 한다. 군자가 인을 버린다면 어찌 그 명성을 이룰 수 있겠는가? 군자는 밥 한 끼 먹을 동안에도 인을 어김이 없어야 하니, 바쁜 와중에도 이러해야 하며, 위급한 상황에서도 이러해야 한다."

子曰　"富與貴, 是人之所欲也, 不以其道得之, 不處也. 貧與賤, 是人之所惡

也, 不以其道得之, 不去也. 君子去仁, 惡乎成名? 君子無終食之間違

仁, 造次必於是, 顚沛必於是."

評 　 이 경문은 모두 가르치는 말씀으로 보아야만, 문맥이 막힘없이
통한다.

都作訓辭看, 血脈便貫通無礙.

遇 　 원요범(袁了凡): "가난과 비천함 속에서 비정상적 도리를 보게
되면, 이것이 바로 악의 종자이다. 이 관문을 타파해야만 바로 도를 배우
는 사람으로서 참으로 안락할 수 있을 것이다."

袁了凡曰: "貧賤中見有非道, 便是惡的種子. 打破此關, 是學道人眞實
受用."

원요범(袁了凡, 1533~1606): 이름은 황(黃), 자는 곤의(坤儀), 요범(了凡)은 그의 호이
다. 천문(天文)과 술수(術數), 의학, 수리(水利) 등에 능통했다. 일찍이 경략(經略) 송응
창(宋應昌)의 군대를 도와 임진왜란에 참전했다. 저서에 『요범사훈(了凡四訓)』, 『원요범
문집(袁了凡文集)』 등이 있다.

點睛 　 이 경문은 모두 가르치는 말씀이다. 만약 정상적인 방법으로 얻
을 수 없는 부귀를 욕심내고 절로 찾아온 빈천을 버리려 한다면 바로 인
(仁)에서 떠나가는 것이니, 곧 군자라고 이름할 수 없다. 만약 진정으로
군자가 되고자 한다면 이름과 실제가 서로 부합하여 모름지기 밥 한 끼
를 먹을 만한 짧은 시간에도 인에서 떠나지 말아야 하고, 바쁜 와중이나
위급한 순간에도 인을 떠나지 말아야 한다.

此章皆誡訓之辭. 若處非道之富貴, 去非道之貧賤, 便是去仁, 便不名爲

君子. 若要眞正成個君子, 名實相稱, 須是終食之間不違, 造次顚沛不違.

공자	"나는 인(仁)을 좋아하는 자와 불인(不仁)을 미워하는 자를 보지 못

하였다. 인을 좋아하는 자는 그보다 더 좋은 것이 없고, 불인을 싫어
하는 자는 그가 인을 행할 때 불인한 것이 자신에게 더해지지 않게
해야 한다. 하루라도 그 힘을 인에 쓰는 자가 있는가? 나는 여태껏 힘
이 부족한 자를 아직 보지 못하였노라. 아마도 그런 사람이 있을 터
인데 내가 아직 보지 못하였나 보다."

子曰   "我未見好仁者, 惡不仁者. 好仁者, 無以尙之, 惡不仁者, 其爲仁矣, 不
使不仁者加乎其身. 有能一日用其力於仁矣乎? 我未見力不足者. 蓋
有之矣, 我未之見也."

評   '그보다 더 좋은 것이 없다[無以尙之]', '불인한 것이 자신에게 더
해지지 않게 해야 한다[不使不仁者加乎其身]'라는 곳이, 바로 힘을 쓰면
힘이 충분해지는 지점이다.
無以尙之, 不使不仁者加乎其身, 正是用力力足處.

遇   탕곽림: "'인(仁)을 좋아하는 자'에서 이 경문의 끝까지는 한 호
흡으로 읽어야만 한다. '그보다 더 좋은 것이 없다[無以尙之]', '불인한 것
이 자신에게 더해지지 않게 해야 한다'라는 곳이, 바로 힘을 쓰는 지점이
다. 힘을 쓰면 곧 힘이 충분해진다. 공자께서 힘을 쓰는 자를 보지 못하
였기 때문에 '나는 인(仁)을 좋아하는 자와 불인(不仁)을 미워하는 자를

보지 못하였다'라고 말씀하신 것이다."

湯霍林謂:"自好仁者至末, 俱一氣說. 無以尚, 不使加, 便是用力處. 用力便力足. 我未見用力者, 故我未見好仁者, 惡不仁者."

제7장

공자   "사람의 잘못은 그 부류에 따라 각기 다르다. 그 과오를 살펴보면, 그가 인(仁)한지를 알 수 있다."

子曰   "人之過也, 各於其黨. 觀過, 斯知仁矣."

評   인자(仁者)의 말씀이다.

仁人之言.

遇   소동파(蘇東坡, 소식): "『예기』에 이르기를, '인자(仁者)와 동일한 공적을 세웠다 하더라도 그가 인한지를 다 알 수는 없다. 그러나 인자와 같은 과오가 있음을 본 뒤에야 그의 인함을 알 수 있다'라고 하였는데, 바로 이『논어』경문의 주석이라 할 만하다."

東坡云:"『記』曰:'與仁同功, 其仁未可知也. 與仁同過, 然後其仁可知也.' 此『論語』之義疏也."

點睛   이것은 법안(法眼)이며, 또한 자비심이다. 세상 사람들은 단지 인(仁) 가운데서 과오(過誤)를 찾을 뿐이니, 누가 기꺼이 허물 가운데서 인을 구하려 하겠는가! 그러나 오직 허물 가운데서만 인을 볼 수 있으니, 소인은 허물이 있으면 반드시 꾸미고, 인자는 과오가 있으면 반드시

<u>스스로 엄폐하지 않기 때문이다.</u>

此法眼也, 亦慈心也. 世人但於仁中求過耳, 孰肯於過中求仁哉! 然惟過可以觀仁, 小人有過則必文之, 仁人有過必不自掩故也.

제8장

공자　　"아침에 도(道)를 깨달아야만 저녁에 죽을 수 있을 것이다."
子曰　　"朝聞道, 夕死可矣."

評　　도를 깨닫지 못하면 죽을 수도 없다는 말씀이지, 도를 깨달으면 바로 죽어도 된다는 말씀이 아니다.

説不聞道不可以死, 非説聞道即當死也.

遇　　아침과 저녁은 가정해서 한 말이고, 실제 의미는 '있을 것이다[可矣]'라는 구절에서 음미하여야 한다. 만약 도를 깨닫지 못하면, 다만 살 수 없을 뿐 아니라 곧 죽더라도 제대로 죽을 수 없는 것이다. 때문에 이 경문은 응당 도를 깨닫는 지점에서 이해하여야지, 죽고 사는 관점으로 헤아려서는 안 된다.

朝夕只是設言. 味可矣語意, 若不聞道, 不但不可生, 便死也死不得. 只該在聞道上理會, 不須在生死上更作商量.

點睛　　도(道)를 깨닫지 못한 자가 어찌 제대로 죽을 수 있겠는가? 만약 죽음이 피할 수 없는 것임을 안다면, 어떻게 급히 도를 깨닫기를 추구하지 않는가? 만약 아침에 도를 깨달으면 저녁에 죽어도 좋다는 것을 안

다면, 곧 도가 시간상으로 끝이 없고 공간적으로 다함이 없어서 죽는다고 끊어지거나 소멸하는 것이 아님을 지각하게 될 것이다.

不聞道者, 如何死得? 若知死不可免, 如何不急求聞道? 若知朝聞可以夕死, 便知道是豎窮橫遍, 不是死了便斷滅的.

―――― 제9장 ――――

공자　　"선비로서 도(道)에 뜻을 두었다고 하면서 해진 옷과 거친 음식을 부끄러워하는 자라면 더불어 도를 의논할 수 없다."

子曰　　"士志於道, 而恥惡衣惡食者, 未足與議也."

評　　해진 옷과 거친 음식을 부끄러워하는 마음, 참으로 이것이 부끄러워할 만한 것이다.

恥惡衣惡食, 眞是可恥.

遇　　왕용계: "욕망에 빠지기 쉬운 자와 세속적 마음을 잊기 어려운 자는 습기(習氣)와 견해(見解)를 제거함이 깨끗하지 않다. 그리하여 마치 정갈한 그릇에 더럽고 탁한 것이 남아 있어서, 비록 감로수를 넣더라도 곧바로 냄새나는 썩은 물로 변하는 것과 같다."

王龍谿曰: "易溺者, 凡心難忘者, 習見掃除不淨, 如留汚濁於淨器中, 雖投以甘露, 亦化爲惡水."

공자	"군자는 천하의 모든 일에 대하여 '이것만은 꼭 하겠다'는 마음도 없으며, '이것만은 반드시 하지 않겠다'는 마음도 없고, 의(義)를 따를 뿐이다."
子曰	"君子之於天下也, 無適也, 無莫也, 義之與比."

評　　진리로다! 진리로다!

眞, 眞!

遇　　보통 사람의 흉중에는 '이것만은 꼭 하겠다', 혹은 '이것만은 반드시 하지 않겠다'라는 이미 확정된 견해를 가지고 있다. 여기에서 천하만사가 어그러짐을 알지 못하고 있도다.

凡人胸有成見, 不知壞了天下多少事體.

點睛　　만약 내가 의(義)를 따르고자 한다면, 바로 '이것만은 꼭 하겠다[適]'라거나 '이것만은 반드시 하지 않겠다[莫]'라는 견해를 가지게 된다. 의가 와서 나를 따르게 해야만, 바야흐로 '이것만은 꼭 하겠다'라거나 '이것만은 반드시 하지 않겠다'라고 고집하는 지점이 없음을 보게 된다. 의(義)를 따르면 내가 의에 휘둘리게 되고, 의가 나를 따르게 하면 의를 부릴 수 있을 것이다.

若欲比義, 便成適莫. 義來比我, 方見無適莫處. 比義, 則爲義所用, 義比, 則能用義.

──── 제11장 ────

공자   "군자는 덕을 그리워하고 소인은 토지를 탐내며, 군자는 법을 마음에 두고 소인은 혜택을 생각한다."

子曰   "君子懷德, 小人懷土, 君子懷刑, 小人懷惠."

評   '그리워하고 생각한다[懷]' 한 글자, 절묘하도다!

懷字妙!

點睛   덕(德)을 보는 자는 토지가 있음을 보지 못하고, 토지를 보는 자는 덕이 있음을 보지 못한다. 법(法)을 보는 자는 혜택이 있음을 보지 못하고, 혜택을 보는 자는 법이 있음을 보지 못한다. 이는 모두 홀로 마음속으로만 아는 것이요 남에게 알려줄 수 없으니, 비유하자면 물을 마실 때 차가운지 따뜻한지를 자신만이 아는 것과 같다.

見德者不見有土, 見土者不見有德. 見法者不見有惠, 見惠者不見有法. 此皆獨喩於懷, 不可以告人者, 譬如飮水, 冷暖自知而已.

──── 제12장 ────

공자   "이익만을 좇아서 행동한다면, 남에게서 원망을 많이 살 것이다."

子曰   "放於利而行, 多怨."

評   이렇게 행동한다면 무슨 이익이 생기겠는가!

何利之有!

遇 쇠로 문의 지도리를 만드니, 귀신이 손뼉을 치며 비웃는도다. 세상에서는 이익과 편한 일에만 관심을 쏟으니, 어찌 죽을 때까지 안락할 수 있겠는가!

鐵作戶樞, 鬼神拍手. 世間討便宜事, 何便得你終身受用!

———— 세13장 ————

공자 "예법과 겸양으로써 나라를 다스린다면 무슨 어려움이 있으며, 예법과 겸양으로써 나라를 다스리지 못한다면 예가 있다한들 무엇에 쓰겠는가!"

子曰 "能以禮讓爲國乎, 何有? 不能以禮讓爲國, 如禮何?"

評 예의 쓰임이 이와 같은데, 요즘 사람들은 이것을 알고나 있는지!

禮之用如此, 今人那得知!

點睛 예법과 겸양으로써 나라를 다스린다면, 비단 예를 얻을 뿐만 아니라 또한 나라를 얻을 수 있다. 예법과 겸양으로써 나라를 다스리지 못한다면, 단지 나라를 다스리지 못할 뿐만 아니라 또한 예도 얻을 수 없을 것이다.

能以禮讓, 不但用得禮, 亦爲得國, 不能以禮讓爲國, 不但治不得國, 亦用不得禮.

공자	"자리가 없음을 걱정하지 말고 그 자리에 설 자격을 갖추었는지를 걱정해야 하며, 자신을 알아주는 이가 없음을 걱정하지 말고 알아줌을 구해야 할 것이다."
子曰	"不患無位, 患所以立. 不患莫己知, 求爲可知也."

評　지당하신 말씀!
至言!

遇　'지위[位]'는 오로지 부귀만을 가리키는 것이 아니다. 빈천하거나 환난에 처했거나 오랑캐 땅에 가거나를 막론하고 어디에서든 모두 나 자신의 본래 '자리'로 돌아가야 한다. 그러므로 이러한 '자리'에 서 있는 자는 한 때라도 마음의 주인공이 없어서는 안 된다.

　'알아줌[知]'이란 오로지 명예만을 가리키는 것이 아니다. 천지 사이 어디서든 부끄러움이 없어 이르는 곳마다 모두 나 자신의 본래 '거울'을 가지고 있어야 한다. 그러므로 '알아줌'을 구하는 자는 일각이라도 해이함을 허용해서는 안 된다.

位不專屬富貴, 自貧賤患難夷狄, 到處皆還吾素, 故所以立位者, 一時不可無主. 知不專屬名譽, 自天地屋漏衾影, 隨處皆操吾鑒, 故所以求知者, 一刻不容少弛.

공자	"삼(參)아! 나의 도는 하나로써 모든 것을 꿰고 있느니라."
증자	"예! 알겠습니다."

대화를 마치고 공자께서 나가셨다.

이 대화를 들은 분하생들이 질문하기를 "무슨 뜻입니까?"

증자	"선생님의 도는 '충실한 마음가짐[忠]'과 '이를 미루어 남을 생각하는
	자세[恕]'로써 모든 일에 일관(一貫)할 뿐이다."

子曰	"參乎! 吾道一以貫之."
曾子曰	"唯."

子出.

門人問曰 "何謂也?"

曾子曰 "夫子之道, 忠恕而已矣."

評   천하에 충(忠)과 서(恕)를 실천하는 사람이 있다면 어느 한 곳이라도 관통하지 않음이 있겠는가. 증자가 "예! 알겠습니다."라고 대답한 데서, 증자의 실견(實見)이 여기에 도달했음을 알 수 있다. 요즘 사람들은 이 구절을 보기는 하지만, 모두 청맹과니일 뿐이다.

天下有忠恕之人, 有一處不貫通否? 乃知曾子之唯, 實見到此處矣. 今人看此, 都瞶瞶.

遇   증자는 이 경지에 이르러 의심의 뿌리가 모두 끊어졌다. 다른 사람들은 '일관(一貫)'을 '일관(一貫)'으로 '충서(忠恕)'를 '충서(忠恕)'로 볼 뿐이니, 어찌 감히 '~뿐이다[而已矣]'라는 말을 할 수 있겠는가. 맹자가

'(요순의 도는) 효도와 공손뿐이다'라고 말을 하였는데, 증자와 맹자의 이런 말들은 모두 집에 도착한, 즉 진리의 전당에 들어선 이들의 언어이다.

오설애(吳雪崖): "옛 고승이 '수십 년이 지나서야 주객의 차별상을 극복하고 만물과 일체가 되는 경지에 이르렀다'고 하였으니, 증자의 평소 학문이 여기에 이르러서야 이 경지로 녹아 들어갔다."

曾子到此, 疑根盡斬矣. 他人看一貫是一貫, 忠恕是忠恕, 何敢說而已矣? 孟子説孝弟而已矣, 俱是到家語. …… 吳雪崖曰: "古德謂數十年來打成一片, 曾子平昔學問, 至此銷歸."

───── 제16장 ─────

공자　　"군자는 의리에 물들어가고, 소인은 이익에 물들어간다."

子曰　　"君子喩於義, 小人喩於利."

評　　'물들어간다[喩]'는 글자, 참으로 오묘하도다! 이는 그렇게 되어 감을 알지 못하는 사이에, 어느 틈에 그렇게 된 것이다.

喩字妙! 有不知其然而然者矣.

遇　　마치 사람이 물을 마심에 차갑고 따뜻함을 저절로 아는 것과 같고, 흡사 사람이 등을 긁음에 가려움을 절로 아는 것과 같다. '물들어간다[喩]'는 글자의 의미는 이 말들과 서로 참조가 된다.

如人飮水, 冷煖自知. 如人搔背, 痛癢自覺. 喩字之義, 於此可參.

點睛　　'물들어간다[喩]'는 글자는 군자와 소인의 심사를 형용한 말로,

그 상태를 곡진하게 묘사한 것이다. 의리에 물들기 때문에 이익도 또한 의리로 여기며, 이익에 물들기 때문에 의리도 또한 이익으로 여긴다. 불문에서 보리심(菩提心)을 낸 자는 세간법(世間法)도 또한 성불법이며, 명리를 잊지 못하는 자는 불법도 또한 세간법이라 하였는데, 비슷한 비유라고 할 수 있다.

喻字, 形容君子小人心事, 曲盡其致. 喻義, 故利亦是義, 喻利, 故義亦是利. 釋門中發菩提心者, 世法亦成佛法, 名利未忘者, 佛法亦成世法, 可爲同喻.

───── 제17장 ─────

공자　　"현자(賢者)를 보고는 그와 같아지기를 생각하며, 현명하지 못한 자를 보고는 마음속으로 자신을 반성해보아야 한다."

子曰　　"見賢思齊焉, 見不賢而內自省也."

評　　산삼(山蔘)이나 복령(茯苓), 뱀이나 살무사, 모두 사람에게 약이 된다.

參, 苓, 蛇, 虺, 都是藥.

點睛　　바야흐로 대지의 모든 것 약 아님이 없다고 말할 만하다. 이것은 성현과 불조(佛祖)들이 말씀하신 진리이다.

方可云盡大地無不是藥, 此聖賢, 佛祖總訣也.

공자 "부모님을 섬길 때는 완곡하게 간언을 해야만 한다. 이 도중에 부모님이 나의 간언을 따르지 않으시더라도, 더욱 공경하고 어긋남이 없어야 한다. 그리고 이렇게 하는 것이 매우 괴롭더라도 부모님을 원망해서는 안 될 것이다."

子曰 "事父母幾諫, 見志不從, 又敬不違, 勞而不怨."

評 "완곡하게 간언을 해야만 한다.[幾諫]"는 이 구절은 바로 '경(敬)'을 풀이한 것이다. 이는 다음 구절의 "더욱 공경해야 한다.[又敬]"는 두 글자를 살펴보면 알 수 있다.

幾諫, 只是一个敬字, 觀又敬二字, 可知已.

點睛 처음부터 끝까지 다만 한결같이 완곡하게 간언을 해야만 한다. 완곡하게 간언하는 것이 바로 부모를 공경하는 것이고, 성현이 되기를 기약하는 것이다. '어긋남이 없음[不違]'과 '원망함이 없음[不怨]'은 어떤 상황에서도 부모를 공경하는 것이다.

始終只一幾諫. 幾諫只是敬父母, 故期之以聖賢. 不違不怨, 只是到底敬父母.

─── 제19장 ───

공자 "부모님이 살아 계실 때는 너무 먼 곳으로 여행하지 말 것이며, 부득이 가야 한다면 반드시 간다고 한 그곳에 가야만 한다."

子曰　　“父母在, 不遠遊, 遊必有方.”

評　　“부득이 가야 한다면 반드시 간다고 한 그곳에 가야만 한다.”라
는 말이 바로 '먼 곳으로 여행하지 않는 것'이니, 참으로 여행하지 말라
는 의미는 아니다.
遊必有方, 正是不遠游, 非眞不游也.

遇　　먼 곳으로 여행 간 아들을 그리워한 증삼(曾參)의 어머니가 보
고픈 마음에 팔을 깨물었다. 그때 먼 지방에 있던 증삼이 마음의 동요가
오면서 곧바로 알게 되었다. 그 정감이 만 리를 갔으니, 남의 자식 된 자
가 어찌 먼 곳으로 갈 수 있겠는가!
曾母齧臂, 曾參即知. 爲人子者豈可遠離?

———— 제20장 ————

공자　　“아버지 돌아가신 후 삼 년간은 자식이 아버지의 행하시던 일을 바
　　　꾸지 않아야만, 효도라고 할 만하다.”
子曰　　“三年無改於父之道, 可謂孝矣.”

———— 제21장 ————

공자　　“부모님의 나이는 알고 있지 않으면 안 되니, 한편으로는 오래 사시
　　　니 기쁘고 한편으로는 남은 날이 얼마 없으니 두렵다.”
子曰　　“父母之年, 不可不知也, 一則以喜, 一則以懼.”

　　　　　　　　　　　　　논어, 천년의 만남

評   자식된 자의 지극한 심정을 곡진하게 표현하였도다.

說盡人子至情.

遇   부모님의 '나이 듦을 안다[知年]'는 것은 부모님의 나이를 헤아리는 것이 아니며, 또한 부모님의 연세가 많아짐에 놀라는 것도 아니다. 사람은 장성해서 늙어가는데, 이때 피부, 머리털, 면목이 시시각각 변화한다. 남의 자식 된 자는 형체도 없고 소리도 없이 찾아오는 부모님의 늙어감을 유념하여, 순식간에 그리고 잘 드러나지 않게 노화되어 가고 있음을 살펴야 한다.

知年, 不是數其年, 亦不是驚其歲月之增而已. 人由壯而老, 膚髮面目, 刻刻變化. 人子視無形, 聽無聲, 須察其瞬息密換處.

 제22장

공자   "옛사람이 말을 함부로 하지 않은 까닭은, 실천함이 내뱉은 말에 미치지 못함을 부끄러워해서였다."

子曰   "古者言之不出, 恥躬之不逮也."

評   옛사람의 순박하고 중후했던 풍모를 상상해볼 수 있다.

可想見古人淳朴厚重之風.

遇   황정보(黃貞父): "'말을 함부로 하지 말라'라고 말씀하신 것은, 입 다물고 말을 하지 말라는 것이 아니다. 글을 쓰는 자들은 이 도리를 알아야만 할 것이다."

黃貞父曰："要說言之不出, 非是不出言. 作者要知此理."

황정보(黃貞父, 1558~1626): 이름은 우용(寓庸), 호는 우림거사(寓林居士), 정보(貞父)는 그의 자이다. 명나라 말엽의 저명한 소품문작가이면서, 글씨를 잘 썼다고 한다. 저서에 『우림집(寓林集)』 등이 있다.

點睛　공자기 말씀하시기를, "몸소 실천하는 것이 어려운 것이니, 그 말하는 것이 어눌하지 않을 수 있으랴!"라고 하였다.

爲之難, 言之得無訒乎?

제23장

공자　"자신의 내면을 잘 수렴한다면, 실수가 적을 것이다."

子曰　"以約失之者鮮矣."

評　유가(儒家)에서 전수(傳受)되는 진리의 말씀.

口訣.

遇　한구중: "요부(堯夫, 邵雍)가 말하기를, '군자는 선(善)을 행하는 데도 자신의 역량을 헤아려서 해야 한다'고 하였는데, 이 말이 매우 정묘(精妙)하다. 그러므로 다만 자신의 작은 기량을 쓰지 않을 뿐 아니라, 참으로 총명한 사람은 또한 내면으로 수렴하였으니, 이것이 바로 '단속[約]'의 의미이다."

韓求仲曰："堯夫云：'君子爲善, 亦須量力而行之.' 此語最妙. 故不但私小伎倆不可用, 即眞正聰明, 亦要收斂, 此約字之解."

點睛　　자신의 마음을 관조하는 것이 바로 핵심이다.

觀心爲要.

──── 제24장 ────

공자　　"군자는 말은 어눌하고, 행동은 재빨리 하고자 한다."

子曰　　"君子欲訥於言而敏於行."

評　　'하고자 한다[欲]'라는 한 글자, 부지런히 노력하는 뜻이 함유되어 있다.

欲字, 有孳孳矻矻意.

遇　　주계후(周季侯): "신중한 말과 부지런한 행동으로 군자를 살펴볼 수 있으나, 이것만으로 군자의 면모를 전부 알 수는 없다. 군자는 그 말과 행동 이전에 살펴보아야만 하니, 그의 내면에는 하나의 깊고도 예리한 사유가 있어, 어느 때라도 이것을 놓음이 없다. 경박함을 바로잡고 게으름을 경계하는 것은 말과 행동으로 인해 얻어지는 것이 아니라, 먼저 말과 행동 너머의 이 마음에서 얻어야만 한다. '하고자 한다[欲]'라는 글자의 의미를 생각해보면, 이 설명이 정확할 것이다."

周季侯曰: "以謹言勉行窺君子, 猶未足盡君子也. 惟窺君子於言行之前, 自有一段淵然銳然之思, 無一時放下, 矯輕警惰, 不得之言行, 而先得之此心. 要想出欲字意思, 說起纔是."

주계후(周季侯, 1582~1626): 이름은 종건(宗建), 호는 내옥(來玉), 시호는 충의(忠毅), 계후(季侯)는 그의 자이다. 양명학자이자 훌륭한 관료였다. 권신 위충현(魏忠賢)을 탄핵하다가 모함을 받고서 옥사하였다. 저서에 『논어상(論語商)』이 있다.

———— 제25장 ————

공자　　"덕은 홀로 있는 법이 없으니, 반드시 많은 선(善)이 함께한다."

子曰　　"德不孤, 必有隣."

評　　한 가지 선함이라도 지니고 있으면, 여러 선한 것이 모두 이를
것이다.

有一善端, 善畢至矣.

遇　　양복소: "요즈음 이 구절을 해석하는 이들은 모두 '덕이 있는 자
는 외롭지 않으니, 반드시 이웃이 있다'라고 한다. 이는 공자께서 '덕불
고, 필유린(德不孤, 必有鄰)'이라고 말씀하신 애초의 의미를 모르고서 하
는 소리이다. 이 구절은 한 가지 선을 확립하면 여러 선한 것이 이른다는
말과 같은 것으로서, 사람들에게 덕에 나아가기를 권하신 말씀이다."

楊復所曰: "今之解者, 都作有德者不孤, 必有鄰看了. 不知夫子原說德
不孤, 必有鄰也, 猶言一善立, 而眾善至也. 是勸人進德語."

點睛　　천 리의 공간과 백세의 시간을 함께하도다.

千里比肩, 百世接踵.

자유 "임금을 섬김에 너무 번거롭게 간언하면 욕을 당하고, 친구 간에 자주 충고하면 소원해질 것이다."

子游曰 "事君數, 斯辱矣, 朋友數, 斯疏矣."

評 욕(辱)을 당하고 소원(疏遠)해지는 것이 두려운 것은 아니다. 단지 욕을 당하고 소원해지면, 간언이나 충고를 할 수 없을까 두려운 것이다.

非畏辱, 畏疏也, 正恐疏辱, 則不得諫耳.

點睛 욕을 당하면 그 임금을 섬길 수 없고, 소원해지면 그 벗을 사귈 수 없다. 자주 간언하지 않는 것이 바로 임금에게 충(忠)이 받아들여지고, 친구 간의 정의(情誼)를 극진히 하는 법이다.

辱則不能事其君, 疏則不能交其友. 不數正是納忠盡誼之法.

공
야
장

公冶長

공자께서 공야장(公冶長)을 평가하시기를 "사위 삼을 만하다. 비록 포승에
묶여 옥중에 있었으나 그의 죄가 아니었다."
이렇게 말씀하시고서 자신의 딸을 그의 처로 삼아주었다.

그리고 남용(南容)에 대하여 평가하시기를 "나라가 잘 다스려질 때는 버려
지지 않고 등용되며, 나라가 어지러울 때는 형벌을 면하여 목숨을
보전할 것이다."
이렇게 말씀하시고서 형님의 딸을 그의 아내로 삼아주었다.

子謂公冶長 "可妻也. 雖在縲絏之中, 非其罪也."
以其子妻之.

子謂南容 "邦有道, 不廢, 邦無道, 免於刑戮."
以其兄之子妻之.

評   "포승에 묶여 옥중에 있다.", "형벌을 면하여 목숨을 보전할 것
이다."라는 말씀은 매우 깊은 의미가 있다. 이 기록에서 우리는 공자의
시중(時中: 상황에 알맞게 중용을 실천하는 것)의 정신을 볼 수 있다.

在縲絏之中, 免於刑戮, 極有意味. 記此以見夫子時中.

遇   포승에 묶였더라도 해로울 것이 없고 형벌을 받더라도 면할 것
으로 생각하셨으니, 성인께서 사람을 권도로써 판단함이 어떠한가. 배
우는 자들은 이것을 살펴보면, '자기 확립의 방법[立身法]'을 얻을 수 있
을 것이다.

縲絏不足爲傷, 而刑戮又所宜免, 聖人之權衡人也何如? 學者省此, 可得立身法.

點睛 "그의 죄가 아니었다."라고 말하고 "형벌을 면하여 목숨을 보존할 것이다."라고 말한 것은 단지 '자기 확립[立身]'에 대한 논의요, '만난 상황[遇境]'에 관한 논의가 아니다. 요즘 사람들은 이러한 뜻을 알고 있는지?

曰非其罪, 曰免於刑戮, 只論立身, 不論遇境, 今人還知此意否?

───── 제2장 ─────

자천(子賤)에 대한 공자의 평 "군자답구나, 이 사람이여! 만약 노(魯)나라에
군자가 없었다면, 이 사람이 어디에서 이러한 덕을 취할 수 있었겠
는가."

子謂子賤 "君子哉, 若人! 魯無君子者, 斯焉取斯."

評 이 구절은 자천을 통해 일종의 현인을 존경하고 벗을 사귀는 전
범을 표현해 내었으니, 단지 자천을 칭찬한 것에 그치는 것이 아니다.

把子賤來做一尊賢取友的樣子, 非徒贊子賤已也.

遇 자천이 단보(單父) 땅의 현령이 되었을 때, 아버지처럼 섬긴 이
가 세 명, 형처럼 받든 이가 다섯 명, 친구로 삼은 이가 열한 명이었다. 이
들은 모두 자천에게 백성을 다스리는 방도를 가르쳐주었다. 이에 자천
이 예악을 써서 다스리니, 백성들이 차마 윗사람을 속이지를 못하였다.

子賤宰單父, 父事者三人, 兄事者五人, 所友者十一人, 皆教子賤以治人之道. 鳴琴而治, 民不忍欺.

자공　　"저는 어느 정도의 인간인지요?"

공자　　"너는 그릇이다."

자공　　"어떤 그릇입니까?"

공자　　"하나라의 호(瑚)와 상(商)나라의 연(璉) 같은 보기(寶器)이다."

子貢問日　"賜也何如?"

子曰　　"女, 器也."

曰　　　"何器也?"

曰　　　"瑚璉也."

評　　자신을 알아주는 이.

知己.

遇　　오장경(吳長卿): "하나라의 보기는 '호'라 하고, 상나라의 보기는 '연'이라 하며, 주나라의 보기는 '보개(簠簋)'라고 한다. 공자께서 주나라에 사는 자공을 가리켜 보개라 하지 않고 호련(瑚璉)이라 하셨으니, 자공이 세상에 쓰이지 않게 됨을 깊이 개탄하신 것이다."

吳長卿云: "夏曰瑚, 商曰璉, 周曰簠簋, 夫子不曰簠簋而曰瑚璉, 已深慨賜之不爲世用."

오장경(吳長卿, ?~?): 이름은 우문(羽文), 장경(長卿)은 그의 자이다. 명나라 숭정 연간의 강직한 관리로 이름이 있었다.

　이탁오가 자공이 질문하는 대목에 방비(旁批)를 달기를, '이 또한 자부심[也自負]'이라고 하였다. 방외사는 말한다. "단지 자공이 자부하였기 때문에 겨우 하나의 그릇을 이루었으며, '군자불기(君子不器)'의 경지에는 도달할 수 없었다."

卓吾批問處云: "也自負." 方外史曰: "只因子貢自負, 所以但成一器, 不能到君子不器地位."

제4장

어떤 이　"옹(雍)은 인자(仁者)이기는 하나 말재주가 없습니다."

공자　"말재주를 어디에다 쓰겠는가? 약삭빠른 언변으로 남의 말을 막으면, 자주 남에게 미움만 받을 뿐이다. 그 자신이 인(仁)한지도 모르고 있는데, 말재주를 어디에다 쓰겠는가?"

或曰　"雍也, 仁而不佞."

子曰　"焉用佞? 禦人以口給, 屢憎於人. 不知其仁, 焉用佞?"

評　공자께서 일찍이 "이런 까닭에 말만 잘하는 이를 싫어하는 것이다."라고 말씀하였다.

是故惡夫佞者.

遇　말 잘하는 이는 세상 사람들을 기쁘게 하고자 함이 매우 크다. 그런데 공자께서는 이런 이들이 도리어 사람들에게 자주 미움을 받을 것이라고 말씀하셨다. 그가 어깨를 움츠리고 아첨하는 미소로 남을 대하면서 한결같이 깊은 정을 가지고 있는 듯 꾸미나, 이는 상대가 밀랍을

씹는 듯 아무 느낌이 없을 것이니 이 얼마나 수치스러운 일인가. 이 경문은 바로 이런 이들의 양심을 일깨운 것으로, 공자께서 '인'을 잘 말씀하신 곳이다.

便佞之人, 無非欲取悅當世, 夫子反說他屢憎於人, 把他脅肩諂笑, 一往深情, 淡如爵蠟, 何等可恥. 此政是喚醒他良心. 此政是夫子精於言仁處.

點睛　　"그 자신이 인한지도 모르고 있다.[不知其仁也]"는 말씀은, 말재주 있는 자가 본래 인한 이치를 갖추고 있으나 전혀 그 자신이 알지 못하는 것을 지적하신 것이다. 여기서 말재주의 해로움이 심함을 알 수 있다.

不知其仁, 謂佞者本具仁理而全不自知, 可見佞之爲害甚也.

─── 제5장 ───

공자께서 칠조개(漆雕開)에게 벼슬하기를 권하셨다.

이 말씀을 들은 칠조개 "저는 벼슬하는 것에 대하여 아직 자신할 수 없습니다."

이에 공자께서 기뻐하셨다.

子使漆雕開仕.

對曰　　"吾斯之未能信."

子說.

評　　좋은 제자에 좋은 선생이로다.

好弟子, 好先生.

遇　　칠조개는 성인의 질문을 한번 받자, 곧바로 진심 어린 말을 뱉

었다. 이 사람은 학문의 '참된 종자[眞種子]'이니, 성인이 어찌 기뻐하지 않을 수 있겠는가!

漆彫開被聖人一逼, 便説出眞話來, 此是學問眞種子, 聖人如何不悦?

──── 제6장 ────

공자 "도(道)가 행해지지 않으니, 내 뗏목 타고 바다로 떠나려 한다. 나를 따를 자, 아마도 자로이겠지."

자로가 이 말씀을 듣고 기뻐하였다.

이를 보신 공자 "자로의 용맹은 나보다 나으나, 사리에 맞게 일 처리함은 부족하지."

子曰 "道不行, 乘桴浮于海. 從我者, 其由與!"

子路聞之喜.

子曰 "由也好勇過我, 無所取材"

評 어린아이 같은 자로.

子路癡.

遇 공자께서 '뗏목을 타고 떠난다'라거나, '오랑캐 땅에 살겠노라'라고 한 것은 잠시 그냥 하신 말씀으로 실없는 생각을 붙인 것이다. 그런데 여기서 자로는 기뻐하고 어떤 이는 질문을 하니, 농담을 붙잡고 죽을 둥 살 둥 하는 격이다.

浮海居夷, 是孔子寓言, 聊誌無聊之思耳. 子路一喜, 或人一問, 反弄得死煞.

맹무백 "자로는 인(仁)합니까?"

공자 "알지 못하겠습니다."

이에 맹무백이 다시 같은 질문을 하였다.

공자 "자로는 천승(千乘)의 제후국에 그 군대를 지휘하게 할 수는 있겠지만, 그가 인한지는 알지 못하겠습니다."

맹무백 "구는 어떻습니까?"

공자 "구는 천호(千戶)의 큰 읍(邑)과 백승(百乘)의 경대부(卿大夫)의 집안에 장(長)으로 삼을 수는 있겠지만, 그가 인한지는 알지 못하겠습니다."

맹무백 "적은 어떻습니까?"

공자 "적은 조정에서 예복의 띠를 두르고 서서 빈객을 맞아 대화를 나누게 할 수는 있겠지만, 그가 인한지는 알지 못하겠습니다."라고 답하셨다.

孟武伯問 "子路仁乎?"

子曰 "不知也."

又問.

子曰 "由也, 千乘之國, 可使治其賦也, 不知其仁也."

"求也何如?"

子曰 "求也, 千室之邑, 百乘之家, 可使爲之宰也, 不知其仁也."

"赤也何如?"

子曰 "赤也, 束帶立於朝, 可使與賓客言也, 不知其仁也."

공자께서는 인에 대하여 드물게 말씀하셨다.

子罕言仁.

공자께서 세 사람을 깊이 알고 있는 면모를 볼 수 있다.

便見夫子深知三人處.

—— 제8장 ——

공자께서 자공에게 하시는 말씀 "너와 안회는 누가 나으냐?"

자공 "제가 어떻게 감히 안회를 바라보겠습니까? 안회는 하나를 들으면 열을 알고, 저는 하나를 들으면 둘을 압니다."

공자 "못하도다! 나는 네가 그만 못함을 인정하노라."

子謂子貢, 曰 "女與回也孰愈?"

對曰 "賜也何敢望回? 回也聞一以知十, 賜也聞一以知二."

子曰 "弗如也! 吾與女, 弗如也."

評　　공자께서 자공을 훈도하는 여기, 바로 선(禪)의 기미(機微)가 서렸도다.

夫子造就子貢處, 大有禪機.

遇　　견문(見聞)을 통해 도(道)로 들어가려는 자, 또한 견문으로써 응당 건너갈 수 있으리라. 다만 한 번 상수(象數)에 떨어지면 끝내 그림자를 잡고 바람을 치는 꼴이 될 것이다. 공자께서 '못하도다![弗如]'라는 두 글자로 자공의 이전에 사로잡혀 있던 미망을 항복시키고 곧바로 절벽에

서 매달린 손을 놓는 경지에 이르게 하였으니, 바야흐로 여기에서 본래의 성품을 보게 되었도다.

以聞見入道者, 亦應以聞見而得度, 但一落象數, 終是捕影搏風. 夫子把'弗如'二字, 降伏他從前魔力, 直到得縣崖撤手時, 方見本來眞性.

點睛 지식과 식견이 많을수록 도에서 더욱 멀어질 것이다. 다행히도 자공은 둘만을 알았으니, 만약 그가 셋, 넷, 더 나아가 열을 알았더라면 구제할 약방문이 없었을 것이다. 그러므로 자공, 그 자신이 '안회만 못하다'라고 한 그곳이 바로 그가 인정받을 수 있는 곳이다. 이처럼 보여준 곳에는 선문(禪門)의 살리고 죽이는 온전한 기미가 전적으로 드러나 있다. 애석하도다, 이 기미를 맞닥뜨려 깨우치지 못함이여! 유감이로다, 후대 유학자들의 잘못 해석함이여!

蓋凡知見愈多, 則其去道愈遠. 幸而子貢只是知二, 若使知三知四, 乃至知十, 則更不可救藥. 故彼自謂弗如之處, 正是可與之處. 如此點示, 大有禪門殺活全機, 惜當機之未悟, 恨後儒之謬解也.

—— 제9장 ——

재여가 낮잠을 잤다.

이를 보신 공자 "썩은 나무에는 조각할 수 없고, 썩은 흙으로 쌓은 담장에는 흙손질할 수 없는 법이다. 내 재여 같은 이를 꾸짖을 것이 무에 있겠는가?"

또 이어서 하신 말씀 "내 예전에는 사람을 대할 때 그의 말을 듣고 그의 행실을 믿었다. 그러나 이제 나는 사람에 대하여 그 말을 듣고 다시 그의 행실을 살펴보게 되었다. 나는 재여 때문에 이렇게 고치게 되었도다."

宰予晝寢.

子曰 "朽木不可雕也, 糞土之牆不可杇也, 於予與何誅!"

子曰 "始吾於人也, 聽其言而信其行. 今吾於人也, 聽其言而觀其行. 於予與改是."

評 '내 예전 사람을 대할 때[始吾於人]'라는 네 글자는 오로지 재여 때문에 하신 말씀임을 알아야 한다. 춘추시대에 이러했다고 견강부회해서는 안 된다.

始吾於人也四語, 要知專爲宰予, 勿牽聯春秋之世爲是.

遇 이 경문은 재아(재여)를 경고한 것일 뿐이다. 그러니 춘추시대에 언행이 불일치한 이들을 포괄하는 내용으로 확장하여 말해서는 안 될 것이다. 만약 이렇게 해석한다면, 이는 재아 한 사람으로 인해 그 파도가 춘추시대를 휩쓰는 셈이다. 또한 이렇게 말씀하신 데는 그 연유가 있으니, 그 말씀에 담긴 취지를 응당 이해하여야 할 것이다.

此微宰我耳. 不要說春秋世界, 俱是言行不相顧者, 如此, 則以宰我一人, 波及一世矣. 且語各有自, 需要得其言下之旨.

─────── 제10장 ───────

공자 "나는 아직 강직한 자를 보지 못하였다."

어떤 이 "신장이 강직한 사람이라 생각합니다."

공자	"신장은 욕심이 강한 것이니, 어찌 강직하다고 할 수 있겠는가."
子曰	"吾未見剛者."
或對曰	"申棖."
子曰	"棖也慾, 焉得剛?"

評 "신장은 욕심이 강한 것이니, 어찌 강직하다고 할 수 있겠는가."라는 경문은 신장을 올바른 길로 나아가게 하고자 하신 의도에서 하신 말씀이니, '욕심이 강하다[慾]', '강직하다[剛]'라는 글자에 얽매여서는 안 된다. 공자께서 "나는 아직 강직(剛直)한 자를 보지 못하였다."라고 한 말씀은 그 자체로 매우 깊은 의미가 있다.

棖也慾, 焉得剛, 亦就申棖言耳, 不可以欲字與剛字纏擾. 夫子言吾未見剛者, 自有深意.

遇 성인의 문하에서 용감하기로는 자로였는데도, 공자께서는 오히려 '강함을 보지 못하겠구나'라고 말씀하시니, 이 '강(剛)'자에 담긴 품격이 매우 긴요하도다. 신장이 어찌 이를 감당하겠는가. '신장은 욕심이 강하다'는 구절은 단지 신장만을 두고서 하신 말씀이다. 실상 성인이 생각하는 '강직함[剛]'에는 그 자체로 깊은 의미가 내재되어 있다.

聖門勇如子路, 而夫子尚曰不見剛, 則此剛之品關繫甚大, 申棖如何當得來? 棖也慾句, 只是爲申棖解耳. 其實聖人思剛, 自有深意在.

———— 제11장 ————

자공 "저는 남이 나에게 하지 말았으면 하는 일을 저도 남에게 하지 않으려 합니다."

공자   "사야! 이것은 네가 잘할 수 있는 것이 아니다."

子貢曰   "我不欲人之加諸我也, 吾亦欲無加諸人."

子曰   "賜也, 非爾所及也."

評   그를 윗길로 밀어 올리려 하신 말씀.

推他上路.

遇   이탁오: "더 높은 곳으로 나아가려는 뜻이 있자 한 번의 채찍질
을 더하였으니, 하루 만에 천리를 가리로다."

李卓吾曰: "正有騰驤之志, 又着此一鞭, 一日千里矣."

 제12장

자공   "선생님의 문장은 들으면서, 선생님께서 본성(本性)과 천도(天道)에
관하여 말씀하시는 것은 듣지를 못하는구나."

子貢曰   "夫子之文章, 可得而聞也, 夫子之言性與天道, 不可得而聞也."

評   진리.

眞.

遇   장무구(張無垢): "공자의 문장을 들었다면, 여기에서 응당 '선생
님께서 본성과 천도에 관하여 말씀하시는 것은 듣지를 못하는구나'라고
말해서는 안 된다. 어찌 공자께서 천도를 말씀하시면서, 문장과 둘로 분

리하여 언급하셨겠는가. 공자께서 '하늘이 무슨 말을 하더냐. 사계절은 흘러가고 만물은 소생한다'고 하셨으니, 바로 여기가 문장과 천성, 천도를 합일하여 말씀하신 지점이다."

張無垢云:"旣是文章可得聞, 不應此處尙云:'夫子之言性與天道, 不可得而聞也.'如何夫子言天道肯把文章兩處分開? 子曰:'天何言哉! 四時行焉, 百物生焉.'正是點化文章, 性道之合一處."

장무구(張無垢, 1092~1159): 이름은 구성(九成), 자는 자소(子韶), 시호는 문충(文忠), 무구(無垢)는 그의 호이다. 정자(程子)의 제자 양시(楊時)에게 배웠다. 그의 학문은 대혜(大慧) 종고(宗杲)의 영향으로 선학(禪學)에 기울었다고 평가받고 있다. 저서에『논어절구(論語絶句)』,『맹자전(孟子傳)』,『중용설(中庸說)』등이 있다.

點睛　본성과 천도를 말하면 바로 문장을 이루고, 손가락을 통해 달을 보면 곧바로 본성과 천도를 깨닫는다. 자공의 이 말은 단지 절반만을 얻었도다. 만약 문자상(文字相)이 바로 해탈상(解脫相)임을 안다면 들음이 곧 듣는 것이 없음이요, 만약 말할 수 없는 법이 인연으로 인해 또한 말할 수 있음을 안다면 들음 없음이 곧 듣는 것이다.

言性言天, 便成文章, 因指見月, 便悟性天. 子貢此言只得一半. 若知文字相卽解脫相, 則聞卽無聞, 若知不可說法有因緣故亦可得說, 則無聞卽聞.

제13장

자로는 좋은 가르침을 듣고 미처 실천하지 못하였는데, 행여 다른 좋은 가르침을 들을까 두려워하였다.

子路有聞, 未之能行, 唯恐有聞.

畫出子路.

遇　　자로는 '실천'을 어찌하면 온전하게 할까 고민하였으며, '들으면' 또한 어찌 이리도 망설이는가! 이는 모두 자로의 천진한 마음속에서 우러나오는 천진한 이야기이다. 앞뒤 '가르침을 듣다'라는 구절은 수미(首尾)가 호응한다. 이 경문의 열두 글자는 자로의 모습을 완벽하게 묘사하였으니, 이는 자로의 모습에 대한 절묘한 칭찬이다.

行如何了得? 聞亦如何旁皇得? 總是癡腸癡話. 兩有聞首尾呼喚. 十二字爲子路傳神, 是絶妙像賛.

點睛　　방외사: "자로의 장점도 여기에 있고, 그의 단점도 또한 여기에 있도다."

方外史曰: "子路長處在此, 病處亦在此."

제14장

자공　　"공문자(孔文子)와 같은 사람에게 어째서 '문(文)'이라고 시호를 붙였습니까?"

공자　　"명민(明敏)한데도 배우기를 좋아하였으며 아랫사람에게 묻기를 부끄럽게 여기지 않았다. 이 때문에 '문'이라고 한 것이다."

子貢問曰　　"孔文子何以謂之文也?"

子曰　　"敏而好學, 不恥下問, 是以謂之文也."

評   자공 그 자신에게 또한 매우 유익함이 있는 말씀이니, 성인 말
씀의 오묘함은 이와 같다. 아마 자공이 평소에 자기보다 못한 사람 보는
것을 좋아하였기에 하신 말씀이니, 이것이 그의 병통이었기 때문이다.
于子貢身上, 亦甚有益. 聖人之言, 其妙如此. 蓋因平昔悅不若己, 是子
貢病痛耳.

遇   천고에 귀중한 것, '학(學)'과 '문(問)'이라는 두 글자, 여기에 이
르러서야 비로소 합해졌구나!
千古所重, 學問二字, 至此始拈合.

─── 제15장 ───

자산(子産)에 대한 공자의 평　"자산에게는 군자의 도 네 가지가 있으니, 몸가
　　　　짐이 공손하고, 윗사람을 섬기되 공경하며, 백성을 기르되 은혜롭
　　　　고, 백성을 부리되 의에 맞게 하였다."
子謂子産　"有君子之道四焉, 其行己也恭, 其事上也敬, 其養民也惠, 其使民也
　　　　義."

評   단지 자산을 칭찬하셨을 뿐 아니라, 타인도 또한 자산처럼 되게
하고자 하셨다.
不但稱贊子産而已, 欲他人亦爲子産也.

遇   경문의 네 '야(也)'자에는 마음을 집중한다는 함의가 들어 있다.
四也字有注想之意.

點睛　미세한 선(善)도 빠트리지 않으시도다.

不遺纖善.

제16장

공자　　"안평중(晏平仲)은 남과 사귀기를 잘하도다. 날이 오랠수록 벗을 더
　　　　욱 공경하는구나."

子曰　　"晏平仲善與人交, 久而敬之."

評　　"날이 오랠수록 벗을 더욱 공경하는구나.[久而敬之]"라는 네 글
자, 이것이 바로 사귐의 법도이다.

久而敬之四字, 的是交法.

遇　　제(齊)나라 경공(景公)이 니계(尼鷄) 땅을 공자에게 봉지로 주려
하자, 안영(晏嬰, 晏平仲)이 저지하였다. 천고(千古)의 정교(情交)이자 지
기(知己)이다. 제 경공 때, 총애받는 비빈(妃嬪)들이 안으로 권력을 휘두
르고, 강성한 신하들이 밖에서 전횡을 일삼았다. 그리하여 비록 성인을
등용하더라도 그 형세상 오래갈 수 없었다. 하물며 안영은 당시 공자의
학문을 두고서, "여러 세대를 지나더라도 다 배울 수 없다."라고 하였다.
이는 공자를 가장 깊게 파악한 사람이라 할 수 있다. 하여 나(張岱)는 안
영이야말로 공자의 제일가는 지기(知己)라고 생각한다.

齊桓公欲相鮑叔, 而管仲沮之, 齊景公欲以尼鷄封孔子, 而晏嬰沮之. 千
古交情, 千古知己. 蓋齊景公時嬖寵內擅, 强臣外橫, 雖用聖入, 其勢難
久, 况當年累世之言? 其知孔子最深. 余謂晏嬰是孔子第一知己也.

공자 "장문중(臧文仲)이 점치는 큰 거북을 보관하는 집을 세우면서, 기둥 머리에는 산을 새기고 들보 위 동자기둥에는 수초(水草)를 그렸도다. 이렇게 귀신에게 아첨하니 어찌 지혜롭다고 하겠는가?"

子曰 "臧文仲居蔡, 山節藻梲, 何如其知也?"

評 공자께서는 '지혜'를 논하시면서, "인간의 도의에 힘쓰고, 귀신을 공경하되 멀리해야 한다."라고 말씀하셨다.
夫子論知, 務民之義, 敬鬼神而遠之.

遇 "어찌 지혜롭다고 하겠는가?"라는 말씀은 "얼마나 지혜로운가?"라고 말하는 것과 같으니, 그 말씀이 완곡하면서도 날카롭게 비판적이다.
何如其知, 猶云是何等樣智, 語亦婉刺.

———— 제18장 ————

자장 "초(楚)나라의 영윤(令尹) 벼슬을 한 자문(子文)이 세 번 벼슬하여 영윤이 되었으되 얼굴에 기쁜 빛이 없었으며, 세 번 벼슬을 그만두었으되 서운해하는 기색이 없고, 이전에 자신이 맡아보던 영윤의 정사를 반드시 새로 온 영윤에게 알려주었으니, 이런 사람은 어떻습니까?"

공자 "충성스럽다."

자장	"인(仁)하다고 할 만합니까?"
공자	"잘 모르겠다. 그렇지만 어찌 인하다고 할 수 있겠는가."
자장	"최자(崔子)가 제(齊)나라 임금을 시해(弑害)하자, 진문자(陳文子)는 말 10승(乘:40匹)의 재산을 소유하고 있었는데, 이것을 버리고 떠나갔습니다. 다른 나라에 이르러 말하기를 '이 사람도 우리나라 대부(大夫) 최자와 같다'라고 하고는 그곳을 떠나갔습니다. 또 다른 나라에 이르러서 말하기를 '이 사람 역시 우리나라 대부 최자와 같다'라고 하면서 떠나갔으니, 이런 사람은 어떻습니까?"
공자	"청렴하다."
자장	"인(仁)하다고 할 만합니까?"
공자	"잘 모르겠다. 그렇지만 어찌 인하다고 할 수 있겠는가."
子張問曰	"令尹子文, 三仕爲令尹, 無喜色, 三已之, 無慍色. 舊令尹之政, 必以告新令尹. 何如?"
子曰	"忠矣."
曰	"仁矣乎?"
曰	"未知, 焉得仁?"
	"崔子弑齊君, 陳文子有馬十乘, 棄而違之. 至於他邦, 則曰 '猶吾大夫崔子也.' 違之. 之一邦, 則又曰: '猶吾大夫崔子也.' 違之. 何如?"
子曰	"淸矣."
曰	"仁矣乎?"
曰	"未知, 焉得仁?"

| 評 | 중니께서는 '인(仁)'의 참모습을 알고 계시도다. |

仲尼認得仁字眞.

논어, 천년의 만남

遇　　질문: "인(仁)의 '본 모습[本體]'은 어떠합니까?"

답변: "어떤 사람이 과오를 저지르면, 그 과오가 어떻게 발생하였느냐에 따라 그의 인함을 알 수 있다. 한편 어떤 사람이 충성스럽고 청렴하다고 해서, 그의 인함을 인정해줄 수 없다. 여기서 우리는 인의 본 모습을 알 수 있다."

或問: "仁體何如？" 曰: "觀過可以知仁, 而忠淸未可以知仁, 則知仁矣."

點睛　　인자(仁者)는 반드시 충성스러우나, 충성스러운 자가 반드시 인한 것은 아니다. 인자는 반드시 청렴하나, 청렴한 자가 반드시 인한 것은 아니다. 이에 이탁오는 이렇게 말하였다. "중니께서는 '인(仁)'의 참모습을 알고 계시도다."

仁者必忠, 忠者未必仁, 仁者必淸, 淸者未必仁. 卓吾云: "仲尼認得仁字眞."

 제19장

계문자(季文子)는 의심한 뒤에야 행하였다.

이 말을 들으신 공자 "결단을 내렸으면, 이에 행동으로 옮기는 것이 좋다."

季文子三思而後行.

子聞之, 曰 "再, 斯可矣."

評　　'세 번'이란 의심하는 것이며, '두 번'이란 결단을 내리는 것이다. 요컨대 '삼(三)'은 '세 번'이 아니며, '재(再)'는 '두 번'이 아님을 알아

야 한다.

三, 疑也. 再, 決也. 要知三, 不是三遭, 再, 不是兩次.

遇　　노나라 역사를 통합해서 강론해보면, 성인의 깊은 뜻의 광대한
지점을 살펴볼 수 있다. 오(吳)나라의 제갈각(諸葛恪)은 여대(呂岱)에게
열 번 생각해야만 한다고 충고를 들었고, 계문자는 공자에 의해 세 번 생
각함은 지나치다고 평가를 받았다. 그런데 제갈각은 경박함과 조급함으
로 인해 그 자신 목숨을 잃었고, 계문자는 우유부단함으로 인해 연약하
게 되었다. 이 두 사람은 이러한 취약점으로 인해, 모두 당시 국가의 형
세와 시대의 조류를 정확하게 파악하지 못하였다.

合魯事講, 見聖人寓意之大處. 蓋爲諸葛恪自當十思, 爲季文子自不當三
思. 恪以輕躁自敗, 季以優柔取弱, 皆緣不識國勢時宜也.

제20장

공자　　"영무자(寧武子)는 나라에 도가 있을 때는 지혜를 드러냈고, 나라에
　　　　도가 없을 때는 어수룩한 체하였다. 그의 지혜는 따를 수 있으나 그
　　　　의 어수룩함은 따를 수가 없구나."

子曰　　"寧武子, 邦有道, 則知, 邦無道, 則愚. 其知可及也, 其愚不可及也."

評　　훌륭하신 칭찬법.

好贊法.

遇　　'지혜[知]'는 천하에 도가 있느냐 도가 없느냐를 판단하는 관건

이요, '어수룩함[愚]'은 몸과 마음을 나랏일에 다 바치다가 죽은 뒤에야 그만두고자 하는 신념이다.

知是有道無道的總關, 愚是鞠躬盡瘁, 死而後已的心事.

진(陳)나라에 계실 때 공자께서 하신 말씀 "돌아가리라! 돌아가리라! 우리 마을의 젊은이들이 이상은 크나 일에는 소홀하여 환하게 외형은 빛나지만, 적절하게 꾸미거나 조직할 줄은 모르는구나."

子在陳, 曰 "歸與! 歸與! 吾黨之小子狂簡, 斐然成章, 不知所以裁之."

評　　공자께서 세상을 떠돌아다니셨는데, 어째서 떠도신 것인가? 또한 공자께서 고국으로 돌아오셨는데, 어째서 돌아오신 것인가? 그 마음 참으로 성인이로다! 성인이로다!

夫子之出, 爲何而出? 夫子之歸, 爲何而歸? 聖人! 聖人!

點睛　　목탁의 임무, 보살의 마음.

木鐸之任, 菩薩之心.

공자　　"백이(伯夷)와 숙제(叔齊)는 남의 지난 허물을 마음에 두지 않았다. 이 때문에 원망하는 사람들이 드물었다."

子曰　　"伯夷, 叔齊, 不念舊惡, 怨是用希."

　　이 두 형제는 차가운 얼굴에 뜨거운 심장을 지녔다. 이 때문에 그들을 원망하는 사람들이 없었다.

他弟兄兩介是冷面孔, 熱心腸, 所以沒人怨他.

遇　　백이, 숙제의 마음은 아득한 하늘을 날아가는 기러기와 같다. 기러기의 그림자 차가운 못에 들어왔다가 휙 지나갔는데, 기러기는 연못에 자취를 남기지 않고, 연못 물은 그 날아간 그림자를 그리워하지 않는다. 이 기러기처럼 과거의 기억에 사로잡히지 않고, 그때의 악을 곱씹지도 않는다.

　정명도(程明道)와 정이천(程伊川) 형제가 함께 친구의 집에서 술자리를 가졌는데, 그 자리에 기생이 있었다. 형인 명도는 곧은 마음으로 자신을 지켰지만, 동생인 이천은 기생과 이야기하며 농담도 주고받았는데, 명도가 좋게 보지 않았다. 뒤에 명도가 동생에게 이 일에 대하여 훈계하니, 이천이 "그 자리에 기생은 있었지만 저의 마음에는 애초 기생이 들어온 적이 없습니다. 지금은 기생도 없는데, 형님의 가슴에는 아직 기생이 남아 있으니, 어찌 된 일입니까?"라고 하였다. 이 일화에서 우리는 백이와 숙제의 흉금을 상상할 수 있다.

夷齊心境如長空雁過, 影落寒潭, 雁不留踪, 水不戀影, 不念不怨.
程明道與伊川同飮一友家, 座上有妓, 明道着意矜持, 伊川故與諧謔, 明道不悅. 異日規訓之, 伊川曰: "前日席上有妓, 弟原不見有妓. 今日無妓, 老兄胸中還存一妓, 何耶?" 卽此可想夷齊胸次.

點睛　　주계후: "'구(舊)'자는 마치 흩날리는 그림자 내달리는 수레바퀴처럼 재빨리 지나감을 이르는 말이다."

방외사: "마치 맑은 거울이 사물을 비춤에 아름다움과 추함이 그대로 드러나되, 그 그림자는 남기지 않는 것과 같다." 이는 모두 '노여움을 옮겨 가지 않는 것'과 동일한 공부이다.

周季侯曰: "舊字, 如飛影馳輪, 倏焉過去之謂." 方外史曰: "如明鏡照物, 姸媸皆現, 而不留陳影." 此與不遷怒, 同一工夫.

──── 제23장 ────

공자　"누가 미생고(微生高)를 정직한 사람이라고 하는가? 어떤 사람이 식초를 빌리려 하자, 제 집에 없다고 그 이웃집에서 빌어다 주는구나."

子曰　"孰謂微生高直? 或乞醯焉, 乞諸其隣而與之."

評　정직의 도리에 관한 언급이지, 미생고를 나무라신 것이 아니다. 그렇지 않다면 이웃에서 빌어다가 남에게 주는 것 또한 좋은 일이니, 공자께서 어찌 이처럼 각박하게 평하시겠는가?

維直道也, 非譏議微生高也. 不然, 乞鄰與人亦是好事, 夫子何等刻至此.

遇　미생고가 일찍이 여자와 다리 아래에서 만나기로 약속하였는데, 여자는 오지 않았고 갑자기 물이 쏟아져 내려왔다. 그런데 미생고는 그 자리를 떠나지 않고 다리 기둥을 안고 버티다 죽었다.

高常與女子期於梁下, 女子不來, 水暴至, 不去, 抱梁柱而死.

공자 "반드르르한 말, 보기 좋게 꾸민 얼굴, 지나친 공손함을 그 옛적 좌구명(左丘明)이 부끄럽게 여겼는데, 나 또한 이를 부끄러워하노라. 마음속의 원한을 숨기고 그 사람과 사귐을 좌구명이 부끄럽게 여겼는데, 나 또한 이를 부끄러워하노라."

子曰 "巧言令色, 足恭, 左丘明恥之, 丘亦恥之. 匿怨而友其人, 左丘明恥之, 丘亦恥之."

評 오직 공구(孔丘)와 좌구명(左丘明)만을 언급한 것은, 이 두 분이 함께 『춘추』를 지었기 때문이다.

獨說丘與左丘明, 以兩人都作『春秋』者耳.

遇 다만 좌구명과 공자를 말하였는데, 이는 두 분이 함께 『춘추』를 지어서 곧은 도를 보존하였기 때문이다.

單說丘明與夫子, 以兩人皆作春秋, 共存直道者也.

點睛 이 구절을 읽으면 『춘추』의 종지(宗旨)를 알 수 있다. 『춘추』의 종지는 바로 하은주(夏殷周) 삼대의 곧은 도를 지탱하고자 하는 것이다.

讀此便知『春秋』宗旨. 『春秋』只是扶三代之直道耳.

───── 제25장 ─────

안연(顏淵)과 계로(季路, 子路)가 공자를 모시고 있었다.

논어, 천년의 만남

공자	"어찌 각기 너희들의 품은 뜻을 말하지 않느냐?"
자로	"저는 타는 수레와 말, 그리고 입는 가벼운 가죽옷을 친구와 함께 쓰다가 해지더라도 유감이 없고자 하옵니다."
안연	"저는 자신의 잘하는 것을 자랑함이 없으며, 공로를 과시함이 없고자 하옵니다."
자로	"선생님의 뜻을 듣고자 하옵니다."
공자	"노인을 편안하게 해주고, 친구에게는 미덥게 해주며, 젊은이는 감싸주고자 한다."

顔淵季路侍.

子曰	"盍各言爾志?"
子路曰	"願車馬衣輕裘, 與朋友共, 敝之而無憾."
顔淵曰	"願無伐善, 無施勞."
子路曰	"願聞子之志."
子曰	"老者安之, 朋友信之, 少者懷之."

評　　이 세 사람에게 그들의 뜻을 말하게 한 것이지, 당시에 실제 이런 일이 있었던 것은 아닐 것이다. 그러나 그들이 뜻을 말한 것으로 말미암아 후세 길이길이 실제로 해야만 하는 일이 되었다.

這樣三人, 使他言志, 當時所以無實事也. 賴他言志, 萬世所以有實事也.

遇　　진도장(陳道掌): "자로의 수레와 갖옷을 남과 함께 쓰고자 함은 바로 칠보(七寶)를 보시함이며, 안자가 자신의 잘하는 것과 공로를 내버리는 것은 바로 신명(身命)을 보시함이며, 공자께서 편안케 하고 미덥게 하며 감싸주시는 것은 색상(色相)에 머물지 않는 보시이다."

陳道掌云: "子路車裘, 是七寶布施, 顏子捨善勞, 是身命布施, 夫子安信悔, 是不住色相布施."

點睛　자로는 나와 남의 구분을 잊었고, 안연은 자신의 잘하는 것을 잊었으며, 공자는 자신마저 잊었다.
子路忘物, 顏子忘善, 聖人忘己.

 제26장

공자　"그만두어라! 나는 아직 자기의 허물을 보고서 마음으로 들여다보는 사람을 보지 못하였도다."
子曰　"已矣乎! 吾未見能見其過而內自訟者也."

評　이런 사람을 보고자 함이 지극하시도다.
要見極矣.

點睛　천고(千古)의 성현들이 함께 느끼는 것! '마음으로 들여다보는 것[自訟]'이 바로 성현 심학(心學)의 참된 혈맥(血脈)이다.
千古同慨! 蓋自訟正是聖賢心學眞血脈.

제27장

공자　"열 집이 살고 있는 조그마한 읍(邑)에도 반드시 나처럼 충실하고 신의있는 자는 있겠지만, 나처럼 학문을 좋아하는 이는 드물 것이다."

子曰　　"十室之邑, 必有忠信如丘者焉, 不如丘之好學也."

評　　바로 온 천하 사람들로 하여금 모두 학문을 좋아하게 하고자 하는 의도에서 하신 말씀이시다.

正欲滿天下, 都好學也.

遇　　공자께서 안회의 호학(好學)을 칭찬하면서 "노여움을 남에게 옮기지 않으며 같은 잘못을 두 번 다시 저지르지 않았다."라고 하셨다. 그렇다면 공자의 이른바 '내가 좋아하는 학문'이 어찌 책을 읽거나 문장을 보는 것을 말하는 것이겠는가!

夫子稱回之好學, 曰:"不遷怒, 不貳過." 則夫子所謂丘之好學, 亦豈讀書看文章之謂哉?

點睛　　공자의 충실함과 신의는 남과 같았으나, 다만 학문을 좋아함은 남과 달랐다. '호학(好學)' 두 글자가 바로 공자의 진면목이다.

孔子之忠信與人同, 只是好學與人異. 好學二字是孔子眞面目.

옹
야

雍也

공자　"옹(雍, 仲弓)은 얼굴을 남쪽으로 향하게 하여 임금 노릇을 하게 할
만하다."

중궁이 이 말을 듣고 자상백자(子桑伯子)의 인품에 대하여 여쭈었다.

공자　"그의 간소(簡素)한 마음도 좋도다."

중궁　"마음을 경(敬)에 두고 일을 간소하게 행하여 이로써 백성을 다스린
다면, 이 또한 좋은 것이 아니겠습니까. 만약 마음을 간소함에 두고
일 또한 간소하게 한다면, 이는 너무 크게 간소한 것일 테지요."

공자　"너의 말도 옳다."

子曰　"雍也, 可使南面."

仲弓問子桑伯子.

子曰　"可也簡."

仲弓曰　"居敬而行簡, 以臨其民, 不亦可乎? 居簡而行簡, 無乃大簡乎?"

子曰　"雍之言然."

評　중궁과 자상백자, 이 두 사람 사이에는 원래 차이가 없는데, 지
금 사람들이 차등 있게 볼 뿐이다.

他兩人原無隔礙, 今人看作隔礙耳.

遇　설방산(薛方山)이 이 경문을 주제로 한 시험문제를 내니, 여러
학생들이 '중궁은 공자가 말씀하신 '가(可)'자의 의미를 이해하지 못했
다'라는 주자의 설에 의거하여 답안을 내었다. 이를 본 방산이 노여워하
며 말하였다. "그대들은 식견이 없도다. 중궁은 현자인데, 어찌 '가(可)'

자의 의미를 알지 못하였겠는가. 이 경문의 '가(可)'자는 모두 의미가 동일하다. 중궁을 평가한 '가사남면(可使南面)'의 '가'자를 더 나은 경지라 여기고, 자상백자를 평가한 '가야간(可也簡)'의 '가'자가 못한 경지라고 생각하여, 똑같은 글자를 두 가지 의미로 해석한다면 말이 되겠는가! 이 경문에 쓰인 세 '가'자는 모두 동일한 의미로 보아야 한다. '불역가호(不亦可乎)'와 '가야간(可也簡)'의 두 가(可)자는 바로 같은 의미로 상응되고 있다.

薛方山考出是題, 諸生依未喩可字立說. 方山怒曰: "秀才無見識, 仲弓賢者, 豈有一可字也不識? 且均一可也, 使南面之可, 則認以爲優, 可也簡之可則認以爲劣. 一字而兩解之, 何說也?" 章中三可字, 皆一樣看, 不亦可乎與可也簡二字, 政相應.

설방산(薛方山, 1500~1575): 이름은 응기(應旂), 자는 중상(仲常), 방산(方山)은 그의 호이다. 양명학자였지만, 만년에는 정주학(程朱學)을 아울러 취했다. 저서에 『고정연원록(考亭淵源錄)』, 『사서인물고(四書人物考)』 등이 있다.

點睛　단지 백성을 대하는 도(道)를 논한 것이요, 자상백자를 비판한 것이 아니다.

只是論臨民之道, 不是去批點子桑伯子.

—— 제2장 ——

애공　"제자 중에 누가 학문을 좋아합니까?"

공자　"안회라는 이가 학문을 좋아하여, 노여움을 남에게 옮기지 않으며 같은 잘못을 두 번 다시 저지르지 않았는데, 불행히도 명이 짧아 죽었습니다. 그리하여 지금은 볼 수 없으니, 아직 학문을 좋아한다는 이가 있다는 말을 듣지 못하였습니다."

哀公問 "弟子孰爲好學?"

孔子對曰 "有顔回者好學, 不遷怒, 不貳過. 不幸短命死矣. 今也則亡, 未聞好學者也."

評 "노여움을 남에게 옮기지 않으며, 같은 잘못을 두 번 다시 저지르지 않았다."는 말은, 심신(心身)에 매우 절실한 학문의 경지이다. 지금 사람들은 이를 어려운 일로 보지 말 것이로되, 그렇다고 쉬운 일로도 보지 말아야 할 것이다.

不遷怒, 不貳過, 極切身的學問. 今人勿看做難事, 亦勿看做易事.

遇 『주역(周易)』「계사전」에서 "안씨의 아들(안연)은 아마도 거의 도에 가까울 것이다. 자신에게 선하지 않은 것이 있으면 알지 못함이 없었고, 알고 나서는 다시 행하지 않았다."라고 하였는데, 이는 바로 '같은 잘못을 두 번 다시 저지르지 않았다'는 경문의 주석이다. 이것을 명확하게 알면 '노여움을 남에게 옮기지 않았다'는 의미를 알 수 있을 것이다. 성현의 공부는 평이하고 실제적이니, 반드시 현묘하거나 환상적인 것으로 말할 것이 없다.

『易』曰: "顔氏之子, 其殆庶幾乎. 有不善未嘗不知, 知之未嘗復行." 明是不貳過註脚. 明此則不遷怒可知已. 聖賢工夫, 平平實實, 不必說玄說幻.

點睛 노여움이 없고 잘못이 없는 그곳은 본각(本覺)의 체(體)이고, 노

여움을 남에게 옮기지 않고 잘못을 두 번 다시 되풀이하지 않는 노력은 시각(始覺)의 공(功)이니, 이것이 바로 진정으로 배우기를 좋아하는 것이다.

無怒無過, 本覺之體, 不遷不貳, 始覺之功, 此方是眞正好學.

제3장

자화(子華)가 공자의 명을 받들어 제(齊)나라에 심부름하러 가게 되었는데, 염자(冉子, 冉有)가 그의 어머니를 위해 곡식을 줄 것을 요청하였다.

공자　　"부(釜: 6말 4되)를 주어라."

그러자 염유가 더 줄 것을 요청하였다.

공자　　"유(庾: 16말)를 주어라."

그런데 염유가 이보다 많은 5병(秉: 80섬)을 주었다.

이를 들으신 공자　"적(赤, 子華)이 제나라에 갈 때 살찐 말을 타고 가벼운 갖옷을 입었다. 내 들으니, '군자는 궁핍하거나 급박한 자를 돌봐주고, 부유한 자에게 계속 보태주지는 않는다'고 하였다."

원사(原思)가 공자의 가신(家臣)이 되었는데, 공자께서 곡식 9백을 주셨는데 사양하였다.

이를 보신 공자　"사양하지 말라! 너의 이웃과 마을에 나누어주려무나!"

子華使於齊, 冉子爲其母請粟.

子曰　　"與之釜."

請益.

曰　　"與之庾."

冉子與之粟五秉.

子曰　　"赤之適齊也, 乘肥馬, 衣輕裘. 吾聞之也, 君子周急不繼富."

原思爲之宰, 與之粟九百, 辭.

子曰　　"毋! 以與爾隣里鄉黨乎!"

評　　다섯 번의 '여(與)'자를 보면, 이전에 이것을 "주신 것을 사양하였다.[辭與]"라고 본 것이 옳지 않음을 알겠도다.

看五個與字, 乃知向作辭與看者不是.

遇　　작은 것을 왜 주지 않으려는지를 안다면, 천하도 선양(禪讓)할 수 있는 도리를 알 수 있다. 만종(萬鍾)의 녹봉을 왜 주려는지를 안다면, 아주 작은 것이라도 취해서는 안 되는 이치를 알 수 있다. 성인은 이렇게 재물을 쓰지 재물에 휘둘리지는 않으니, 이것이 바로 성인의 큰 능력이시다.

知一介之不與, 則知天下之可禪, 知萬鍾之可受, 則知一介之不取. 聖人能用財而不爲財用, 此是大手段.

—— 제4장 ——

중궁에 대한 공자의 평　"제사에 쓰이지 못하는 얼룩소 새끼라 할지라도 털빛이 붉고 또 뿔이 제대로 났다면, 세상 사람들이 비록 쓰지 않고자 하나 산천(山川)의 신(神)이야 어찌 버리겠는가."

子謂仲弓, 曰　"犁牛之子騂且角, 雖欲勿用, 山川其舍諸?"

評　　이 경문은 공자께서 중궁을 이렇게 논한 것일 뿐이다. 어찌 중

궁에 대하여 말하면서 그 아들을 칭찬하고자 하여 그 아버지를 비방하는 데 이르겠는가. 만약 그렇다면 성인도 또한 매우 충실하거나 후덕하지 않은 것이다. 결코 이런 이치는 없는 것이다. 결코 이런 이치는 없는 것이다!

此夫子與仲弓論此耳. 緣何便謂説仲弓, 因其子而及其父? 聖人亦不忠厚極矣. 斷無此理, 斷無此理!

遇 　공자께서는 "나를 알아주는 것은 하늘일 것이다."라고 하셨으니, 하늘과 사람의 계합(契合)이 심오하고 은미하여 그 감격이 지극히 깊도다. 이는 인간 세상에서 지기를 찾는 것이 아니다.

知我其天, 参契幽微, 感慨至深, 不向人間索知己矣.

──── 제5장 ────

공자 　"안회는 그 마음이 석 달 동안 인(仁)을 어김이 없었지만, 그 나머지 사람들은 하루나 한 달에 한 번 인에 이를 뿐이다."

子曰 　"回也, 其心三月不違仁. 其餘則日月至焉而已矣."

評 　이 구절을 읽고서야 이에 『맹자』의 "인은 사람의 마음이다.[仁, 人心也]"라고 하는 말이 오히려 정치(精緻)하지 않음을 알겠도다.

讀此, 乃知仁人心也之語, 尚未精.

遇 　예전의 조사께서 말씀하시기를: "40년 만에 '주객의 차별상을 극복하고 만물과 일체가 되는 경지[打成一片]'에 도달하였으니, 『논어』

에 '인을 어김이 없다'는 것이 바로 이 경지이다."

昔有祖師言: "四十年打成一片, 不違仁, 打成一片也."

─────── 제6장 ───────

계강자 "중유(仲由)는 정사에 종사하게 할 만합니까?"

공자 "유는 과감하니 정사에 종사하는 데 무슨 어려움이 있겠습니까."

계강자 "사(賜)는 정사에 종사하게 할 만합니까?"

공자 "사는 사리에 통달하였으니 정사에 종사하는 데 무슨 어려움이 있겠습니까."

계강자 "구(求, 冉求)는 정사에 종사하게 할 만합니까?"

공자 "구는 재능이 많으니 정사에 종사하는 데 무슨 어려움이 있겠습니까."

季康子問 "仲由可使從政也與?"

子曰 "由也果, 於從政乎何有?"

曰 "賜也可使從政也與?"

曰 "賜也達, 於從政乎何有?"

曰 "求也可使從政也與?"

曰 "求也藝, 於從政乎何有?"

評 오늘날 정치에 종사하는 자들도 또한 과감한가? 사리에 통달하였는가? 재능이 많은가? 생각하고, 또 생각해볼지어다!

今之從政者, 亦果乎? 達乎? 藝乎? 思之, 思之!

遇　　만약 노나라에서 공자를 크게 등용하여, 안자를 재상으로 삼고,

계로(중유)를 장군으로 삼으며, 자공을 예를 집행하는 관리로 삼고, 민자

건(閔子騫)과 염구에게 행정을 맡긴 다음, 공자의 칠십 두 명의 어진 제

자들로 하여금 한 고을을 다스리게 하였다면, 어찌 그 인재들이 한(漢)

나라나 당(唐)나라에 비해 적었겠는가!

使魯能大用孔子, 顏子爲相, 季路爲將, 子貢備行人, 而閔子冉求輩體國

經野, 七十二賢人各宰一邑, 則人才豈減漢唐?

─── 제7장 ───

계씨가 민자건을 비읍(費邑)의 읍재(邑宰)로 삼고자 사자(使者)를 보냈다.

이 사자를 맞이한 민자건 “나를 위하여 잘 말하여주시오. 만일 다시 나를 부르

러 온다면, 나는 반드시 문수(汶水) 가로 피해 가서 있을 것이오.”

季氏使閔子騫爲費宰.

閔子騫曰 “善爲我辭焉. 如有復我者, 則吾必在汶上矣.”

評　　온화하고도 간곡하게 올리는 말씀.

誾誾如也.

點睛　지기(志氣)가 있고 절조(節操)도 있으니, 중유와 염구를 대단히

부끄럽게 하도다.

有志氣, 有節操, 羞殺仲由冉求.

　　　　　　　　　　　　　　　　논어, 천년의 만남

백우(伯牛)가 병을 앓자, 공자께서 문병하러 가셨다.

남쪽 창문을 통해 그의 손을 잡고 공자께서 하신 말씀 "이런 병에 걸릴 리
　　가 없는데, 운명이로다! 이 사람이 이런 병에 걸리다니! 이 사람이 이
　　런 병에 걸리다니!"

伯牛有疾, 子問之.

自牖執其手, 曰 "亡之, 命矣夫! 斯人也而有斯疾也! 斯人也而有斯疾也!"

評　　다만 회생할 수 없는 병이 바로 이 병이었으니, 어찌 반드시 '악
질(惡疾)'이라 하겠는가.

只是不起之疾, 便是斯疾了, 何必曰惡疾.

點睛　　'운명[命]'이란 글자를 말한 것은 바로 이 숙업(宿業)을 드러낸
것이니, 곧바로 선(善)을 행하면 악(惡)한 과보가 없다는 것을 알겠도다.

説一命字, 便顯得是宿業, 便知爲善無惡果.

공자　　"어질구나, 안회여! 한 대나무 그릇의 도시락밥과 한 표주박 잔의 물
　　　로 누추한 거리에 살고 있도다. 남들은 그 근심을 견뎌내지 못하는
　　　데, 안회는 그 즐거움을 바꾸지 않는구나. 어질구나, 안회여!"

子曰　　"賢哉, 回也! 一簞食, 一瓢飮, 在陋巷. 人不堪其憂, 回也不改其樂, 賢
　　　哉, 回也!"

評   삶의 자세가 매우 고매하도다! ○즐기는 자 현명하니, 바로 여기에서 근심하는 자 어리석다는 것을 알 수 있도다.

臭味極矣! ○樂者賢, 乃知憂者愚矣.

遇   선우신(鮮于侁): "안자(顏子, 顏回)는 어찌하여 자신의 즐거움을 바꾸지 않았습니까?"

정이천: "그대가 말하는 즐거움이란 무엇인가?"

선우신: "도를 즐기는 것일 뿐입니다."

정이천: "만약 안자가 도를 즐겼다면, 이는 안자라고 할 수 없다."

선우신이 이해를 하지 못하고서 추호(鄒浩)에게 가서 이 대화를 말하였다.

이를 들은 추호: "그 사람이 나아간 경지가 이처럼 깊구나! 나는 오늘에서야 비로소 정이천의 진면목을 알았도다."

鮮于侁問: "顏子何以能不改其樂?" 伊川曰: "君謂其所樂者何也?" 侁對曰: "樂道而已." 伊川曰: "使顏子而樂道, 不爲顏子矣." 侁未達, 以告鄒浩. 浩曰: "夫人所造, 如是之深, 吾今日始識伊川面."

點睛   즐거움이 '단표누항(簞瓢陋巷)' 때문에 있지도 않지만, 그렇다고 '단표누항'을 떠나서 있는 것도 아니다. '단표누항' 그 자체가 바로 참된 즐거움이다. 오직 인자(仁者)만이 오랫동안 궁핍한 지경에서도 살아갈 수 있으니, 지금의 궁핍한 지경이 바로 편안한 곳이요 이로운 곳이다. 만약 '단표누항'이 즐거워할 만한 것이 아니라고 하여 버린다면, 이는 지금의 처한 자리를 떠나 마음을 논하는 것이니 이 어찌 진리에서 만 리나 동떨어진 소리가 아니겠는가.

樂不在簞瓢陋巷, 亦不離簞瓢陋巷, 簞瓢陋巷, 就是他眞樂處. 惟仁者可

久處約, 約處就是安處利處. 若去簞瓢陋巷非可樂, 則離境談心, 何啻萬
里.

──── 제10장 ────

염구   "저는 선생님의 도를 좋아하지 않는 것은 아니지만, 역량이 부족합
          니다."

공자   "힘이 부족한 자는 중도에 그만둘 것이다. 그런데 지금 너는 미리 한
          계를 긋는구나."

冉求曰   "非不說子之道, 力不足也."

子曰   "力不足者, 中道而廢. 今女畵."

評   염구 또한 공자의 도를 좋아하여 버리지 않았다.

冉求亦説不去.

遇   소자계(蘇紫溪): "염구의 '역량이 부족합니다'라는 말은 도(道)
의 기쁨 속에서도 그 말은 차갑도다. 공자의 '네가 미리 한계를 긋는구
나'라는 구절은, 염구의 '역량이 부족합니다'라는 말에 이어서 사람의 마
음을 고무시키는 말씀이로다."

蘇紫溪曰: "力不足, 把悦處都説得冰冷, 今女畵, 把力不足, 都説得鼓
舞."

소자계(蘇紫溪, 1542~1599): 이름은 준(濬), 자는 군우(君禹), 자계(紫溪)는 그의 호이
다. 명대 후기 저명한 주자학자로, 저서에 『사서아설(四書兒說)』, 『역경아설(易經兒說)』
등이 있다.

공자께서 자하에게 말씀하시기를 "너는 군자다운 학자가 되고 소인스러운
학자는 되지 말아라."

子謂子夏, 曰 "女爲君子儒, 無爲小人儒."

評   공자께서 애초에 소인스러운 학자가 있음을 알고 있었다.

孔夫子原知有小人儒.

遇   왕용계: "모든 성인들은 자신만의 수법과 안목이 있다. 어찌 일
찍이 고정된 형식을 모방함이 있겠는가! 어떤 형식을 모방하는 사람은
필경에는 대인(大人)이라 할 수 없다."

王龍谿曰: "從來聖人自出手眼, 何嘗有樣子學得來? 凡依傍樣子者, 畢
竟不是大人."

點睛   본성과 천도에 근본하여 문장을 지으면 군자다운 학자이고, 문
장으로만 두각을 나타내면 소인스러운 학자이다. 하학을 통해 상달을
하면 군자다운 학자이고, 하학에만 머문다면 소인스러운 학자이다. 만
약 하학을 벗어나서 상달만을 헛되이 말한다면 이는 군자다운 학자도
소인다운 학자도 아니다. 바로 오늘날의 실제에 어두우면서 뜻만 높은
학자라고 할 수 있다.

從性天生文章, 便是君子儒, 從文章著脚, 便是小人儒, 卽下學而上達,
便是君子儒, 滯於下學, 便是小人儒. 若離下學而空談上達, 不是君子儒,
亦不是小人儒, 便是今時狂學者.

자유가 무성(武城)의 읍재(邑宰)가 되었다.

공자　"너는 보좌할 인재를 얻었느냐?"

자유　"담대멸명(澹臺滅明)이라는 자가 있는데, 행할 때는 지름길을 말미암지 않으며, 공무가 아니면 일찍이 저의 집을 방문한 적이 없습니다."

子游爲武城宰.

子曰　"女得人焉爾乎?"

曰　"有澹臺滅明者, 行不由徑, 非公事, 未嘗至於偃之室也."

評　참으로 인재를 얻었도다.

眞能得人.

遇　양복소: "행할 때는 지름길을 말미암지 않는다[行不由徑]'는 구절은 담대멸명의 행동에 관한 말이지, 이전의 주석처럼 지름길을 간다는 의미가 아니다. 그 다음의 '공무가 아니면[非公事]'이라는 두 구절과 바로 한 의미로 연결된다. 만약 이를 지름길로 가는 것으로 이해한다면, 어찌 인재를 얻었다고 할 수 있겠는가!"

楊復所曰：“行不繇徑, 是指其行詣而言, 不在走路上説. 下面非公事二句, 政其一也. 若作走路説, 何以爲得人?”

공자　"맹지반(孟之反)은 공을 자랑하지 않았다. 전쟁에서 패하여 도망갈 때 뒤에서 싸우더니, 장차 성문을 들어가려 할 적에 말을 채찍질하며 말하기를 '내 용감하여 뒤에 남아 싸운 것이 아니요, 말이 빨리 달리지 못하였을 뿐이다.'"

子曰　"孟之反不伐, 奔而殿, 將入門, 策其馬, 曰: '非敢後也, 馬不進也.'"

評　그린 듯이 묘사하였도다.
畵.

遇　공자 당시에는 전쟁에서 승리하는 것을 능사로 여겼으니, 또한 누가 전쟁에서 패배할 때 사람을 관찰하고 장점을 취할 수 있었겠는가.
當時以戰勝爲能, 誰復於戰敗時觀人, 取人?

공자　"축관(祝官)인 타(鮀)의 말재주나 송(宋)나라의 조(朝)와 같은 잘생긴 얼굴을 갖고 있지 않다면, 지금 세상에서 환난(患難)을 면하기가 어렵겠지."

子曰　"不有祝鮀之佞, 而有宋朝之美, 難乎免於今之世矣."

遇　이것은 위대한 성인께서 이 세상을 애달프게 여기시는 말씀이시다. 만약 이를 두고 비웃거나 꾸짖음의 언어로 이해한다면, 곧 공자 말

씀의 본의는 아닐 것이다.

    또한 세상살이의 어려움을 탄식한 말씀도 아니다. 이는 바로 영웅호 걸을 단련케 하는 말씀이시다.

此大聖人慈憫世界語, 若作嬉笑怒罵, 便非立言本懷. 亦非嗟嘆行路語, 正磨鍊豪傑語也.

───── 제15장 ─────

공자   "누군들 집을 나갈 때 문을 거치지 않고 나갈 수 있겠는가. 그런데 어 찌하여 이 도는 따르고자 하는 이가 없는가?"

子曰   "誰能出不由戶? 何莫由斯道也?"

評   모두 도를 따라야 함을 공자께서 갈파(喝破)하신 말씀일 뿐이다.

都是由道的, 夫子特喝破耳.

遇   주용재(周用齋): "도를 따르지 않는다고 해서 도를 벗어난 사람 이 아니다. 이런 사람이야말로 도에 들어간 사람이다. 수행과 깨달음은 모두 도를 따르지 않아야 하니, 이것은 참으로 괴이하고 탄식을 자아낸 다. 이는 마치 길을 가는 사람이 문을 거치지 않고 가는 것과 흡사하다. 앉거나 눕거나 이 도리를 들어보라!"

周用齋曰: "不繇道, 不是道外人, 正是道內人, 即脩悟都不繇, 此良可怪 嘆, 正是走路人不繇門戶耳. 若坐若臥, 亦自聽之."

點睛   『중용』에서 "도에서 잠시도 떨어져 있을 수 없다."라고 하였는

데, 진실로 그러하다, 진실로 그러하다! 그런데 무슨 까닭으로 세상 사람들은 익히되 살피지 못하고, 날마다 쓰면서도 알지 못하는가.

道不可須臾離, 信然, 信然! 何故世人習而不察, 日用不知?

제16장

공자　"내면의 본바탕이 외면의 꾸밈보다 지나치면 촌사람 같고, 꾸밈이 본바탕보다 지나치면 아전 같으니, 본바탕과 꾸미는 것이 잘 조화를 이룬 뒤에야 군자라고 할 수 있다.

子曰　"質勝文則野, 文勝質則史. 文質彬彬, 然後君子."

評　후진(後進)들이 예악(禮樂)의 형식을 잘 구현한다고 해서, 군자가 아님을 알 수 있다.

乃知後進于禮樂非君子也.

點睛　'본바탕[質]'은 나무의 줄기와 같고, '외면의 꾸밈[文]'은 꽃의 잎과 같은데, 이 근저에는 또 다른 나무의 뿌리가 있다. 나무의 뿌리가 있기에 줄기, 가지, 꽃, 잎 등이 모두 일종의 생명의 기운[生機]이 있게 되는 것이다. '잘 조화를 이룬다[彬彬]'는 것은 바로 이 생명의 기운이 환하게 빛을 발하는 것이다.

質如樹莖, 文如花葉, 還有一個樹根. 由有樹根, 故使莖枝花葉, 皆是一團生機. 彬彬者, 生機煥彩也.

제17장

공자　　"인간의 타고난 본성은 '곧음[直]'이니, '곧음'이 없는데도 생존하는
　　　　　사람은 요행히 죽음을 면하고 있는 것이다."

子曰　　"人之生也直, 罔之生也幸而免."

評　　'곧음[直]'이 없는 자, 모두 죽은 사람이로다.

不直的, 都是死人.

遇　　이 '직(直)'이란 글자는 '바탕이 정직하다[質直]', '호의적이며 정
직하다[好直]'라고 할 때의 '직(直)'자와는 조금 다르다. 이 '직'은 바로
'성체(性體)'이다. 성체는 선악(善惡)도 없고 전후(前後)도 없고 취사(取
捨)도 없으니, 이것과 저것을 떠나 우뚝 홀로 존재하며 가운데 있는 것도
아니고 주변에 있는 것도 아니어서 외따로 서 있다. 때문에 이 '직'은 천
길 암벽에 홀로 서 있는 것 같아, 생각이나 의식으로 잡아 오를 수 있는
존재가 아니다.

此直字, 與質直好直等直字稍異, 卽性體也. 性體無善惡, 無向背, 無取
捨, 離彼離此而卓爾獨存, 非中非邊而魏然孤立. 故曰直如千仞峭壁, 非
心思意識之所能攀躋.

제18장

공자　　"아는 자는 좋아하는 자만 못하고, 좋아하는 자는 즐기는 자만 못하
　　　　　다."

子曰　　"知之者不如好之者, 好之者不如樂之者."

評　　즐기는 경지에 이르지 못했다면, 어찌 이것을 알았겠는가.
不到樂的地步, 那得知此?

遇　　가장 정심하고 미묘한 지점은 인간의 일반적인 보고 듣는 감각과 견해로는 쉽사리 들어갈 수 없다. 이른바 구름이 흘러감에 달빛도 따라 움직이고 배가 해안을 따라 휙 지나가는 것과 같아서, 자칫 그 황홀함에 헤매다 잘못된 곳으로 흘러 들어갈 수도 있다. 따라서 가장 먼저 그 '참모습[眞種子]'을 찾아야 하는데, 이것이 가장 어렵다. 이 때문에 배움을 통해 이 지점을 알아야만, 그제야 좋아할 수 있게 된다. …… 진짜 알아야만 반드시 좋아하게 되고, 진심으로 좋아해야만 반드시 즐길 수 있다.
個中精微之極, 非人見聞知解易得參透. 所謂雲駛月運, 舟行岸移, 恍惚成迷, 漂入邪見. 故第一着是尋見眞種子, 最難. 所以學須知之, 纔能好之. …… 眞知必好, 眞好必樂.

點睛　　안다는 것은 무엇인가? 좋아한다는 것은 무엇인가? 즐거워한다는 것은 무엇인가? 참구하라! 이탁오는 말한다. "즐기는 경지에 이르지 못했다면, 어찌 이것을 알았겠는가."
知個甚麼, 好個甚麼, 樂個甚麼! 參! 卓吾云: "不到樂的地步, 那得知此?"

논어, 천년의 만남

공자   "중(中) 이상 되는 사람은 최상의 진리에 대한 말을 해 줄 수 있으나,
중 이하 되는 사람은 최상의 진리에 대한 말을 해 줄 수가 없도다."

子曰   "中人以上, 可以語上也, 中人以下, 不可以語上也."

評   성인의 말씀은 최상의 도리가 아닌 것이 없다. 다만 사람들이
스스로 최상의 도리에 대한 말씀을 이해하지 못할 뿐이다.
聖人無語不上, 只是人自不可以語上耳.

遇   주안기(周安期): "중니의 제자들 중, 한밤중에 방에 들어가서 따
로 이야기한 이들이 있다는 것은 듣지 못하였다. 그러니 어찌 누구는 최
상의 진리에 대해서 듣고, 또 누구는 최상의 진리에 대하여 듣지 못하였
겠는가. 다만 공자의 이 말씀을 사람들 중 스스로 이해하는 이와 이해하
지 못하는 이가 있을 뿐이다."
周安期曰: "仲尼之徒, 不聞有夜半入室而談者, 緣何説可以語上, 不可
以語上? 只是此語人自有可不可耳."

주안기(周安期, 1582~1647): 이름은 영년(永年), 안기(安期)는 그의 자이다. 주계후(周
季侯)와 형제 사이다. 형제인 주계후가 위충현에 의해 죽임을 당한 후, 중서산(中西山)에
기거하면서 많은 시를 지었다고 한다. 전겸익(錢謙益)의 『유학집(有學集)』에 「주안기묘
지명(周安期墓誌銘)」이 실려 있다. 『오도법승여(吳都法乘餘)』를 편찬하였다.

點睛   최상의 진리를 말해줄 수 있는 사람에게는, 그 어떤 말씀이라도
모두 최상의 진리로 수용됨을 알 수 있다.

可以語上, 方知語語皆上.

번지가 지혜로움에 대하여 여쭈었다.

공자　"사람이 행해야 할 도의에 힘쓰고 귀신을 공경하되 멀리한다면, 지
　　　혜롭다고 말할 수 있다."

번지가 다시 인(仁)에 대하여 여쭈었다.

공자　"어진 자가 어려운 일을 먼저 하고 얻는 것을 뒤로 돌린다면, 인하다
　　　고 말할 수 있다."

樊遲問知.

子曰　"務民之義, 敬鬼神而遠之, 可謂知矣."

問仁.

曰　　"仁者先難而後獲, 可謂仁矣."

評　　지혜롭다고 하는 자 대부분 귀신을 경원(敬遠)하지 않고, 어질
다고 하는 자 대부분 얻는 것을 뒤로 돌리지 않는다. 이 때문에 공자께서
이렇게 말씀하신 것이다.

知者多不遠鬼神, 仁者多不後獲, 所以夫子言此.

點睛　　'사람이 행해야 할 도의[民義]'를 깨닫는 것이 바로 귀신의 도리
를 깨닫는 것이다. 오직 깨달았기에 귀신을 경원할 수 있는 것이지, 불가
지(不可知)의 영역이어서 귀신을 공경하고 멀리하는 것이 아니다.

　　어려운 일을 먼저 할 수 없는 것은, 바로 생각이 얻음과 얻지 못함에

미쳐서이다. 어려운 것이 어려운 것이 아님을 안다면, 바로 안연이 공자의 가르침을 듣고서 도달한 "선생님의 말씀을 따르고자 합니다.[請事斯語]", "공부를 그만두고자 하나, 그만 둘 수가 없다.[欲罷不能]"는 경지이다. 어찌 얻음과 얻지 못함이 그 마음을 동요시킬 수 있겠는가.

曉得民義, 便曉得鬼神道理. 惟其曉得, 所以能敬能遠, 非以不可知而敬之遠之也. 不能先難, 便欲商及獲與不獲. 知難非難, 則請事斯語, 欲罷不能, 豈獲與不獲可動其心?

──── 제21장 ────

공자   "지혜로운 자 물을 좋아하고 어진 이 산을 좋아하며, 지혜로운 이 동적이고 어진 자 정적이며, 지혜로운 자 낙천적이고 어진 이 장수한다."

子曰   "知者樂水, 仁者樂山. 知者動, 仁者靜, 知者樂, 仁者壽."

評   말로는 다 표현할 수 없는 의미가 있다.

有說不盡之意.

遇   지혜로운 사람은 좋아함이 있으니, 좋아하지 못하는 사람은 지혜롭지 못한 것이다. 이들은 꽉 막히고 어리석은 사람이어서 우주의 크나큰 경계를 통달하지 못한 자들이다.

    어진 이는 장수하니 장수하지 못하는 사람은 대부분 어질지 못하다. 이들은 잔인하고 각박한 사람이어서 천지(天地)의 원기(元氣)를 배양하지 못하는 자들이다.

知者樂, 不樂之人因不知, 此拘滯愚闇之人, 不達宇宙之大觀者. 仁者壽, 不壽之人多不仁, 此殘忍刻薄之人, 不培天地之元氣者也.

點睛　묘사가 오묘하도다. 지자(智者)와 인자(仁者)가 두 사람이라는 말이 아니다. …… 산과 물은 모두 땅에 있는 것이고 동적(動的)인 것과 정적(靜的)인 것은 모두 동일한 마음의 작용이며, 낙천(樂天)과 장수(長壽)는 한 몸이 받는 것이고 지혜와 어짊은 동일한 본성의 참모습이다. 만약 이 양자(兩者)가 둘이 아니면서 둘이며 둘이면서 둘이 아님을 깨닫지 못한다면, 인자(仁者)는 이것을 보고 인(仁)이라 할 것이며 지자(智者)는 이것을 보고 지(智)라고 할 것이다.

形容得妙, 智者仁者, 不是指兩人說. …… 山水同依於地, 動靜同一心機, 樂壽同一身受, 智仁同一性真. 若未達不二而二, 二而不二, 則仁者見之謂之仁, 智者見之謂智矣.

──── 제22장 ────

공자　　"제나라가 한 번 변화하면 노나라에 이르고, 노나라가 한 번 변화하면 도(道)에 이를 것이다."

子曰　　"齊一變, 至於魯. 魯一變, 至於道."

評　　도에 이르지 못하면, 결국에는 다스려지는 것이 아니다.

不至道, 終非治也.

遇　　제나라의 제후 강태공(姜太公)은 큰 현인이고, 노나라 제후 주

공(周公)은 성인이시다. 이 때문에 남긴 교화가 이처럼 같지 않았다.

太公大賢, 周公聖人, 故遺化不同如此.

點睛　이 나라들이 도(道)에 이르기를 바라신 것이다.

　　오인지(吳因之): "제나라는 참으로 살과 뼈를 바꾸려는 노력이 요구되고, 노나라는 위와 장을 세척하는 노력이 요청된다."

總是要他至於道耳. 吳因之曰: "齊固要脫皮換骨, 魯也要滌胃洗腸."

오인지(吳因之, 1551~1637): 이름은 묵(默), 인지(因之)는 그의 자이다. 경학으로 이름이 났으며, 명나라 관직에 있을 때 강직하여 '오철한(吳鐵漢)'이라는 별칭으로 불렸다.

─── 제23장 ───

공자　"모난 술잔이 모나지 않으면, 모난 술잔이겠는가! 모난 술잔이겠는가!"

子曰　"觚不觚, 觚哉! 觚哉!"

評　탄식할 만하다, 탄식할 만하다!

可嘆, 可嘆!

遇　　계팽산(季彭山): "'모남[觚]'이라는 글자를 중시하는 말씀이다. 당시 사람들이 융통(변통)을 숭상하였기에 모남(원칙)을 훼손하여 둥글게 만들었다. 이처럼 모남을 갈아 없애고 뿔을 꺾는 이들이 많았기에, '모남'이라는 글자를 써서 개탄스러움을 표현하신 것이다."

季彭山曰: "重觚字說, 因當時人習尚通融, 破觚爲員, 多磨稜倒角, 故以舫致慨."

계팽산(季彭山, 1485~1563): 이름은 본(本), 자는 명덕(明德), 팽산(彭山)은 그의 호이다. 왕수인(王守仁)을 사사하여 양명학을 전승했으며, 저서에『사서사고(四書私考)』,『주역별록(周易別錄)』등이 있다.

—— 제24장 ——

재아	"인자(仁者)는 비록 누가 와서 '우물에 사람이 빠졌다'라고 말해준다면, 그는 바로 우물에 뛰어들어가겠습니까?"
공자	"어찌 그렇게 하겠느냐. 군자는 가기는 하겠지만 뛰어들지는 않을 것이니, 그를 이치에 맞는 말로 속일 수는 있겠지만 터무니없는 말로 속일 수는 없을 것이다."
宰我問曰	"仁者, 雖告之曰: '井有仁焉.' 其從之也?"
子曰	"何爲其然也? 君子可逝也, 不可陷也, 可欺也, 不可罔也."

評 　재아는 '우물에 사람이 빠진 것'을 빌어다 공자의 출처(出處)를 물었을 뿐이다. 참으로 말 잘하는 부류에 속한다고 할 만하다.
宰我借從井問夫子之出處耳. 逼眞言語之科.

遇 　옛날 어떤 참선하는 이가 질문을 하였다. "만약 어떤 사람이 입으로 덩굴을 물고 있고 두 손은 놓은 상태에서 백장(百丈)의 절벽에 매달려 있습니다. 그런데 아래쪽에서 어떤 이가, '달마(達摩) 조사께서 서쪽에서 오신 뜻[祖師西來意]은 무엇입니까?'라고 질문을 하였습니다. 만약이 질문에 대답하면, 입을 벌리느라 목숨을 잃을 것입니다. 그렇다고 이

　　　　　　　　　논어, 천년의 만남

질문에 답을 못하면, 아래쪽 사람이 도(道)를 질문한 마음을 저버리게 될 것입니다. 그렇다면 절벽에 매달린 사람은 어찌해야 합니까?"

선사(禪師)가 답하였다. "이 사람이 절벽에서 입으로 덩굴을 물고 있기 전에 와서 질문하거라!"

昔有一參禪者問曰: "譬如有人口咬樹藤, 兩手撒開, 懸崖百丈. 下面有人問曰:'如何是祖師西來意?'若應他, 喪身亡命, 若不答他, 辜負了他來意, 却是如何?"禪師答曰: "請他在未咬樹時節來問."

點睛　이 질문에는 크게 선기(禪機)가 담겨 있다. 이 질문은 '군자가 이미 사람에 의지하고 있는데, 만약 그 사람이 우물 가운데 빠져 있다면 또한 좇아 들어가서 의지하겠는가?'라는 것이다. 공자가 곧바로 바른 이치로써 대답하셨으니, '체득은 없고 입으로만 외치는 구두선[口頭三昧]'을 하는 자가 견주어볼 수 있는 것이 아니다.

此問大似禪機. 蓋謂君子旣依於仁, 設使仁在井中, 亦從而依之乎? 夫子直以正理答之, 不是口頭三昧可比.

제25장

공자　"군자가 글을 널리 배운 뒤에 예에 맞게 실천한다면, 또한 도에 어긋나지는 않을 것이다."

子曰　"君子博學於文, 約之以禮, 亦可以弗畔矣夫!"

評　유가(儒家)에서 전수(傳受)되는 진리의 말씀.

口訣.

遇 　 안자(顔子)는 글로써 '나'를 넓혔으며, 예로써 '나'를 요약하여 드디어 탁월한 견해를 가지게 되었다. 여기서 중심은 완전히 '나[我]'라는 글자에 실려 있다.

顔子博我以文, 約我以禮, 遂有卓爾之見, 全重我字.

點睛 　 '글에서 배움[學於文]'은 바로 듣고서 '깨달음의 길[覺路]'을 여는 것이니, 가난한 사람이 남의 보배를 세는 것과 같지 않다. '예로써 요약함[約以禮]'은 바로 지해(知解)에 의지하여 '도리를 생각함과 선정을 닦음[思修]'을 일으키는 것이니, 이른바 공자가 말씀하신 '자신을 이기고 예를 회복함[克己復禮]'이다.

學於文, 乃就聞以開覺路, 不同貧數他寶, 約以禮, 乃依解而起思修, 所謂克己復禮.

제26장

공자께서 남자(南子)를 만나시려 하자, 자로가 불쾌하게 여겼다.

이를 보신 공자께서 맹세하시기를 "내 맹세코 잘못된 짓을 하였다면 하늘이 나를 버리시리라! 하늘이 나를 버리시리라!"

子見南子, 子路不說.

夫子矢之, 曰 "予所否者, 天厭之! 天厭之!"

評 　 자로가 언짢아 한 이유가 공자께서 미자(彌子)를 거절한 데서 온 것임을 알아야 할 것이다. 자로는 '공자께서 미자를 거절하시고는 이는 천명에 달린 것이라고 하셨는데, 어떤 이유로 또 남자를 뵈려고 하시

논어, 천년의 만남

는가?'라고 생각한 것이다.

要知子路不悅, 全從夫子拒彌子來. 意謂旣曰有命矣, 緣何又見南子?

遇　　공자께서 우선 맹세만 하시고 자로의 생각을 풀어주는 말씀을
하시지 않았으니, 이는 바로 자로의 불쾌하게 여기는 마음을 더욱 고양
시킨 것이다. 여인을 품에 안고서도 미혹되지 않는 것은 성인은 할 수 있
되 현인은 할 수 없다. 문을 닫고서 여인을 들이지 않는 것은 현인은 할
수 있되, 성인은 꼭 이렇게 할 필요는 없는 것이다.

夫子第矢之, 而不與解釋, 政所以堅其不悅之意也. 坐懷不亂, 聖人所爲,
賢人則不可爲. 閉戶不納, 賢人所爲, 聖人則不必爲.

─── 제27장 ───

공자　　"중용의 덕은 지극하도다! 그런데 백성들 중 이 덕을 실천하는 이가
　　　　적은 지 오래되었도다."

子曰　　"中庸之爲德也, 其至矣乎! 民鮮久矣."

評　　대도(大道)는 매우 평이한데, 백성들은 지름길만을 좋아한다.

大道甚夷, 而民好徑.

遇　　'지극하도다[至]'라는 경지는 바로 '소리도 없고 냄새도 없는[無
聲無臭]' 그곳을 말하는 것이다. 그런데 사람들이 생각을 통해 힘을 써서
여기로 가려고 하니, '중용의 덕을 실천하는 이가 적은 지 오래되었도다'
라고 하는 것이다.

至者, 無聲無臭之謂. 人以思勉求之, 故鮮久矣.

—— 제28장 ——

자공　　"만일 백성에게 은혜를 널리 베풀어 많은 사람을 구제한다면 어떻습니까? 인(仁)하다고 할 만합니까?"

공자　　"어찌 인에만 그치겠느냐. 반드시 성인일 것이다. 요임금과 순임금도 이는 오히려 부족하게 여기셨다. 인자(仁者)는 자신이 서고자 하면 남도 서게 해주며, 자신이 이르고자 하면 남도 이르게 해준다. 때문에 가까운 자기 몸에서 미루어나가 타인의 사정까지 이해할 수 있다면, 이는 '인(仁)을 하는 방법'이라고 말할 만하다."

子貢曰　　"如有博施於民而能濟衆, 何如? 可謂仁乎?"

子曰　　"何事於仁! 必也聖乎! 堯舜其猶病諸! 夫仁者, 己欲立而立人, 己欲達而達人. 能近取譬, 可謂仁之方也已."

評　　"요임금과 순임금도 오히려 부족하게 여기셨다."라는 여기가 바로 '인(仁)'의 자리이다. '남을 서게 해주는 것', '남을 이르게 해주는 것'은 모두 여기에 뿌리를 두고 나오는 것이다.

堯舜其猶病諸處, 正是仁. 立人, 達人, 都根此來.

遇　　양무제(梁武帝)가 불상을 주조하고 불경을 편찬하며 절을 잘 꾸미고 나서, 달마대사(達摩大師)에게 자신의 공덕에 대하여 질문하였다. 달마대사가 답하시기를, "실로 아무런 공덕도 없습니다."라고 하였다.

'백성에게 은혜를 널리 베풀어 많은 사람을 구제한다[博施濟衆]'는 것,

또한 모두 이러한 공덕을 염두에 둔 것이다. 이에 성인께서 근본을 드러내어 자기 자신에게로 돌아가게 한 것이다.

梁武鑄象造經, 崇飾梵宇, 問達摩有功德否? 達摩云: "實無功德." 博施濟衆, 總是功德念頭, 所以聖人提出本領銷歸到自家身上.

술
이

述而

공자 "나는 옛것을 기술하기만 하고 창작하지는 않았으니, 옛것을 믿고 좋아함을 내 가만히 우리 노팽(老彭)에게 견주어보노라."

子曰 "述而不作, 信而好古, 竊比於我老彭."

評 이 모든 것은 진실한 말씀이니, 어찌 겸사라고 할 수 있겠는가!

都是實話, 何曰謙辭?

遇 노팽인 전갱(錢鏗)은 주(周)나라의 주하사(柱下史)라는 관직을 역임하였다. 젊은 시절에는 고요함을 좋아하여 유유자적하였다. 대부가 되자 병을 핑계 대고 정사에 참여하지 않았다. 옛 서적 보는 것을 좋아하였는데, 이것으로 세상에 이름이 났다.

老彭錢鏗在周爲柱下史, 少好恬静, 及爲大夫, 稱疾不與政事, 好覽古籍, 以此名世.

點睛 "옛것을 기술하기만 하고 창작하지는 않는다.[述而不作]"는 것은 다만 믿어서 이치를 터득하였기에 창작할 만한 것이 없다는 것이다. 이미 믿음이 닿았기에 저절로 옛것을 좋아한다. 이것이 공자의 진정한 도맥(道脈)이요, 참된 학문이다. 하여 이탁오는 이렇게 말하였다. "이 모든 것은 진실한 말씀이니, 어찌 겸사라고 할 수 있겠는가!"

述而不作, 只因信得理無可作. 既信得及, 自然好古. 此夫子眞道脈眞學問也. 卓吾云: "都是實話, 何云謙詞?"

공자 "말없이 마음에 기록해두며, 배우기를 싫어하지 않으며, 남 가르치기를 게을리하지 않는 것, 이 세 가지 중에 어느 것이 나에게 있겠는가."

子曰 "黙而識之, 學而不厭, 誨人不倦, 何有於我哉?"

評 "어느 것이 나에게 있겠는가."라는 구절은 집 안에 들어간 사람(진리의 전당에 들어선 사람)의 말이다.

何有於我哉, 都是説家裡話.

遇 덕이 높은 스님의 말씀: "노승은 밥을 먹으면 먹는 대로 뱃속으로 들어갔다. 그런데 세간의 뭇 중생들은 한결같이 밥을 먹는데도 이러하지를 못하도다. 그러니 나머지 일이야 말해 무엇하겠는가!"

古德云: "老僧吃飯, 吃在肚裏. 世間千萬衆生, 只一吃飯, 無有是處, 何況餘事!"

공자 "덕을 닦지 않음과 학문을 강마(講磨)하지 않음과 의(義)를 듣고 옮겨가지 못함과 불선(不善)을 고치지 못함이 바로 나의 근심거리이다."

子曰 "德之不修, 學之不講, 聞義不能徙, 不善不能改, 是吾憂也."

評 성인의 근심을 알아야만 곧 성인의 즐거움을 알 수 있다.

知聖人之憂, 便知聖人之樂.

遇　　서자경(徐子卿): "욕망을 따르고 본성을 버리는 것, 현재를 누리기만 하고 원대한 목적을 망각하는 것, 남이 하는 대로 내버려두고 자신의 주장이 전혀 없는 것, 하늘이 만들어준 대로 받아들이기만 하고 자신의 기질을 변화하는 학문이 없는 것, 이 네 가지는 군자의 큰 수치이다."

徐子卿曰: "徇情欲而舍性命, 圖受用而忘遠大, 聽人穿鼻而全無自己本領, 聽天陶鑄而没些變化學問, 四者君子之大恥."

서자경(徐子卿, 약1573~?): 이름은 일구(日久), 자경(子卿)은 그의 자이다. 명나라 말엽에 산동안찰사를 역임하였으며, 『오변전칙(五邊典則)』, 『강하기사(江夏紀事)』, 『순해실록(巡海實錄)』 등의 책을 편찬하였다.

點睛　　진실로 근심할 만한 것을 세상 사람들은 도무지 근심할 줄 모르니, 이 때문에 진정한 즐거움을 조금도 누리지 못한다. 오직 성인은 생각, 생각 근심에 차 있기에 수시로 즐거움을 얻는다.

眞實可憂, 世人都不知憂, 所以毫無眞樂. 惟聖人念念憂, 方得時時樂.

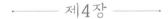

―――― 제4장 ――――

공자께서 한가로이 계실 적에, 그 모습은 확 펴져 있고, 그 얼굴은 온화하셨다.

子之燕居, 申申如也, 夭夭如也.

評　　한 폭의 그림.

一幅畫.

遇　　　어떤 이의 질문: "공자께서는 한가로이 계실 적에, 그 모습은 확

펴져 있고, 그 얼굴은 온화하셨습니다."

나의 답변: "인적 없는 빈산, 물은 흐르고 꽃은 피어나도다."

或問: "子之燕居, 申申如也, 夭夭如也." 余曰: "空山無人, 水流花開."

제5장

공자　　　"내 육신, 심하게 쇠퇴하였도다. 그렇지만 오래되었지! 내 다시 꿈속

에서 주공(周公)을 뵙지 않아도 된 것이."

子曰　　　"甚矣吾衰也, 久矣吾不復夢見周公."

評　　　장하도다!

壯哉!

遇　　　공자가 꿈에 주공을 보았을 때는 오히려 귓속에 경쇠 소리가 들

렸고, 눈 안에 금빛이 번뜩였다. 그러나 꿈꾸지 않음에 이르러서는 곧 일

체를 놓아버린 것이니, 이른바 (향엄(香嚴)선사가) '지난해 가난은 가난이

아니며, 금년의 가난이 참으로 가난이다'라는 경지이다. '내 육신, 쇠퇴하

였도다'라는 말씀은 바로 크게 쉬는 경지에 도달하였다는 말씀이다.

孔子夢周公, 尚是耳中鳴磬, 眼中金屑. 直到不夢時, 便是一齊放下. 所

謂去年貧不是貧, 今年貧是貧耳. 曰吾衰, 政已到大休歇處.

點睛　　　사람은 늙어가도 마음은 늙지도 않네.

人老心不老.

논어, 천년의 만남

| 공자 | "도에 뜻을 두며, 덕에 의거하며, 인에 의지하며, 예에 노닐어야 한다." |
| 子曰 | "志於道, 據於德, 依於仁, 游於藝." |

| 評 | 학문의 단계. |
| 學問階級. | |

| 點睛 | 방외사: "비록 학문의 단계가 있다고 할지라도, 이는 점진적인 것은 아니다." |
| 方外史曰: "雖有階級, 不是漸次" | |

—— 제7장 ——

| 공자 | "마른고기 한 묶음 이상을 가지고 와서 내게 예물로 바치는 자가 있다면, 내 일찍이 가르쳐주지 않은 적이 없었다." |
| 子曰 | "自行束脩以上, 吾未嘗無誨焉." |

—— 제8장 ——

| 공자 | "배우는 이가 마음속으로 분발하지 않으면 열어주지 않으며, 표현하고자 애태우지 않으면 말문을 열어주지 않으니, 사각형의 한 귀퉁이를 들어주었는데 이것을 가지고 남은 세 귀퉁이를 이해하지 못하면 다시 더 가르쳐주지 않는다." |

子曰　　"不憤不啓, 不悱不發, 擧一隅, 不以三隅反, 則不復也."

評　　이 두 편(7장, 8장)의 공자의 말씀을 읽으면, 바로 공자께서 사람을 가르치실 때 게을리하지 않으셨음을 알 수 있다.

讀夫子此二篇, 乃見誨人不倦.

遇　　"배우는 이가 마음속으로 분발하지 않으면 열어주지 않는다.[不憤不啓]"는 구절은 공자께서 부지런히 사람을 가르칠 때, 다만 그 사람이 자득처(自得處)를 찾게 하면서 근기에 따라 가르침을 내리셨음을 보여준다.

不憤不啓, 夫子惓惓教人, 只要人自得, 隨根付與.

──── 제9장 ────

공자께서는 상(喪)을 당한 사람의 곁에서 식사하실 때 배부르게 드신 적이 없으셨다.
공자께서는 이날 조곡(弔哭)하시고 노래는 부르지 않으셨다.
子食於有喪者之側, 未嘗飽也.
子於是日哭, 則不歌.

評　　예를 행하시는 모습의 기록.
禮記.

遇　　손회해(孫淮海): "상을 당한 사람의 곁에서 식사하실 때 배부르

　　　　논어, 천년의 만남

게 드신 적이 없었다는 것은, 입에 맞는 음식을 먹어도 입맛이 나지 않는 효자의 마음을 자기 마음으로 삼으신 것이다. 조곡하고 노래는 부르지 않으신 것은, 음악을 듣고도 즐겁지 않은 효자의 마음을 당신 마음으로 삼으신 것이다."

孫淮海曰:"喪側不飽, 以食旨不甘之心爲心也. 哭則不歌, 以聞樂不樂之心爲心也."

손회해(孫淮海, 1527~1586): 이름은 응오(應鼇), 자는 산보(山甫), 시호는 문공(文恭), 회해(淮海)는 그의 호이다. 명대 저명한 양명학자로서, 『사서근어(四書近語)』, 『율려분해발명(律呂分解發明)』 등의 저술을 남겼다.

───── 제10장 ─────

안연에 대하여 공자께서 평하시길 "남이 써주면 도를 행하고 버리면 은둔하는 것, 나는 오직 너만이 이런 점이 있음을 인정한다."

이 말을 들은 자로 "선생님께서 삼군(三軍)을 통솔하신다면, 누구를 인정하여 함께하시겠습니까?"

공자 "맨손으로 범을 잡고 맨몸으로 큰물을 건너다가 죽어도 후회함이 없는 자는 나는 인정하지 않을 것이다. 반드시 일에 임하여서는 조심하고, 도모하기를 좋아하여 성공하는 자를 인정할 것이다."

子謂顏淵, 曰 "用之則行, 舍之則藏, 惟我與爾有是夫!"

子路曰 "子行三軍則誰與?"

子曰 "暴虎馮河, 死而無悔者, 吾不與也. 必也臨事而懼, 好謀而成者也."

評　세 '여(與)'자는 같은 뜻으로 보는 것이 가장 이치에 알맞다. 중

니 자신에게 관련된 말로 이를 해석하기도 하는데, 아마도 성인에게 이러한 기상은 없을 것이다.

三與字一般看最有理. 若作仲尼牽聯自家説, 恐聖人無此氣象.

遇　양복소: "'유아여이유시부(惟我與爾有是夫)'라는 경문을, 예전에 '오직 나와 너만이 이런 점이 있다'라고 해석하면서 공자 자신과 안자가 연계된 것으로 이해하였다. 그러나 성인에게는 이러한 말투가 없으시다.

　　이 경문의 '여(與)'자는 그 아래 문장의 두 '여(與)'자와 동일하게 보아야만 한다. 대체로 공자께서 안자의 '남이 써주면 도(道)를 행하고 버리면 은둔하는 경지'를 인정하신 것이지, 자신과 연계시켜 말씀하신 것은 아니다."

楊復所曰: "唯我與爾有是夫, 向作牽連自家與顔子説, 聖人殊無此等口氣. 此與字與下文二與字一般看, 夫子許顔子能用則行, 則藏也, 並連自家説在内."

────── 제11장 ──────

공자　"부를 만일 구해서 얻을 수 있다면, 말채찍을 잡는 마부 노릇이라도 내 또한 그것을 하겠다. 그렇지만 만일 구하여도 얻지 못한다면, 내가 좋아하는 바를 좇으리라."

子曰　"富而可求也, 雖執鞭之士, 吾亦爲之, 如不可求, 從吾所好."

評　글자마다 살아 있는 안광(眼光)이 배어 있도다. ○오늘날 부를 얻고자 하는 자, 모두가 말채찍을 잡은 마부로다.

논어, 천년의 만남

字字活眼. ○今之求富者, 俱是執鞭之士.

遇　어지러운 인간 세상에 지내다가, 어느 날 맑은 시냇물에 잠긴 하얀 돌을 보았다네. 우리를 벗어난 토끼처럼, 그 마음 오롯이 숲속으로 달려가네.

擾擾紅塵, 見淸泉白石, 未免有脫兔投林之想.

點睛　방외사: "말채찍을 잡고 부를 구하는 것은 그래도 좋다 할 만하다. 오늘날 부귀를 구하는 자들은 결코 말채찍을 잡은 이들도 달가워하지 않을 것이다."

方外史曰: "執鞭求富, 還是好的. 今之求富貴者, 決非執鞭之士所屑."

──── 제12장 ────

공자께서 삼가 조심하신 것은, 제사 때의 목욕재계와 전쟁과 질병 등이셨다.

子之所愼, 齊, 戰, 疾.

評　다만 공자께서 조심하신 것을 기록한 것만이 아니라, 또한 대중들도 모두 이러한 것들을 조심하게 하고자 하신 것이다.

不特記子之所愼而已, 亦欲大衆都愼也.

遇　'삼가 조심[愼]'은 제사 지내기 이전, 전쟁 일어나기 이전, 병들기 이전에 하는 하나의 절실한 공부이다. 이는 목마를 때 우물 파는 것이 아니다. 때문에 "성인은 이미 생긴 병을 치료하기보다는, 병들기 전에 예

방한다."라고 하는 것이다.

愼者, 於齋之前, 戰之前, 疾之前, 着實有一番功夫, 不是臨渴冶井. 故
曰:"聖人不治已病, 治未病."

공자께서 제나라에 계실 적에 순임금이 지은 소악(韶樂)을 들으시고, 삼 개월 동
안 고기 맛을 잊으셨다.

그리고 하신 말씀 "음악의 아름다움이 이런 경지에 이른 줄은 생각하지 못하
였도다."

子在齊聞韶, 三月不知肉味.

曰   "不圖爲樂之至於斯也."

評   방비(旁批): 음미함이 이런 경지에 이르렀도다.

有味至此.

遇   우리 명나라의 양초산(楊椒山, 楊繼盛)이 음악의 이치에 대하여
깊이 생각하다가, 꿈에 순임금에게서 친히 황종(黃鍾)의 음률을 전수받
았다고 하였다. 공자께서는 신인(神人), 성인(聖人)과 심령(心靈)을 소통
함에 그 감응이 보통 사람들보다 백배는 더할 것이다.

我明楊椒山, 潛思樂理, 夢見大舜親授以黃鍾之律. 何況吾夫子以神聖相
遇, 其感召更百倍常人也.

염유　"선생님께서 위나라 군주를 도와주실까?"

자공　"글쎄, 내 장차 여쭈어보지."

그리고는 들어가서 여쭈기를　"백이와 숙제는 어떠한 사람입니까?"

공자　"옛날의 현인(賢人)이시다."

자공　"그들은 원망하지 않았을까요?"

공자　"인(仁)을 구하여 인을 얻었으니, 무슨 원망이 있었겠는가?"

이에 자공이 나와서 말하기를　"선생님께서는 위나라 군주를 돕지 않으실 것이다."

冉有曰　"夫子爲衛君乎?"

子貢曰　"諾, 吾將問之."

入曰　"伯夷, 叔齊何人也?"

曰　"古之賢人也."

曰　"怨乎?"

曰　"求仁而得仁, 又何怨?"

出曰　"夫子不爲也."

評　자공, 참으로 뛰어난 인물이로다.

子貢的是可人.

遇　성인은 사람을 평가할 때, 반드시 그 사람의 마음을 논하신다.

聖人論人, 必論其心.

이미 "인(仁)을 구하여 인(仁)을 얻었다."라고 말씀하셨으니, 세간에서 나라를 계승하는 문제는 또 그 가장 작은 것이다. 어찌 마음에 두었겠는가.

既曰求仁得仁, 則世間宗嗣又其最小者矣, 何足介意?

─── 제15장 ───

공자   "거친 밥을 먹고 물을 마시며 팔을 굽혀 베더라도 즐거움이 또한 그 가운데 있으니, 의롭지 못한 부와 귀는 나에게 마치 뜬구름과 같으니라."

子曰   "飯疏食飮水, 曲肱而枕之, 樂亦在其中矣. 不義而富且貴, 於我如浮雲."

評   참으로 안락한 삶.

受用.

遇   '마치 뜬구름과 같다[如浮雲]'는 것은, 거친 밥을 먹고 물을 마시며 팔을 굽혀 베고 있을 때 드러나는 것이다. 우리는 여기서 '즐거움이 그 가운데 있는[樂在其中]' 광경을 상상할 수 있다.

如浮雲, 就疏水曲肱時見, 正可想像樂在其中光景.

點睛   '즐거움이 그 가운데 있다는 것[樂在其中]', 바로 마음과 대상이 일체가 된 경지로다. …… '의롭지 못한 부와 귀는 나에게 마치 뜬구름과 같다[不義富貴, 但如浮雲]'는 것은 태허(太虛, 공자 마음의 큰 허공)가 더럽

혀지지 않는 것과 흡사하다.

樂在其中, 則心境一如. …… 不義富貴, 但如浮雲, 則似太虛不染.

──── 제16장 ────

공자　　"하늘이 나에게 몇 년의 수명을 연장해주어 오십 세까지 『주역』을
　　　　연구하게 한다면, 큰 허물이 없을 것이다."

子曰　　"加我數年, 五十以學『易』, 可以無大過矣."

評　　『주역』 공부의 중요한 비결.
學『易』要訣.

遇　　주회옹(朱晦翁, 朱熹)은 『주역』 점을 쳐서 둔괘(遯卦)의 구삼효
(매여 있고 고달프니, 큰일을 할 수 없고 훗날을 도모해야 함)를 얻으면, 조정
의 일에 대해서는 입을 닫고 말하지 않았다. 여기서 성현이 일생 동안 쓰
신 것이 『주역』 아님이 없는 것을 볼 수 있다.
朱晦翁卜『易』得遯之三爻, 遂絶口不談朝政, 可見聖賢一生所用無時非
『易』.

點睛　　『주역』을 배우면 바야흐로 큰 허물이 없으니, 『주역』을 배우지
않을 수 있겠는가. 지금 평생 『주역』을 읽으면서도 허물이 끝내 적어지
지 않는다면, 『주역』을 배웠다고 말할 수 있겠는가.
學『易』方無大過, 『易』其可不學乎? 今有窮年讀『易』, 而過終不寡者, 其
可稱學『易』乎?

공자께서 늘 말씀하시는 것은 『시(詩)』와 『서(書)』 그리고 예(禮)를 지키는 것이었으니, 이것들에 대해서는 언제나 말씀하곤 하셨다.

子所雅言,『詩』,『書』, 執禮, 皆雅言也.

評 　이 구절을 기록한 문인들이 또 한 번 중복하여 말하였도다.

記此門人, 又言一番矣.

遇 　옛사람들은 책을 쓰면서 일을 기록할 때, 어떤 구절을 중복하는 경우가 많았다. 이는 그 면목을 생생하게 전달하고자 해서이다.

古人著書敍事, 多於複一句處傳神.

섭공(葉公)이 자로에게 공자에 관하여 물었는데, 자로가 대답을 못하였다.

이 말을 듣고 공자께서 자로에게 말씀하시기를 "너는 어찌하여 '그의 사람됨이 분발하면 먹는 것도 잊고 즐거움에 겨우면 근심조차 잊고서, 늙음이 장차 닥쳐오는 줄도 알지 못하는 사람'이라고 말하지 않았느냐."

葉公問孔子於子路, 子路不對.

子曰 　"女奚不曰: '其爲人也, 發憤忘食, 樂以忘憂, 不知老之將至云爾.'"

評 　다만 공자만이 사람다워지고자 하였다. 오늘날의 모든 사람들

논어, 천년의 만남

은 어째서 이러하지 않는가!

只有孔夫子肯爲人. 如今都是人也, 緣何不爲?

遇　　만물은 '격동[怒]'으로 인하여 생성된다. 이 경문에서 '분발[憤]'이라는 글자를 보면, 참으로 용이 승천하고 우레가 치는 격동의 형상이 있다.

'분발[憤]'이 '즐거움[樂]'이니, 본래 다른 층위가 아니다. 이것이 바로 성인의 일생의 득력처(得力處)이다.

萬物以怒而生, 看一憤字眞有龍雷震動之象. 憤便是樂, 原無二層, 此是宣聖一生得力處.

點睛　　이래야만 비로소 사람다운 사람이 되는 것이다. 지금 우리는 한 번의 인생을 스쳐 살아가는 것에 지나지 않는데, 사람답게 되려고 했던 적이 있었던가! 사람답게 살고자 하지 않아 한번 사람의 몸을 잃으면 만 겁을 어려움 속에 살리라.

者才是爲人的. 今只偸得一人生耳, 何嘗肯爲人哉! 旣是不肯爲人, 所以一失人身萬劫難也.

 제19장

공자　　"나는 나면서부터 진리를 아는 자가 아니다. 옛것을 좋아하여 민첩하게 그것을 구한 자이다."

子曰　　"我非生而知之者, 好古敏以求之者也."

評   자신의 삶에 관한 진실한 말씀.

實話.

遇   이 경문은 성인의 자신의 삶에 대한 진실한 기록이니, 겸사(謙辭)가 아니다.

此是聖人實記, 不是謙詞.

點睛   방외사: "비단 석가모니께서 또한 육년 고행을 보이신 것일 뿐 아니라, 비록 미륵(彌勒)께서 당일 출가하여 당일 성도(成道) 하셨을지라도, 역시 삼대아승기겁(三大阿僧祇劫) 동안 수행한 결과이다."

方外史曰: "不但釋迦尚示六年苦行, 雖彌勒卽日出家, 卽日成道, 亦是三大阿僧祇劫修來的."

——— 제20장 ———

공자께서는 기괴(奇怪), 용력(勇力), 패란(悖亂), 귀신(鬼神) 등의 일에 대해서는 말씀하지 않으셨다.

子不語怪, 力, 亂, 神.

評   이렇게 대처하는 것이 옳도다.

是.

遇   정이천은 매번 괴이한 일을 만나면 반드시 말을 많이 하여 그러한 것이 없다는 점을 힘써 논하였다. 이 의도가 어찌 좋지 않겠는가. 그

러나 증거 없는 논변은 다시 사람들의 의심을 불러일으킨다. 그러므로 '말 없음'의 오묘함보다 못함을 알아야 할 것이다.

伊川每遇怪異之事, 必多費辭說, 力破其無, 意豈不善? 然無證之辯, 翻其人疑. 故知不如不語之爲妙也.

 제21장

공자	"세 사람이 함께 길을 가면 반드시 나의 스승 될 만한 사람이 있으니, 그중 선(善)한 자를 택해서는 따르고, 선하지 못한 자를 택해서는 그의 잘못을 통해 나의 잘못을 고쳐야 한다."
子曰	"三人行, 必有我師焉, 擇其善者而從之, 其不善者而改之."

評　온 세상 곳곳이 나의 선생.
遍地先生.

遇　『삼국지연의(三國志演義)』를 읽다 보면, 동탁(董卓)과 조조(曹操)는 증오스럽다. 내(張岱) 살아가면서 동탁이나 조조 같은 자들이 한 일들은 하나라도 단연코 하지 않을 것이다. 그렇다면 동탁이나 조조가 바로 나의 스승이다.

讀三國演義, 恨得董卓曹操. 凡事類董卓曹操者, 我一件斷然不爲, 則董卓曹操便是我師.

공자   "하늘이 나에게 덕을 내려주었으니, 환퇴(桓魋)가 나를 어찌할 수 있

겠는가!"

子曰   "天生德於予, 桓魋其如予何!"

評   이렇게 말씀하시고 나서 또한 변복(變服)하시고선 송나라를 빠

져나가셨도다. 오묘하고도 오묘하도다!

却又微服而過宋. 妙, 妙!

遇   공자가 송(宋)나라에 갔을 때 제자들과 큰 나무 아래에서 예를

익히고 있었는데, 환퇴가 그 나무를 베었다. 이에 제자들이 "빨리 떠나가

야 합니다."라고 하니, 공자께서 이 말씀을 하시고는 드디어 정(鄭)나라

로 가셨다.

　이에 이탁오는 "또한 변복하시고 송나라를 빠져나갔으니, 성인이시

다."라고 말하였다. 공자가 간사한 사람을 방비함에 그 술수를 측량할 수

없었으니, 사람에 따라 알맞게 대응하셨다고 할 만하다.

夫子適宋, 與弟子習禮於大樹下, 桓魋伐其樹, 弟子曰: "可以速行矣!"
孔子有此言, 遂之鄭. 李卓吾曰: "却又微服而過宋, 所以爲聖人." 孔子
禦奸邪之人, 其術數便不可測識, 夫是之謂肖物付物.

———— 제23장 ————

공자   "너희들은 내가 무엇을 숨긴다고 생각하느냐? 나는 너희들에게 숨

기는 것이 없노라. 나는 행동함에 너희들에게 보여주지 않은 것이 없었으니, 이런 사람이 바로 나[丘]이다."

子曰 "二三子以我爲隱乎? 吾無隱乎爾. 吾無行而不與二三子者, 是丘也."

評 있는 그대로 다 보여주시다.

和盤托出.

遇 회당선사(晦堂禪師)가 황산곡(黃山谷)에게 '숨김이 없다'는 뜻에 대하여 물으니, 산곡이 두세 번 설명하였는데, 회당은 끝내 그의 설명을 수긍하지 않았다. 때마침 더위가 물러나고 시원한 바람이 일면서 가을의 향기가 뜨락에 가득했다. 이에 회당선사가 묻기를 "목서화의 향기가 나오?" 하니, 산곡이 "납니다."라고 대답하였다. 이에 회당이 다시 "나는 그대에게 숨기는 것이 없소이다."라고 하니, 산곡이 이에 심복(心服)하였다.
晦堂問黃山谷無隱之義, 山谷詮釋再三, 晦堂終不能其説. 時暑退凉生, 秋香満院, 晦堂因問曰: "聞木樨香乎?" 山谷曰: "聞." 晦堂曰: "吾無隱乎耳." 山谷乃服.

회당선사(晦堂禪師, 1025~1100): 임제종 황룡파 승려. 황룡파를 개창한 황룡혜남(黃龍慧南) 선사의 수제자이다. 스승이 입적한 뒤, 황룡산에 주석하면서 줄곧 선풍을 펼쳤다. 그 법을 이은 자로는 사심오신(死心悟新), 영원유청(靈源惟清) 같은 승려 외에도 송대 대표적 문인이었던 황정견(黃庭堅)이 있다.

황산곡(黃山谷, 1045~1105): 이름은 정견(庭堅), 자는 노직(魯直), 산곡(山谷)은 그의 호이다. 문학 방면에서 강서시파(江西詩派)의 조종(祖宗)으로 추대받았다. 소식과 더불어 '소황(蘇黃)'이란 칭호를 얻기도 했다. 또한 서예에서도 일가를 이루어 '시서쌍절'이란 평가를 얻었다. 사상에서는 선불교의 영향을 깊이 받았다. 저서에『산곡집(山谷集)』등이 있다.

點睛　방외사: "공자께서는 있는 그대로 다 보여주셨지만, 제자들이 알지를 못하였다. 목련존자(目連尊者)가 부처님의 음성을 모두 듣고자 하였고, 응지(應持) 보살이 부처님의 정수리를 보고자 하였던 것과 같다. 어디에 귀를 두고 어디에 눈을 붙이고 있는가?"

方外史曰: "正惟和盤托出, 二三子益不能知. 如目連欲窮佛聲, 應持欲見佛頂. 何處用耳? 何處著眼?"

제24장

공자께서는 네 가지를 사람들에게 가르쳤으니, 바로 학문(學文), 덕행(德行), 충심(忠心), 신의(信義)였다.

子以四教, 文行忠信.

遇　탕선성: "네 가지 가르침[四教]'은 널리 배움을 통해 점차 간략한 중심을 확보하는 학문으로 들어간다는 의미이지, 학문, 덕행, 충심, 신의 등 네 가지를 분리해서 가르치는 것은 아니다. 이 네 가지는 동시에 사람에게 가르치는 것이다."

湯宣城曰: "四教有由博漸約之意, 非分作四處教, 蓋以四教一起教人也."

제25장

공자　"내가 성인을 볼 수 없다면, 군자만이라도 만나보면 좋을 것이다."

공자　"내가 선인(善人)을 얻어 볼 수 없다면, 항심(恒心)을 가진 사람이라도 만나보면 좋을 것이다. 없으면서 있는 척, 비었으면서 가득 찬 척, 곤궁하면서도 여유로운 척한다면, 항심이 있기는 어려울 것이다."

子曰 "聖人吾不得而見之矣, 得見君子者, 斯可矣."

子曰 "善人吾不得而見之矣, 得見有恒者, 斯可矣. 亡而爲有, 虛而爲盈, 約而爲泰, 難乎有恒矣."

評　　이 경문은 분명 '항심'을 가지는 것으로부터 출발하여 '성인'에 이르러서야 쉴 수 있음을 사람들에게 가르치신 것이다. 마지막 문단은 또한 사람들을 위해 하신 긴요한 말씀이다. 사람이 본심이 잃으면 문을 나설 수 없음을 걱정하신 것이다.

此分明教人從有恒起脚, 聖人歇脚也. 末節又是吃緊爲人處. 恐人失了本錢, 出門不得.

點睛　　성인은 다만 본래 없고 본래 비었고 본래 곤궁한 도리를 증득 (證得)한 분이다. 항심을 가진 자는 모름지기 본래 없고 본래 비었고 본래 곤궁한 도리를 믿어서, 이곳으로부터 나아가 공부를 시작해야만 곧 성인의 지위에 도달할 수 있다.

聖人只是證得本亡, 本虛, 本約之理. 有恒須是信得本亡, 本虛, 本約之理, 就從此處下手, 便可造到聖人地位.

—— 제26장 ——

공자께서는 낚시는 하되 그물질은 안 하며, 새를 쏘되 잠든 새는 쏘지 않으셨다.

子釣而不綱, 弋不射宿.

싸늘한 가을과 겨울, 그러나 이 가운데 따스한 봄과 여름.

秋冬之中, 都是春夏.

遇　　공자께서는 또한 사람들이 단번에 생명을 해치는 일을 그만두지 못함을 아시기에 방편으로 이런 말씀을 하셨다.

夫子亦因人不能頓去害生之事, 而方便爲此言.

點睛　　악업(惡業)을 동시에 드러내면서, 선업(善業)의 기틀을 곡진하게 보였다.

現同惡業, 曲示善機.

제27장

공자　"참으로 알지도 못하면서 함부로 행동하는 자가 있는데, 나는 이런 일이 없다. 나는 많이 듣고 그중에 좋은 것만을 선택하여 따르며, 많이 보고 마음에 새겨두니, 참된 앎의 다음은 될 것이다."

子曰　"蓋有不知而作之者, 我無是也. 多聞, 擇其善者而從之, 多見而識之, 知之次也."

評　　기꺼이 다음을 자처하셨는데, 이것이 더없이 높으신 경지이다.

甘心爲次, 所以無上.

遇　　장동초: "많이 듣고서 선택한다고 하는데, 무엇이 선택한다는 것인가? 많이 보고서 안다고 하는데, 무엇이 안다는 것인가? 선택하기

도 하고 알기도 하는 그것이 바로 내 앎의 본체(本體)이자 광명(光明)이
니, 반드시 별도로 앎의 지점을 구할 것은 없다. 그러므로 '참된 앎의 다
음'이라고 하신 것이다."

張侗初曰: "多聞而擇, 是怎麼擇? 多見而識, 是怎麼識? 擇識是吾知體,
此知光明, 不必更有求知處, 故曰: '知之次.'"

點睛　방외사: "오늘날 고담준론으로 형이상학적 도리만을 말하면서
아직 배움의 처지에 있음을 부끄러워하는 자들은 부끄러워 죽을 것이
다. 부끄러워 죽을 것이다."

方外史曰: "今之高談向上, 恥居學地者, 愧死愧死."

제28장

호향(互鄕) 땅 사람들은 고약하여 함께 말을 나누기가 어려웠다. 이 마을의 아이
가 공자를 알현하니, 문인들이 이상하게 생각하였다.

이를 보신 공자　"사람이 앞으로 나아가고자 한다면 인정해주고, 뒤로 물러서
　　　　　　　고자 한다면 동의하지 말아야 할 것이다. 어찌 심하게 대할 수 있겠
　　　　　　　느냐. 사람이 자신을 깨끗하게 하고서 나아가고자 한다면, 그 깨끗
　　　　　　　함은 인정해주고 지난 허물은 되새길 것이 없다."

互鄕難與言, 童子見, 門人惑.

子曰　　　"與其進也, 不與其退也, 唯何甚? 人潔己以進, 與其潔也, 不保其往也."

評　　　하늘땅만큼 넓은 부모의 마음. ○뒤 문단 열네 자는 도치된 것
이 아니다. 문장이 더욱 고아(古雅)할 뿐이다.

天地父母之心. ○後十四字不倒顚, 文字更古.

遇　　지옥이 텅 비지 않으면 맹세컨대 성불(成佛)하지 않으리라 했으니, 성인께서 어찌 일찍이 사람을 버리겠는가.

地獄不空, 誓不成佛, 聖人何嘗有棄人?

——— 제29장 ———

공자　　"인(仁)이 멀리 있는 것이겠는가? 내가 인을 실천하고자 하는 마음이 있다면, 이 인이 이를 것이다."

子曰　　"仁遠乎哉? 我欲仁, 斯仁至矣."

評　　유가(儒家)에서 전수(傳受)되는 진리의 말씀.

口訣.

遇　　양복소: "'이 인이 이를 것이다'라는 구절, 매우 오묘하도다! 이는 '하고자 함'이 바로 '인'임을 보인 것이다. 만약 이 구절을 바꾸어서 '인에 이에 이를 것이다'라고 말하였다면, 이는 인을 외재하는 것으로 여긴 것이 되어 인이 먼 곳에 있는 것이 되고 만다. 문자의 오묘함이 이와 같도다."

楊復所曰: "斯仁至矣, 妙甚! 見得欲卽是仁. 若倒一字說仁斯至矣, 仁便在外了, 仁便遠了, 文字之妙如此."

點睛　　"염불하는 마음이 바로 부처이다."라는 말과 같다.

　　　　　　　　　논어, 천년의 만남

猶所云: "念佛心卽是佛也."

제30장

진(陳)나라 사패(司敗) "노나라 소공(昭公)이 예를 알았습니까?"

공자 "예를 아셨다."

이렇게 말씀하시고서 공자께서 밖으로 나가셨다.

사패가 무마기(巫馬期)에게 읍(揖)하고 나아가서 말하기를 "내가 들으니 '군자는 가까운 사람이라 하여 무조건 편들지 않는다'라고 하였는데, 군자도 무조건 편을 드는군요? 소공께서 오(吳)나라에 장가드셨는 데, 동성(同姓)이 됩니다. 이 사실을 숨기기 위해 오맹자(吳孟子)라고 불렀으니, 소공께서 예를 아셨다면 누가 예를 알지 못하겠습니까?"

무마기가 이 말을 공자에게 아뢰었다.

공자 "나는 다행이다. 내 참으로 잘못이 있으면 남들이 반드시 아는구나."

陳司敗問 "昭公知禮乎?"

孔子曰 "知禮."

孔子退.

揖巫馬期而進之, 曰 "吾聞君子不黨, 君子亦黨乎? 君取於吳, 爲同姓, 謂之吳孟子. 君而知禮, 孰不知禮?"

巫馬期以告.

子曰 "丘也幸, 苟有過, 人必知之."

評 성인, 성인이시다!

聖人, 聖人!

點睛　요즘 사람들이 강변하면서 자신의 잘못을 꾸미는 행태와는 같지 않다.

不似今人強辯飾非.

공자께서는 남과 함께 노래할 적에 그가 잘 부르면, 반드시 다시 부르게 하신 뒤, 답가를 부르셨다.

子與人歌而善, 必使反之, 而後和之.

遇　　성인께서는 남과 함께할 적에, 실로 조금이라도 경시하거나 홀대함이 없도다. '반드시 하게 하였다[必使]', '그리고 난 뒤[而後]'라는 네 글자를 세심하게 살피거나 곱씹어보라. 여기에는 바로 공자가 지닌 '온화함', '선량함', '공손함', '검소함', '겸양함'의 다섯 가지 덕목의 오묘한 작용이 완연하게 있도다.

聖人與人, 實不敢有些子輕忽. 試就必使而後, 四字細尋細嚼, 便宛然包著溫良恭儉讓五德妙用.

공자　　"문장은 나도 남과 다를 바 없으나, 몸소 실천하는 군자의 자세는 내 아직 갖추지 못하였다."

子曰　　"文, 莫吾猶人也. 躬行君子, 則吾未之有得."

오늘날 문장으로 자부하는 자, 이 대목을 읽으면 온몸에 땀이 솟아나지 않을 수 있겠는가!

今之以文章自負者, 至此能不通身汗出?

點睛 참으로 천 번 만 번 진실한 말씀이시다.

也是千眞萬眞之語.

──── 제33장 ────

공자 "성인과 인자(仁者)를 내 어찌 감히 자처하겠는가? 그러나 '도를 실행하는 것을 싫어하지 않고, 사람 가르치는 것을 게을리하지 않는다'라고는 말할 수 있다."

공서화(公西華) "바로 이 점이 제자들이 배우기 힘든 것입니다."

子曰 "若聖與仁, 則吾豈敢? 抑爲之不厭, 誨人不倦, 則可謂云爾已矣."

公西華曰 "正唯弟子不能學也."

評 공서화 또한 지혜롭도다.

公西華亦慧.

遇 풍표자(馮豹姿): "도를 실행하는 것을 싫어하지 않는다', '사람 가르치는 것을 게을리하지 않는다'는 구절은 평이하고도 상식적이며 노숙하고도 성실한 말씀으로, 인(仁)이 그 안에 있으며 성(聖)도 그 안에 있는 것이다. 관음보살은 부처의 지위에 오르지 않았기에 그 도력(道力)은 유한하였지만, 원력(願力)은 무궁하였다. 공자의 '감히 자처하지 않는다'

는 말과 공서화의 '배우기 힘든 것입니다'라는 구절이 바로 무상(無上)의 법문(法門)이다."

馮豹姿云: "爲不厭, 誨不倦, 平平常常, 老老實實, 仁也在內, 聖也在內. 觀音不登佛位, 正是道力有限, 願力無窮, 不敢, 不能, 正無上法門也."

———— 제34장 ————

공자께서 병이 위중해지자, 자로가 천지신명께 빌기를 청하였다.

공자　　"병을 낫게 하려고 비는 예가 있었느냐?"

자로　　"그런 예가 있습니다. 뇌문(誄文, 죽은 사람의 명복을 빌면서 생전의 행적을 기술한 글)에 '너를 천지의 신명에게 비노라'라고 하였습니다."

공자　　"그런 것이라면 나의 기도는 오래전부터 해 왔느니라."

子疾病, 子路請禱.

子曰　　"有諸?"

子路對曰　"有之. 誄曰: '禱爾于上下神祇.'"

子曰　　"丘之禱久矣."

評　　오묘하도다.

妙.

遇　　자로가 천지신명에게 기도한 것은 또한 사제 간의 지극한 정리이니, 자로를 심하게 타박할 것은 없다.

請禱, 亦師弟至情, 不得蠻罵子路.

──── 제35장 ────

공자　　"너무 사치하면 공손하지 않고, 지나치게 검소하면 고루하다. 그러
　　　　　나 공손하지 않은 것보다는 차라리 고루한 것이 나을 것이다."

子曰　　"奢則不孫, 儉則固. 與其不孫也, 寧固."

評　　　세상을 구제하려고 애쓰시는 마음.

救世苦心.

遇　　　이 경문은 '사치'의 폐단이 큼에 대하여 말하고 있다. 대개 세속
에서는 검소함에서 사치로 옮겨 가면서, 모두들 사치를 높이고 검소함
을 비웃는다. 이 사치함이 제방을 붕괴시키고 명분을 무너뜨려, 그 폐단
이 얼마나 큰지도 모르면서 말이다.

此是說奢之弊大. 蓋風俗由儉而奢, 皆崇奢而笑儉, 不知奢則潰隄防, 壞
名分, 其弊何極?

──── 제36장 ────

공자　　"군자는 항상 넓은 마음이요, 소인은 늘 근심에 차 있다."
子曰　　"君子坦蕩蕩, 小人長戚戚."

評　　　진리, 진리로다!

眞, 眞!

遇　　불자(佛者)들이 하는 말: "한 마음 평안하면, 온 세계 모두 평안
하리로다."
釋家言: "心地平, 則盡世界一切皆平."

───── 제37장 ─────

공자께서는 온화하되 엄숙하셨고, 위엄 있되 사납지 않으셨으며, 공손하되 자연
스러우셨다.

子溫而厲, 威而不猛, 恭而安.

評　　공자를 묘사한 한 폭의 그림.
一幅畵.

遇　　이 구절은 모두 성인의 자연스러운 덕의 풍모이지, 서로 보완해
주는 인격의 묘사를 말하는 것이 아니다. 공자의 내면의 덕이 온몸에 넘
쳐나는 것이니, 꾸미는 모습은 한 점도 찾을 수 없도다.

此皆聖人自然之德容, 非相濟之謂也. 眸面盎背, 着一毫粧點不得.

태백

泰伯

공자　　"태백(泰伯)은 지극히 높은 덕을 지닌 이라고 할 만하다. 세 번 천하
　　　　를 양보하였지만, 그 자취 남아 있지 않아 백성들이 칭송하는 이가
　　　　없구나."

子曰　　"泰伯, 其可謂至德也已矣. 三以天下讓, 民無得而稱焉."

評　　이 경문은 주나라 말엽을 살았던 공자가 주나라 초엽의 일을 추
론하여 말한 것으로, 태백이 조카인 문왕(文王)에게 천하를 양보한 것을
가리킨다는 설명이 옳다.

此是從周末而追言周初之事, 還指讓文王說爲是.

遇　　천하를 차지할 수 있는 자라야만, 천하를 양보할 수도 있다. 태
백은 상(商)나라를 차지할 뜻이 없었기에 남쪽으로 내려가서 약초를 캐
면서 살다가, 드디어 오(吳)나라를 세우게 되었다. …… 이렇게 보면 '천
하를 양보하였다'는 것은 그 천하를 차지할 수 있는데도 그렇게 하지 않
았음을 말한 것이니, 충분히 칭송이 많을 만하다.

天下惟能取者, 然後能讓. 泰伯無意剪商而採藥荊蠻, 遂有吳國. …… 以
天下讓者, 謂其能取而不取, 故足多也.

點睛　　태백은 조카인 문왕의 덕(德)이 반드시 마음으로 복종하여 은
나라를 섬기고 임금인 주(紂)의 잘못을 바로잡아 줄 수 있을 것을 미리
알았다. 그러므로 나라를 양보하여 문왕에게 준 뒤, 상나라의 천하를 돕
게 하였다. 이 때문에 문왕의 지극한 덕은 백성들이 모두 알았으나, 태백

의 지극한 덕은 문왕보다 앞서 있었음에도 사람들이 잘 알지 못하였다. 문왕이 돌아가심에 이르러서 주임금이 끝내 자기 잘못을 뉘우치지 못하여, 무왕에게 주임금을 토벌하게 하였으니, 이는 태백이 헤아렸던 바가 아니었다.

泰伯預知文王之德, 必能善服事殷, 救紂之失, 故讓國與之, 令扶商之天下. 是故文王之至德, 人皆知之, 泰伯之至德, 又在文王之先, 而人罔克知也. 至於文王既沒, 紂終不悛, 至使武王伐紂, 則非泰伯之所料矣.

──── 제2장 ────

공자　　"공손하되 예 없으면 수고롭기만 하고, 신중하되 예 없으면 겁만 먹을 것이며, 용감하되 예 없으면 난리를 일으킬 것이고, 정직하되 예 없으면 각박할 것이다. 군자(위정자)가 어버이에게 잘하면 백성들은 어진 마음을 일으킬 것이며, 옛 친구를 버리지 않으면 백성들은 마음을 변하질 않을 것이다."

子曰　　"恭而無禮則勞, 愼而無禮則蔥, 勇而無禮則亂, 直而無禮則絞. 君子篤於親, 則民興於仁, 故舊不遺, 則民不偸."

評　　　'충실하고 신의 있는 사람이어야 예를 배울 수 있다'(『禮記』「禮器」), '내면이 돈독하고 예를 숭상한다'(『禮記』「中庸」)라고 하였는데, 바로 이 경문의 종지(宗旨)이다.

忠信之人, 可以學禮. 敦厚以崇禮, 偏是此篇文字血脈.

遇　　　앞구절에서 예가 없으면 행해지지 않는 것을 말하였는데, 이 예

　　　　　　　　　　논어, 천년의 만남

는 반드시 그 출발점이 있다. 예의 출발점은 어디인가? 바로 중후한 내면에서 출발한다. 어버이에게 돈독한 것이 바로 군자의 돈독하고 중후한 내면이며, 이것이 바로 군자가 예를 숭상하는 것이다.

上言無禮不可行, 而禮必有所自始. 始於何所? 始於厚也. 篤親卽是君子敦厚, 卽是君子崇禮.

제3장

증자가 병이 위중해지자, 문하의 제자들을 불러 말씀하시기를 "이불을 걷고 내 발과 내 손을 들여다보아라. 『시경』에 '두렵고 떨리는 마음으로 깊은 연못가에 서 있는 듯, 살얼음 위를 밟고 가는 듯'이라고 하였다. 지금에서야 내 이런 걱정을 면한 줄 알겠구나, 제자들아!"

曾子有疾, 召門弟子, 曰 "啓予足, 啓予手. 『詩』云: '戰戰兢兢, 如臨深淵, 如履薄冰.' 而今而後, 吾知免夫, 小子!"

評　　유가에서 전수되는 심법.

傳授心法.

遇　　이견라(李見羅): "증자가 학문을 하던 초창기에 곧바로 수신(修身)을 근본으로 삼았다. 죽음에 이르기까지 호쾌하고 자족하는 삶을 누렸으니, 이는 공자께서 지팡이를 짚고서 소요(逍遙)하던 삶과 동일한 기상을 방불케 한다.' 옛 사람의 말씀에 '생사의 벼랑에 서면, 임시로 한 공부로는 대처할 수 없다.'고 하였다."

李見羅曰: "曾子聞學之蚤合下便以脩身爲本, 故到終來, 浩然自慊, 與孔子曳杖逍遙, 彷佛一般氣象. 古云: '生死岸頭, 不是臨時處置.'"

이견라(李見羅, 1529~1607): 이름은 재(材), 자는 맹성(孟誠), 견라(見羅)는 그의 호이다. 추수익(鄒守益)에게 치양지설(致良知說)을 배웠으며, 양명학의 대가인 왕기(王畿), 전덕홍(錢德洪) 등과 학문을 연마했다. 치양지설을 발전시켜 지수설(止修說)을 주장했다. 저서에 『대학약언(大學約言)』, 『이견라서(李見羅書)』 등이 있다.

點睛　명철보신(明哲保身)이로다. 이를 극도로 미루어 나가면, 부처가 열반에 들 때 옷자락을 걷어 황금신(黃金身)을 드러내어 대중들에게 자세히 보게 하신 것도 또한 같은 의미이다. 다만 형상에 집착하는 어리석은 사람들과는 이야기할 수 없다.

既明且哲, 以保其身. 推而極之, 則佛臨涅槃時, 披衣示金身, 令大眾諦觀, 亦是此意. 但未可與著相愚人言也.

제4장

증자가 병이 위중해지자, 맹경자(孟敬子)가 문병을 왔다.

이에 증자가 말씀하시기를 "새가 죽으려 할 때 그 울음 슬프고, 사람이 죽으려 하면 그 말이 선한 법입니다. 군자(위정자)가 귀중하게 여겨야 할 도(道)가 세 가지 있습니다. 몸을 움직일 때 포악함과 태만함을 멀리할 것이며, 얼굴빛을 바르게 지녀서 신뢰를 얻을 것이고, 말을 할 때 야비하고 이치에 어긋나는 말은 멀리해야 할 것입니다. 이외 제사에 관한 일은 담당하는 이가 있을 것입니다."

曾子有疾, 孟敬子問之.

曾子言曰 "鳥之將死, 其鳴也哀, 人之將死, 其言也善. 君子所貴乎道者三, 動容

貌, 斯遠暴慢矣, 正顔色, 斯近信矣, 出辭氣, 斯遠鄙倍矣, 籩豆之事, 則
有司存."

評　성현은 죽음을 앞두고도 반드시 사람을 돕고자 하셨다. 이에 비해 지금 사람들은 아직 죽지도 않았으면서 오로지 남에게 해 끼칠 것만 찾는다.

聖賢將死也, 定有裨于人. 今人未死, 惟見其損人而已矣.

遇　세 개의 '사(斯)'자를 보면, 군자는 다만 도(道)에 힘을 쏟음에 이 세 가지는 기약하지 않아도 저절로 그렇게 되는 것이다.

看三斯字, 君子只於道着力, 三者自不期然而然.

點睛　세 개의 '사(斯)'자는 모두 마음의 성실이 밖으로 드러난 것이지, 억지로 힘쓴 것이 아니다.

三個斯字, 皆是誠於中形於外, 不假勉強.

——— 제5장 ———

증자　"능력이 있으면서 능력 없는 이에게 물으며, 많이 가졌으면서 적은 이에게 묻고, 있으면서도 없는 듯, 차도 빈 듯하며, 남이 덤벼도 해치려는 마음을 갖지 않는다. 예전에 내 친구가 바로 이러하였다."

曾子曰　"以能問於不能, 以多問於寡, 有若無, 實若虛, 犯而不校. 昔者吾友嘗從事於斯矣."

評　　단지 다른 사람의 예전 모습을 그려본 것만이 아니다. 바로 지금 자신이 실천하고자 하는 것이다.

不但想他人前日而已, 自家今日亦要下手矣.

遇　　이탁오: "내 친구가 누군지에 대하여 말하지 않는데, 이것이 음미할 만하다."

李卓吾曰: "吾友不說出是誰, 更爲有味."

──── 제6장 ────

증자　"국난을 당했을 때 육척(六尺)의 어린 임금을 부탁할 만하고, 백리(百里) 되는 소국(小國)의 운명을 맡길 만하며, 큰 절개를 바쳐야 할 때가 되면 그 절개를 빼앗을 수 없다. 이 사람은 군자다운 사람인가? 군자다운 사람이다."

曾子曰　"可以託六尺之孤, 可以寄百里之命, 臨大節而不可奪也. 君子人與? 君子人也!"

評　　끝 두 구절은 찬미하는 문체의 문자이다. 대체로 이러한 사람은 거울 속의 꽃이요, 물에 비친 달이로다.

末二語是贊體文字. 大是鏡花水月.

遇　　'사람인가?'라고 말하고서 또 '사람이다'라고 하였으니, 이는 단지 이런 사람의 인품을 논한 것이 아니다. 이미 당시에 이런 사람이 없음을 개탄하면서, 그윽하게 이런 사람들을 생각하는 심사가 들어 있는 것

이다. 이는 증자의 넓고도 굳센 마음이 엄연하게 천고의 영웅들과 마주하고 있는 곳이다.

旣曰人與, 又曰人也, 非徒定其品, 已有慨當世無其人, 而穆然思之之意. 是曾子弘毅胸腸, 儼然與千古英雄相對處.

─────── 제7장 ───────

증자   "선비는 넓은 뜻과 굳센 마음을 반드시 가져야만 하니, 책임은 막중하고 갈 길은 멀기 때문이다. 인을 자신의 책임으로 삼아야 하니, 또한 막중하지 않겠는가. 죽은 뒤에야 그만둘 수 있으니, 또한 길이 멀지 않겠는가."

曾子曰   "士不可以不弘毅, 任重而道遠. 仁以爲己任, 不亦重乎? 死而後已, 不亦遠乎?"

評   지금 선비라 불리는 자들, 인을 자신의 책임으로 삼는 자 있는가? 죽은 뒤에야 그만두는 자 있는가?

今之號爲士者, 亦有以爲己任者乎? 亦有死而後已者乎?

遇   만약 세상의 선비들에게 이러한 흉금이 없다면, 독서(讀書) 종자(種子)가 일찌감치 끊어졌을 것이다. 다시 어디에서 온 세상을 책임질 사람을 찾을 것인가!

使世間士子無此胸襟, 則讀書種子先絶矣, 更尋何人仔肩宇宙?

공자   "시를 배워 선한 마음 일으키며, 예를 배워 몸가짐을 세우며, 음악을 배워 자신을 완성한다."

子曰   "興於詩, 立於禮, 成於樂."

評   시, 예, 음악의 쓰임은 이와 같다.

詩禮樂之用如此.

遇   정자(程子): "'시를 배워 선한 마음을 일으킨다'는 구절에서 바로 힘을 쏟아야 할 곳을 볼 수 있다. '예를 배워 몸가짐을 세운다'는 구절에서는 바로 힘을 얻은 곳을 볼 수 있다. '음악을 배워 자신을 완성한다'는 구절에서는 더 이상 힘을 쓸 데가 없는 경지를 볼 수 있다."

程子曰: "興於詩, 便須見有着力處. 立於禮, 便須見得力處. 成於樂, 便須見有無所用力處."

──── 제9장 ────

공자   "백성들은 따르게 할 수는 있지만, 알게 할 수는 없다."

子曰   "民可使由之, 不可使知之."

評   진리, 진리로다!

眞, 眞!

遇　　어떤 이: "진(秦)나라에서 『시경』과 『서경』을 불태워서 백성들을 우민화시켰는데, 바로 이 경문의 의미와 통한다."

나(張岱): "그렇지 않다. 성인의 치세에는 백성들에게 탐욕을 잊게 하였다. 백성들이 탐욕을 망각하면, 그들의 본성대로 가르쳐서 더욱 자신을 닦게 하였다. 진나라의 치세에는 백성들을 우민화시켰다. 백성들이 어리석게 되지 않자, 음모가 끊이지 않았고 도둑질은 더욱 많아졌다. 성인은 백성들을 위해 계책을 세우고, 진나라 위정자들은 자신을 위해 계획을 세웠다. 이것이 양자의 구별되는 지점이다."

或曰: "秦焚『詩』『書』以愚黔首, 亦是此意." 余曰: "非也, 聖人之治也, 令民忘, 民忘, 則惟率而教益修. 秦之治也, 欲民愚, 民不可愚, 故謀不閉而盜愈作. 聖人爲民計也, 秦人自爲計也, 此其所以別也."

—— 제10장 ——

공자　"용맹함을 좋아하는 이가 가난을 싫어하면, 난(亂)을 일으킬 수 있다. 어질지 못한 사람을 너무 심하게 미워하는 것도, 난을 일으키는 원인이 될 수 있다."

子曰　"好勇疾貧, 亂也. 人而不仁, 疾之已甚, 亂也."

遇　　호랑이를 찔렀는데 죽지 않고 뱀을 베었는데 죽지 않았다면, 사람을 해침이 더욱 심할 것이다. 마찬가지로 군자가 소인을 상대함에 참으로 신중하지 않을 수가 없다. 근래 동림당(東林黨)인 양연(楊漣)과 좌광두(左光斗)가 어설프게 환관 위충현(魏忠賢)을 탄핵하였다가 몰살을 당하였으니, 이것이 바로 그 본보기이다.

刺虎不斃, 斷蛇不死, 其傷人愈多. 君子之遇小人, 政不可不愼. 近日楊左之御魏璫, 是其鑒也.

───── 제11장 ─────

공사　"만약 주공(周公) 같은 훌륭한 재주가 있더라도 교만하고 인색하다면, 그 나머지는 보잘것없다."

子曰　"如有周公之才之美, 使驕且吝, 其餘不足觀也已."

評　주공 같은 훌륭한 재주가 없으면서도 교만하고 인색한 자, 어찌 부끄러워 죽을 지경이 아니겠는가!

無周公之才美, 而驕吝者, 豈不愧死!

遇　어떤 이의 말: "한 번 교만함과 인색함에 빠져든다면, 그 큰 근본은 이미 없어진 것이다. 이렇게 되면 그 나머지가 비록 경천동지(驚天動地)할지라도, 볼 것이 없도다."

或曰: "一犯驕吝, 其大本已亡, 縱其餘做得驚天動地, 亦不足觀."

───── 제12장 ─────

공자　"삼 년 동안 학문하면서 녹봉에 마음 두지 않는 자, 쉽게 볼 수 없구나."

子曰　"三年學, 不至於穀, 不易得也."

評　학문을 하더라도 녹봉(祿俸)이 그 안에 있을 수 있다.

　　　　　논어, 천년의 만남

學也祿在其中矣.

遇　　황정보: "'녹봉에 마음 두지 않는다'는 것은 다만 이록(利祿)에 마음을 쏟지 않는다는 것만을 말하는 것이 아니다. 삼 년 동안 학문을 하게 되면, 반드시 일정한 경세치용(經世致用)의 계책을 세우게 된다. 여기에 이르면 자신의 기량을 세상에 드러내고픈 마음이 생겨나기가 매우 쉬우니, 이때 부동심(不動心)을 지녀야만 한다. 그러나 이것은 마음을 고목(枯木)처럼 가져서 세상을 잊고자 하는 것은 아니다."

黃貞父曰: "不志於穀, 非獨利祿不入. 三年積學, 必有一段經濟可見, 此處最易技癢, 而略不動心. 然却不是枯槁忘世."

제13장

공자　　"믿기를 독실하게 하고 학문을 좋아하며, 죽기를 각오하고 지켜서 진리를 빛내야 한다. 위태로운 나라에는 들어가지 말고 어지러운 나라에는 살지 말아야 할 것이다. 천하에 진리가 행해지면 벼슬할 것이요, 진리가 없다면 은거해야 될 것이다. 나라에 진리가 행해지는데도 가난하고 천하다면 이는 부끄러운 것이다. 그리고 나라에 진리가 행해지지 않는데 부유하고 귀하다면 이 또한 부끄러운 일이다."

子曰　　"篤信好學, 守死善道. 危邦不入, 亂邦不居. 天下有道則見, 無道則隱. 邦有道, 貧且賤焉, 恥也, 邦無道, 富且貴焉, 恥也."

評　　'위태로운 나라에 들어가지 않는다'는 구절이 바로 '죽기를 각오하고 지켜서 진리를 빛내는 행동'이며, '믿기를 독실하게 하고 학문을

좋아하는 지점'이다. 뒷구절은 반복해서 얽어놓은 말에 불과하다.

危邦不入一節, 正是守死善道處, 正是篤信好學處. 末節不過反言而繳之耳.

遇　　　군자는 천하를 마음에 담고 있기에 어떤 나라에 이르면 곧 정치를 하고자 함이 있다. 이에 그 나라가 위태로우면 편안하게 하고, 어지러우면 다스리고자 한다. 그런데 그 나라에 들어가지 않고 살고자 하지 않는 것은 상황이 그럴 수가 없어서이다. 이에 시기를 잘 보아서 움직인다.

君子以天下爲心, 至是邦即欲有爲. 危可使安, 亂可使治. 不入不居者, 勢不可爲, 故見機而作也.

點睛　　모든 사람이 성현이 될 수 있다고 믿는 것을, 이름하여 '믿기를 독실하게 한다[篤信]'라고 하는 것이요, 그 즉시 성현이 되고자 함을 이름하여 '학문을 좋아한다[好學]'라고 한다. 가령 무쇠 바퀴를 머리 위에서 돌릴지라도 선정(禪定)과 지혜(智慧)가 원만하게 밝아 끝내 잃지 않는 것을 '죽기를 각오하고 지켜서 진리를 빛내는 행동[守死善道]'이라고 한다. '위태로운 나라에 들어가지 않는다[危邦不入]' 이하의 네 구절은 바로 '죽기를 각오하고 지켜서 진리를 빛내는 행동'이라는 구절의 주석이니, 곧 '믿기를 독실하게 하고 학문을 좋아하는 행위'로부터 온 것이다.

信得人人可爲聖賢, 名篤信, 立地要成聖賢, 名好學. 假使鐵輪頂上旋, 定慧圓明終不失, 名守死善道. 危邦不入四句, 正是守死善道注腳, 正從篤信好學得來.

—— 제14장 ——

공자　"그 직위에 있지 않다면, 그 정사를 간섭하지 않는다."

子曰　"不在其位, 不謀其政."

遇　이 경문은 반증(反證)의 언어이다. 원래 의미는 '하는 일도 없이 벼슬자리에 앉아 녹봉만 축내는 자[尸位]'를 경계하는 것이지, '자기의 직분을 넘어 남의 일에 간섭함[越俎]'을 힐책하는 것이 아니다.

此反證語也, 原箴貶尸位, 非詰責越俎.

—— 제15장 ——

공자　"노나라의 악사 지(摯)가 처음 『시경』「관저」의 마지막 장을 연주할 때, 그 소리 내 귀에 넘실넘실 흘러넘쳤지!"

子曰　"師摯之始,「關雎」之亂, 洋洋乎盈耳哉!"

評　생각에 여운이 있도다.

有餘思.

遇　장하점: "악사 지가 처음 관직에 있을 때, 매번 부부의 정감을 묘사한 『시경』「관저」의 마지막 장을 연주하였다. 이는 대체로 모든 변화는 가정에서 일어남을 알아서 음악으로 간언을 한 것이다. 이 때문에 공자께서 감탄하신 것이다."

張夏占曰: "師摯在官之初, 每以關雎爲亂. 蓋知萬化起於閨門, 以樂諫也, 所以夫子嘆美之."

제16장

공자　"뜻은 큰데 정직하지 않으며, 무지하면서 성실하지 않고, 능력이 없
　　　　으면서 진실하지 않다면, 나는 그런 사람은 모르겠노라."

子曰　"狂而不直, 侗而不愿, 悾悾而不信, 吾不知之矣."

評　참으로 알아주기 어려울 것이로다.

眞難知.

點睛　우리들은 자신을 점검하여 이러한 구덩이에 떨어지지 말아야
한다.

大家要自己簡點, 勿墮此等坑塹.

제17장

공자　"학문을 할 때는 마치 따라잡지 못할 듯하고, 배운 것은 잃어버릴까
　　　　두려워해야 한다."

子曰　"學如不及, 猶恐失之."

評　사람은 이처럼 해야 한다.

要人如此.

遇 　 다른 사람이 쉴 때 나는 쉬지 않았으며, 다른 이가 멈출 때 나는 멈추지 않았다. 편안할 때나 슬플 때나 학문에 힘쓴 지 삼십 년 만에 제왕의 스승이 되었노라!

他人息, 吾則不敢息, 他人休, 吾則不敢休. 寧戚力學三十年, 而爲王者師.

—— 제18장 ——

공자 　 "거룩하시도다. 순임금과 우임금은 천하를 소유하셨지만, 간섭하지 않으셨도다."

子曰 　 "巍巍乎, 舜禹之有天下也, 而不與焉!"

評 　 순임금과 우임금의 정신세계를 잘 묘사하였도다.

傳舜禹之神.

點睛 　 천하를 무시하는 자는 또한 위대한 것이 아니니, 소보(巢父)와 허유(許由)가 바로 이들이다. 천하를 소유하는 자도 역시 위대한 것이 아니니, 일반적인 현군(賢君)이 바로 이들이다. 순임금과 우임금처럼 천하를 소유하고도 간섭하지 않아야만, 불가사의(不可思議)라 할 것이다.

無天下者, 亦非巍巍, 巢許是也, 有天下者, 亦非巍巍, 尋常賢君是也. 有天下而不與, 方爲不可思議.

제19장

| 공자 | "위대하도다. 요임금이여! 높고도 크도다! 오직 저 하늘만이 위대하거늘, 요임금만이 이를 본받으셨도다. 넓고도 크도다! 백성들이 무어라 이름 붙이지를 못하는구나. 높고도 크도다! 그 공적이여. 빛나는구나! 그 문장이여." |
| 子曰 | "大哉堯之爲君也! 巍巍乎! 唯天爲大, 唯堯則之. 蕩蕩乎! 民無能名焉. 巍巍乎! 其有成功也. 煥乎! 其有文章." |

評　끝 구절이 바로 하늘을 본받은 실제 경지이다.
末節正是則天實際處.

遇　요로(饒魯): "'본받으셨도다[則之]'라는 구절은, 『주역』이 천지와 일치하며 상호 동등하다는 것과 유사하니, 이는 하늘에서 본보기를 취하였다는 의미가 아니다."
饒氏曰: "則之如『易』與天地準, 相與平等, 非取法也."

요로(饒魯, 1193~1264): 자는 백여(伯輿), 호는 쌍봉(雙峰)이다. 주자학을 계승하였는데, 만년에는 내면의 고요함[主靜]을 중시하였다. 저서에 『오경강의(五經講義)』, 『논맹기문(論孟紀聞)』 등이 있다.

제20장

순임금은 다섯 명의 훌륭한 신하를 두어 천하를 다스렸다.
한편 주나라 무왕이 말씀하시길 "나는 천하를 다스릴 만한 신하 열 명이 있다."

이에 대하여 공자께서 평하시길 "인재를 얻기 어렵다'라고 하였는데, 참으로 그렇지 아니한가. 요임금 순임금 시대에 주나라보다 인재가 많았다. 주나라의 열 명의 신하 중에 부인(婦人)이 포함되었으니, 실제로는 아홉 명이었다. 천하의 삼분의 이의 영토를 가지고도 오히려 은나라를 섬겼으니, 주나라의 덕이야말로 지극한 덕이라 할 만하다."

舜有臣五人而天下治.

武王曰 "予有亂臣十人."

孔子曰 "才難, 不其然乎? 唐虞之際, 於斯爲盛. 有婦人焉, 九人而已. 三分天下有其二, 以服事殷. 周之德, 其可謂至德也已矣."

評 평이한 서술 안에 칭찬과 비판이 담겨 있다. 바로 『춘추』, 『춘추』이다.

平叙之中, 似有褒貶. 『春秋』, 『春秋』!

點睛 인재를 얻기 어려움을 탄식하면서 주나라의 지극한 덕을 칭찬하였으니, 바로 군주가 덕을 지니기 어렵기 때문에 인재를 얻기 어려웠을 뿐이다. 만약 주(紂)임금에게 성덕(聖德)이 있었다면, 무왕이 아홉 사람과 함께 주(紂)임금의 훌륭한 신하가 되었을 것이다. 그랬다면 어찌 '천하를 다스릴 신하[亂臣]'로 일컬어지는 데에까지 이르렀겠는가!『주역』에 '하늘 끝까지 올라간 용(龍)은 후회한다'라고 하였으니, 무왕의 불행이 심하구나!

歎才難而贊至德, 正因德難故才難耳. 倘紂有聖德, 則武王竝九人, 方將同爲紂之良臣, 又何至以亂臣稱哉! 亢龍有悔, 武王之不幸也甚矣!

공자 "우임금은 내가 흠잡을 데가 없구나! 평소의 음식은 보잘것없는데 귀신에게 제사 지낼 때의 제수는 정성을 다하며, 평소의 의복은 허름한데 제복은 화려하였도다. 그리고 사는 집은 좁되, 농토의 수로 만드는 데는 힘을 다하였도다. 우임금은 내가 흠잡을 데가 없구나!"

子曰 "禹, 吾無間然矣! 菲飮食而致孝乎鬼神, 惡衣服而致美乎黻冕, 卑宮室 而盡力乎溝洫. 禹, 吾無間然矣!"

評 우임금을 칭찬한 것이 아니다. 후대 임금들을 위하여 법도를 세 워 보여주신 것이다.

非贊禹也. 爲後世君人者立法也.

點睛 이와 같아야 비로소 흠잡을 데가 없는 것이니, 임금 된 자 깊이 생각하지 않을 수 있으랴!

如此方無間然, 爲君者可弗思乎.

자
한

子罕

공자께서는 이익, 천명, 인에 대해서는 좀처럼 말씀하지 않으셨다.

子罕言利與命與仁.

評 　이익에 관해 드물게 말하는 것은 미칠 수 있는 경지이다. 그러나 이익, 천명, 인에 관하여 좀처럼 말씀하지 않으심은, 미칠 수 없는 경지이다.

罕言利, 可及也. 罕言利與命與仁, 不可及也.

點睛 　방외사: "천명을 말하고 인을 말하는 것은 그 해로움이 이익을 말하는 것과 동일하기 때문에 좀처럼 말씀하시지 않는 것이다. 오늘날의 사람들은 천명과 인을 이빨과 뺨에 걸어놓고 있으니, 손해만 있고 유익함은 없도다."

方外史曰: "言命言仁, 其害與言利同, 所以罕言. 今人將命與仁掛在齒頰, 有損無益."

──── 제2장 ────

달항(達巷) 마을에 사는 사람이 말하기를 "위대하도다. 공자여! 학문이 너무나 넓어 무어라 이름 붙일 수가 없구나."

이를 들으시고 문하의 제자들에게 공자께서 말씀하시기를 "내가 무슨 잘하는 것이 있다고? 말을 잘 모는가? 활을 잘 쏘는가? 나는 말은 좀 몰지."

達巷黨人曰 "大哉孔子! 博學而無所成名."

子聞之, 謂門弟子, 曰 "吾何執? 執御乎? 執射乎? 吾執御矣."

評　　공자는 하늘을 일컬어 '위대하다'라고 하였으며, 또 요임금도
이렇게 칭찬하였다. 때문에 공자는 '위대하다'라는 칭찬을 듣고 참으로
편안치 않은 마음이 생겼다. 문하의 제자들에게 한 말씀도 편안치 않았
기 때문에 하신 말씀이다. 달항 마을에 사는 이 사람은 공자를 진정으로
알아주는 지기(知己)라 할 만하다.

孔子只以大哉稱乾, 又只以稱堯. 則孔子聞大哉之稱, 眞有不敢自安者.
其謂門弟子之言, 不敢自安之語也. 然黨人則孔子知己矣.

遇　　달항 마을의 사람은 바로 항탁(項橐)으로 그는 일곱 살에 공자
를 스승으로 삼았다. "위대하도다. 공자여! 학문이 너무나 넓어 무어라
이름 붙일 수가 없구나."라는 말은 공자 일생에서 최고의 찬사이다. 이는
의(儀) 땅의 국경지기가 공자를 가리켜 '세상의 목탁'이라 한 말과 더불
어 모두 세상 사람들이 함부로 말하지 못했던 것을 말한 것이다. 공자의
지기로서 이 두 사람보다 나은 이는 없다.

達巷黨人卽項橐, 七歲而爲孔子師. "大哉孔子! 博學而無所成名." 是
孔子一生第一像贊, 與儀封人木鐸一語, 都是開世人不敢開之口. 夫子知
己, 無過此兩人.

———— 제3장 ————

공자　　"가는 베로 만든 관을 쓰는 것이 옛날의 예였는데, 지금은 실로 만든

것으로 대용한다. 이는 검소한 풍습이기에 나는 남이 하는 대로 하겠다. 신하는 마루 아래에서 절하는 것이 예였는데, 지금은 마루 위에서 절을 한다. 이는 교만한 행동이기에 비록 남과 다르다고 할지라도 나는 아래에서 절하는 옛 법도를 따르겠다."

子曰 "麻冕, 禮也, 今也純, 儉, 吾從衆. 拜下, 禮也, 今拜乎上, 泰也, 雖違衆, 吾從下."

評 참으로 시중(時中)의 도를 행하시는 성인이로다!

眞是時中之聖!

미비(眉批): 문자가 용과 같다.

文字如龍.

遇 '검소함[儉]'이란 한 글자는 바로 성인께서 변화를 속성으로 가진 예에서 애써보고자 했던 좋은 덕목이었다.

儉之一字, 是聖人從變禮中勉强看出他一段好處.

───── 제4장 ─────

공자께서는 네 가지가 완전히 없으셨다. 사로잡힌 생각이 없었고, 반드시 한다는 마음이 없었으며, 고집하는 견해가 없었고, 이렇게 해서 형성된 '나'가 없었다.

子絶四, 毋意, 毋必, 毋固, 毋我.

評 오늘날 문인들은 무엇하는 사람들인가! 이 여덟 글자를 보라. 그 얼마나 공자의 정신을 잘 표현하고 있는가!

何物文人, 八字便傳宣老之神!

遇　　유원성(劉元城): "공자와 부처의 말은 서로 표리관계를 이룬다. 공자의 '무의(毋意)', '무필(毋必)', '무고(毋固)', '무아(毋我)'와 부처의 '무아상(無我相)', '무인상(無人相)', '무중생상(無衆生相)', '무수자상(無壽者相)'은 마치 한 사람의 입에서 나온 듯하다."

劉元城曰: "孔子佛氏之言, 相爲表裏. 孔子言毋意, 毋必, 毋固, 毋我, 而佛言無我, 無人, 無衆生, 無壽者, 其言若出一人."

유원성(劉元城, 1048~1125): 이름은 안세(安世), 자는 기지(器之), 원성(元城)은 그의 호이다. 관직에 있으면서 직간(直諫)을 잘하였기에, 당시 사람들이 전상호(殿上虎, 궁전의 호랑이)라고 일컬었다. 당송팔대가인 소식, 소철 형제와 친우였으며, 소옹과 이정자의 학문을 계승하였다. 또한 『주역』 연구에 침잠하였는데, 상수학(象數學)과 의리학(義理學)의 겸채를 주장하였다. 저서에 『원성어록(元城語錄)』, 『진언집(盡言集)』 등이 있다.

點睛　'떠오른 생각을 그대로 본다[誠意]'면, 사로잡힌 생각이 없어지게 된다. 그 생각이 없기에 반드시 한다는 마음이 없고, 반드시 한다는 마음이 없으므로 고집하는 것도 없다. 고집하는 것이 없기에, 마침내 생각의 다발로 이루어진 '나'가 없게 된다. '나'를 이루는 미세한 생각이 소멸하기 때문에, 거친 생각도 반드시 따라서 소멸한다. '나 없음[無我]'을 통달하여야, 비로소 '떠오른 생각을 그대로 보게 될 것[誠意]'이다. 이렇게 되면 허망한 경계에서 망령된 의혹을 내지 않을 것이다. '떠오른 생각[意]'이 바로 '미혹'이요, '반드시 한다는 마음[意]'과 '고집[固]'은 곧 '업(業)'이며, '나[我]'는 바로 '괴로움[苦]'이다.

由誠意故毋意, 毋意故毋必, 毋必故毋固, 毋固故毋我, 細滅故粗必隨滅

　　　　　　　　　　　　　　　　　　논어, 천년의 만남

也. 由達無我方能誠意, 不於妄境生妄惑. 意是惑, 必固是業, 我是苦.

—— 제5장 ——

공자께서 광(匡) 땅에서 두려워할 만한 상황에 처하였다.

이때 공자께서 하신 말씀 "문왕께서 돌아가셨는데, 그분의 문화유산을 계승
할 책임이 나에게 있지 아니한가. 하늘이 만약 이 문화를 없애려고
하신다면 내가 여기에 간여할 것이 없을 것이다. 그러나 이 문화를
없애지 않고자 하신다면, 광 땅의 사람들이 나를 어찌할 수 있겠는
가!"

子畏於匡.

曰   "文王旣沒, 文不在玆乎? 天之將喪斯文也, 後死者不得與於斯文也,
天之未喪斯文也, 匡人其如予何!"

評   공자가 광 땅에서 두려운 상황에 처했다고 하고서, 이어지는 공
자의 말씀에서 또한 두려워하지 않음을 묘사하였다. 이 묘사에 담긴 의
미는 매우 음미할 만하다. ○공자는 자신을 문왕의 뒤에 죽는 사람으로
여겼으니, 이는 문왕을 선생으로 삼은 것이다.

説子畏于匡, 及夫子説來, 却又不畏. 最可參味. ○以自家爲後死, 則以
文王爲先生矣.

遇   소자첨(소식): "환난에 처해서 근심하지 않는다면, 이런 사람은
목석과 다를 것이 있겠는가!"

蘇子瞻曰: "居患難而不戚戚, 此與木石何異?"

도맥(道脈)의 전해진 것이 바로 '이 문화[文]'이니, 겸사가 아니다. 이처럼 자신하고 계시는데, 어찌 두려워할 것이 있겠는가!

道脈流通卽是文, 非謙詞也. 如此自信, 何嘗有畏?

─── 제6장 ───

태재(大宰) 벼슬을 하던 이가 자공에게 질문하기를 "공자께서는 성인이시다. 어찌 잘하는 것이 많으시겠는가?"

자공 "선생님은 참으로 하늘이 내신 분으로 거의 성인의 경지에 이르렀고, 또한 더하여 잘하는 것이 많으신 분입니다."

이 말을 들으신 공자 "태재가 나를 알아주는 이로구나! 내 젊었을 때 빈천하였기에 비루한 일들을 잘하였던 것이다. 군자는 잘하는 것이 많아야 하는가? 그런 것은 아니다."

금뢰(琴牢) "선생님께서는 '내가 등용되지 않았던 까닭에 조그만 재주가 있었다'고 말씀하셨다."

大宰問於子貢, 曰 "夫子聖者與? 何其多能也?"

子貢曰 "固天縱之將聖, 又多能也."

子聞之, 曰 "大宰知我乎! 吾少也賤, 故多能鄙事. 君子多乎哉? 不多也."

牢曰 "子云: '吾不試, 故藝.'"

評　　공자는 잘하는 것이 많은 것을 비천하다고 여겼다. 그렇다면 잘하는 것이 많다고 해서 성인이 되는 것이 아님을 알 수 있다.

　　태재는 이것을 알았기에 자공에게 의문을 품고 질문하기를, "공자께서는 성인이시다. 어찌 잘하시는 것이 많겠는가?"라고 하였으니, 성인은 반드시 잘하는 것이 많지 않을 것이라고 생각한 것이다.

그런데 자공이 이 질문의 의미를 알지 못하고서 다시 또 잘하는 것이 많은 것으로 답변하였으니, 참으로 공자를 알지 못한다고 할 만하다.

그러므로 공자께서 "태재가 나를 알아주는 이로구나!"라고 말씀하셨으니, 이는 분명 자공은 '나를 알아주는 이가 아니다'라는 의미이다.

그런데 어찌하여 후대의 주석가들은 공자가 친히 말씀하신 내용을 믿으려 하지 않는가? 탄식, 또 탄식할 만한 일이다.

夫子以多能爲賤爲鄙, 則多能非聖可知矣. 太宰識得此意, 故向子貢致疑, 曰: "夫子聖者與? 何其多能也?" 蓋謂聖必不多能耳. 子貢見不及此, 復以又多能對, 則其不知孔子已極矣. 故孔子曰: "大宰知我乎!" 分明謂子貢不知我也. 何後之解書者決不肯信孔夫子親口語乎? 可嘆! 可嘆!

遇　　　옛사람의 말: "증자는 가을날의 햇빛, 강수와 한수 등으로 공자의 인격을 설명하였으니 이는 증자의 공자이며, 맹자는 노나라와 천하의 작음으로 공자를 설명하였으니 이는 맹자의 공자이고, 자공은 다재다능과 하늘에서 내려준 분으로 공자를 설명하였으니 이는 자공의 공자이다. 여러 제자들의 공자에 대한 평가는 마치 맹인이 코끼리를 더듬는 것과 같다. …… 그 실제 코끼리의 전모(全貌)는 맹인이 코끼리의 한 부분을 더듬어서 알 수 있은 것이 아니다."

昔人有言, 曾子以秋陽江漢說夫子, 祇成得曾子之夫子, 孟子以小魯小天下言夫子, 祇成得孟子之夫子, 子貢以多能天縱言夫子, 亦祇成得子貢之夫子. 如盲人摸象. …… 其實象之全體, 非盲者所能揣摩得也.

공자　　"나에게 고착화된 지식이 있는가? 이러한 지식은 없다. 좀 비루한 사
　　　　람이 나에게 질문을 하면, 나의 마음은 텅 비어 있기에 그가 한 질문
　　　　을 그대로 받아들여 십분 이해한 바탕 위에서 최선을 다해 가르쳐준
　　　　다."

子曰　　"吾有知乎哉? 無知也. 有鄙夫問於我, 空空如也. 我叩其兩端而竭焉."

評　　　이 경문은 공자의 진솔한 이야기로서, 자신의 '마음자리[心體]'
를 그대로 드러내어 보여주신 것이다. ○'마음이 텅 비어 있다[空空如也]'
는 것은, 바로 자신의 마음자리를 말씀하신 것이다. 그런데 이를 못난 사
람의 마음이 텅 비어 어리석다는 것으로 이해하는 주석가들이 있다. 생
각해보면 공자가 비루한 사람이 아닌데 어찌 그 사람의 마음이 비어 있
음을 알겠는가. 이들의 견해는 참으로 웃음을 자아낸다.

這是孔子眞話, 亦把自家心體和盤托出矣. ○空空如也, 正說自家心體.
有謂謂鄙夫空空者, 竊意子非鄙夫, 安知鄙夫之空空乎? 可發一笑.

遇　　　거울은 고유의 형상이 없기에 외부의 형상을 비추고, 강은 본래
의 그림자가 없기에 달빛이 스며들 수 있다. 바람은 구멍으로 들어옴에
소리를 내고, 종은 쳐야만 울림이 퍼져나간다. 이처럼 근원적 본체는 그
것이 무(無)이기 때문에 그 만상을 있게 할 수 있다. 질문에 따라 곧바로
가르쳐주니 그 가르쳐줌은 나의 지식에서 말미암은 것이 아니며, 가르칠
때 최선을 다하지만 또한 나의 존재는 거기에 없다. 그러므로 "나에게는
고착화된 지식이 있는가? 이러한 지식은 없다."고 말씀하신 것이다.

鏡無相而相現, 江無影而月來, 風入竅而于喁, 鍾受擊而響徹, 全體無, 故全體有也. 隨問隨叩, 叩不由我, 隨叩隨竭, 我亦不留, "吾有知乎哉? 無知也."

點睛　비단 사람의 질문이 없는 때에 본체는 본래 '지각식별의 작용이 없을[無知]' 뿐만 아니라, 바로 사람의 질문이 있을 때도 이에 스스로 텅 비어 있으며 무지(無知)하다. …… 이미 그가 한 질문을 그대로 받아들여 십분 이해한 바탕 위에서 최선을 다해 가르쳐주었으니, 비루한 사람도 그 망지(妄知)에서 벗어나 무지(無知)한 본체로 돌아갈 것이다.

不但無人問時, 體本無知, 卽正當有人問時, 仍自空空, 仍無知也. …… 既叩其兩端而竭之, 則鄙夫亦失其妄知, 而歸於無知矣.

───── 제8장 ─────

공자　"봉새도 오지 않고, 황하에서는 그림도 나오지 않으니, 나도 이제는 끝이구나!"

子曰　"鳳鳥不至, 河不出圖, 吾已矣夫!"

評　공자의 노파심이 바로 이런 지경에까지 이르렀도다. 오늘날 부귀공명에 급급한 자들이 한바탕 좋은 꿈을 꾸고자 해도 할 수 없는 것과 매우 유사하니, 어찌 노심초사하지 않을 수 있으리오. ○'끝이구나'라고 말씀하셨지만, 바로 그 끝나지 않은 곳이 보인다.

夫子婆心直至此地, 極象如今急功名者, 欲得一好夢也不能, 安得不心焦. ○説已, 政見其不已處.

—— 제9장 ——

공자께서는 상복을 입은 사람, 관복을 입은 사람, 맹인을 보실 때는 비록 그들의
나이가 젊더라도 반드시 일어났으며, 그들 앞을 지날 때는 빠른 걸음으로써 경
의를 표하였다.

子見齊衰者, 冕衣裳者與瞽者, 見之, 雖少, 必作, 過之, 必趨.

評　이 세 부류의 사람들을 평등하게 대하셨다.

平等.

遇　성인(聖人)은 대인(大人)을 경외(敬畏)하기에, 관복을 입은 사람
을 보면 빠른 걸음으로 지나면서 경외심을 표현하였다. 그 경외할 만한
것이 있기에 경외심을 보인 것이니, '나[我]'와 이것이 무슨 관계가 있었
겠는가! 이때는 온전히 그 자신으로 존재하니 마음의 파도가 일어나지
않는다.

　맹자는 대인을 하찮게 여겼기에 '내 어찌 두려워하겠는가.'라고 하였
다. 이러한 맹자의 흉중에는 '나[我]'가 확연히 있는 것이니, 현인의 드높
은 기상을 볼 수 있다.

聖人畏大人, 故見冕者必趨. 因其可敬而敬之, 於我何與? 此際渾然自
在, 風波不起. 孟子藐大人, 故曰: "我何畏?" 彼胸中有個我在, 便見賢
人巖巖氣象.

안연이 깊이 탄식하며 말하기를 "아! 선생님의 도는 우러러볼수록 더욱 높고 뚫어 볼수록 더욱 견고하다. 얼핏 보면 앞에 있는 듯하더니, 홀연히 뒤에 있구나. 그러나 선생님은 순서에 맞게 사람들을 이끌어주시니, 문헌으로 나의 지식을 넓혀주고 예로써 나의 행위를 바로잡아주셨다. 배움을 그만둘 수 없어서 내 재주를 다하였더니, 무언가 앞에 우뚝 서 있는 듯하다. 이런 선생님의 경지를 쫓고자 하나, 아직 어찌 해야 할 줄 모르겠도다."

顔淵喟然歎, 曰 "仰之彌高, 鑽之彌堅. 瞻之在前, 忽焉在後. 夫子循循然善誘人, 博我以文, 約我以禮. 欲罷不能, 旣竭吾才, 如有所立卓爾. 雖欲從之, 末由也已."

評　　"무언가 앞에 우뚝 서 있는 듯하다."는 것은 바로 예(禮)를 가리킨 것이다. 아무것도 없는 것이 아니고, 오직 예가 있는 것이다. 그렇기 때문에 우러러볼수록 더욱 높고 뚫어 볼수록 더욱 견고하며, 얼핏 보았는데 홀연히 뒤에 있어서 아직 그 경지에 미치지 못한다고 말한 것이다. 그러나 이 예와 더불어 일체가 되어 간다면 조만간 경지에 도달할 것이다. ○공자는 나이 오십에 천명(天命)을 알았다고 하였는데, 이는 바로 예와 항상 함께 있다는 의미이다. 육십의 이순(耳順)과 칠십의 종심(從心)의 경지 또한 이 예가 있지 않음이 없다.

如有所立卓爾, 卽禮也. 不屬懸空, 但猶有禮在. 所以仰之彌高, 鑽之彌堅, 瞻之忽後, 從之末由, 幷此禮而化之, 則幾矣. ○孔子五十而知天命, 這箇禮尚在. 到得耳順, 從心, 無不是禮矣.

미비(眉批): 좋고도 완전한 한 편의 문자. 끝나는 데서 다시 시작되어 마치 고리처럼 끝이 없도다. 후세 문인들의 흉금에는 원기(元氣)가 없으니, 어찌 이런 경지에 이르겠는가.

好一篇圜圖文字. 貞下起元, 如環無端. 後世文人胸中原無元氣, 如何到此?

遇   구모백(丘毛伯): "두 번 나오는 '더욱[彌]'과 한 번 나오는 '홀연히[忽]'라는 표현이 바로 '우뚝 서 있는[立卓]' 광경이다. 이 경문은 깨달은 뒤에 헤맴을 말한 것이다. 그러니 여기서 안연의 말은 도에 대한 감탄의 언어이지 도를 구하는 언어가 아니다. 이미 도를 얻고 나서 뱉은 말이지 도에 초입에서 하는 이야기가 아니다."

양정복(양복소): "'박(博)'으로써 분별하는 마음과 사랑, 그리고 증오의 마음을 없애며, '약(約)'으로써 의지하는 마음과 집착하는 마음을 없앤다. 여기서 박(博)과 약(約)의 의미를 명백하게 알 수 있도다."

丘毛伯曰: "兩彌字, 一忽字, 正是立卓之境, 此是悟後譚迷. 乃嘆道語, 非求道語, 乃既得語, 非初入語."

楊貞復謂: "以博去分別心, 愛憎心, 以約去依傍心, 執着心, 可省博約之旨."

구모백(丘毛伯, 1572~1629): 이름은 조린(兆麟), 호는 태구(太邱), 모백(毛伯)은 그의 자이다. 명대 후기 저명한 문학가였다. 저서에 『학여원초집(學餘園初集)』 등이 있다.

제11장

공자께서 병환이 위중해지자, 자로가 문인들을 가신으로 꾸며 상을 치를 준비를 하였다.

병이 조금 차도가 있자, 이를 아신 공자께서 말씀하시기를 "내 병든 지 오래
되었구나. 자로가 그사이에 이런 헛된 일을 꾸미다니! 내 가신이 없
음에도 불구하고 가신을 만들다니, 내 누구를 속일 것인가? 하늘을
속일까? 그리고 내가 가신이 돌보는 가운데 죽기보다는 너희들의
돌봄 속에서 죽는 것이 낫지 않겠느냐. 또 내 죽은 뒤 비록 대신의 예
로써 장례를 치를 수 없겠지만, 설마 길바닥에서 장례를 치르기야
하겠느냐."

子疾病, 子路使門人爲臣.

病間, 曰 "久矣哉, 由之行詐也! 無臣而爲有臣. 吾誰欺? 欺天乎? 且予與其死於
臣之手也, 無寧死於二三子之手乎? 且予縱不得大葬, 予死於道路
乎?"

評　　저 하느님이 공부자를 목탁으로 삼으셨다. 스승의 지위에 있는
사람으로서, 제자들이 보는 가운데 돌아가신다면 이 얼마나 보기 좋은
일이겠는가! 그런데 자로가 허위로 가신들을 만들었으니, 이는 공자를
황제로 만들려 한 것이다. 이 어찌 하늘의 뜻이겠는가. 그러므로 '하늘을
속인다', '거짓된 일을 행한다'고 하신 것이다.

　　○안로(顏路)가 그의 아들인 안연이 죽자 공자의 수레를 팔아 외관(外
棺)을 마련해 줄 것을 청하였는데, 바로 자로의 이러한 행위와 동일하다.
이러한 행위들은 모두 공자를 다른 이들과 차등을 두고자 해서이다.

天原以夫子爲木鐸. 蓋師位中人, 死于二三之手, 何等停當! 乃以爲臣,
是欲夫子爲皇帝矣. 豈天意乎? 故曰欺天, 故曰行詐. ○顏路請車爲槨之
見, 與此正同. 此其所以爲二路也與!

遇　　훗날 공자께서 지팡이를 짚고 거닐면서 돌아가실 즈음에 '태산
이 무너지는구나! 대들보가 쓰러지는구나!'라고 읊조리셨으니, 이는 임
종시의 풍경이었다. 이 얼마나 걸림 없는 마음이시며 초연한 심리인가!
그런데 자로가 허위로 가신들을 꾸려 공자를 욕보였으니, 그의 학문이
얕음을 알겠노라.

後來曳杖逍遙, 歌泰山, 歌梁木, 臨終一段光景, 何等灑落, 何等超曠!
乃以爲臣辱吾孔子, 子由學問如此粗淺.

點睛　　자로는 일종의 세속의 지견(知見)이기에, 공자의 꾸짖음이 이처
럼 혹독하였다. 지금 선문(禪門)의 승려들이 조문(弔問)을 받을 때 효건
(孝巾, 상제의 두건)을 쓰니, 무슨 면목으로 공자를 뵐 것인지 알지 못하겠
노라! 무슨 면목으로 육조(六祖)를 뵐지 알지 못하겠노라! 무슨 면목으
로 석가(釋迦)를 뵐지 알지 못하겠노라!

子路一種流俗知見, 被夫子罵得如此刻毒. 今有禪門釋子開喪戴孝, 不知
何面目見孔子? 不知何面目見六祖? 不知何面目見釋迦?

제12장

자공　　"만약 여기에 아름다운 옥이 있다면 상자에 넣어 보관하시겠습니
　　　　까? 아니면 좋은 장사치를 찾아서 파시겠습니까?"

공자　　"팔고말고! 팔고말고! 나는 장사치를 기다리고 있느니라."

子貢曰　　"有美玉於斯, 韞匵而藏諸? 求善賈而沽諸?"

子曰　　"沽之哉! 沽之哉! 我待賈者也."

　　　　　　　　　　　　　　　　　　논어, 천년의 만남

이 경문은 성현들이 모두 한세상 살아감의 급박함을 보인 것이니, 자공이 훌륭한 위정자를 구하고 공자가 이를 기다린다는 내용이 아니다. '팔고말고! 팔고말고!'라는 구절을 잘 새겨보면 말씀의 속뜻이 저절로 드러난다.

此見聖賢都急于渡世, 非子貢求而孔子待也. 但玩沽之哉! 沽之哉, 口角自見.

點睛   옥을 파는 것은 같지만, 장사치를 기다리는 것과 찾는 것은 같지 않다. 세상 사람들은 파는 것은 말하지 않고 그저 보관하는 것만을 말할 뿐이니, 이러한 의미를 어찌 알겠는가.

沽同, 而待與求不同. 世人不說沽, 便說藏耳, 那知此意?

제13장

공자께서 구이(九夷)의 오랑캐 땅에 옮겨 살고자 하셨다.

이를 본 어떤 이가 말하기를 "그곳은 누추한데, 어찌 가서 살려 하십니까?"

공자   "군자가 가서 산다면, 누추함이 무슨 문제이겠는가."

子欲居九夷.

或曰   "陋, 如之何?"

子曰   "君子居之, 何陋之有?"

評   '군자가 가서 산다[君子居之]'는 네 글자, 의미가 지극히 생동(生動)한다. 이 구절은 '군자가 가서 산다면 누추한가 누추하지 않는가를 돌아보지 않는다'라고 읽을 수도 있다. 그래서 선배들은 '사는가 살지 않는

가를 문제 삼아야지, 누추한가 누추하지 않는가를 문제 삼는 것은 부당하다'고 말하였는데, 참으로 이 경문의 핵심을 잘 표현했다고 할 만하다.

만약 평상시 오랑캐 땅에 가서는 오랑캐의 법도대로 살아가는 것이라 해석한다면, 어찌 평소 중국에 살면서는 중국의 법도를 실행하지 못하였는가? 또 만약 중국의 법도를 써서 오랑캐 땅을 변화시키는 깃이라 해석한다면, 어찌 제나라와 노나라는 도에 이르게 하지를 못하였는가? 그러므로 이러한 해석들은 모두 통하지 않는다고 할 수 있다.

君子居之, 四字極活. 意若謂, 如君子居之, 亦不顧其陋不陋也. 先輩謂, 當問其居不居, 不當問其陋不陋, 最爲得之. 若説素夷狄, 行乎夷狄, 獨不能素中國, 行乎中國乎? 若説用夏變夷, 獨不能變齊魯至道乎? 都有礙.

遇　　왕양명(王陽明): "반드시 '군자가 기거하면 교화가 된다'라고 말할 필요는 없다. 이렇게 말한다면 꽉 막힌 논의이다. 중국의 군자는 오랑캐 땅에 갈 수도 있고 환난에 처할 수도 있으나, 어디에 있든 스스로 만족하지 않음이 없다. 그러니 구이(九夷)의 누추한 곳에서 살아간들 군자에게 무슨 어려움이 있겠는가! 하여 '누추함이 무슨 문제이겠는가'라고 말씀하신 것이다."

王陽明曰: "不必説所居則化, 此言礙了, 中國君子可夷狄, 可患難, 無入而不自得? 九夷之陋, 於君子何有焉? 故曰: '何陋之有?'"

왕양명(王陽明, 1472~1528): 이름은 수인(守仁), 자는 백안(伯安), 양명(陽明)은 그의 호이다. 육상산(陸象山)의 제자 누량(婁諒)에게서 배웠다. 격물치지(格物致知)에 대한 깨달음을 통해 주자학과 대비되는 학설을 수립하였고, 후일 그 계승자들에 의해 양명학파가 성립되었다. 그의 저작으로는 후세에 편찬된 『왕문성공전서(王文成公全書)』가 있는데, 그중에서 제자와의 문답을 기록한 『전습록(傳習錄)』이 널리 읽혔다.

공자   "내가 위나라에서 노나라로 돌아온 뒤 음악의 편장들이 바르게 정
리되어서, 아(雅)와 송(頌)이 각기 제자리에 위치하게 되었다."

子曰   "吾自衛反魯, 然後樂正, 雅頌各得其所."

評   아와 송은 제자리에 위치하게 되었지만, 중니는 제자리를 잡지
못함이 심하도다.

雅頌得其所, 仲尼不得其所, 極矣.

遇   탕곽림: "아와 송은 모두 주(周)나라의 음악이니, 바로 맹자가
말한 '왕자(王者)의 흔적'이다. 공자는 주나라의 예를 부흥시킬 생각을
잊은 적이 없었는데, 상황이 부득이하여 노나라에 주례(周禮)의 회복을
의탁하게 되었다.

     그런데 이 당시는 공자가 위나라를 떠나 진(陳)나라에 계시면서 고난
에 찬 시기였기에 그 감개가 무한하였다. 먼저 음악을 바로잡고, 다음으
로 『춘추』를 지으셨다. 아! 그 마음 씀이 얼마나 고달팠겠는가!"

湯霍林云: "雅頌皆周天子樂章, 即孟子所云王者之跡也. 惓惓興周, 不得
己寄周於魯, 去衛在陳之後, 無限感慨. 一正樂, 再作春秋, 噫! 苦矣."

제15장

공자   "밖에 나가서는 공경대부를 섬기고 집에 들어와서는 부모와 어른을
섬긴다. 상을 당하면 정성을 다하며, 술을 마시면 술주정을 하지 않

는다. 이 네 가지 중 어떤 것을 내가 잘 실천하였던가?"

子曰　　"出則事公卿, 入則事父兄, 喪事不敢不勉, 不爲酒困, 何有於我哉?"

評　　보통 사람은 쉽게 여기는 것을 성인은 어렵게 생각한다. 이것이 바로 성인의 본래 면목이다.

常人以爲易者, 聖人以爲難, 此其所以爲聖人.

遇　　공자는 '공경대부를 섬기는 것'을 말씀하셨고, 맹자는 '대인을 하찮게 여기는 것'을 말하였다. 이것이 바로 성인과 현인의 차이점이다.

孔子說個事公卿, 孟子說個藐大人, 此是聖賢分量.

點睛　　이 네 가지 일을 쉽게 보지 말아야 한다. 만약 이를 쉽게 보았다면, 이는 공자가 아니다.

不要看得此四事容易, 若看得容易, 便非孔子.

—— 제16장 ——

공자께서 시냇가에 앉아 계시다가 하신 말씀　"흘러가는 것은 이와 같다. 밤낮을 쉬지 않고 부지런히 흘러간다."

子在川上, 曰　"逝者如斯夫! 不舍晝夜."

評　　또한 사람들에게 쉬지 않고 노력함을 권하는 내용이다. 이는 도가의 '흐르는 물은 썩지 않는다'는 말과 의미가 동일하다. ○밤낮으로 하는 노력을 쉬게 되면, 곧 생사를 깨치지 못할 것이다.

亦勸人不舍也. 與道家流水不腐之語同. ○舍晝夜, 便了不得生死.

遇　　환자(桓子)는 야외에 나갔다가 산수(山水)가 아름다운 곳을 보
면, 곧 "이 어떠한가!"라고 감탄하였다. 공자도 시냇가에서 또한 일종의
깊은 마음이 있으셨다.

桓子野見山水佳處, 輒呼奈何, 夫子於此, 亦有一往深情.

點睛　　이것은 경계를 감탄한 말씀이다. …… 가고 가는 것이 있으며,
가되 가지 않는 것이 있으며, 가지 않되 가는 것이 있으며, 가지 않고 가
지 않는 것이 있으니, 천하의 지극한 성인이 아니면, 누가 이 도리를 알
겠는가!

此歎境也. …… 有逝逝, 有逝不逝, 有不逝逝, 有不逝不逝, 非天下之至
聖, 孰能知之.

---------- 제17장 ----------

공자　　"나는 지금까지 덕을 좋아하기를 아름다운 여인 좋아하듯이 하는
　　　　　사람을 보지 못하였다."

子曰　　"吾未見好德如好色者也."

評　　공자의 이 말씀은 애초 사람들이 아름다운 여인을 좋아하지 말
기를 바란 것이 아니다. 다만 사람들이 덕을 좋아하기를 아름다운 여인
좋아하듯 하였으면 하고 바랐을 뿐이다.

原不望人不好色, 只望人好德如好色耳.

오직 안자만이 학문을 좋아하였으며, 또한 오직 안자만이 덕을 좋아하였을 뿐이다.

惟顏子好學, 亦惟顏子好德耳.

제18장

공자 "공부는 산을 쌓아 올리는 것에 비유할 수 있다. 한 삼태기 흙이 모자라서 멈추는 것도 자신이 멈추는 것이다. 또 한 삼태기의 흙을 부어서 나아감도 내가 나아가는 것이다."

子曰 "譬如爲山, 未成一簣, 止, 吾止也. 譬如平地, 雖覆一簣, 進, 吾往也."

評   먼저 멈춤을 말하고 나서, 뒤에 나아감을 말하였다. 사람을 고무시킴이 절묘하도다.

先說止, 後說進, 絶妙鼓舞.

遇   산을 쌓아 올리는 것을 비유할 때, 만약 먼저 나아감을 말하고 나서 뒤에 멈춤을 말했다면, 이는 곧 강궁(强弓)으로 쏜 화살이 끝에 가서 힘을 잃는 것이다. 멈춤을 말하고 뒤이어 나아감을 말하였기에, 쇠퇴했다가 다시 일어나고 끊어졌다가 다시 살아나서 무한하게 사람들의 마음을 고무해준다.

譬如爲山, 若先說進, 後說止, 便是强弩之末無轉勢. 惟先說止, 隨後說進, 衰而復起, 絶而復生, 有無限鼓舞人意思在.

공자   "말해주면 그대로 받아들이고 실천을 게을리하지 않는 자, 바로 안
회이다."

子曰   "語之而不惰者, 其回也與!"

評   '게을리하지 않음'은 바로 '말해주면 그대로 받아들이는 점'에
서 알 수 있다.
不惰就在語之處見.

遇   말씀을 들을 때 정신이 각성되어 활발하게 움직여 그 활발발(活
潑潑)함을 저절로 그만둘 수 없는 것이 바로 '게을리하지 않는 것'이다.
이는 오묘하게 이해한 형상을 묘사한 것이니, 행동할 때 게을리하지 않
는다고 말해서는 안 된다.
語時精神醒發, 流暢活動, 勃勃乎不能自已處, 是不惰. 蓋描寫出妙解形
狀, 不可說行時不惰.

點睛   한 생각 뒤에 이해한다면 이는 게으름이며, 한 생각 앞서 미리
생각해도 이 또한 게으름이다. 마치 빈 골짜기에 메아리치듯, 마른 땅에
물이 스미듯, 큰 바다가 비를 받아들이듯, 깨끗한 거울이 모습을 비추듯,
말을 하면 그대로 바로 받아들여 보내지도 맞이하지도 않는 것, 이것이
바로 '게을리하지 않는 것'이다.
後一念而方領解, 即是惰, 先一念而預相迎, 亦是惰. 如空谷受聲, 乾土
受潤, 大海受雨, 明鏡受像, 隨語隨納, 不將不迎, 方是不惰.

제20장

안연에 대한 공자의 평 "아, 애달프구나! 나는 그의 학문의 진전은 보았지
만, 도달하여 머무름은 보지를 못하였도다."

子謂顔淵, 曰 "惜乎! 吾見其進也, 未見其止也."

評　　글자마다 통곡이 서려 있도다! '진전'은 출발이요, '머무름'은 도
착이다.

字字痛哭! 進開場, 止結局.

遇　　이숙민(李肅敏) 공이 일찍이 사람들에게 이 장의 의미를 질문하
였다. 그때 어떤 사람이 말하길: "그(안연)가 길을 나섰지만 집에 도착하
지 못한 것이 애석합니다." 이를 들은 공이 기뻐하며 말하기를: "바로 나
의 견해와 합치됩니다. 오늘날 사람들은 모두 이 '지(止)'자가 윗장의 '오
지(吾止)'의 '지(止)'자로 여겨서, 다만 성현들이 평생 학문에 종사하는
것만을 알지, 저절로 크게 쉬는 경지가 있음을 알지 못합니다. 이는 '지
(止)'자의 의미를 밝게 알지 못해서입니다." …… 안자는 세속을 벗어나
고매한 경지로 나아갔지만 아직은 말고삐를 거두고 말을 쉬게 하는 경
지에 이르지는 못하였다.

李肅敏公嘗問人以此章義? 對曰: "惜他尚涉程途, 未得到家耳!" 公欣然
曰: "正合鄙見, 今人皆爲止, 吾止也之止, 但知聖賢終身從事於學, 而不
知自有大休歇之地, 則止字不明故也." …… 顔子絶塵而奔, 尚未到收繮
勒馬.

'진전[進]'은 착수함이요, '머무름[止]'은 돌아감이다. 바로 학지(學地)에 도달하였으나, 아직 무학(無學)의 경지에 오르지 못하였다. 어찌하여 갑자기 죽었는가? 진실로 애석하도다!

進是下手, 止是歸宿. 正在學地, 未登無學. 奈何便死? 眞實可惜!

────── 제21장 ──────

공자   "싹은 텄으나 꽃이 피지 못한 것이 있구나! 꽃은 피었으나 열매를 맺지 못한 것이 있구나!"

子曰   "苗而不秀者有矣夫! 秀而不實者有矣夫!"

評   유감이 있어서 하신 말씀.

有感之言.

遇   구모백: "공자께서는 사람들이 근본적인 지점에서 공부하기를 원하셨다. 사람의 마음은 마치 씨를 뿌리는 것과 같다. 반드시 식물을 북돋을 때는, 물을 뿌린 뒤에야 점점 싹이 점점 트고 자라나게 된다. 만약 근본적인 지점에서 공부하지 않으면, 심한 경우 꽃이 피지 못하거나 열매를 맺지 못하는 경우가 있다. 공자의 이 말씀은 사람으로 하여금 비상한 경각심을 불러일으킨다."

丘毛伯曰: "夫子欲人在根本上用功, 人心如穀種, 必培植灌漑而後漸生發, 漸充滿. 若不在根本上用功, 甚至不秀不實者, 亦有之矣. 說得煞甚警醒."

공자   "후배들은 두려워할 만하다. 어찌 그들의 학문이 오늘의 우리보다 못할 줄을 알겠는가. 그러나 만약 그들의 나이 마흔이나 쉰이 되었는데도 세상에 그 이름이 들리지 않는다면, 이건 또한 두려워할 것이 없다."

子曰   "後生可畏. 焉知來者之不如今也? 四十五十而無聞焉, 斯亦不足畏也已."

評   '어찌 그들의 학문이 ……'라는 구절은 아래의 두 구절과 이어서 읽어야만 하니, 이는 어기(語氣)를 바꾸는 말이다. 이 구절의 의미는 다음과 같다. "후배들이 앞으로 반드시 지금의 우리들보다 못하지는 않을 것이다. 만약 지금의 우리들과 같을 것이라면 무엇을 두려워할 것인가!"

焉知來者, 自連下二句讀, 是轉口語. 就說後生將來未必不如今日也. 若仍如今日, 有何可畏!

點睛   오늘 뜻을 세우고, 뒤에 기약한 바를 채우는 것이 두려워할 만한 까닭이다. 사십, 오십이 되어서도 도(道)를 듣지 못하여 오늘 세운 뜻을 이루지 못한다면, 늙어갈수록 후배보다 못하게 된다.

今日立志, 後來滿其所期, 所以可畏. 四十五十而不聞道, 不能酬今所立之志, 則越老越不如後生矣.

공자 "바른말을 들으면 따르지 않을 수 있겠는가. 그러나 따르면서도 허물을 고치는 것이 중요하다. 유순함 가운데 바름이 깃든 말을 들으면 기쁘지 않을 수 있겠는가. 그러나 기뻐하면서도 그 말의 속뜻을 생각해보는 것이 중요하다. 기뻐하기만 하고 속뜻을 생각하지 않으며, 따르기만 하고 허물을 고치지 않는다면, 나는 그런 사람을 어찌 할 수 없다."

子曰 "法語之言, 能無從乎? 改之爲貴. 巽與之言, 能無說乎? 繹之爲貴. 說而不繹, 從而不改, 吾末如之何也已矣."

評 '유순함 가운데 바름이 깃든 말'이라고 할 때, '깃들어 있다[與]'는 글자 매우 오묘하다. 곧 '바른말'을 '유순하게 한 것'일 뿐이다. 그렇지 않고 '바름'을 버려두고 유순함만으로 사람을 바르게 할 수는 없다. 뒤에 세 구절은 사람들이 허물을 고치고, 말의 의미를 생각해보기를 간절히 바란 것이다. 훌륭한 처방전이다.

巽與之言, 與字最妙. 卽以法語之言, 巽與之言耳. 不然, 捨法便無以正人. 後三語深望人改與繹也. 單剩藥方.

遇 양복소: "오늘날 사람들은 어리석게도 이 경문을 모두 '공손한 말[巽語之言]'이라고 읽어낸다. 이러한 해석은 '여(與)'자의 지극히 오묘함을 알지 못하는 것이다. '여'자를 사용하여 '바른말[法語之言]'이 바로 '공손한 말[巽語之言]'임을 드러내어주고 있다. 한 글자의 변화로 문장의 조리가 이처럼 되었도다."

楊復所曰: "今人混帳, 都作巽語之言讀過, 殊不知與字極妙. 謂卽以法語之言, 巽與之言耳. 一字變化而文章條理如此."

제24장

공자 "충실함과 신의를 위주로 하라. 자기보다 못한 이를 벗하지 말라. 허물이 있으면 고치기를 두려워하지 말라."

子曰 "主忠信. 毋友不如己者. 過則勿憚改."

評 사람들에게 뜻을 세우기를 가르치고 있다.
敎人立志.

제25장

공자 "삼군(三軍)을 지휘하는 원수를 꺾을 수 있으나, 필부(匹夫)가 지닌 뜻은 빼앗을 수 없다."

子曰 "三軍可奪帥也, 匹夫不可奪志也."

評 '삼군의 원수를 꺾는다'는 것은 쉬운 일이 아니니, 이 비유를 빌려서 그 사람됨을 잘 형용했을 뿐이다. 이 경문은 "산에 올라 호랑이를 잡는 것은 쉽고, 입을 열어 사람들에게 말해주는 것은 어렵다."는 방언(方言)의 뜻과 같다. 그러나 호랑이를 잡는 것이 어찌 쉬운 일이겠는가!
三軍奪帥也, 非易事, 借此以極其人形容耳. 如方言上山擒虎易, 開口告人難之意. 擒虎豈是易事!

遇 　'성현'이라 하지 않고 '필부'라 하였으니, 이는 작은 신의를 지키는 사내를 빌려서 '뜻'을 높여 말한 것이다. '삼군의 원수를 꺾는다'는 것은 또한 쉬운 일은 아니니, 만약 이를 두고 너무 쉽다고 말한다면 도리어 아래 구절은 나올 수 없었음이 분명하다.

不曰聖賢, 而曰匹夫. 借小信之夫, 以尊言志也. 三軍奪帥, 亦非易事, 若還太說容易, 反顯下句不出.

제26장

공자 　"허름한 무명옷을 입고서 저 여우 가죽옷을 입은 자와 나란히 서 있으면서도 부끄러워하지 않은 자는 아마도 자로일 것이다. 『시경』 「웅치(雄稚)」편에 '남의 부귀를 질투하지도 않고 탐욕스레 구하지도 않으니, 이 어찌 좋지 아니한가'라고 하였도다."

자로가 이 말씀을 평생 동안 외우고자 하였다.

이를 들으신 공자 　"이것도 진리이기는 하나, 어찌 충분히 좋은 것이겠는가."

子曰 　"衣敝縕袍, 與衣狐貉者, 立而不恥者, 其由也與? '不忮不求, 何用不臧.'"

子路終身誦之.

子曰 　"是道也, 何足以臧?"

評 　"이것도 진리이기는 하나, 어찌 충분히 좋은 것이겠는가."라는 구절은 자로에게 생각을 불러일으키고자 하신 말씀이니, 이는 좋지 않다는 말이 아니다. 만약 이를 좋지 않다고 해석한다면, 이는 앞뒤가 어긋나는 말씀이다.

"是道也, 何足以臧?"叫他去想, 不是說竟不臧也. 竟說不臧, 便是兩舌.

방비(旁批): 훌륭하신 가르침.

好棒喝.

遇　이 경문은 불가의 집착을 깨뜨리는 설과 같다. 대개 한 곳에 집착하면, 득도하지 못한 자들이 나아가지 못할 뿐 아니라 이미 득도한 자들도 또한 돌덩이처럼 움직이지 못하는 물건이 될 것이다. …… 천룡선사가 조사(祖師)에게 질문하기를: "도가 어디에 있습니까?" 조사: "도는 너의 손가락에 있느니라." 이를 들은 천룡선사가 하루 종일 꼿꼿이 앉아서 한 손가락을 들여다보았다. 이때 조사께서 등 뒤에 날카로운 칼을 숨기고 가서 그 손가락을 잘라버렸다. 이에 천룡선사는 크게 깨닫게 되었다.

此卽佛家破執之說. 蓋一執, 則非獨未得者不能進, 卽已得者亦塊磊不化之物矣. …… 天龍問祖師, 道在何處? 祖師曰: "道在女指上." 天龍終日兀坐, 看其一指. 祖師從背地持利刃截去一指, 天龍大悟.

─── 제27장 ───

공자　"날이 추워진 후에는 소나무와 잣나무도 뒤에 시들어감을 알 수 있다."

子曰　"歲寒, 然後知松柏之後彫也."

評　말 밖에 의미가 깃들어 있으니, 무한한 생각을 불러일으키도다.
○'시들지 않는다'라고 하지 않고, '뒤에 시든다'라고 하였으니, 이 글귀는 곰곰이 생각하여 따져보아야 한다.

논어, 천년의 만남

意在言外, 無限感慨. ○不日不彫, 而日後彫, 文字直恁斟酌.

遇　　양초산(楊椒山): "송백이 비록 날이 추워져도 시들지 않는다고들 하나, 봄여름의 빛깔을 살펴보면 조금 다르다. 봄여름에는 푸르러서 복숭아, 오얏과 그 아름다움을 다투나, 날이 추워지면 또 그 빛깔이 변하게 된다. 그러니 날이 추워진 뒤의 빛깔이 본래의 색인지 봄여름의 빛깔이 본래의 색인지를 알 수가 없다. 이처럼 송백은 참으로 계절에 따라 색깔을 달리한다. 그렇다면 우리 사람들의 지조는 마땅히 송백보다 빼어나야만 괜찮다고 할 수 있다."

楊椒山: "松柏雖歲寒不彫, 然色視春夏則少異矣. 及至春夏, 欣然蒼翠, 若如桃李爭芬者, 視歲寒時又異焉. 不知歲寒之色爲本色耶? 春夏之色爲本色耶? 則松柏者, 固隨時異矣. 然則吾人之操, 當出乎松柏之上, 然後可."

양초산(楊椒山, 1516~1555): 이름은 계성(繼盛), 자는 중방(仲芳), 초산(椒山)은 그의 호이다. 명대의 강직한 신하로서 권신(權臣)인 엄숭(嚴嵩)을 탄핵하다가 죽었다. 이에 그의 부인도 따라서 자결하였다. 후일 북경의 민중들이 이를 가련히 여겨 그의 저택을 사당으로 개조하고 성황당이라 높였다. 저서에 『양초산집(楊椒山集)』이 있다.

—— 제28장 ——

공자　　"지혜로운 사람 미혹되지 않고, 어진 사람 근심하지 않으며, 용감한 사람 두려워하지 않는다."

子曰　　"知者不惑, 仁者不憂, 勇者不懼."

評　　사람으로 하여금 자신을 점검케 한다.

使人自考.

遇　　실제로 '미혹되지 않음[不惑]', '근심하지 않음[不憂]', '두려워하지 않음[不懼]'은, 총괄해서 보면 하나의 '부동심(不動心)'이나. 명칭은 비록 나뉘었지만, 이는 모두 마음 안의 일이다.

其實不惑不憂不懼, 總之一不動心也. 名雖三分, 心則合一.

點睛　　방외사: "세 사람은 동일한 사람일 뿐이다. 각기 다른 세 사람이 아니다."

方外史曰: "三個者字, 只是一人, 不是三個人也."

———— 제29장 ————

공자　　"함께 공부하여도 더불어 도에 나아갈 수 없으며, 함께 도에 나아가도 더불어 도를 확립할 수 없으며, 함께 도를 확립하여도 더불어 상황에 알맞게 적절히 도리를 실천할 수는 없다."

子曰　　"可與共學, 未可與適道, 可與適道, 未可與立, 可與立, 未可與權."

評　　더불어 도에 나아갈 수 있는 사람은 반드시 함께 공부할 수 있는 사람이고, 더불어 도를 확립할 수 있는 사람은 반드시 함께 도에 나아갈 수 있는 사람이며, 더불어 상황에 알맞게 적절히 도를 실천할 수 있는 사람은 반드시 함께 도를 확립할 수 있는 사람이다. 그러므로 '더불어 할 수 없음[未可與]'이란 신중을 기하는 말로 정중한 의미가 내재되어 있다.

　　　　　　논어, 천년의 만남

이를 잘못 읽어서는 안 된다.

與適道者, 必可與共學之人, 與立者, 必可與適道之人, 與權者, 必可與
立之人. 曰未可與者, 愼重之詞, 鄭重之意, 勿誤看.

點睛　세 개의 '할 수 없음[未可與]'을 연속해서 말하였으니, 바로 그들
이 '할 수 있음[可]'의 경지에 이르도록 면려하신 것이다.

連説三個未可, 正要他勉到可處.

제30장

지금은 없어진 시에 "당체꽃 나풀나풀. 어찌 그대 생각지 않으리오마는, 집이 너
무 멀구나."라는 구절이 있다.

이 시에 대한 공자의 평　"생각하지 않아서이지, 생각한다면 그다지 멀기야 하
　　　　　　　겠는가."

　　　　　"唐棣之華, 偏其反而. 豈不爾思? 室是遠而."

子曰　　　"未之思也, 夫何遠之有."

評　　　생각이란 사람에게 매우 긴요한 것이다. 그러므로 생각에 대해
애써 변론하신 것이다. 그렇지 않다면 공자께서 결코 한 편의 시를 풀이
하지는 않으셨을 것이다. ○사람이 짐승과 다른 점은 오로지 생각에 달
려 있고, 사람이 성현이 될 수 있는 것도 오로지 생각에 달려 있다. 그러
니 사람에게 생각이 없어서야 되겠는가!

思是人極緊要東西, 故力爲辨之. 不然, 孔夫子決不爲一詩飜案而已. ○
人之所以異于禽獸, 全在思, 人之所以可爲聖賢, 全在思. 人亦思之否

乎?

遇　사이황(查伊璜): "모든 시의 창작은 생각에 근본을 두고 있다. 이전의 해석처럼 사람을 그리워하는 것으로 해설을 한다면, 이는 한쪽으로 치우친 견해이다. 생각하면 얻게 되니, 이것이 '사무사(思無邪)'의 온전한 의미이다."

査伊璜曰: "凡詩之作, 本於思. 說懷人, 一偏耳. 思則得之, 無邪之全義也."

사이황(査伊璜, 1601~1676): 이름은 계좌(繼佐), 호는 여재(輿齋), 이황(伊璜)은 그의 자이다. 장대(張岱), 만사동(萬斯同)과 더불어 당대 명유였다. 학자들은 경수선생(敬修先生)이라 불렀다. 저서에『죄유록(罪惟錄)』,『동산국어(東山國語)』등이 있다.

點睛　이 경문은『시경』의 삼백 수 시를 개괄한 '사무사(思無邪)'라는 한마디 말과 참조해서 보면, 바로 시(詩)에서 발흥(發興)한 진정한 학문을 볼 수 있다. 또한 불문(佛門)의 '염불삼매(念佛三昧)'의 주석이 될 수도 있다.

此與思無邪一語參看, 便見興於詩的眞正學問, 亦可與佛門中念佛三昧作注腳.

향 당

鄉黨

공자께서 고향에 있으실 때는 공손한 모습에 말은 어눌하게 하셨다.

종묘와 조정에 계실 때는 사리를 따져 유창하게 말씀하시되, 함부로 말씀하지는 않으셨다.

孔子於鄕黨, 恂恂如也, 似不能言者.

其在宗廟朝廷, 便便言, 唯謹爾.

評 　'~에 있으실 때[於]', '~계실 때[其在]'라는 글자에서 바로 공자가 때에 맞추어 적절하게 생각하고 행동하는 성인임을 볼 수 있다.

只玩於者, 其在字, 便見他是簡時中之聖.

조정에서 아래 관원과 이야기하실 때는 강직하게 하셨으며, 위 관원과 말씀하실 때는 온화하되 조리를 따져 이야기하셨다.

임금이 계시면, 공경하되 마음이 편치 않은 듯하셨고, 동작은 매우 편안하게 가지셨다.

朝與下大夫言, 侃侃如也, 與上大夫言, 誾誾如也.

君在, 踧踖如也, 與與如也.

評 　이 경문은 성인의 조화로운 인격이 대상에 따라 다르게 작용하는 오묘함을 표현한 것이다. 이를 권세나 이익의 측면에서 보아 해석해서는 안 된다.

此聖人化工付物之妙, 莫作勢利看.

遇　　하대부(下大夫)를 대하실 때는 너무 친하지도 않고 지나치게 오
만하지도 않으셨다. 상대부(上大夫)를 대하실 때는 다투거나 조급하게
대하지 않으셨다. 이는 모두 성인께서 자기 한 몸으로 조정의 강상(綱常)
을 지탱하는 지점이다.

對下大夫不狎不傲, 對上大夫不兢不綠, 總是聖人以一身維持朝常處.

제3장

임금이 부르셔서 외국의 손님을 맞이하는 접빈사를 맡기면, 안색을 경건히 가
지셨으며 발걸음은 조심조심 걸으셨다.

손님을 맞이할 적에 함께 서 있는 이에게 읍(揖)을 하되, 왼쪽 오른쪽으로 공수(拱
手)를 하셨으며, 옷의 앞뒤는 나란히 하셨다. 빨리 걸으실 때는 나는 듯하셨다.

그리고 손님이 물러간 뒤에는 반드시 돌아와 임금에게 아뢰기를, "손님이 뒤를
돌아보지 않고 잘 갔습니다."라고 하셨다.

君召使擯, 色勃如也, 足躩如也.

揖所與立, 左右手, 衣前後, 襜如也. 趨進, 翼如也.

賓退, 必復命曰: "賓不顧矣."

評　　성인은 또한 인신(人臣)의 상도(常道)를 완연히 가지셨다.

聖人亦只完得人臣之常.

논어, 천년의 만남

조정의 문에 들어설 때는 몸을 굽혀 마치 문에 몸이 들어가지 않는 듯하셨다.

문 한가운데는 서지 않으셨으며, 문지방을 밟고 넘어가지 않으셨다.

임금이 계신 자리를 지날 때는 안색을 공경히 가지셨으며, 발걸음은 조심하시고, 말씀은 함부로 하지 않으셨다.

옷자락을 잡고서 마루를 오르실 때는 몸을 굽혀 호흡을 낮추어 숨을 쉬지 않는 듯하셨다.

나와서는 한 계단을 내려와서야 안색을 펴고 기쁜 듯한 얼굴을 하셨다. 계단을 다 내려와서야 날 듯이 가셨다.

제자리로 돌아와서는 몸가짐을 편치 않은 듯 가지셨다.

入公門, 鞠躬如也, 如不容.

立不中門, 行不履閾.

過位, 色勃如也, 足躩如也, 其言似不足者.

攝齊升堂, 鞠躬如也, 屛氣似不息者.

出, 降一等, 逞顔色, 怡怡如也. 沒階趨, 翼如也.

復其位, 踧踖如也.

評　　조정의 문에 들어가는 것을 묘사한 한 폭의 그림. 필법 또한 변화가 다채롭다. 신묘한 묘사, 신묘한 묘사로다!

一幅入公門圖. 筆法亦變. 神品! 神品!

외국에 사신으로 나가셔서 옥으로 만든 명규(命圭)를 손에 들되 몸을 숙여 마치 이기지 못하듯 하시되, 아래위로 높낮이를 알맞게 하였다.

얼굴빛을 붉혀 두려워하는 듯하였으며, 발걸음은 좁고도 낮게 사뿐사뿐 걸으셨다. 환영연에 나가셔서는 얼굴빛이 펴셨고, 사적으로 그 나라의 임금을 뵐 때는 화기가 완연하였다.

執圭, 鞠躬如也, 如不勝. 上如揖, 下如授.

勃如戰色, 足蹜蹜, 如有循.

享禮, 有容色. 私覿, 愉愉如也.

評　　이 또한 사신으로 나가 행동하시는 것을 묘사한 한 폭의 그림. 글의 묘사가 역시 신묘하도다.

又一幅出使圖. 運筆亦復神品!

군자인 공자께서는 푸른빛과 붉은빛으로 옷깃의 단을 두르지 않으시며, 빨간색과 자주색으로 평상복을 해 입지 않으셨다.

더운 날씨를 만나도 내의 위에 갈포(葛布)로 만든 홑옷을 겉에 입으셨다.

검은 옷에는 염소 가죽 갖옷을 껴입으셨고, 흰옷에는 사슴 가죽 갖옷을 껴입으셨으며, 누런 옷에는 여우 가죽 갖옷을 껴입으셨다.

평상시 입는 갖옷은 길되 오른 소매를 짧게 하셨다.

주무실 때는 반드시 잠자리 옷이 있었는데, 그 길이는 몸을 충분히 덮을 정도였다.

여우나 담비의 두터운 가죽옷을 입고 거처하셨다.

상복을 벗으시고는 패물(佩物)을 차지 않으신 적이 없었다.

조복(朝服)과 제복(祭服)이 아니면 반드시 줄여서 꿰매셨다.

염소 가죽 갖옷과 검은 관을 쓰고는 조문하지 않으셨다.

매월 초하루에는 반드시 조복을 입고 조회에 참석하셨다.

君子不以紺緅飾, 紅紫不以爲褻服.

當暑, 袗絺綌, 必表而出之.

緇衣羔裘, 素衣麑裘, 黃衣狐裘.

褻裘長, 短右袂.

必有寢衣, 長一身有半.

狐貉之厚以居.

去喪無所不佩.

非帷裳, 必殺之.

羔裘玄冠不以弔.

吉月, 必朝服而朝.

評　　어느 곳에 계시든 그 자리에 가장 합당한 모습이셨다.

處處停當.

遇　　동사백(董思白): "이 앞에서 공자의 용모를 기록하면서 매번 '여(如)'와 '사(似)'자를 썼는데, 이는 언어로 형용하기 어려운 오묘한 지점을 보인 것이다. 한편 여기서는 공자의 의복과 음식을 기록하면서 '필(必)'과 '불(不)'자를 썼는데, 이는 조용히 도에 합치되는 오묘한 지점을 보인 것이다."

董思白曰: "以前記夫子容貌, 每着一如字似字, 見有莫可形容之妙. 以記夫子衣服飲食, 每着一必字不字, 見有從容中道之妙."

동사백(董思白, 1555~1636): 이름은 기창(其昌), 자는 현재(玄宰), 사백(思白)은 그의 호이다. 중국 명나라 때의 문인, 화가, 서예가, 정치가이다. 특히 서예가, 화론가로 명망이 높았다. 중국화의 2대 유파 중 하나인 남종화(南宗畵)를 대성하였다. 저서로『화선실수필(畫禪室隨筆)』,『화안(畵眼)』 등이 있다.

—— 제7장 ——

재계하실 때는 매우 깨끗한 옷을 입으셨는데 베로 만든 것이었다. 이때는 반드시 드시는 것을 가렸으며, 거처함에 반드시 자리를 옮기셨다.

齊必有明衣, 布. 齊必變食, 居必遷坐.

評　　대중과 동일한 모습, 이것이 바로 성인의 모습.

與大衆亦只一樣, 所以爲聖人.

—— 제8장 ——

밥은 곱게 도정한 쌀밥을 좋아하시며, 회는 가늘게 썬 것을 좋아하셨다.

쉬거나 상한 밥, 상한 생선과 썩은 고기는 드시지 않으셨다.

빛이 나쁜 것도 드시지 않고, 냄새가 나쁜 것도 드시지 않으며, 제대로 익히지 않은 것을 드시지 않고, 제철이 아닌 것도 드시지 않으셨다. 반듯하게 자르지 않은 고기는 드시지 않으며, 제대로 된 장이 없으면 드시지 않으셨다.

고기가 비록 많더라도 밥을 더 많이 드셨으며, 오직 술만은 한량(限量)없이 드셨는데 술주정은 않으셨다.

시장에서 사 온 술과 안주는 드시지 않고, 생강은 늘 드셨으며, 무엇이든 많이 드시지는 않으셨다. 임금이 내려주신 제육(祭肉)은 밤을 지나지 않게 하였으며, 당신 집의 제육은 3일을 넘기지 않게 하였는데 3일이 넘으면 드시지 않으셨다.

밥을 드실 때는 남과 더불어 이야기하지 않으셨고, 잠자리에 드실 때는 혼잣말하지 않으셨다.

비록 보잘것없는 밥에 나물국이라 하더라도 반드시 고수레를 지내셨는데, 매우 공경하게 하셨다.

食不厭精, 膾不厭細.

食饐而餲, 魚餒而肉敗, 不食.

色惡, 不食. 臭惡, 不食. 失飪, 不食. 不時, 不食. 割不正, 不食. 不得其醬, 不食.

肉雖多, 不使勝食氣. 唯酒無量, 不及亂.

沽酒市脯, 不食. 不撤薑食, 不多食. 祭於公, 不宿肉. 祭肉不出三日, 出三日, 不食之矣. 食不語, 寢不言.

雖疏食菜羹, 瓜祭, 必齊如也.

評　　"오직 술만은 한량없이 드셨는데 술주정은 않으셨다."고 하니, 참으로 위대한 성인, 위대한 성인이시다! 나머지 식생활 태도는 모두 일반 대중들과 매한가지이다.

唯酒無量, 不及亂. 大聖人! 大聖人! 其餘都與大衆一般.

遇　　소자유: "한 그릇의 밥을 먹을 시간에도 인(仁)에 처해 있음을, 나는 공자께서 제사 음식 대하는 것에서 보았노라."

蘇子由曰: "終食之仁, 吾於祭食見之矣."

앉는 자리가 바르게 정돈되어 있지 않으면 앉지 않으셨다.

席不正, 不坐.

評　　방비(旁批): 반듯하시도다.

方.

遇　　섭소온(葉少蘊): "천자의 자리는 다섯 겹, 제후의 자리는 세 겹, 대부의 자리는 두 겹이니, 이는 수량을 표준으로 삼은 것이다. 자리가 남향 혹은 북향이면 서방을 윗자리로 하고, 자리가 동향 혹은 서향이면 남방을 윗자리로 하니, 이는 방위를 표준으로 삼은 것이다. 근심이 있는 자는 홀로 한자리에 앉고 상을 당한 자는 한자리만을 깔고 앉으니, 이는 일을 표준으로 삼은 것이다."

葉少蘊曰: "天子之席五重, 諸侯三重, 大夫再重, 此以數爲正者也. 席南鄉北鄉, 以西方爲上, 東鄉西鄉, 以南方爲上, 此以方爲正者也. 有憂則側席而坐, 有喪者專席而坐, 此以事爲正者也."

섭소온(葉少蘊, 1077~1148): 이름은 몽득(夢得), 호는 석림거사(石林居士), 소온(少蘊)은 그의 자이다. 박학다식하고 시에 능했다. 저서로『춘추고(春秋考)』,『석림시화(石林詩話)』등이 있다.

고향 사람들과 술을 드실 때는 지팡이 짚은 어른이 나가면 따라 나가셨다.

또 고향 사람들이 역신(疫神)을 몰아내는 의식을 행하면 조복(朝服)을 입고 동쪽 계단에 서 계셨다.

鄕人飮酒, 杖者出, 斯出矣.

鄕人儺, 朝服而立於阼階.

評　　다른 사람들은 잘할 수 없는 행동.

他人不能.

遇　　고향은 성인도 지극히 삼가 조심하는 땅이다. 이 경문에서 공자가 나이 드신 분을 높이고 왕제(王制)를 존중함에, 그 조심하고 경건하며 삼가는 형상이 아님이 없다.

居鄕, 正聖人極致謹處. 尊高年, 重王制, 無非狀其恂恂, 虔恪也.

—— 제11장 ——

심부름꾼에게 편지를 주어 타국에 있는 친우에게 안부를 물을 때는 두 번 절하고 보내셨다.

하루는 계강자가 약을 보내왔는데, 이에 절하고 받으셨다.

공자　　"내가 이 약의 성분을 잘 알지 못하는지라 함부로 맛보지 못하겠습니다."

問人於他邦, 再拜而送之.

康子饋藥, 拜而受之.

曰　　"丘未達, 不敢嘗."

評　　　오롯한 지극정성.

只是一箇至誠.

遇　　　삼대를 내려가지 않는 의원에서 처방한 약은 복용하지 않는다.
성인께서 질병에 신중하셨기에 보면 그대로 말씀을 하시지만, 이 모두
'무심(無心)'에서 나왔다. 때문에 무조건 의심하는 것도 아니며 또 정직
을 판 것도 아니다.

醫不三世, 不服其藥. 聖人愼疾, 見到就說, 總出無心, 不是致疑, 亦非沽
直.

—— 제12장 ——

공자의 마구간에 불이 났다.

마침 공자께서 조정에서 퇴근하다가 이를 보고 물으시길 "사람이 다쳤느냐?"

　　　　그리고, 말에 대하여 묻지 않으셨다.

廏焚.

子退朝, 曰 "傷人乎?"

不問馬.

評　　　사람의 귀함과 짐승의 천함을 고려하고 나서 하신 말씀이 아니다.

不出安排.

遇　　　창졸간에 따질 겨를 없이 보자마자 하신 말씀이다. 만약 사람은
귀하며 짐승은 천하다고 생각하여 이렇게 말씀하셨다고 한다면, 이것이

논어, 천년의 만남

야말로 꿈속의 헛소리다.

要在倉卒不及計較之時看, 若斟酌於貴人賤畜, 何異說夢.

<hr />

─── 제13장 ───

임금이 음식을 내려주시면 반드시 바르게 앉아서 먼저 맛보셨다.

임금이 생고기를 내려주시면 반드시 익혀서 가묘(家廟)에 올리고, 임금이 산 짐
승을 내려주시면 반드시 기르셨다.

임금을 모시고 음식을 드실 때, 임금이 고수레하시면 먼저 밥을 드셨다.

병이 들었는데, 임금이 문병하러 오시면 동쪽으로 머리를 두고, 조복(朝服)을 덮
고 그 위에 큰 띠를 걸쳐놓으셨다.

임금이 부르시면 수레에 멍에 매기를 기다리지 않고 바로 나가셨다.

君賜食, 必正席先嘗之.

君賜腥, 必熟而薦之. 君賜生, 必畜之.

侍食於君, 君祭, 先飯.

疾, 君視之, 東首, 加朝服拖紳.

君命召, 不俟駕行矣.

評　　한 편의 『예기』이다.

一部『禮記』.

點睛　　"임금이 산 짐승을 내려주시면 반드시 기르셨다."라는 구절은,
바로 공자께서 산목숨을 보호하고 살생을 경계한 것이다.

君賜生, 必畜之, 此卽孔子之護生戒殺.

태묘(太廟)에 들어가시면 매사를 물으셨다.

入太廟, 每事問.

評　　이것이 예이다.

是禮也.

친구가 죽었는데 갈 곳이 없으면, "내 집에 빈소를 차려라."라고 하셨다.

친구가 보낸 것은 비록 수레나 말 같은 귀중한 것이라 하더라도 제육(祭肉)이 아

니면 절하지 않으셨다.

朋友死, 無所歸, 曰　"於我殯."

朋友之饋, 雖車馬, 非祭肉, 不拜.

評　　위대하신 성인.

大聖人.

遇　　한 번 죽고 사는 때에 사귀는 정을 볼 수 있고, 한 번 존귀하고

비천해지는 즈음에 사귐의 정이 모습을 드러낸다. "내 집에 빈소를 차려

라."고 하신 것은 생사에 상관없는 풍모이고, "비록 수레나 말 같은 귀중

한 것이라 하더라도 제육이 아니라면 절하지 않으셨다."는 것은 부귀를

개의치 않는 모습이다. 지금은 이런 사람들이 없구나!

一死一生, 乃見交情, 一貴一賤, 交情乃見. 於我殯, 無死生也. 車馬不拜, 無貴賤也. 今亡已夫!

주무실 때 시신처럼 사지를 뻗지 않으셨으며, 평상시 기거하면서 얼굴을 꾸미지는 않으셨다.

상복 입은 이를 보면 비록 친한 사이더라도 반드시 걱정스러운 얼굴을 보이시며, 면류관을 쓴 이나 맹인을 만나면 비록 사사로운 자리라 하더라도 반드시 예모(禮貌)를 차리셨다.

상복 입은 이를 만나면 수레 위에서도 예를 표하셨으며, 지도와 호적을 짊어진 자에게도 예를 표하셨다.

요리가 융숭하면 반드시 기쁜 얼굴로 일어나 감사의 뜻을 표하셨다. 빠른 우레와 매서운 바람에 반드시 얼굴빛을 변하셨다.

寢不尸, 居不容.

見齊衰者, 雖狎, 必變. 見冕者與瞽者, 雖褻, 必以貌.

凶服者式之. 式負版者.

有盛饌, 必變色而作. 迅雷風烈必變.

評　　『예기』이다.

『禮記』.

방비(旁批): 선정(禪定)

打坐.

遇　순임금은 매서운 바람과 우레가 쳐도 미혹됨이 없이, 격류를 가르는 노 하나를 지니고 계셨다. 공자는 우레와 열풍 속에서 반드시 얼굴빛을 변하셨는데, 한결같은 노를 가지고 계셨다. 그러므로 순임금은 항상 조심하셨고, 공자는 즐거움 가운데 계셨다. 옛 성인들의 조심이 곧 자재(自在)함이었고, 자재함이 바로 조심이었다. 이 의미를 이해하면, 곧 천하에 군림하되 소유하지 않으며, 갈거나 물들여도 변치 않을 것이다.

大舜, 烈風雷雨弗迷, 中流一柁. 仲尼, 迅雷風烈必變, 把得柁牢. 故大舜兢兢業業, 仲尼樂在其中. 古來聖人戰兢即自在, 自在即戰兢. 會得此意, 便可有天下而不與, 入磨涅而不化.

제17장

수레에 오르실 때 반드시 바르게 서서 끈을 잡고 오르셨다.

수레 안에서는 이리저리 돌아보지 않으시고, 빨리 말씀하지 않으시며, 손가락으로 여기저기를 가리키지 않으셨다.

升車, 必正立, 執綏.

車中, 不內顧, 不疾言, 不親指.

評　일반 대중들과 매한가지이다.

與大衆一樣.

遇　공자께서는 어느 곳에 계시든 예를 준수하지 않음이 없었음을 볼 수 있다.

見夫子無地不以禮自持處.

꿩이 사람들의 얼굴빛을 보고는 날아올라 빙 돈 뒤에 다시 내려앉았다.

이를 보신 공자의 말씀 "저 산골 다리 위에 노니는 암꿩, 때를 만났구나! 때를 만났구나!"

이에 자로가 이 꿩을 잡아 바치자, 공자께서 세 번 냄새를 맡아보시고는 보내주고 일어나셨다.

色斯擧矣, 翔而後集.

曰　　　"山梁雌雉, 時哉! 時哉!"

子路共之, 三嗅而作.

評　　　분명히 일종의 선어(禪語)이다. 만약 이 구절을 실제적인 일로 여긴다면, 참으로 바보이다. ○'얼굴빛을 보고 날아오른다'는 구절은, 바로 공자의 '벼슬할 만하면 벼슬하고', '빨리 떠날 만하면 빨리 떠나신' 행동을 비유한 것이다. '빙 돈 뒤에 다시 내려앉았다'는 구절은, '은거할 만하면 은거하며', '오래 머무를 만하면 오래 머무신' 행동을 비유한 것이다. '산골의 다리'라고 하였으니 묘당(廟堂)이 아님을 알겠고, '암꿩'이라고 하였으니 제왕(帝王)이 아님을 알 수 있으며, 자로라고 하였으니 '써 주면 도(道)를 행하고 버려지면 은둔하는 안연 같은 자'가 아님을 알 수 있다.

　　이 구절은 확실히 선성(宣聖)인 공자의 진면목을 묘사한 한 폭의 그림이자 공자의 실제 삶의 이력서로서, 바로 '배우고 수시로 익힌다'는 대목과 상응하고 있다. 『논어』를 기록한 자는 신묘한 글솜씨의 손을 지녔건만, 『논어』를 읽는 자들은 고래로부터 지금까지 모두 장님이다. 내 지금 이렇게 지적해 내니, 공자께서 다시 살아나셨도다. 이 얼마나 유쾌한가!

그러나 공자만이 이것을 알아주실 것이요, 맹인들은 여전히 모를 것이다.

分明一則禪語. 若認作實事, 便是呆子 ○色斯擧矣, 可以仕而仕, 可以速而速也. 翔而後集, 可以處而處, 可以久而久也. 曰山梁, 見非廟堂也. 曰雌雄, 見非帝王也. 曰子路, 見非用之則行, 舍之則藏者也. 的是宣聖一幅眞容, 的是宣聖一部實譜, 正與學而時習之處關應. 記『論語』者, 聖手也. 讀『論語』者, 從來都是瞎子. 我今指出, 孔子又活矣. 快活! 快活! 然亦孔子知之耳, 瞎子仍不知也.

點睛 '때를 만났구나! 때를 만났구나![時哉時哉]' 이 네 글자가 「향당」편의 핵심을 모두 포괄하였는데, 이는 실로 『논어』 첫 구절인 '수시로 익힘[時習]'으로부터 왔다. 그러므로 때에 맞는 마땅함을 얻었는데, 이를 이름하여 '때에 맞게 대처하는 성인[時中之聖]'이라고 한다.

只一時哉時哉四字, 便將鄕黨一篇血脈收盡, 而實從時習中來. 故得時措之宜, 名爲時中之聖也.

선
진

先進

공자 "선배들은 예와 악을 행함에 질박한 야인(野人) 같고, 후배들은 예
   (禮)와 악(樂)을 행함에 잘 꾸미는 군자 같다. 만약 예와 악을 써야 한
   다면, 나는 반드시 선배들을 좇을 것이다."

子曰 "先進於禮樂, 野人也. 後進於禮樂, 君子也. 如用之, 則吾從先進."

評 오늘날까지도 이런 점에 비추어보면 군자는 야인보다 못하다.

從來君子不如野人.

미비(眉批): 이 구절은 공자께서 자신을 두고 하신 말씀이다.

此是夫子自說.

遇 후배들은 예와 악을 행함에 다만 보아서 아름다운 점만을 추구
하였기에, 번다한 꾸밈과 예절이 얼마나 증가했는지를 알지 못한다. 그
러므로 선배들이 예와 악을 행할 때의 소박하고 두터운 면모를 도리어
야인 같다고 여긴다.

後進之於禮樂, 只求觀美, 繁文縟節不知增入幾許. 故見先輩之樸素渾
厚, 反爲野人.

──── 제2장 ────

공자 "일찍이 나를 따라 진(陳)나라와 채(蔡)나라에서 함께 고생을 하던
   제자들이 지금은 모두 나의 문하에 없구나."

덕행으로는 안연, 민자건, 염백우, 중궁 등이 있었고, 말 잘하기로는 재아와 자공

이 있었다. 그리고 정치를 잘 하기로는 염유와 계로가 있었고, 문학에 능통한 이로는 자유와 자하가 있었다.

子曰　　"從我於陳蔡者, 皆不及門也."

德行, 顏淵, 閔子騫, 冉伯牛, 仲弓. 言語, 宰我, 子貢. 政事, 冉有, 季路. 文學, 子游, 子夏.

評　　이 경문은 진나라와 채나라에서 공자를 따르던 제자들을 기록했을 뿐이다. 덕행, 언어, 정사, 문학의 재능이 크게 관계있는 것은 아니다.

此記從陳蔡之人耳, 德行, 言語, 政事, 文學, 不甚關係.

遇　　서현호(徐玄扈): "요순시대에는 임금과 신하가 있었고, 주나라에는 아버지와 자식이 있었다. 공자께서 진나라와 채나라 사이에서 고난을 겪을 적에는 스승과 친우가 있었다. 이 모두는 천고의 기묘한 만남이다."

徐玄扈曰: "唐虞之際有君臣, 成周之間有父子. 夫子陳蔡之阨, 有師友, 皆千古奇會."

서현호(徐玄扈, 1562~1633): 이름은 광계(光啓), 자는 자선(子先), 현호(玄扈)는 그의 호이다. 일찍이 예수회 선교사를 만나 천문과 수학을 배우고, 1603년에 남경(南京)에서 입교하였다. 그가 건설한 천주교당은 그의 사후에도 중국 예수회의 중심이 되었다. 저서에 『모시육첩강의(毛詩六帖講義)』, 『농정전서(農政全書)』 등이 있다.

──── 제3장 ────

공자　　"안회는 나에게 도움을 주는 자가 아니다. 내 말을 듣는 대로 좋아하기만 하는구나.”

子曰　　“回也, 非助我者也, 於吾言無所不說.”

評　　기쁨이 지극한 말은 마치 노여워하고 원망하는 듯 보이기도 한
다. 지금 사람들도 대체로 이와 같다.

喜極之語, 有似怒恨, 今人多如此.

遇　　장동초: “거울 안에 거울을 비춤에 그림자끼리 서로 들어오고,
불에 불을 넣음에 하나의 불빛이 나란히 빛난다. 상대성이 끊어진 이 자
리는 논하여 헤아릴 것이 없도다. 안회의 기쁨은 말에 있지 않았으니, 공
자께서 말이 필요 없는 그 자리에 대해서 말하였기 때문이다. 말을 남겼
는데 말이 필요 없는 그 자리를 전하였으니, 여기에 또 무슨 도움이 있겠
는가!”

張侗初曰: “鏡合鏡, 兩影相涵, 火合火, 一光齊照. 絶對待, 則無議擬
矣. 回也, 悅不在言, 夫子亦言於無言. 遺言而無言者, 傳也, 又何助
哉?”

點睛　　어떤 사람이 왕양명에게 물었다. “성인은 과연 서로 도와주는
것을 제자들에게 바랐습니까?”

왕양명이 답하였다. “역시 실제적인 이야기[實話]이다. 이 도는 본래
다함이 없으니, 질문하는 것이 많을수록 정미한 의미가 더욱 드러난다.
성인의 말은 본래 보편적이다. 다만 질문하는 사람의 마음에 막힘이 있
으면, 성인은 그의 어려운 점에 의거하여 정신의 발휘를 증가시킨다. 안
자의 경우, 마음이 명료하였기에 어떤 질문도 없었다. 그러므로 성인도

고요하게 움직이지 않고 발휘하는 바도 없었다."

人問王陽明曰: "聖人果以相助望門弟子否?"陽明曰: "亦是實話. 此道本無窮盡, 問難愈多, 則精微愈顯. 聖人之言本是周遍, 但有問難的人胸中窒礙, 聖人被他一難, 發揮得愈加精神. 若顔子胸中瞭然, 如何得問難? 故聖人亦寂然不動, 無所發揮."

제**4**장

공자　　"효자로다, 민자건이여! 세상 사람들도 그의 부모와 형제들이 그를 칭찬하는 말에 흠잡지를 못하는구나."

子曰　　"孝哉閔子騫! 人不間於其父母昆弟之言."

評　　한편으로는 슬프고 한편으로는 기뻐서 하신 말.

悲喜之詞.

遇　　이충일(李衷一): 『한시외전』에 이런 이야기가 있다. 민자건이 계모로 인해 고난을 겪고 있었는데, 겨울에도 솜 대신 갈대를 넣은 옷을 입었다. 아버지가 이 사실을 알고 계모를 쫓아내려고 하였다. 그러자 민자건이 '어머니(계모)가 계시면 한 아들(민자건)이 추위에 떨고, 어머니가 가버리면 세 아들(민자건과 두 명의 이복형제)이 홑옷을 입어야만 합니다'라고 하니, 드디어 그만두었다. …… 그 후 그 어머니와 동생들이 교화되어서, 모두 민자건의 효행을 칭찬하였다.

李衷一曰: "按『韓詩外傳』. 閔子爲後母所苦, 冬月以蘆花衣之. 父知, 欲出後母. 閔子曰: '母在, 一子寒, 母去, 三子單.' 遂止. …… 迨後其母與弟爲其所化, 亦皆稱閔子之孝."

이충일(李衷一, 1549~1623): 이름은 광진(光縉), 자는 종겸(宗謙), 충일(衷一)은 그의 호이다. 명대 저명한 관리이자 학자로서 사서(四書)와 『주역(周易)』을 중시하였으며, 중상주의(重商主義)를 주장하였다. 저서에 『경벽집(景璧集)』이 있다.

點睛　그가 어버이를 바로잡고자 한 고달픈 마음 씀을 표현하심.
從他格親苦心處表出.

──────── 제5장 ────────

남용이 '옥에 새겨진 흠은 지울 수 있으나, 말로 인한 흠은 없앨 수 없다'는 『시경』 「억편(抑篇)」의 백규시(白圭詩)를 하루에 세 번 암송하니, 공자께서 조카딸을 그의 아내로 삼게 해주었다.
南容三復白圭, 孔子以其兄之子妻之.

評　　반드시 진정 마음으로 느껴 믿을 만한 면이 한구석 있었기 때문에 이렇게 하신 것이지, 단지 말을 신중하게 하였다고 조카사위 삼은 것은 아니었을 것이다. 그렇지 않다면 아마도 후세에는 입에 재갈을 문 이를 사윗감으로 여길 것이다. ○기록자들이 이것을 기록한 것은 당시의 말 잘하는 것을 좋아하는 자들에게 유감이 있어서인 듯하다.
必有一段眞精神感孚處, 非僅僅謹言而已. 不然, 恐後世又將以箝口爲坦腹矣. ○記者記此, 意亦有憾于當時之好佞乎?

遇　　공자께서 태묘에 들어가다가 '동상의 등에 새겨진 말조심에 관

한 구절[金人銘]'을 보고는 말을 신중하게 하는 것에 대하여 깨달으셨다
고 하는데, 바로 이 경문의 의미와 같다고 할 것이다.

孔子入太廟, 見金人銘而悟慎言, 與之同意.

─── 제6장 ───

계강자　"제자들 중에 누가 학문을 좋아합니까?"

공자　"안회라는 이가 있어 학문을 좋아하였는데, 불행히도 명이 짧아 죽
었습니다. 이제는 이런 사람이 없습니다."

季康子問　"弟子孰爲好學?"

孔子對曰　"有顔回者好學, 不幸短命死矣. 今也則亡."

評　온통 죽은 이만을 말씀하시지 산 사람은 염두에 두지 않으시니,
심하도다.

只管說死的, 不怕活的, 要死.

遇　안회는 자신의 빛나는 면모를 숨기고 비루한 거리에서 누추한
음식으로 살았다. 만약 기회가 되어 출사하였다면, 예악(禮樂)으로 나라
를 다스렸을 것이다. 안회는 한 번도 관직에 나아가지 않았지만, 이 결함
이 그의 사업에 흠이 되지 않았다. 또한 한 권의 책도 저술하지 않았지
만, 이 결함이 그의 문장에 흠이 되지 않았다. 성명(性命)의 존재를 담론
할 때, 이러한 바깥의 일들에서 찾지 않기 때문이다. 그러므로 공자께서
"안회라는 이가 있어 학문을 좋아하였는데, 이제는 이런 사람이 없습니
다."라고 하신 것이다. 안회가 죽자 성인의 학문이 단절되었다.

葆光而藏, 簞瓢陋巷. 應機而出, 禮樂爲邦. 顔子不試一官, 不病其缺於
事業, 不著一書, 不病其缺於文章. 若譚性命安頓處, 不在外邊種種之事.
故曰: "回也好學, 今也則亡." 顔子死, 而聖人之學絕.

——— 제7장 ———

안연이 죽자 그의 아버지 안로가 공자의 수레를 팔아서 아들의 외관(外棺)을 사
주기를 청하였다.

이를 보신 공자 "재주가 있건 없건 간에 부모에게는 다 같은 자식이다. 내 아들
리(鯉)가 죽었을 때도 내관(內棺)은 썼어도 외관은 쓰지 않았다. 내
가 수레를 팔고 걸어 다니면서 그 비용으로 외관을 마련하지 않은
것은, 내가 대부의 반열에 있어서 도보로 다닐 수 없기 때문이다."

顔淵死, 顔路請子之車以爲之椁.

子曰 "才不才, 亦各言其子也. 鯉也死, 有棺而無椁. 吾不徒行以爲之椁. 以
吾從大夫之後, 不可徒行也."

評 수레를 팔아 외관을 마련한다는 말, 참으로 웃음을 자아낸다.
○"안로가 공자의 수레를 팔아서 아들의 외관을 사주기를 청하였다."는
것은, 천자가 내려준 수레를 팔아 외관을 사고자 한 것이다. 안로는 자
식인 안연이 천자를 보좌할 재주를 지녔음에도 살아서 벼슬하는 영광을
가져보지 못했다고 여겼기 때문에, 이렇게라도 해서 영예를 누려보게
하고자 하는 마음이 있었다. 이는 세상 사람들의 일반적 마음으로 바로
자로가 공자의 병이 위중하였을 때 문인을 시켜 신하처럼 꾸미게 한 것
과 똑같은 마음가짐이라 할 수 있다. 그렇지만 공자는 자신과 안회를 세

상의 목탁으로 여겼기에, 사도(師道)와 군도(君道)를 모두 중시하고 가르침과 정치로 인한 혜택을 나란히 신장코자 하였다. 그렇다면 하필 이런 것을 할 것이 있겠는가. '재주가 있건 없건 간에'라는 언급은 이 때문에 하신 말씀이다.

賣車買槨之言, 眞可發笑. ○顏路請子之車以爲之槨, 欲以命車爲槨也. 蓋以其子有王佐之才, 生不得沾一命之榮, 故欲以此寵榮之耳. 此亦世俗常情, 正與子路以門人爲臣一般見識. 但夫子看得自家與顏回俱是木鐸中人, 師道與君道竝重, 敎澤與治澤齊長, 何必又假此也? 故有才不才之說云耳.

遇　　증자의 병이 심해졌을 때, 문인이 "화려하고 아름다운데, 대부의 대자리가 아닙니까?"라고 하니, 증자가 급히 일어나서 자리를 바꾸었다. 그리고 말씀하시기를, "군자가 사람을 사랑함에 덕으로 하는데, 그대들은 사람을 사랑함에 임시방편으로 하는구나!"라고 하였다. 바로 이 경문의 내용과 서로 참고할 만하다.

曾子疾革, 門人曰: "華而睆, 大夫之簀與?" 曾子遽起易之, 且曰: "君子之愛人也以德, 二三子之愛人也以姑息." 正於此章可參.

―――― 제8장 ――――

안연이 죽었다.

공자의 비탄 "아, 하늘이 나를 망치는구나! 하늘이 나를 망치는구나!"

顏淵死.

子曰　　"噫! 天喪予! 天喪予!"

논어, 천년의 만남

　　안연은 본래 공자의 후신(後身)이다. 때문에 안연이 죽자 공자께서 "하늘이 나를 망치는구나!"라고 하셨다.

顔子原是孔子後身, 故曰: "喪予."

遇　　이공동(李崆峒): "단지 학문 전수가 끊어짐을 애도한 것이 아니라, 또한 왕도정치가 장차 폐지될 것을 예견하셨다. 대저 왕자(王者)가 일어날 때, 하늘은 반드시 도울 이를 보내준다. …… 성인 문하의 왕을 도울 인물로는 안연 한 사람뿐이었는데, 지금 일찍 죽으니 이에 공자께서 '하늘이 나를 망치는 것이 아니라면 누가 망치는 것이겠는가!'라고 하신 것이다."

李崆峒曰: "非止悼傳, 亦以占廢也. 凡王之興, 天必與之佐. …… 夫聖門王佐, 止顔子一人, 今也早死, 不天喪予而誰喪哉!"

이공동(李崆峒, 1473~1530): 이름은 몽양(夢陽), 자는 헌길(獻吉), 공동(崆峒)은 그의 호이다. 진한(秦漢)의 고문(文必秦漢), 이백, 두보의 시(詩必盛唐)를 이상으로 삼아 복고를 주장한, 전칠자(前七子)의 영수이다. 저서에 『공동자집』 등이 있다.

點睛　　성현께서 제자와 서로 함께하는 마음이 마치 허공이 허공과 합한 것처럼 융합하여 틈이 없음을 볼 수 있다.

可見聖賢相與之心, 如空合空, 融合無間.

─── 제9장 ───

안연이 죽자, 공자께서 통곡하셨다.

따르던 제자가 말하기를 "선생님, 통곡을 하십니다."

공자　　“내가 통곡을 했느냐? 내 이 사람을 위해 통곡하지 않고 누구를 위해 통곡하겠느냐.”

顔淵死, 子哭之慟.

從者曰　　“子慟矣!”

曰　　“有慟乎? 非夫人之爲慟而誰爲?”

評　　“내 이 사람을 위해 통곡하지 않고 누구를 위해 통곡하겠느냐.” 라는 한 마디, 애통함이 지극하도다. ○안자가 죽은 뒤, 공자의 통곡함이 이와 같았다. 이로 인해 생각해보니, 세상 사람들 중에는 죽은 뒤 사람들로 하여금 웃음 짓게 하는 이가 있는가 하면, 또한 살아있음으로 인해 사람들을 울음 짓게 하는 이도 있으며, 생전에 사람들로 하여금 웃음 짓게 하는 이도 있다. 참으로 통곡할 만하도다.

非夫人之爲慟, 而誰爲? 一語, 慟極了. ○顔子死後, 夫子哭之如此. 因思世上人竟有死後令人笑者, 復有生前令人哭者, 更有生前令人笑者, 眞是可慟.

遇　　왕우태(王宇泰): “통곡할 만하여 통곡하였으니, 이는 슬픔이 터져 나올 때 절도에 맞는 것이다. 그러나 자신이 통곡하고 있음을 알지 못하니, 이는 완전하게 감정이 드러나기 이전의 미발(未發)의 중(中)의 상태이다. 그러므로 슬픔으로 무너지고 있으나 본성을 잃지는 않는 것이다.”

王宇泰曰: “宜慟而慟, 是哀之發而中節也. 然而不自知其慟, 則渾然未發之中也. 故曰毁不滅性.”

왕우태(王宇泰, 1549~1613): 이름은 긍당(肯堂), 호는 손암(損庵), 우태(宇泰)는 그의 자이다. 정치가이자 저명한 의학자였다. 저서에 『상서요지(尙書要旨)』, 『논어의부(論語

　　논어, 천년의 만남

義府)』등이 있다.

———— 제10장 ————

안연이 죽자, 공자의 문인들이 성대하게 장례를 치르려 하였다.

이를 보신 공자 "안 된다."

그런데도 문인들이 성대하게 장례를 치렀다.

이를 들으신 공자 "안회는 나를 아버지처럼 여겼거늘, 나는 그를 자식처럼 대
해주지 못하였구나. 이는 내 잘못이 아니니 너희들 탓이다."

顔淵死, 門人欲厚葬之.

子曰 "不可."

門人厚葬之.

子曰 "回也視予猶父也, 予不得視猶子也. 非我也, 夫二三子也."

評 　마땅히 크게 통곡할 만하다. ○공자의 통곡하심이 이와 같았지
만, 성대하게 장례를 치르려 하지 않으셨으니, 이 무슨 뜻이신가? 지극
히 좋은 참구(參究)거리이다.

可當大哭. ○夫子慟之如此, 却又不肯厚葬, 這是何意? 極好參.

遇 　질문: "안자가 죽었을 때 공자께서는 어째서 문인들이 성대하게
장례를 치르려는 것을 막았습니까?"

대답: "어찌 막으려고만 하셨겠는가. 아마도 마음이 몹시도 상하셨을 것
이다. 증자가 임종할 즈음에 부축케 하고는 제자들이 마련해준 화려한
대자리를 바꾸게 하고서는 말하기를 '내 무엇을 바라겠는가. 내가 바르

게 살다 죽으면 그뿐이다'라고 하였다. 위대한 성인과 현인이 생사에 대처함이 이와 같았다."

問: "顔子死, 夫子何以止門人之厚葬?" 曰: "豈惟止之哉, 蓋傷之甚焉. 曾子臨終, 命扶而易簀, 曰: '吾何求哉! 吾得正而斃焉, 斯已矣!' 夫大聖大賢, 其處死生之際乃如此."

방외사: "공자께서 안회를 대한 것이 끝까지 두터웠으니, 훗날 그 자제들에게 후하게 대하려고 하는 자들은 이 점을 생각해보라!"

方外史曰: "孔子待回厚到底, 後之欲厚其子弟者思之."

--------- 제11장 ---------

계로가 귀신을 섬기는 일에 대하여 여쭈었다.

공자 "산 사람도 잘 섬기지 못한다면 어찌 귀신을 잘 섬길 수 있겠느냐"

계로 "죽음이 무엇인지 묻고자 합니다."

공자 "삶을 알지 못하면 어찌 죽음을 알 수 있겠느냐"

季路問事鬼神.

子曰 "未能事人, 焉能事鬼?"

曰 "敢問死."

曰 "未知生, 焉知死?"

評 계로가 어둠 속으로 더듬어 들어가니, 공자께서 밝은 곳으로 이끌고 나오는구나.

季路摸到暗裡去, 夫子領出亮處來.

遇　　소혜(蕭惠)가 죽고 사는 도리에 대하여 질문하였다.

왕양명: "밤과 낮을 알면, 죽음과 삶을 알 수 있다."

그러자 소혜가 밤과 낮의 도리에 대하여 질문하였다.

왕양명: "낮을 알면 밤을 알 수 있다."

소혜: "낮에도 또한 모르는 것이 있습니까?"

왕양명: "너는 아침이 되면 흐리멍덩하게 일어나서 허겁지겁 밥을 먹는다. 종일토록 멍한 상태로 지내니, 이는 대낮에도 꿈을 꾸고 있는 것이다. 숨 쉬거나 눈 깜박일 짧은 순간에도 마음을 기르고 보존하여라. 그 내면에 천리(天理)가 항상 존재하여 성성하게 깨어 있는 시간의 끊어짐이 없다면, 그제야 낮을 안다고 할 것이다."

蕭惠問死生之道. 陽明曰: "知晝夜則知死生." 問晝夜之道. 曰: "知晝則知夜." 曰: "晝亦有所不知乎?" 曰: "汝於旦晝間, 懵懵而興, 蠢蠢而食, 終日昏昏, 只是夢晝, 唯息有養, 瞬有存, 天理常存, 惺惺無間, 纔是知晝."

點睛　　계로는 죽음과 삶을 두 가지로 보았다. 때문에 사람과 귀신도 또한 나누어 생각한 것이다. 공자는 온 우주가 이 한 생각을 벗어나지 않음을 명확하게 아셨으니, 죽음과 삶을 어찌 별개로 여기셨겠는가. 이것이 바로 자로에게 대답하신 핵심이다.

季路看得死生是兩橛, 所以認定人鬼亦是兩事. 孔子了知十法界不出一心, 生死那有二致, 正是深答子路處.

민자건은 곁에서 모실 때 공경한 얼굴이었고, 자로는 강건한 모습이었으며, 염유와 자공은 온화한 얼굴이었는데, 공자께서 즐거워하셨다.

한편 자로에 대하여 평하시길 "중유는 바르게 죽지 못할 수도 있겠구나."

閔子侍側, 誾誾如也, 子路行行如也, 冉有子貢侃侃如也, 子樂.

　　　"若由也, 不得其死然."

評　　"공자께서 즐거워하셨다. 그런데 자로에 대해서 '중유는 바르게 죽지 못할 수도 있겠구나'라고 하셨다."는 구절에서, 공자의 '사람을 좋아하되 그가 지닌 단점을 아는 명철함'을 볼 수 있다.

"子樂. 若由也, 不得其死然." 見得夫子好而知惡.

遇　　"공자께서 즐거워하셨다."라는 문구는, 바로 목전에 제자들이 집 안에 서로 모여 있는 풍경에 대한 묘사이다. 공경하는 자, 강건한 자, 온화한 자, 이들이 있어서 곧 즐거운 것이다. 여기에는 애초 이들 사이에 어떤 생각이 있으셨던 것은 아니다. 온갖 열매가 익어감에 하늘이 기뻐하고, 자손이 현명함에 조부가 편안하며, 여러 재주 있는 이들이 모임에 성인이 즐거워하도다.

子樂, 只就目前相聚一堂. 誾誾者, 侃侃者, 行行者, 便有可樂, 初不着意念其間也. 萬寶成而天心豫, 子孫賢而祖父寧, 群才滙而聖人喜.

노나라의 정치하는 이들이 장부(長府)라는 창고를 새로 지으려고 하였다.

민자건 "예전 것을 그대로 쓰는 것이 어떠할지? 하필 고쳐서 새로 지을 것이 있으랴."

공자 "대저 사람은 말을 많이 할 것이 없고, 말을 하면 반드시 사리에 맞게 해야 한다."

魯人爲長府.

閔子騫曰 "仍舊貫, 如之何? 何必改作?"

子曰 "夫人不言, 言必有中."

評 "대저 사람은 말을 많이 할 것이 없고, 말을 하면 반드시 사리에 맞게 해야 한다."라는 구절은 노나라 사람들을 권면하신 말씀이지 민자건을 칭찬하신 것이 아니다. 이 점을 알아야만 한다.

"夫人不言, 言必有中." 勸魯人也, 非贊閔子也. 要知得.

遇 심무회(沈無回): "민자건은 장부를 고쳐 새로 짓는 것의 비리에 대하여 꼭 집어 말하지 않고, 다만 예부터 내려온 제도를 반드시 고칠 것은 없다고 말하였다. 공자 또한 민자건의 의도에 대하여 깊이 말하지 않고, 다만 사람은 말을 하게 되면, 그 말은 반드시 사리에 맞게 해야 한다고만 말씀하셨다. 노련하고 성숙한 이들이 나라를 위해 도모함에, 근심이 깊고 위태로움을 생각함이 이와 같다."

沈無回曰: "閔子不斥改長府之非, 而第言舊貫之不必改. 夫子亦不必深言閔子之意, 而第言夫人之有言必中. 老成謀國, 憂深慮危固如此."

심무회(沈無回, 1572~1623): 이름은 수정(守正), 자는 윤증(允中), 무회(無回)는 그의 호이다. 그림을 잘 그렸고, 시문에도 뛰어났다. 저서에 『시경통설(詩經通說)』, 『사서총설(四書叢說)』 등이 있다.

─── 제14장 ───

공자   "중유의 거문고 연주 소리, 어찌 내 문전(門前)에서 들리는고!"

이를 들은 문인들이 자로를 공경하지 않았다.

이를 보신 공자 "중유의 학문은 마루에 올랐으나 다만 방에 들지 못했을 뿐이다."

子曰   "由之瑟, 奚爲於丘之門!"

門人不敬子路.

子曰   "由也升堂矣, 未入於室也."

評   '마루'와 '방'이란 두 글자는 모두 '문(門)'자에 뿌리를 둔 뒤에야 이를 수 있다.

堂室, 二字, 根門字來.

遇   공자께서 마루에 오르고 방에 들어오는 것으로 말씀하셨으니, 이 문인들은 분명 문밖의 사람들일 것이다. 앞에서 '내 문전'이라고 하였으니, 여기에는 우뚝하게 홀로 절벽 위에 서 있는 기상이 있도다.

夫子說出升堂入室來, 則這輩門人, 分明是門外之人矣. 前言丘之門, 便自立崖岸.

논어, 천년의 만남

點睛　있는 그대로 수용하면 마루에 올랐고, 분별심을 내어 선택하면 문밖에 있는 것이니, 참구할 만하도다.

收之則升堂, 揀之則門外, 可參.

─────── 제15장 ───────

자공　"전손사(顓孫師, 자장)와 복상(卜商, 자하) 중에 누가 더 현명합니까?"

공자　"사(師)는 너무 지나치고 상(商)은 좀 미치지 못하지."

자공　"그렇다면 사가 더 나은 것입니까?"

공자　"지나침은 미치지 못함과 마찬가지이다."

子貢問　"師與商也孰賢?"

子曰　"師也過, 商也不及."

曰　"然則師愈與?"

子曰　"過猶不及."

評　"그렇다면 사가 더 나은 것입니까?"라는 구절은 자공이 자신을 드러내 보인 문자이며, "지나침은 미치지 못함과 마찬가지이다."라는 구절은 공자께서 자공에게 내린 가르침이다.

然則師愈, 子貢却呈自家供狀. 過猶不及, 夫子亦下子貢鉗錘.

遇　이 경문의 말에는 은연중에 '중(中)'의 의미가 내재하여 있다. 그러나 '중(中)'의 은밀한 의미는 드러내어 표현되지 않았다.

語下暗暗有一中字, 然中字却未説破.

노나라 대부인 계씨는 주나라의 재상인 주공보다 부유하였다. 그런데도 염구가
그를 위해 백성들을 수탈하여 그 부를 늘려주었다.

이를 들으신 공자 "염구는 나의 제자가 아니다. 너희들은 북을 울려 그의 죄를
성토하는 것이 좋을 것이다."

季氏富於周公, 而求也爲之聚斂而附益之.

子曰 "非吾徒也, 小子鳴鼓而攻之可也."

評 염구를 성토한 것은 바로 계씨를 성토한 것이다.

攻冉求, 正所以攻季氏.

고시(高柴)는 우직하고, 증삼은 노둔하며, 전손사는 편벽되고, 중유는 거칠다.

柴也愚, 參也魯, 師也辟, 由也喭.

評 병을 알아차리면 곧 이것이 약이 된다.

認得病, 便是藥.

遇 증자는 진실로 노둔하였다. …… 공자께서 분명하게 노둔하다고
말씀하셨으나, 무슨 손상이 있겠는가. 이는 증자의 학문의 힘이 용맹하였
음을 드러내는 데 충분하였으니, 학문으로 말미암아 성인에 이르렀기 때
문이다. 이는 천하의 배우는 자들에게 힘쓰는 바를 알게 하신 것이다.

曾子眞實是魯. …… 分明説是魯, 亦何傷? 適足以顯其學力之勇, 能緜學
以至聖, 而天下之學者, 庶乎知所勵也.

────── 제18장 ──────

공자   "안회는 도에 가까워서, 자주 공(空)에 이르렀다. 단목사(端木賜, 子
       貢)는 명을 받아들이지 못하고 재화를 증식하였는데, 생각하면 자주
       맞아 들어갔다."

子曰   "回也其庶乎, 屢空. 賜不受命, 而貨殖焉, 億則屢中."

評   생각을 하면 자주 맞아 들어간 것이 바로 재화 증식의 밑천이었다.
億則屢中, 正貨殖的本錢.

遇   안회는 '도에 가까움'에서 '자주 공에 이르렀다'고 하였으니, 이
는 내면의 경지에 대하여 말씀하신 것이다. 단목사는 '재화 증식'으로부
터 '자주 맞아 들어갔다'고 하였으니, 이는 외면의 성취에 대하여 말씀하
신 것이다. 이것이 바로 안회와 단목사의 우열이다.
回, 自庶乎説到屢空, 自内説出. 賜, 自貨殖説到屢中, 自外説入. 此是
回賜優劣.

點睛   지금 곧바로 '자주 공에 이르렀다[屢空]'라는 두 글자로 안자의
정신을 전하고, 자공의 약을 만드셨다.
今直以屢空二字, 傳顏子之神, 作子貢之藥.

자장이 선인(善人)의 도리에 대하여 여쭈었다.

공자　　"자취를 밟지 않아서, 또한 경지에 들어갈 수 없었도다."

子張問善人之道.

子曰　　"不踐迹, 亦不入於室."

評　　매우 훌륭한 묘사.

極善模寫.

點睛　　자취를 밟아서 경지에 들어간 자는 군자요, 자취를 밟지 않고서
도 경지에 들어간 자는 성인이요, 자취를 밟지 않아서 경지에 들어가지
못한 자는 선인이요, 자취를 밟았으되 경지에 들어가지 못한 자는 항심
(恒心)이 있는 사람이다.

踐迹而入室, 君子也, 不踐迹而入室, 聖人也, 不踐迹而不入室, 善人也,
踐迹不入室, 有恒也.

공자　　"말을 잘한다고 해서 그를 인정할 수 있을까? 알 수 없도다. 그가 군
　　　　자인지? 외모만 그럴듯하게 꾸민 자인지?"

子曰　　"論篤是與, 君子者乎? 色莊者乎?"

評　　응당 의심할 만하다.

該疑心.

遇　간사하고 거짓에 찬 사람은 그 말이 반드시 간절하고 진실에 차 있다. 사람들은 이 말을 듣고 감동한다.

詐僞之人, 其發言必懇款篤摯, 人方動聽.

點睛　단지 사람들에게 이것에 대해 따져보게 하였을 뿐 아니라, 또한 사람들에게 스스로 따져보게 하고자 하였다.

不但敎人勘他, 亦是要人自勘.

—— 제21장 ——

자로	"옳은 말을 들으면 바로 실천해야 합니까?"
공자	"부모형제가 있는데, 어찌 들었다고 바로 실천할 수 있겠느냐."
염유	"옳은 말을 들으면 바로 실천해야 합니까?"
공자	"들으면 바로 실천해야 한다."
공서화	"자로가 '옳은 말을 들으면 바로 실천해야 합니까?'라고 여쭙자, 선생님께서 '부모형제가 있느니라'라고 답하시고, 염유가 '옳은 말을 들으면 바로 실천해야 합니까?'라고 여쭈자, 선생님께서는 '들으면 바로 실천해야 한다'라고 답하셨습니다. 앞뒤의 말씀이 같지 않기에 제가 의문이 들어서 여쭈어봅니다."
공자	"염유는 지나치게 겸손하기에 진취적으로 행동하게 한 것이고, 자로는 남을 이기고자 하는 성격이 강하므로 좀 물러나게 한 것이다."
子路問	"聞斯行諸?"

子曰	"有父兄在, 如之何其聞斯行之?"
冉有問	"聞斯行諸?"
子曰	"聞斯行之."
公西華曰	"由也問: '聞斯行諸?' 子曰: '有父兄在.' 求也問: '聞斯行諸?' 子曰: '聞 斯行之.' 赤也惑, 敢問."
子曰	"求也退, 故進之, 由也兼人, 故退之."

評　　공서적(公西赤, 공서화)은 애초 유(由, 자로)와 구(求, 염유)에 대하여 질문한 것이 아니라, 도리어 공서적 그 자신에 대하여 질문한 것이다. 이 점을 알아야만 한다, 이 점을 알아야만 한다!

赤原不問由求, 還問赤耳. 要知, 要知!

遇　　준마는 고삐를 당기고 노마에게는 채찍을 가하니, 여기서 성인의 말 모는 법을 볼 수 있다.

駿馬收繮, 駑馬加策, 總見聖人駕馭之法.

點睛　　방외사: "공자께서 유와 구에 대하여 대답한 것이, 바로 적(赤)에게 대답한 것이다."

方外史曰: "答由求, 卽是答赤."

──────── 제22장 ────────

공자께서 광 땅에서 위급한 일을 겪으실 때, 안연이 뒤처지게 되었다가 뒤에 합류하게 되었다.

공자	"나는 네가 죽은 줄 알았다."
안연	"선생님이 계시는데 제가 어찌 감히 죽을 수 있겠습니까."

子畏於匡, 顔淵後.

子曰	"吾以女爲死矣."
曰	"子在, 回何敢死!"

評　　"선생님이 계시는데 제가 어찌 감히 죽을 수 있겠습니까."라고
하였는데, 어느 누가 이렇게 말할 수 있겠는가. ○그러나 마침내 공자께
서 살아 계시는데도 안회는 죽었다. 어째서인가? 어째서인가?

"子在, 回何敢死!" 誰人説得出? ○畢竟子在, 回又死了. 何故? 何故?

點睛　　방외사: "이 경문의 의미를 깨닫게 된다면, 성인께서 안연이 죽
었을 때 반드시 통곡하지 않았어도 됨을 알 것이며, 또 성인이 반드시 통
곡해야만 했던 까닭도 알게 될 것이다."

方外史曰: "悟此方知聖人不必慟哭, 又知聖人必須慟哭."

─── 제23장 ───

계자연(季子然) "중유와 염구는 대신(大臣)이라 할 만합니까?"

공자　　"나는 그대가 좀 다른 질문을 하리라 생각하였는데, 기껏 중유와 염
구에 대하여 묻는군요. 이른바 대신은 도로써 임금을 섬기다가 도를
실행할 수 없으면 그만두고 자리를 물러납니다. 지금 중유와 염유는
대신은 아니고 자리만 채우는 신하라고 할 수 있습니다."

계자연　　"그렇다면 이들은 임금의 명령을 따르기만 하는 자들입니까?"

공자	"그래도 어버이와 임금을 시해하는 일은 따르지 않을 것입니다."
季子然問	"仲由, 再求可謂大臣與?"
子曰	"吾以子爲異之問, 曾由與求之問. 所謂大臣者, 以道事君, 不可則止. 今由與求也 可謂具臣矣."
曰	"然則從之者與?"
子曰	"弑父與君, 亦不從也."

評　이 얼마나 말씀이 엄하고 뜻이 바르신가!

何等詞嚴義正!

點睛　글자, 글자마다 작두요 도끼로다. 계자연의 혼백이 달아났을 것
이로다.

字字鈇鉞, 足使子然喪魄.

제24장

자로가 자고(子羔)를 추천하여 비 땅의 수령이 되게 하였다.

이를 들으신 공자	"학문이 얕은 이를 추천하여 수령으로 내보내다니, 이는 남의 자식을 해치는 짓이다."
자로	"백성이 있고 사직이 있으니, 이를 다스리고 섬기는 것도 학문일 것입니다. 어찌 반드시 책 읽는 것만을 학문이라 하겠습니까?"
공자	"내 이래서 말 잘하는 인간을 싫어하지."

子路使子羔爲費宰.

子曰	"賊夫人之子."

子路曰 "有民人焉, 有社稷焉, 何必讀書, 然後爲學?"

子曰 "是故惡夫佞者."

評 중니께서 자로에 대해서는 매번 쓴소리를 하셨다.

仲尼于子路, 每下毒手.

點睛 공자는 원래 자고가 글을 읽지 않은 것을 책망한 것이 아니었으니, 자로가 어찌 이것을 알 수 있었으랴!

夫子元不責子羔不讀書, 子路那得知之?

──── 제25장 ────

어느 날 자로, 증석(曾晳), 염유, 공서화가 공자를 뫼시고 자리를 하였다.

공자 "내가 너희들보다 좀 나이가 많기는 하지만, 나를 어려워하지 말고 이야기해보거라. 너희들은 평소에 '나를 몰라준다!'라고 하는데, 만약에 너희들을 알아준다면 무엇을 하겠느냐?"

자로가 불쑥 나서며 "작은 제후국이 두 큰 나라 사이에 끼어 있는데, 전쟁이 일어나고 게다가 기근까지 덮쳤다 하더라도, 제가 이 나라를 다스리게 된다면 삼 년 만에 백성들로 하여금 용기가 있게 하고 또한 도리를 알게 할 것입니다."

공자께서 빙그레 웃으시면서 "구야! 너는 어떠하냐?"

염유 "사방 육칠십 리, 혹은 오육십 리쯤 되는 나라를 제가 다스리게 된다면, 삼 년 만에 백성들의 살림살이를 풍족하게 할 것입니다. 그러나 예와 악 같은 것은 다른 군자를 기다릴까 합니다."

공자	"적아! 너는 어떠하냐?"
공서화	"제가 잘 할 수 있다는 것이 아니라, 배워 보고 싶습니다. 종묘의 일이나 제후의 회동에 있으면 예복(禮服)과 예모(禮帽)를 차리고서 조그마한 전례(典禮)의 일을 하고자 합니다."
공자	"점아! 너는 어떠하냐?"

증석이 거문고 소리를 늦추더니 소리를 내며 거문고를 치워두고 일어나서 말하였다.

증석	"세 사람이 가진 뜻과는 다릅니다."
공자	"무슨 상관이냐. 각자가 자신의 뜻을 말하는 것뿐이다."
증석	"늦봄에 봄옷이 마련되면 어른 대여섯 명, 어린아이 여섯 일곱 명과 함께 기수(沂水)에 목욕하고 기우단(祈雨壇)에서 바람 쐬고서는 시를 읊으면서 돌아올까 합니다."
공자	"나도 점과 똑같은 생각이다!"

세 제자가 나가고, 증석만이 뒤에 남았다.

증석	"세 사람의 말이 어떻습니까?"
공자	"각자가 자신의 뜻을 말했을 따름이지."
증석	"그렇다면 선생님께서는 어찌하여 중유의 말에 웃으셨습니까?"
공자	"예로서 나라 다스리는 일을 말하는데, 그 말투에 겸양이 없어서 웃었던 것이다."
증석	"그렇다면 구가 말한 것은 나라를 다스리는 일이 아닙니까?"
공자	"아무리 육칠십 리, 혹은 오육십 리쯤 된다 하더라도 어찌 나라가 아니겠느냐."
증석	"그러면 적이 말한 것은 나라를 다스리는 일이 아닙니까?"
공자	"종묘의 일과 제후 간의 회동이 제후국의 일이 아니고 무엇이겠느

논어, 천년의 만남

냐. 적이 작은 일을 한다면, 누가 큰일을 할 수 있겠느냐?"

子路, 曾晳, 冉有, 公西華侍坐.

子曰   "以吾一日長乎爾, 毋吾以也. 居則曰 '不吾知也!' 如或知爾, 則何以 哉?"

子路率爾而對, 曰   "千乘之國, 攝乎大國之間, 加之以師旅, 因之以饑饉, 由也爲 之, 比及三年, 可使有勇, 且知方也."

夫子哂之   "求! 爾何如?"

對曰   "方六七十, 如五六十, 求也爲之, 比及三年, 可使足民. 如其禮樂, 以俟 君子."

子曰   "赤! 爾何如?"

對曰   "非曰能之, 願學焉. 宗廟之事, 如會同, 端章甫, 願爲小相焉."

子曰   "點! 爾何如?"

鼓瑟希, 鏗爾, 舍瑟而作,

對曰   "異乎三子者之撰."

子曰   "何傷乎? 亦各言其志也."

曰   "莫春者, 春服旣成, 冠者五六人, 童子六七人, 浴乎沂, 風乎舞雩, 詠而 歸."

夫子喟然嘆, 曰   "吾與點也!"

三子者出, 曾晳後.

曾晳曰   "夫三子者之言何如?"

子曰   "亦各言其志也已矣."

曰   "夫子何哂由也?"

曰   "爲國以禮, 其言不讓, 是故哂之."

       "唯求則非邦也與?"

"安見方六七十如五六十而非邦也者?"

"唯赤則非邦也與?"

"宗廟會同, 非諸侯而何? 赤也爲之小, 孰能爲之大?"

評　　네 제자가 뫼시고 앉았으니, 영재들이 많기도 하다. 이를 보신 공자, 문득 당대의 현실을 바꾸고자 하는 상념이 일어났다. 그런데 때마침 자로의 말에 경세(經世)의 의지가 분명하니 공자께서 희색이 만연하여, 연이어 세 제자들에게 물으셨으니, 세상에 쓰이고자 함을 급하게 여겼음을 알 수 있다.

한편 증점은 뜻이 넓은 사람이었기에 마침내 자신 목전의 일로 대답하였는데, 공자께서는 또 여기에 한 생각이 움직이셔서 "부국강병과 예악으로 나라를 다스리는 일은 도리어 헛된 소리일 수도 있다. 그렇지만 따스한 이 봄볕은 사람의 흥취를 돋우는구나!"라고 말씀하시니, 그 세상에 쓰이고자 하는 마음이 더욱 애처롭도다. 때문에 공자께서 탄식하신 것은 '증점과 뜻을 같이하는 것'과는 상관이 없다.

증점은 세 제자의 뒤에 남아 질문을 하니, 또한 이를 의아하게 여긴 것이다. 공자의 말씀이 '나라를 다스리는 일'에 미쳤으니, 세상을 잊지 못하시는 그 마음이 어떠한가! 그래서 염구와 공서적에게 나라를 다스려줄 것을 청하신 것이다. 공자께서 비록 이러한 의지와 심사를 직접적으로 말씀하지 않으셨지만, 제자들에게 답하신 내용을 자세히 살펴보면 저절로 알 수 있을 것이다.

어찌하여 종래의 이 구절을 읽는 자들은 그처럼 소경이었던가? 그들은 다만 이 구절을 읽으면서, 공자께서 행단(杏壇) 위에서 웃음을 머금고 있는 것으로 생각하였도다.

四子侍坐, 英才濟濟, 孔子勃然動當世之想. 子路言之鑿鑿, 夫子色喜, 所以連問三子, 其急于用世, 可知矣. 點乃狂者, 竟以目前對. 夫子又動一念曰: "富强禮樂, 反屬空言. 都此春光, 令人增感!" 其用世之心, 于此滋戚. 所以喟然, 非關與點. 點後三子而問, 亦疑之也. 及夫子說到爲國上, 其不忘當世之心何如? 乃猶以求赤之爲邦請也. 夫子雖不直言所以, 玩其答語, 自是了然. 何從來說此書者之瞶瞶也? 特爲拈出, 想夫子亦含笑于杏檀之上矣.

방비(旁批): 세상에 쓰이고자 하는 뜨거운 마음.

그 마음 더욱 뜨거워지다.

그 뜨거움이 극도에 이르도다.

뜨거웠던 마음이 한 번 차가워지다.

그러나 그 뜨거운 마음, 여전히 남아 있도다.

用世熱腸.

愈熱.

熱極了.

熱腸爲之一冷.

熱腸仍在.

遇   양승암(楊升庵): "증점은 광자(狂者, 뜻이 고매한 사람)이다. 본래 경세치용의 큰 뜻이 있었으나, 세상이 자신을 써주지 않을 것임을 알았다. 그러므로 이러한 말을 하였으니, 그 웅심(雄心)을 녹이고 남은 세월을 보내고자 한 것이다. 이러한 풍모가 한 번 내려가면, 장자(莊子)와 열자(列子)처럼 될 것이며, 두 번 내려가면 혜강(嵇康)과 완적(阮籍) 같은 이가 될 것이다."

楊升庵曰："點，狂者也，本有用世大志，知世之不我以也．故爲此言，銷
壯心而耗餘年．此風一降則爲莊列，再降則爲秘阮．"

양승암(楊升庵, 1488~1559): 이름은 신(愼), 자는 용수(用修), 승암(升庵)은 그의 호이
다. 명나라 세종(世宗) 때 오랜 기간 유배 생활을 하면서, 문학, 사학, 철학 분야에서 약
400여 종에 달하는 책을 저술하였다. 이에 명대 제일의 저술가라는 칭송을 받았다. 저서
에 『승암집(升庵集)』을 비롯한 다종이 있다.

點睛　성현의 마음은 비록 은거하여 자신의 뜻을 추구할지라도 일찍
이 천하를 치지도외(置之度外)한 적이 없었으며, 비록 황급하고 다급한
상황일지라도 일찍이 흉중에 천하 구제와 세상 경영을 경시한 적이 없
었다. 이러한 뜻을 안다면, 바야흐로 우(禹)임금, 후직(後稷), 안자는 처
지가 바뀌었을지라도 모두 그렇게 했을 것임을 알 수 있다. 어찌하여 네
제자들은 각자 한 면을 보고, 끝내 공자가 가고자 하는 곳을 알지 못하는
가! 때문에 공자께서는 그들이 곁에서 모시고 앉자, 훌륭한 가르침을 내
리셨다. 이에 증점의 병통으로써 세 제자의 약으로 삼았으며, 또 세 제자
의 병통으로써 증점의 약으로 삼았다.

聖賢心事, 雖隱居求志, 而未嘗置天下於度外, 雖皇遑汲汲, 而未嘗橫經
濟於胸中. 識得此意, 方知禹稷顔子, 易地皆然. 奈四子各見一邊, 終不
能知孔子行處, 故因此侍坐, 巧用鉗錘, 以曾點之病, 爲三子之藥, 又以
三子之病, 爲曾點之藥也.

안
연

顔淵

안연이 공자에게 인(仁)에 대하여 여쭈었다.

공자 "자신의 욕망을 극복하고 예법대로 살아가는 것이 바로 인이다. 오늘 하루라도 자신의 욕망을 극복하고 예법대로 살아갈 수 있으면, 천하 사람들이 모두 인하게 될 것이다. 인을 실천하는 것은 자신에게 달려 있으니, 다른 사람에게 달린 것이겠는가."

안연 "그 조목을 여쭈어보겠습니다."

공자 "예가 아니면 보지도 말고, 예가 아니면 듣지도 말며, 예가 아니면 말하지도 말고, 예가 아니면 움직이지도 말거라."

안연 "제가 비록 민첩하지는 않지만, 이 말씀을 받들겠습니다."

顔淵問仁.

子曰 "克己復禮爲仁, 一日克己復禮, 天下歸仁焉. 爲仁由己而由人乎哉?"

顔淵曰 "請問其目."

子曰 "非禮勿視, 非禮勿聽, 非禮勿言, 非禮勿動."

顔淵曰 "回雖不敏, 請事斯語矣."

評 중니와 안자께서 말씀하시는 인(仁), 보고, 듣고, 말하고, 행동하는 바로 그 자리이니, 나는 털끝만큼도 참여할 수 없도다. 이 얼마나 고매한 경지이며, 이 얼마나 높은 학문인가! "천하 사람들이 모두 인하게 될 것이다."라고 말한 것은 이 때문이다. '천하 사람들이 모두 인하게 되는 것'은 고매한 성인께서 "혈기(血氣)를 지닌 모든 것을 존중하고 친애하지 않음이 없다."는 경지와 유사하다.

仲尼與顔子談仁, 卽視聽言動, 亦一毫參以我不得. 是何等地步! 何等學問! 所以說天下歸仁. 天下歸仁依稀至聖之凡有血氣, 莫不尊親地位矣.

遇　　'오늘 하루[一日]'라는 이 말은 가장 음미할 만하다. 이 '오늘 하루'를 버리고서 착수를 한다면, 영원히 착수할 수 있는 기약은 없을 것이다. 이 세상 모든 일은 바로 이 '오늘 하루'에서 시작되니, 하물며 인을 실천하는 것에 있어서랴!

　　양복소: "어떤 사람이 의심하기를, '인에 대한 말이 천하에 미칠 것까지야 있겠는가'라고 하였는데, 이는 꿈같은 헛소리이다. 바로 '자신'과 '천하'를 둘로 나누기 때문에 성인께서 '인(仁)'이란 글자를 집어내어 보이신 것이다. 인을 실천하면 곧바로 '자신'과 '천하'가 다시 한 몸이 되니, 이런 경지로 돌아가게 되면 『주역』 「복괘(復卦)」에서 말하는 우주[天地]의 마음을 볼 것이다."

一日字最可味, 舍此一日不下手, 永無下手之期矣. 百事都始於一日, 況爲仁乎?

楊復所曰: "或疑仁, 不必說到天下, 此夢語也. 正爲己與天下二家, 所以聖賢拈箇仁字, 爲仁, 便欲己與天下還爲一家, 所爲復乃見天地之心也."

點睛　　스님의 질문: "무엇이 부처입니까?"(안연이 '인'에 대하여 여쭘)
화상의 답변: "그대가 바로 부처이다."(공자께서 '극기복례'로 답하심)
스님의 질문: "어떻게 보임(保任, 깨달음을 견지하는 것)을 해야 합니까?"(안연이 '조목'을 여쭘)
화상의 답변: "한 티끌이 눈에 가려 있으면 '허공에 핀 꽃[空華]'이 어지러이 떨어진다."(공자께서 '사물(四勿)'로 답하심)
스님이 예배하였다.(안연이 공자의 말씀을 받듦)

僧問和尙: "如何是佛?" 和尙答曰: "只你便是." 僧又問曰: "如何保任?" 和尙答曰: "一翳在目, 空華亂墜." 僧禮拜.

──── 제2장 ────

중궁이 인에 대하여 여쭈었다.

공자 "문을 나서면 몸가짐을 큰 손님 맞이하듯이 하며, 백성을 부릴 때는 큰 제사를 받들듯이 해야 한다. 또한 자신이 하고 싶지 않은 것을 남에게 시키지 말아야 한다. 이렇게 하면 나라에서도 원망이 없으며, 집안에서도 원망이 없을 것이다."

중궁 "제가 비록 민첩하지는 않지만 이 말씀대로 실천하겠습니다."

仲弓問仁.

子曰 "出門如見大賓, 使民如承大祭. 己所不欲, 勿施於人, 八箇字, 在家無怨."

仲弓曰 "雍雖不敏, 請事斯語矣."

評 "문을 나서면 몸가짐을 큰 손님 맞이하듯이 하며, 백성을 부릴 때는 큰 제사를 받들듯이 해야 한다."는 것은 바로 '마음을 경(敬)에 두는 자세'이다. "자신이 하고 싶지 않은 것을 남에게 베풀지 말아야 한다."는 것은 '일을 간소하게 행하는 것'이다. "나라에서도 원망이 없으며, 집안에서도 원망이 없을 것이다."라는 것은 "경과 간소함으로써 백성들을 다스리니, 이 또한 좋은 것이 아닌가."라는 것이다.

○이 조목과 바로 위의 조목은 모두 먼저 공부를 말하고 난 뒤에 그 효과를 말하였다. 반면 아래 사마우(司馬牛)의 경우, 먼저 그에게 효과를

말하고 난 뒤에 공부를 말하였다. 이는 공자께서 상근기(上根機)를 대하는 방법과 중근기(中根機), 하근기(下根機)를 대하는 방법에 차이가 있어서이다.

　이것은 마치 오늘날 글을 이야기하는 선비들이 글 잘하는 선비를 만나면 먼저 그 글의 내용에 관한 이야기가 있고 난 뒤에 서로 의기투합하지만, 처음 배우는 이를 대해서는 반드시 먼저 그에게 글을 배워 관리가 되는 것을 이야기한 뒤에야 그에게 책 읽는 것을 권하는 것과 같다.

出門如見大賓, 使民如承大祭, 是居敬也. 己所不欲, 勿施於人, 是行簡也. 在邦無怨, 在家無怨, 是以臨其民, 不亦可乎也. ○此條與上條都先說功, 然後說效. 下面司馬牛便先與他說效, 然後說功. 此夫子接上根之法, 與接中下根之法有辨也. 如今之談文者, 對能文之士, 先言如何如何, 然後可中, 對初學之士, 必先對他說做官, 然後勸他讀書也.

點睛　왕양명: "이 경문의 온전한 핵심은 또한 다만 자신을 원망함이 없는 것이다. 이는 『중용』의 '하늘을 원망하지 않으며 남을 탓하지 않는다'는 뜻과 같다."

王陽明曰: "亦只是自家無怨, 如不怨天不尤人之意."

제3장

사마우(司馬牛)가 인에 대하여 여쭈었다.

공자　　"인자(仁者)는 말을 어눌하게 한다."

사마우　"말을 어눌하게 하면 인하다고 할 수 있습니까?"

공자　　"실천하는 것이 어려우니, 말을 어눌하게 하지 않을 수 있겠느냐"

논어, 천년의 만남

司馬牛問仁.

子曰　　"仁者, 其言也訒."

曰　　　"其言也訒, 斯謂之仁矣乎?"

子曰　　"爲之難, 言之得無訒乎?"

評　　　사마우는 또한 '실천이 어렵다는 것'에까지 생각이 미쳤겠는가.
○이 조목과 다음 조목에서 공자의 훈도(薰陶)의 오묘함을 볼 수 있다.
먼저 그에게 '말을 어눌하게 해야 함'과 '근심도 없고 두려움도 없는 것'
만을 이야기하였다. 그러고 나서 그의 갑작스러운 질문을 기다려서, '어
눌하게 말함'과 '근심도 없고 두려움도 없는 것'이라 말한 이유를 말씀하
셨다. 상상해보면, 아마도 사마우는 당시에 온몸에 몇 섬에 해당하는 땀
을 흘렸을 것이다. ○말이 많고 조급한 사람에게는 반드시 이렇게 훈도
를 해야만 할 것이다.

牛亦念及爲之難乎? ○此與下條見夫子陶鑄之妙. 先只與他説其言也訒,
不憂不懼. 待渠率爾致問, 然後説出所以言訒, 不憂不懼來. 想牛于是通
身汗下當幾石矣. ○多言而躁之人, 定須這樣鑪錘他!

遇　　　성인께서는 인자(仁者)의 말투에 대하여 말씀하셨는데, 사마우
는 말하는 자의 어눌한 말투에 대하여 언급하고 있으니, 이 얼마나 천양
지차(天壤之差)인가!

聖人是説仁者之言, 司馬牛是説言者之訒, 何啻天壤!

點睛　　'그 말을 어눌하게 함[其言也訒]'은 말을 더듬거리는 것이 아니
요, 온전히 '인자(仁者)' 두 글자로부터 온 것이다. 이 대목에서 곧장 하나

의 인자의 '행락도(行樂圖)'를 그려내었다. 사마우는 오히려 '인자(仁者)'
두 글자를 빼고서 단지 '그 말을 어눌하게 함'만을 언급하면서, 곧 용이
하다고 보았다. 그러므로 공자께서는 즉시 '실천하는 것이 어렵다[爲之
難]'는 세 글자를 가지고 약으로 썼다.

言也訒, 不是訒言, 全從仁者二字來, 直是畫出一個仁者行樂圖. 牛乃除卻
仁者二字, 只說其言也訒, 便看得容易了, 故卽以爲之難三字藥之.

—— 제4장 ——

사마우가 군자에 대하여 여쭈었다.

공자　　"군자는 근심도 없고 두려움도 없다."

사마우　"근심도 없고 두려움도 없다면, 이런 사람을 군자라고 할 수 있습니
　　　　　까?"

공자　　"마음속으로 반성해보아 부끄러움이 없다면, 무엇을 근심하고 무엇
　　　　　을 두려워하겠느냐."

司馬牛問君子.

子曰　　"君子不憂不懼."

曰　　　"不憂不懼, 斯謂之君子矣乎?"

子曰　　"內省不疚, 夫何憂何懼?"

評　　미비(眉批): 사마우, 그 자신을 돌아보았던가?

牛亦內省之乎?

遇　　설경헌(薛敬軒): "군자는 푸른 하늘을 대하고서는 두려워하되,

우렛소리를 듣고서는 놀라지 않는다. 평지를 걸으면서는 겁을 내되, 풍파를 헤치면서는 두려워하지 않는다."

진(晉)나라 치초(郗超): "마음이 편안하면 어떤 경우를 만나든 편안하고, 감정이 절실하게 관련되면 어디를 가든 막히지 않음이 없다. 이런 관점에서 말하자면, 소통과 막힘의 근원은 나에게 있지 외부에 있는 것은 아니다."

薛敬軒曰: "君子對青天而懼, 聞震雷而不驚, 履平地而恐, 涉風波而不懼."

晉郗超曰: "意之所安, 則觸遇而夷, 情之所關, 則無往不滯. 因此而言, 通滯之所由, 在我而不在物也."

설경헌(薛敬軒, 1389~1464): 이름은 선(瑄), 자(字)는 덕온(德溫), 경헌(敬軒)은 그의 호이다. 명나라의 저명한 성리학자였다. 저서로 『독서록(讀書錄)』, 『설문청집(薛文清集)』 등이 있다.

치초(郗超, 336~378): 자는 경흥(景興). 동진(東晉)의 저명한 서예가이자, 불학자였다. 저서에 『봉법요(奉法要)』가 있다.

—— 제5장 ——

근심에 잠긴 사마우 "사람들은 모두 좋은 형제가 있는데, 나만 있어도 없는 듯하구나."

자하 "내 들으니 '살고 죽는 것은 천명이 있고 부유하고 귀하게 됨은 하늘에 달려있다'고 하였습니다. 군자가 공경의 자세를 잃지 않고 남과 함께할 때 공손하면서도 예의가 있다면, 천하의 어느 곳에든 형제가 있는 법입니다. 군자가 어찌 형제 없다고 걱정하겠습니까."

司馬牛憂曰 "人皆有兄弟, 我獨亡."

子夏曰 "商聞之矣 '死生有命, 富貴在天.' 君子敬而無失, 與人恭而有禮. 四海
之內, 皆兄弟也. 君子何患乎無兄弟也?"

評 사마우는 말이 많고 조급하였으며, 그 형제들은 완악하고 무도
한 사람들이었다. 짐작건대 틀림없이 형제들이 서로 불목(不睦)하였을
것이다. "사람들은 모두 좋은 형제가 있는데, 나만 있어도 없는 것 같구
나."라는 말은 형제들이 장차 자신을 해칠까 근심에서 한 말이다. 그렇기
때문에 자하가 "살고 죽는 것은 천명이 있고 부유하고 귀하게 됨은 하늘
에 달려 있다."라는 말로써 위로를 한 것이다.

또한 이를 대처하는 방법을 가르쳐주면서, 다만 공경함으로써 대하면
소원했던 관계가 친밀해지고 친밀했던 관계는 도리어 소원해지지는 않
을 것이라고 일러주었다. 그러므로 이 경문의 내용은 형제의 화목을 권
유한 것이다.

송대 유학자들은 마침내 "타인을 형제처럼 생각할 수 있으니, 반드시
집안의 혈육만이 형제이겠는가."라고 해석하였으니, 이는 골육간을 이
간질하는 소리이다.

司馬牛多言而躁, 其兄弟又凶頑不道之人. 料必兄弟不相能者. 人皆有兄
弟, 我獨亡, 憂其將害己也. 故子夏以死生有命, 富貴在天, 慰之. 又敎以
處之之法, 謂只待以恭敬, 疎者可親, 況親者乃反疎乎? 蓋勸其兄弟和穆
也. 宋儒竟謂認他人爲兄弟, 何必自家兄弟? 這叫做離間骨肉.

遇 이충일: "대체로 사마우가 형제들 사이에서 도리를 다하지 못한
점이 있었다. 자하의 이 말은 분명 사마우 자신이 공경을 다하여 그 형인

논어, 천년의 만남

사마상퇴를 감동시키라는 것이지, 사마우가 자기 형제들을 버리고 타인과 결연을 맺어 사귀라고 가르치는 것이 아니다. …… '어찌 형제 없다고 걱정하겠습니까'라는 말은 자기 형제라는 측면에서 한 말이지, 천하의 사람이란 측면에서 보아서는 안 된다."

李衷一曰:"大抵司馬牛處兄弟之間, 決有未盡道處. 子夏此言分明欲牛 自盡恭敬, 以感其兄魋, 不是教牛舍却自己兄弟, 結交他人也. …… 何患 無兄弟, 當從自己兄弟看, 不當從四海看."

제6장

자장이 사리의 밝음에 대하여 여쭈었다.

공자 "물이 배어 스며드는 듯한 참언(讒言)과 살결에 닿을 듯한 절박한 하소연에도 넘어가지 않는다면, 사리에 밝다고 말할 수 있다. 물이 배어 스며드는 듯한 참언과 살결에 닿을 듯한 절박한 하소연에도 넘어가지 않는다면, 식견이 원대하다고 말할 수 있다."

子張問明.

子曰 "浸潤之譖, 膚受之愬, 不行焉, 可謂明也已矣. 浸潤之譖, 膚受之愬, 不行焉, 可謂遠也已矣."

評 자장이 지닌 결점을 염두에 두고 하신 말씀이다. ○이 경문의 오묘함은 두 번째 구절인, "물이 배어 스며드는 듯한 참언과 살결에 닿을 듯한 절박한 하소연에도 넘어가지 않는다면, 사리에 밝다."는 11글자에 있다. 한때 잠시 넘어가지 않는다면 이는 다만 '사리에 밝다'라고만 말할 수 있다. 시종일관 추호도 넘어가지 않아야만 '식견이 원대하다'고

말할 수 있다.

只與他近處說. ○妙在第二條, 浸潤之譖, 膚受之愬, 不行焉十一字. 蓋
一時不行, 止可謂明, 到底不行, 方可謂遠.

遇　　장동초: "마음에 부딪혀 와도 동요됨이 없다면, 바로 이것이 허
공의 묘용으로 그 빛이 만 리를 비출 것이다. '물이 배어 스며드는 듯한
참언과 살결에 닿을 듯한 절박한 하소연'은 바로 눈앞에서 기괴함이 무
한히 솟아나는 것이다. 그러나 이른바 '산 귀신의 수단은 유한하지만 노
승의 보지 않고 듣지 않는 공력은 무궁한 법'이니, 이 어찌 식견이 밝고
원대하다고 하지 않겠는가. 그러므로 '본체의 고요함이 태허와 같다면,
작용의 비춤은 밝은 해와 같을 것이다'라고 말하는 것이다."

張侗初曰: "人心觸之不動, 便是虛空妙用, 光照萬里. 浸潤, 膚受, 乃眼
前鬼怪百出. 所謂山鬼之伎倆有限, 老僧之不聽不覩無窮, 豈不是明? 豈
不是遠? 故曰: '體寂若太虛, 用照同白日.'"

제7장

자장이 정치에 대하여 여쭈었다.

공자　"먹을거리가 풍족하고, 군대를 양성하며, 백성에게 신뢰를 얻어야만
　　　　한다."

자공　"그런데 부득이해서 하나를 버려야 한다면, 이 세 가지 중에 어떤 것
　　　　을 먼저 버려야 합니까?"

공자　"군대의 양성을 포기해야 한다."

자공　"또 부득이해서 하나를 버려야 한다면, 남은 두 가지 중에 어떤 것을

먼저 버려야 합니까?"

| 공자 | "먹을거리를 포기해야 한다. 예로부터 누구나 한 번은 죽기 마련이다. 그러나 백성이 나라를 신뢰하지 않으면, 그 나라는 존립할 수가 없다." |

子貢問政.

子曰	"足食, 足兵, 民信之矣."
子貢曰	"必不得已而去, 於斯三者何先?"
曰	"去兵."
子貢曰	"必不得已而去, 於斯二者何先?"
曰	"去食. 自古皆有死, 民無信不立."

評　　자공이 아니면 여쭐 수 없고, 공자가 아니면 대답할 수 없는 내용이다. ○"예로부터 누구나 한 번은 죽기 마련이다. 그러나 백성이 나라를 신뢰하지 않으면, 그 나라는 존립할 수가 없다."라고 하셨으니, 성인께서 도리(道理)를 보는 것이 바로 이처럼 투철하셨다.

非子貢不能問, 非孔子不能答. ○自古皆有死, 民無信不立, 聖人看道理, 直如此透徹.

遇　　장동초: "예로부터 누구나 한 번은 죽기 마련이다. 그러나 백성들이 나라를 신뢰하지 않으면, 그 나라는 존립할 수가 없다'라고 하셨으니, 천고의 생사를 다룬 안건들이 산처럼 쌓여 있는데, '신(信)'이 한 번 지나자 단칼에 두 조각이 나는구나!"

張侗初曰: "自古皆有死, 民無信不立, 千古生死, 立案如山, 信得過, 一刀兩斷."

극자성(棘子成) "군자는 내면의 바탕이 좋으면 될 뿐이니, 무에 밖으로 문채(文彩)를 꾸밀 것까지야 있겠는가."

자공 "애석하도다. 극선생의 군자에 대한 말씀이여! 네 마리 말이 끄는 마차도 한번 내뱉은 실언(失言)을 따라잡지 못하는 법이다. 문채가 바로 바탕이요, 바탕이 곧 문채이다. 만약 문채가 없다면, 털 뽑은 호랑이나 범의 가죽과 개나 양의 가죽은 구별할 수 없을 것이다."

棘子成曰 "君子質而已矣, 何以文爲?"

子貢曰 "惜乎, 夫子之說君子也! 駟不及舌. 文猶質也, 質猶文也. 虎豹之鞟猶犬羊之鞟."

評　　이 경문의 문자, 기묘하도다.

此篇文亦奇.

미비(眉批): 문채가 곧 바탕이요 바탕이 곧 문채이다. 문채와 바탕을 형량한 천고의 의론.

文猶質, 質猶文, 是千古論文質之衡.

遇　　이 장의 경문은 세상을 구제하고자 세운 논의로써, 모두 '내면의 바탕[質]'을 중시하는 마음이 들어 있다. 극자성은 문채를 제거함으로써 바탕을 확보하고자 하였으며, 자공은 문채를 보류함으로써 바탕을 분별하고자 하였다. 이는 모두 바탕을 본질로 삼고자 했을 뿐이니, 반드시 지나치게 폄하하거나 논박할 필요는 없다.

通章以救世立論, 俱是重質意. 子成欲去文以存質, 子貢欲留文以辨質.

總之皆爲質地耳, 不必過爲貶駁.

點睛 격발시킴이 있는 말씀이요, 마음을 상쾌하게 하는 의론이다. 이 하나가 없어서는 안 되며, 그렇다고 둘을 두어서도 안 된다.

有激之言, 快心之論, 不可無一, 不可有二.

———— 제9장 ————

애공이 유약(有若)에게 묻기를 "흉년이 들어 재정이 부족하니, 어찌하면 좋 겠는가?"

유약 "어찌하여 1할의 세금을 받는 철법(徹法)을 실행하지 않습니까?"

애공 "지금 2할의 세금을 받는데도 재정이 부족한데, 어찌하여 1할의 세 금만을 받으라고 하는가?"

유약 "백성들이 넉넉하면 군왕이 어찌 쪼들리겠으며, 백성들이 쪼들리면 군왕만이 어찌 넉넉할 수 있겠습니까."

哀公問於有若, 曰 "年饑, 用不足, 如之何?"

有若對曰 "盍徹乎?"

曰 "二吾猶不足, 如之何其徹也?"

對曰 "百姓足, 君孰與不足? 百姓不足, 君孰與足?"

評 유약의 말은 어긋나는 것 같지만 실로 바르고, 그 내용은 실제 와 부합되지 않은 것 같지만 실로 적절하도다.

其言似反而實正, 其意似迂而實切.

遇　　백성을 풍족하게 하는 것에 대하여 질문하니, 다음과 같이 답하였다.

　　"나라를 다스림은 나무를 심는 것과 유사하다. 위의 잎을 무성하게 하려면, 반드시 아래 뿌리에 물을 잘 주어야 할 것이다. 아래 뿌리가 마르면, 위의 잎은 말라서 타버릴 것이다. 군주가 위에 있고 백성은 아래에 있으니, 이는 다만 한 그루의 나무와 같다."

問百姓足. 曰:"治國, 猶種樹也. 欲榮其上, 必漑其下, 下枯而上則焦矣. 君上而民下, 只一樹也."

點睛　　만고에 없앨 수 없는 격언이자 좋은 계책, 마땅히 궁전에 새겨 놓아야 할 것이다.

格言良策, 萬古不刊, 當刻於宮殿.

―――― 제10장 ――――

자장이 덕을 높이고 미혹(迷惑)스러운 일을 분별하는 것에 대하여 여쭈었다.

공자　　"충심(忠心)과 신의를 근본으로 삼고 정의를 따르는 것이 덕을 높이는 것이다. 사람들은 누군가를 사랑할 땐 그가 장수(長壽)하였으면 하다가도, 미워지면 그가 빨리 죽기를 바란다. 그가 장수하였으면 하고 바라던 마음이 또 그가 죽었으면 하는 마음으로 바뀌니, 이것이 바로 미혹(迷惑)이다. 그래서 『시경』 소아(小雅) 「아행기야(我行其野)」에서도 '새 여자를 취함은 그녀가 부자라서가 아니라네. 다만 다른 여자이기 때문이었네'라고 한 것이다."

子張問崇德辨惑.

子曰　　　“主忠信, 徙義, 崇德也. 愛之欲其生, 惡之欲其死. 旣欲其生, 又欲其死,
　　　　　是惑也. '誠不以富, 亦祇以異.'"

評　　　이 경문을 살펴보면, 알맞지 않은 구절이 무엇이 있는가. 『시경』
의 구절은 공자가 자신의 뜻을 증명하기 위해서 인용한 것이니, 어찌 글
자마다 원시(原詩)에 의거하여 명확하게 풀이할 것이 있겠는가. 송대 유
학자들이 경전을 해석할 때, 그 큰 단점은 너무 명백하게 풀이하고자 하
는 데 있다.
就在此處, 有何不好. 引來證其意耳, 何必字字明白? 宋儒解書, 病在太
明白.
미비(眉批): 어리석음의 상태를 그린 듯이 묘사하도다.
畵出痴狀.

點睛　　네 개의 '그[其]' 자는, 바로 사랑하는 바와 미워하는 바의 경계
가 모두 자기의 마음이 변하여 나타난 것일 뿐임을 드러내어주고 있다.
똑같은 자기 마음인데, 드러난 바의 경계에 따라 상대를 사랑할 때는 그
가 살기를 바라고 상대를 미워할 때는 그가 죽기를 바란다. …… 이것이
미혹이 아니라면 무엇이겠는가.
四個其字, 正顯所愛所惡之境, 皆自心所變現耳. 同是自心, 所現之境,
而愛欲其生, 惡欲其死. …… 非惑而何?

—— 제11장 ——

제나라 경공이 공자에게 정치에 대하여 질문하였다.

공자	"군주는 군주 노릇을 하며, 신하는 신하 노릇을 하고, 아비는 아비 노
	릇을 하며, 자식은 자식 노릇을 하는 것입니다."
경공	"참으로 좋은 말이로다. 만일 군주가 군주 노릇을 못 하고, 신하가 신
	하 노릇을 못하며, 아비가 아비 노릇을 못하고, 자식이 자식 노릇을
	못한다면, 비록 곡식이 있다고 한들 내가 먹을 수 있겠는가."

齊景公問政於孔子.

孔子對曰 "君君, 臣臣, 父父, 子子."

公曰 "善哉! 信如君不君, 臣不臣, 父不父, 子不子, 雖有粟, 吾得而食諸?"

評　성인의 말씀은 순조롭고 평이하여 마치 별 뜻이 없는 듯하다.
그러나 질문자의 결점을 보완해주는 점에서 보면 매우 적절하다. 때문
에 듣는 자들은 부지불식간에 모골이 송연해진다.

聖人之言, 順理平鋪, 似無意者, 而極切來問者膏肓, 故不覺聽之骨悚.

遇　요승암: "예로부터 오늘날에 이르기까지 대강(大綱)이 바르지
않은데 그 나라를 다스릴 수 있는 자는 있지 않았다. 공자께서 군신과 부
자로써 답변하신 것은, 바로 위나라에 계실 적에 말씀하신 정명(正名)이
다."

姚承庵曰: "自古及今, 未有大綱不正而可爲國者. 君臣父子之對, 即正
名於衛之意."

──── 제12장 ────

공자	"한마디 말로 옥사(獄事)를 판결할 수 있는 사람은 자로일 것이다."

　　　　　　　　논어, 천년의 만남

한편 자로는 승낙한 일에 대해서는 머뭇거림이 없었다.

子曰   "片言可以折獄者, 其由也與!"

子路無宿諾.

評   이것을 기록한 자, 또한 영리하도다.

記者亦伶俐.

遇   소주국(小邾國)의 대부 역(射)이 구역(句繹) 땅을 가지고 노나라로 망명 와서 말하기를, "만일 계로(季路, 子路)가 나와서 약속한다면, 나는 맹약이 필요 없다."라고 하였다. 천승(千乘)의 나라에서 그 맹약을 믿지 않고 자로의 한마디 말을 믿었으니, 그의 말이 신임을 얻음이 이와 같았다. 그러므로 "옥사를 판결할 수 있다."라고 말씀하신 것이다.

小邾射以句繹奔魯, 曰: "使季路要我, 吾無盟矣." 千乘之國, 不信其盟, 而信子路之一言, 其言之取信若此. 故曰: "可以折獄."

―――― 제13장 ――――

공자   "송사를 판결하는 것은 나도 남처럼 할 수 있다. 그러나 중요한 것은 먼저 송사가 없게 하는 것이다."

子曰   "聽訟, 吾猶人也. 必也使無訟乎!"

評   공자의 크나큰 바람.

弘願.

遇　현인(자로)의 '한마디 말로 옥사를 판결함[折獄]'과 성인(공자)의 '송사 자체를 없게 하는 것[無訟]'에서 성인과 현인의 구분이 생겨난다. 총괄해서 말하자면, 백성들의 윗사람이 된 자는 다른 속임수나 기교가 필요 없다. 다만 큰일은 작은 일로 바꾸고 작은 일은 없는 일로 바꾸면, 백성들은 먹고 입음에 부족함이 없을 것이다.

賢人折獄, 聖人無訟, 此是聖賢階級. 總之爲民上者無他謬巧, 只是大事 化爲小事, 小事化爲無事, 便喫着不盡.

──── 제14장 ────

자장이 정치에 대하여 여쭈었다.

공자　"관리로서의 마음가짐을 게을리하지 말 것이며, 정령(政令)은 충실 하게 실행해야 할 것이다."

子張問政.

子曰　"居之無倦, 行之以忠."

評　자로를 대하여서는 먼저 '우선 노력을 해야 한다'라고 하신 뒤 에 '게으름이 없어야 한다'라고 말씀하셨다. 그러나 자장을 대하여서는 먼저 '게으름이 없어야 한다'고 하신 뒤에 '충실하게 실행해야 한다'라고 말씀하셨다. 참으로 사람에 따라 적절하게 가르침을 베푸셨도다.

對子路先說先勞, 後說無倦. 對子張先說無倦, 後說以忠. 眞是化工付物.

遇　황규양(黃葵陽): "자장은 외면에 힘쓰는 사람이었다. 때문에 공 자께서는 그가 내면과 외면에 동시에 힘쓰게 면려하신 것이다."

黃葵陽曰: "子張是務外的人, 故勉它以內外如一."

황규양(黃葵陽, 1541~1600): 이름은 홍헌(洪憲), 자는 무충(懋忠), 규양(葵陽)은 그의 호이다. 문장을 잘하기로 이름이 났으며, 일찍이 조선에 사신으로 와서 율곡 이이와 교분을 나누었다. 저서에 『주역집설(周易集說)』, 『조선국기(朝鮮國紀)』 등이 있다.

─── 제15장 ───

공자 "널리 글을 배우되 예의에 알맞게 행동한다면, 아마도 도리에서 멀어지지는 않을 것이다."

子曰 "博學於文, 約之以禮, 亦可以弗畔矣夫!"

評 간절하게 일러주시는 말씀.

丁寧.

─── 제16장 ───

공자 "군자는 남의 장점은 키워주고 남의 단점은 조장하지 않는다. 소인은 이와는 반대이다."

子曰 "君子成人之美, 不成人之惡. 小人反是."

評 묘사, 곡진하도다.

形容曲盡.

遇 군자는 남을 성취시켜주고 소인은 남을 질투한다고 하였는데,

오히려 이것은 두 번째 고려사항이다. 군자와 소인은 각자 그들의 본성대로 표현한 것이 저절로 이처럼 같지 않다. …… 이것은 각자의 본성에서 드러난 것이지, 다른 사람이 영향을 미쳐 이렇게 된 것은 아니다.

謂君子成就人, 小人妒忌人, 尙是第二念. 君子小人, 各自見其本性, 自然如此不同. …… 此是發於性情, 別人攙攝不得.

點睛 청컨대 각자 스스로에 대하여 생각해보시길!

請各各自思之.

———— 제17장 ————

계강자가 공자에게 정치에 대하여 질문하였다.

공자 "정치란 곧 올바름이니, 그대가 올바름으로 백성을 통솔한다면 누가 감히 바르지 않을 수 있겠습니까."

季康子問政於孔子.

孔子對曰 "政者正也, 子帥以正, 孰敢不正?"

評 준엄하신 말씀.

斬截.

遇 '통솔한다[帥]'라는 글자에는 '창도(倡導)', '솔선수범(率先垂範)'의 의미가 있다. 반드시 기강을 진작시키고 명분을 분명하게 한다는 각도에서 설명한 것이니, 이는 계강자 자신의 절실한 지점에서 말씀하신 것이다.

338

帥有倡率之義, 須從振紀綱, 肅名分説, 方切康子身上.

계강자가 도둑 많은 것이 걱정되어 공자에게 그 대처 방안을 질문하였다.

공자　　“만약 그대가 탐욕을 부리지 않는다면, 비록 상을 내린다고 하더라도 백성들은 도둑질하지 않을 것입니다.”

季康子患盜, 問於孔子.

孔子對曰　“苟子之不欲, 雖賞之不竊.”

評　　　도둑을 잘 잡는 노련한 포졸.

老捕快.

遇　　　진서산(眞西山): “위로 의관을 잘 차려입은 도적이 있은 다음에야, 아래로 방패와 창을 든 도적이 생겨난다.”

眞西山曰: “上有衣冠之盜, 然後下有干戈之盜.”

진서산(眞西山, 1178~1235): 이름은 덕수(德秀), 자는 경희(景希), 시호는 문충(文忠), 서산(西山)은 그의 호이다. 송대 강직한 명신으로 조정에서 명성이 자자했다. 또한 당대 최고의 주자학자로, 그가 지은 『대학연의(大學衍義)』는 『대학장구(大學章句)』에 비견한다는 평을 들었다. 저서로 『독서기(讀書記)』, 『서산문집(西山文集)』 등이 있다.

계강자가 공자에게 정치에 대하여 질문하기를 “만약 무도한 놈들을 죽여

백성들을 올바른 길로 나아가게 한다면, 어떻습니까?"

공자　　"그대는 정치를 한다면서 어찌 살육을 하려 하십니까. 그대가 선(善)

하려 한다면 백성들은 착해질 것입니다. 위정자의 덕은 바람 같고

백성들의 품성은 풀잎 같습니다. 풀 위에 바람이 불어오면, 풀은 반

드시 그리로 쏠리기 마련입니다."

季康子問政於孔子, 曰 "如殺無道, 以就有道, 何如?"

孔子對曰 "子爲政, 焉用殺? 子欲善而民善矣. 君子之德風, 小人之德草, 草上之

風必偃."

評　　　말 밖에 숨어 있는 공자의 속뜻: "죽이고자 한다면, 먼저 계강자

그대부터 죽어야 할 것이다."

言外有要殺先從子始意.

遇　　　계강자는 금강역사의 노여워하는 눈으로 여러 마구니를 항복

시키고자 하고, 공자는 보살의 부드러운 눈으로 육도중생에게 자비를

베풀고자 한다.

康子如金剛努目, 欲以攝伏群魔, 孔子如菩薩低眉, 欲以慈悲六道.

 제20장

자장　　"선비는 어찌해야 통달(通達)하였다고 할 수 있겠습니까?"

공자　　"무슨 말이냐? 네가 말하는 통달함이란?"

자공　　"나라에서도 명성(名聲)이 들리고, 집안에서도 명성이 나는 것입니

다."

　　　　　　　　　　　　　　　　　　논어, 천년의 만남

공자	"이것은 명성이지, 통달이 아니다. 통달한 자는 본바탕이 곧고 정의를 좋아하며, 남의 말과 얼굴빛을 잘 관찰하고, 남에게 자신을 낮출 것을 생각한다. 이렇기 때문에 나라에서도 통달하고 집안에서도 통달할 수 있을 것이다. 저 명성이 난 자는 겉으로만 어진 척하고 실제 행동은 어긋나며, 남들이 인자(仁者)라고 하는 것에 대하여 자처하면서 의심하지 않는다. 이렇기 때문에 나라에서도 명망이 있게 되고 집안에서도 명망이 있게 된다."
子張問	"士何如斯可謂之達矣?"
子曰	"何哉, 爾所謂達者?"
子張對曰	"在邦必聞, 在家必聞."
子曰	"是聞也, 非達也. 夫達也者, 質直而好義. 察言而觀色, 慮以下人. 在邦必達, 在家必達. 夫聞也者, 色取仁而行違, 居之不疑. 在邦必聞, 在家必聞."

評 　분석이 명료하시다. ○이날 자장의 등에는 땀이 흥건했을 것이다.
剖析分明. ○子張當日汗浹背矣.

방비(旁批): 병(자공의 단점)에 대한 처방약(가르침).
對病下藥.

遇 　'명성[聞]'은 저 사람으로부터 들리는 것이니, 외부에서 이르러 들리는 것이다. '통달[達]'은 나로부터 통달하는 것이니, 내면으로부터 나와서 통달하는 것이다.
聞者自彼聞, 聞從外而至, 達者自我達, 達由中而出.

진정으로 좋은 스승이니, 금사(金沙, 丹藥)를 남용하지 않고 병에 맞는 약을 처방하셨도다.

眞正好先生, 金沙不濫, 藥病灼然.

─── 제21장 ───

번지가 기우단(祈雨壇) 아래에서 공자를 따라 노닐다가 여쭈기를 "감히 묻사오니, 어찌해야 덕을 높이고 악함을 제거하며 미혹한 일을 변별할 수 있습니까?"

공자 "좋은 질문이로다! 일을 먼저 하고 얻는 것을 뒤로 여기는 것이 덕을 높이는 것이 아니겠느냐. 자신의 나쁜 점은 따지고 남의 나쁜 점은 따지지 않는 것이 악함을 제거하는 것이 아니겠느냐. 한때의 분노를 참지 못하여 자신을 망각하고 이로 인해 그 해로움이 어버이에게까지 미치게 하는 것이 바로 미혹이 아니겠느냐."

樊遲從遊於舞雩之下, 曰 "敢問崇德, 修慝, 辨惑."

子曰 "善哉問! 先事後得, 非崇德與? 攻其惡, 無攻人之惡, 非修慝與? 一朝之忿, 忘其身以及其親, 非惑與?"

評 이 말씀은 번지의 결점을 교정하는 가르침이면서, 또한 대중들을 향한 가르침이기도 하다.

此是樊遲之藥, 亦大衆之藥.

遇 '덕(德)', '악함[慝]', '미혹[惑]'이라는 글자는 모두 마음에 뿌리를 두고 있다. '한 마음[一心]'으로 먼저 일을 해나가면 덕이 날마다 일어

나고, '오롯한 마음[專心]'으로 악을 제거해나가면 악함이 날로 사라지며, '인내하는 마음[耐心]'으로 분노를 제어하면 미혹이 날마다 해소될 것이다. 대저 성인께서 사람을 가르칠 때, 다만 마음에서 공부하게 하였지 바깥에서 추구하도록 하지 않으셨다.

德字, 愿字, 惑字, 皆從心. 一心去先事, 則德日起, 專心去除惡, 則愿日消, 耐心去懲忿, 則惑日解. 大抵聖賢教人, 只在心上做工夫, 不在外邊討求.

—— 제22장 ——

번지가 인에 대하여 여쭈었다.

공자　"사람을 사랑하는 것이다."

다시 지혜에 대하여 여쭈었다.

공자　"사람을 알아보는 것이다."

번지가 이해를 못하였다.

공자　"정직한 사람을 등용하여 바르지 못한 사람 위에 둔다면, 바르지 못한 사람들이 정직하게 될 것이다."

그런데 번지는 여전히 이해하지 못하고 물러나왔다가 자하를 보게 되었다.

번지　"이전에 내가 선생님을 뵙고 지혜에 대하여 여쭈니, 선생님께서 '정직한 사람을 등용하여 바르지 못한 사람 위에 둔다면, 바르지 못한 사람들이 정직하게 될 것이다'라고 하셨는데, 이 무슨 말씀입니까?"

자하　"의미가 풍부한 말씀이로군요! 순임금이 천하를 소유하시고서 대중들 사이에서 고요(皐陶)를 뽑아 등용하시니, 불인(不仁)한 자들이 멀리 가버렸습니다. 그리고 탕임금도 대중들 사이에서 이윤(伊尹)을 뽑아 등용하시니, 불인한 자들이 멀리 가버렸습니다."

樊遲問仁.

子曰　　　"愛人."

問知.

子曰　　　"知人."

樊遲未達.

子曰　　　"擧直錯諸枉, 能使枉者直."

樊遲退, 見子夏.

曰　　　　"鄕也, 吾見於夫子而問知, 子曰: '擧直錯諸枉, 能使枉者直.' 何謂也?"

子夏曰　　"富哉言乎! 舜有天下, 選於衆, 擧皐陶, 不仁者遠矣. 湯有天下, 選於衆,

　　　　　　擧伊尹, 不仁者遠矣."

評　　　 번지는 선생님을 직접 뵙고서도 그 말씀의 의미를 놓쳤는데, 자
하는 번지에게 그 말씀을 듣고서 바로 의미를 깨쳤으니, 두 사람의 경지
를 알 만하다. 때문에 공자께서 "중(中) 이상이 되는 사람에게만 최상의
도리를 말해줄 수 있다."라고 말씀하셨다.

樊遲觀面而失, 子夏聞言而悟. 二子地步何如? 所以夫子曰 "中人以上,
可以語上也."

遇　　　 장동초: "천하의 위대한 인자(仁者)는 원래 위대한 지혜에서 만
들어진다. …… 지혜로 분별하는 지점에서 바야흐로 천하 사람들을 고
무시킨다. 상벌(賞罰)이 분명하지 않고 취사(取捨)가 합당하지 않으며 현
자(賢者)와 불초(不肖)한 사람들이 뒤섞여 조정에 서 있다면, 영원히 천
하는 다스려지지 않을 것이다. 여기서 인(仁)과 지(知)가 원래 하나임을

볼 수 있으니, 서로를 보완해주는 개념으로 말할 수는 없다."

張侗初曰: "天下大仁, 原是大智做的. …… 智分別處, 方能鼓舞天下也.
賞罰不明, 取捨不當, 賢不肖混立於朝, 千古不能治天下. 可見仁知原是
一件, 說不得相成."

제23장

자공이 벗을 사귀는 도리에 대하여 여쭈었다.

공자   "잘못이 있으면 충고를 하여 잘 인도하되, 듣지 않으면 그만두어야
한다. 자신이 모욕당하는 지경까지 이르러서는 안 된다."

子貢問友.

子曰   "忠告而善道之, 不可則止, 無自辱焉."

評   "듣지 않으면 그만두어야 한다. 자신이 모욕당하는 지경까지 이
르러서는 안 된다."는 말씀은 성현의 도에 해당하지만, 호걸의 마음가짐
은 아니다.

"不可則止, 無自辱焉." 當聖賢之道, 不當豪傑之心.

遇   이충일: "'듣지 않으면 그만두어야 한다'는 것은 친구를 버리는
것이 아니다. 충고할 기회가 이르지 않아 잠시 기다렸다가 뒷날을 도모
하는 것이다. 만약 자주 충고하다가 모욕을 당하는 데 이르면, 친구의 허
물을 무겁게 할 뿐 아니라 이로 인하여 절교하게 되면 가망이 없게 된다.
이 경문은 시종 친구의 삶을 성취시켜주고자 하는 것이지, 절교하는 것
은 아니다."

李卓一曰: "不可則止, 非棄之也. 機未投, 且俟之, 尙可後圖. 若數而至辱, 不惟重友之過, 且恐因此自絶, 無可望矣, 始終是欲成就之."

點睛　자신이 모욕당하게 하면 도리어 친구에게도 누를 끼치게 되기 때문에 이러면 안 되는 것이다. 만약 근기에 따라 사종(四種)의 법문으로 성취시켜줌을 안다면, 바야흐로 자신도 이롭고 남도 이롭게 할 수 있다.

自辱則反帶累朋友, 所以不可. 若知四悉隨機, 方可自利利他.

증자　"군자는 글로써 벗을 모으고, 그 벗으로써 인을 북돋운다."

曾子曰　"君子以文會友, 以友輔仁."

評　봄에는 꽃 피고 가을에는 열매 맺힌다. 증자의 이 말씀, 이 둘을 모두 가졌도다.

春華秋實, 兩有之.

遇　무릇 일상에서 보이는 것은 모두 '문(文)'이다. …… 이런 것들은 모두 찬란하게 형체를 가지고 있다. 그 찬란한 형체 중심에 나아가 보면, 참되고 절실하며 항상 존재하는 그 무엇이 있다. 마치 혈맥이 사지를 흘러가듯, 봄볕이 온갖 꽃에 스며들어 있듯, 생생한 생명력으로 끊이지 않는 것, 이것이 바로 '인(仁)'이다.

凡日用可見處, 都是文. …… 有箇粲然者在, 而就其粲然中, 有眞切不容自已處, 如血脉在四肢, 如春光在紅紫, 生生不斷, 這個是仁.

자
로

子路

자로가 정치에 대하여 여쭈었다.

공자　　"솔선수범하고 수고로운 일을 기꺼이 해야지."

자로가 몇 마디 말씀을 더 청하였다.

공자　　"이렇게 함을 게을리하지 말거라."

子路問政.

子曰　　"先之勞之."

請益.

曰　　"無倦."

評　　'몇 마디 말씀을 더 청하는 것'이 바로 '게으름'의 뿌리이다. 때문에 공자께서 곧바로 '이렇게 함을 게을리하지 말거라'라는 말씀을 덧붙이셨다.

請益處, 便是倦根, 故卽以無倦益之.

點睛　　'솔선수범하다[先之]'는 것은 그 처음을 시작하는 것이며, '수고로운 일을 하다[勞之]'는 것은 그 마지막을 고려하는 것이요, '게을리하지 말라[無倦]'는 것은 정신이 마지막과 처음을 관철하는 것이다.

先之, 創其始也, 勞之, 考其終也, 無倦, 精神貫徹於終始也.

──── 제2장 ────

중궁이 계씨의 집사장이 되고서는, 정치에 대하여 여쭈었다.

공자   "벼슬아치들에게 먼저 적절한 직무를 맡기고서 작은 잘못이 있으면 용서해주거라. 그리고 현명한 인재들을 등용하거라."

중궁   "어찌해야 현명한 인재를 알아보고 등용할 수 있을까요."

공자   "네가 아는 현명한 이를 등용하면, 네가 모르는 이를 남들이 버려두겠느냐."

仲弓爲季氏宰, 問政.

子曰   "先有司, 赦小過, 擧賢才."

曰   "焉知賢才而擧之?"

曰   "擧爾所知, 爾所不知, 人其舍諸."

評   매우 간단하도다.

簡甚.

遇   요승암: "정치를 논할 때는 대체(大體)를 아는 것을 귀중하게 여긴다. '벼슬아치들에게 먼저 적절한 직무를 맡긴다'는 세 구절은, 바로 정치의 대체이다. 네가 아는 현명한 이를 등용하면 알지 못하는 사람은 타인들이 추천해줄 것이니, 이 또한 현자와 재주 있는 이를 등용하는 대체이다. 중궁이 체득한 가장 큰 것은 바로 '간(簡)'이란 한 글자에 있으므로, 공자께서도 또한 간단한 내용으로 말해준 것이다."

姚承庵曰: "論政者, 貴識體. 先有司三句, 是政之大體. 擧爾所知, 而所不知者, 付之它人, 亦擧賢才之大體. 蓋仲弓得力, 全在一簡, 故夫子亦與之言簡."

자로	"위나라 임금이 선생님께 정치를 맡기신다면, 선생님은 가장 먼저 무엇을 하시겠습니까?"
공자	"나는 반드시 명분을 바로잡을 것이다."
자로	"그럴 수 있겠습니까? 선생님, 현실과 너무 거리가 먼 말씀이십니다. 왜 이것부터 바로잡으려 하시는지요?"
공자	"어찌 이리도 촌스러우냐, 자로야! 군자는 모르는 것에 대해서는 잠자코 있느니라. 명분이 바르지 않으면 말이 순조롭지 않고, 말이 순조롭지 않으면 일이 이루어지지 않으며, 일이 이루어지지 않으면 예악이 흥성(興盛)하지 않고, 예악이 흥성하지 않으면 형벌이 제대로 시행되지 않으니, 형벌이 제대로 시행되지 않으면 백성들은 손발을 둘 데가 없게 된다. 때문에 군자는 명분이 있으면 반드시 말을 하고, 말을 하면 반드시 실천한다. 군자는 자신의 말에 구차함이 없도다."
子路曰	"衛君待子而爲政, 子將奚先?"
子曰	"必也正名乎!"
子路曰	"有是哉, 子之迂也, 奚其正?"
子曰	"野哉由也! 君子於其所不知, 蓋闕如也. 名不正, 則言不順, 言不順, 則事不成, 事不成, 則禮樂不興, 禮樂不興, 則刑罰不中, 刑罰不中, 則民無所措手足. 故君子名之必可言也, 言之必可行也. 君子於其言, 無所苟而已矣."

評　"선생님께서 위나라 임금을 도우실까요?"라고 누가 말하였는가?
誰說夫子爲衛君乎?

방비(旁批): 이 얼마나 훌륭한 안목인가!

何等手眼!

遇　　성인께서 '명분을 바로잡는 것[正名]'으로 위나라의 난리를 구제하고자 하셨으니, 이는 맹자가 '살인하기를 좋아하지 않는 자'가 천하를 통일할 것이라는 말과 동일한 것이다. 이 모두는 그 병이 발생한 원인을 탐구하여 약 처방을 내린 것이다. 이 약을 복용하면 병이 치료될 것이니, 성현은 애초 헛된 말을 하지 않으셨다. 예로부터 기강이 혼란하였던 조정에는 반드시 크게 살육이 일어나서, 사람들의 마음에 재갈을 물리었다. 그러므로 공자께서 '형벌이 제대로 시행되지 않으면'이라는 말씀을 들어서 거론하신 것이다.

　　우리 명나라 초기, 연왕(燕王) 주체(朱棣)가 정난(靖難)의 이름으로 거병하여 조정을 차지하였을 때, 명분이 바르지 않고 말이 순하지 않았기 때문에 충의로운 가문을 멸족시켜서 얼마나 많은 생목숨을 죽였던가!

聖人以正名救衛亂, 如孟子以不嗜殺人一天下, 都是窮其病之所始而藥之. 藥到病除, 聖賢初非誑語. 古來亂倫滅紀之朝, 必大肆殺戮, 以箝服人心, 故單擧刑罰不中來說. 如我明靖難朝, 只爲不正不順, 蔓抄赤族, 不知殺害多少生靈!

—— 제4장 ——

번지가 농사짓는 법을 배우고자 하였다.

공자　　"나는 늙은 농부보다 못하니라."

이에 번지가 채소 가꾸는 법을 배우고자 하였다.

공자　　"나는 늙은 채마지기보다 못하니라."

대화가 끝나자 번지가 나갔다.

공자　　"자잘한 소인이구나, 번지여. 윗사람이 예를 좋아하면 백성들은 공
경하지 않는 이가 없고, 윗사람이 의를 좋아하면 백성들은 복종하지
않는 이가 없으며, 윗사람이 신의를 좋아하면 백성들은 진실하지 않
은 이가 없는 법이다. 윗사람이 이 같으면 사방의 백성들이 아기를
업고서 몰려올 것이다. 농사짓는 법이 무에 필요하겠는가!"

樊遲請學稼.

子曰　　"吾不如老農."

請學爲圃.

曰　　　"吾不如老圃."

樊遲出.

子曰　　"小人哉, 樊須也! 上好禮, 則民莫敢不敬, 上好義, 則民莫敢不服, 上好
信, 則民莫敢不用情. 夫如是, 則四方之民襁負其子而至矣, 焉用稼!"

評　　이 백성들을 어찌 잊을 수 있겠는가. 그런데도 농사짓고 채소
가꾸는 것을 배우려 하다니, 번지는 참으로 소인이로다.

斯民何可忘也. 乃學稼圃, 眞是小人.

遇　　　농사, 채소 가꾸기는 군자가 하는 사업이 아니다. 번지의 마음
에는 이에 대한 기호가 있기에, 공자께서 '소인(小人)'이라는 두 글자를
들어서 그의 학문의 근원을 논파하신 것이다. 아래 단락에서는 오로지
대인(大人)의 경세치용의 큰 학문의 의미를 말씀하신 것이 투철한데, 만
약 이 문구를 위정자와 백성들이 서로 감응(感應)하는 말씀이라고 해석

한다면, 이는 노비를 돌아보느라 주인을 잃는 격이다.

老農老圃, 畢竟非君子之所托業. 樊遲胸中實有是癖, 故又特爲點出小人
兩字, 以破其學問種子. 下節全要把大人經世大學意説得透徹, 若只講上
下感應話頭, 便顧奴失主.

제5장

공자   "『시경』 삼백 편을 외운다고 하더라도, 정치를 맡겼는데 잘 처리하

지 못하거나, 사방의 나라에 사신 보냈을 때 혼자서 잘 응대해나가

지 못한다면, 많이 외운들 무슨 소용이겠는가."

子曰   "誦『詩』三百, 授之以政, 不達, 使於四方, 不能專對, 雖多, 亦奚以爲?"

評   오늘날 『시경』을 암송하는 자, 어찌해야 정치를 잘하며 또 어찌

해야 사신으로서 홀로 잘 응대해 나갈지를 생각해보아야 할 것이다. 이

래야만 비로소 『시경』 삼백 편의 의미를 저버리지 않는 것이다.

今之誦『詩』者, 試思何以達政, 何以專對, 始不負三百矣.

遇   옛사람들의 독서는 한 구절 한 글자를 익혀 평생 동안 적용해

도 다 쓰지를 못하였는데, 하물며 『시경』 삼백 편을 익힘에 있어서랴. 정

치를 맡겼는데 잘 처리하지 못하거나 사신으로 나가 혼자 잘 응대해나

가지 못한다면, 두 다리 책장과 무슨 다를 것이 있겠는가. 때문에 정자는

이렇게 말하였다. "사람이 『논어』를 읽지 않았을 때도 이 정도 사람이고,

『논어』를 읽고 나서도 예전과 같은 정도의 사람이라면, 이 사람은 『논

어』를 읽지 않은 것이다."

古人讀書, 只一句一字, 且終身用之不盡, 何況誦『詩』三百乎? 乃授政不達, 不能專對, 與兩腳書廚亦復何異? 故程子曰: "凡人未讀『論語』時, 是這樣人, 讀過『論語』時, 仍舊是這樣人, 此人只當不曾讀得『論語』."

──── 제6장 ────

공자 "자신이 바르면 명령을 내리지 않아도 시행될 것이고, 자신이 바르지 않으면 명령을 내려도 따르지 않을 것이다."

子曰 "其身正, 不令而行, 其身不正, 雖令不從."

評 통쾌하신 말씀!

痛快!

遇 당나라 대종(代宗)이 청렴한 양관(楊綰)을 재상으로 임명하여 정사를 맡겼다. 이때 명장 곽자의(郭子儀)가 이 소식을 듣고서는 마침 성대한 잔치를 벌여 손님을 맞이하고 있다가, 그 자리에 있던 기생들 10분의 4를 물러가게 하였다. "자신이 바르면 명령을 내리지 않아도 시행될 것이다."라는 경문의 하나의 실례가 될 것이다.

唐使楊綰爲政, 郭汾陽聞之, 方盛筵宴客, 遂徹座間聲伎十分之四, 不令而行, 此是一證.

──── 제7장 ────

공자 "노나라와 위나라 정치, 마치 형제국 같구나!"

子曰　　"魯衛之政, 兄弟也."

評　　무한한 감개가 서렸도다.
無限感慨.

遇　　세상에서는 노나라와 위나라가 좋지 않게 변한 것의 유사성을 비교하여 마치 형제 같다고 이 경문을 해석하였으나, 이는 공자의 본의를 알지 못한 것이다. 이 경문의 참뜻은 노나라 주공과 위나라 강숙의 유풍이 아직 남아 있는데도 이 두 나라가 떨쳐 일어나지 못하므로, 그 쇠퇴함을 탄식하고 애석해하며 바라는 뜻이 들어 있는 것으로 보아야 할 것이다.
世解兄弟, 都把魯衛不好事來較量, 不知夫子本意. 正爲周公康叔之遺風猶在, 而無振起之故, 嘆其衰, 有惜之意, 有望之意.

───── 제8장 ─────

공자께서 위나라 공자 형(荊)을 두고 이처럼 말씀하셨다. "그는 참 집안 살림살이를 잘하는구나. 처음 살림이 모이자 '그럭저럭 모였구나'라고 하며, 조금 더 느니까 '완비가 되었구나'라고 하며, 부유해지자 '보기 좋구나'라고 하였다."
子謂衛公子荊　"善居室. 始有曰: '苟合矣.' 少有曰 '苟完矣.' 富有曰: '苟美矣.'"

評　　오늘날 집안 살림살이를 하는 자, 이처럼 할 수 있을까?
今之居室者能如是否?

요승암: "'구(苟)'자는 세속에서 '아쉬운 대로 그럭저럭[將就]'이라고 말하는 상투어와 유사하다. '의(矣)'자는 여기에서 그치고 다시 더 이상 바라지 않는다는 말이다."

姚承庵曰:"苟者猶俗云將就歇的話. 矣是止於是而不復過望之詞."

—— 제9장 ——

공자께서 위나라로 가시는데, 염유가 수행하였다.

공자　"위나라에는 백성들이 참 많구나!"

염유　"백성들이 많아졌으면, 또 무엇을 더 해줘야 합니까?"

공자　"부자가 되게 해주어야지."

염유　"부자가 되고 나면, 또 무엇을 더 해줘야 합니까?"

공자　"그러고 나서는 잘 가르쳐야지."

子適衛, 冉有僕.

子曰　"庶矣哉!"

冉有曰　"旣庶矣, 又何加焉?"

曰　"富之."

曰　"旣富矣, 又何加焉?"

曰　"敎之."

評　수레 안에서의 문답, 만고의 경륜이로다.

一車問答, 萬古經綸.

遇　심무회: "'많구나!'라는 세 글자에 '부(富)'와 '교(敎)'에 대한 언

급은 없지만, 무궁한 심정과 사무가 이미 그 가운데 모두 구비되어 있다. 공자께서 이 말씀을 하실 때를 생각해보라. 그 천하 경륜의 포부가 우주에 가득하도다."

沈無回曰: "庶矣哉三字, 夫子即不言富教, 而無窮情事已盡備其中矣. 想夫子出口時, 直是經綸滿宇宙."

─────── 제10장 ───────

공자　　"만약 나를 써주는 자 있다면, 일 년 정도라도 좋다. 만약 삼 년 정도면 성공도 할 것이다."

子曰　　"苟有用我者, 朞月而已可也, 三年有成."

評　　노파심 간절도 하구나. ○확실한 근거가 있다. 어찌 헛된 말씀이겠는가!

老婆心切. ○鑿鑿可據, 豈浪言者?

遇　　주계후: "공자께서는 진실로 당시 시국을 만회할 수 있다고 보셨다. 그러므로 일 년이나 삼 년의 시간을 짐작하여 그 기간을 확정한 것이니, 이 경문을 당시 비루한 세상에 대한 조롱으로 읽어서는 안 된다. 공자의 의중은 '삼 년'이라는 문구에 실려 있다.

周季侯曰: "夫子實見得當世時局儘可挽回, 故斟酌於期月, 三年之間, 定個程期, 非只以此解當年累世之嘲也. 夫子意重三年句."

논어, 천년의 만남

제11장

공자　"선한 사람이 잇달아 백 년간 나라를 다스리면, 잔악한 백성들을 감화시키며 사람 죽이는 형벌을 없앨 수 있다'라고 하는데, 참으로 옳은 말이로다."

子曰　"善人爲邦百年, 亦可以勝殘去殺矣. 誠哉是言也."

評　'사람을 죽인다'는 말, 매우 참담하도다. ○'참으로 옳은 말이로다'라는 구절은 그 말을 칭찬한 것이 아니라, 그런 사람을 칭찬한 것이다.
殺字慘甚! ○誠哉是言, 非贊言也, 贊人也.

遇　주계후: "춘추시대에 이르러 오로지 잔혹함을 숭상하니, 이는 하나의 살육의 세계였다. 공자께서는 참담한 마음으로 비통하였기에 멀리 옛사람의 말에 생각을 붙이신 것이다. 그리하여 '반드시 성왕이 다스리던 시대가 아니라면, 곧 선인이 다스릴 수 있더라도 잔악한 백성을 감화시켜 사람 죽이는 형벌을 없앨 수 있을 것이다'고 하셨으니, 한 글자에 한 방울의 눈물이 맺혀 있도다."

周季侯曰: "時至春秋, 專尚殘酷, 一片俱是殺業世界. 夫子慘然有痛於心, 故慨然遐想古人之言, 謂不必聖王制世, 便得善人, 亦可以勝殘去殺, 此一字一滴淚也."

點睛　살생의 죄업(罪業)을 깊이 마음 아파하고, 선인(善人)을 매우 그리워하셨다.
深痛殺業, 深思善人.

공자　　"지금은 성왕(聖王)이 나타난다 하더라도, 반드시 한 세대가 지나야
　　　　백성들을 어질게 할 수 있을 것이다."

子曰　　"如有王者, 必世而後仁."

評　　당시 국가의 형세와 백성들의 기풍을 알 수 있다.

見當時國勢民風如此.

遇　　여기서 '왕(王)'은 도를 일으키고 정치를 잘하는 왕을 말함이지,
천명을 받은 왕이 아니다. 또한 여기서 '인(仁)'도 다른 곳에서의 용례와
다르니, 이는 교화가 두루 퍼져서 한 사람도 철저하게 젖어들지 않음이
없다는 의미이다. 한(漢)나라의 고조와 혜제의 노력은 문제와 경제에 이
르러 드러났고, 주나라의 문왕과 무왕의 노력은 성왕과 강왕에 이르러
확산되었으니, 이것은 모두 기다림의 결과이다.

王者, 謂興道致治之王者, 非受命之王者也. 此仁字與它處不同, 是教化
浹洽, 無人不貫徹底意思. 漢之高惠至於文景, 周之文武, 至於成康, 皆
是其候.

點睛　　사바세계인 오탁악세(五濁惡世)의 백성들을 감화시켜 제도하기
가 매우 어렵다는 것을 볼 수 있다.

可見五濁甚難化度.

───── 제13장 ─────

공자	"참으로 제 몸이 바르다면 정치함에 무슨 어려움이 있겠는가. 제 몸이 바르지 못하다면 남인들 바로잡을 수 있겠는가."
子曰	"苟正其身矣, 於從政乎何有? 不能正其身, 如正人何?"

評	시원하고 명확하신 말씀.
爽明.	

遇	「안연」 17장의 '정치란 곧 위정자의 올바름'이란 경문의 주석이다.
爲政者, 正也, 下一註脚.	

───── 제14장 ─────

염유가 조정에서 퇴근하였다.

공자	"왜 늦었느냐?"
염유	"예, 정사가 있었습니다."
공자	"아마 계씨의 사적인 일이겠지. 만약 나라의 정사가 있었다면 내 비록 그 직책에 있지는 않으나, 나도 함께 그 내용을 들었을 것이다."

冉子退朝.

子曰	"何晏也?"
對曰	"有政."
子曰	"其事也. 如有政, 雖不吾以, 吾其與聞之."

評 한 글자도 보탤 수 없다.

一字不肯假借如此.

遇 이렇게 말씀하여서 계씨에게 경고하고 염유를 깨우치셨다. 또한 천지의 사이에 이 대의(大義)를 보존하여, 후일 『춘추』 저작의 '밑받침[張本]'이 되게 하셨다.

借此言以警季氏, 悟冉有, 亦欲存此義於天地之間, 便是後日作『春秋』張本.

──── 제15장 ────

정공(定公) "나라를 흥성케 할 한마디 말이 있다고 하는데, 그런 말이 있습니까?"

공자 "어떤 말이라도 이런 효과를 기대할 수는 없습니다. 그러나 사람들이 흔히 '임금 노릇 하기 어렵고, 신하 노릇 하기 어렵다'라고 합니다. 만약 임금 노릇 하기 어려운 줄 안다면, 이 한마디가 아마 나라를 흥성케 할 수도 있지 않겠습니까."

정공 "나라를 망하게 할 수 있는 한마디 말이 있다고 하는데, 그런 말이 있습니까?"

공자 "어떤 말이라도 꼭 이렇다고는 할 수 없을 것입니다. 그러나 사람들이 흔히 '내가 임금 되어 달리 기쁜 것은 없고, 오직 내가 말을 하면 반대하는 이가 없는 것은 즐겁다'라고 합니다. 만약 임금 자신이 하는 말이 좋아서 반대하는 이가 없다면 이는 좋은 것입니다. 그러나 자신의 말이 좋지 않은데도 반대하는 이가 없다면, 이 한마디의 말이야말로 아마 나라를 망하게 할 수도 있지 않겠습니까."

논어, 천년의 만남

定公問 　　"一言而可以興邦, 有諸?"

孔子對曰 "言不可以若是其幾也. 人之言曰: '爲君難, 爲臣不易.' 如知爲君之難
　　　　　也, 不幾乎一言而興邦乎?"

曰 　　　"一言而喪邦, 有諸?"

孔子對曰 "言不可以若是其幾也. 人之言曰: '予無樂乎爲君, 唯其言而莫予違也.'
　　　　　如其善而莫之違也, 不亦善乎? 如不善而莫之違也, 不幾乎一言而喪
　　　　　邦乎?"

評　　　정공이 '말'에서 흥망의 이치를 구하고자 하였는데, 공자는 '위
정자 자신'에게서 그 이치를 찾아 답하였도다. "어떤 말이라도 이런 효과
를 기대할 수는 없습니다.", "아마 ~ 하지 않겠습니까."라는 구절이 바로
'위정자 자신'에게서 흥망의 이치를 구한 지점이다.

定公求之言, 孔子求之身. 不可以若是其幾也, 不幾乎, 正求之身處.

遇　　　진서산: "자사가 위나라 제후에게 말하기를, '임금의 나랏일이
날로 잘못되어 가고 있습니다. 임금이 말하면서 옳다고 하면, 경대부(卿
大夫)는 감히 그 잘못됨에 대하여 논의하지 못합니다. 그리고 경대부가
말하면서 옳다고 하면, 사(士)와 서인들은 감히 그 잘못됨에 대하여 논
의하지 못합니다'라고 하였다. 이것이 바로 위의 경문의 '오직 내가 말을
하면, 나에게 반대하는 이가 없다'는 것이다. 만약 이러하다면 망하지 않
을 나라가 없으니 경계하지 않을 수 있겠는가!"

眞西山曰: "子思之告衛侯曰: '君之國事, 將日非矣. 君出言自以爲是,
而卿大夫莫敢議其非, 卿大夫出言自以爲是, 而士庶人莫敢議其非.' 此
所謂唯予言而莫予違也. 苟如是, 未有不亡, 可不戒哉!"

제16장

초(楚)나라 섭공이 정치에 대하여 물었다.

공자　　“정치를 잘하면 가까이 있는 사람은 기뻐하고, 먼 데 있는 사람은 올
　　　　것입니다.”

葉公問政.

子曰　　“近者說, 遠者來.”

評　　천박한 인간, 그들에게는 먼저 효과를 말해주어야 한다.
淺人只與他說效.

遇　　『공자가어(孔子家語)』「변정(辨政)」: “(공자께서 자공에게 말하기
를) 형(荊, 楚)나라의 국토는 넓고 도성은 협소하니, 백성들은 떠나고자
하는 마음이 있어서 그 거처를 편안하게 여기지 않고 있다. 그러므로 초
나라 섭공에게 ‘정치란, 가까이 있는 사람은 기뻐하게 하고, 먼 데 있는
사람은 오게 하는 것입니다’라고 답한 것이다.”
『家語』曰: “夫荊之地廣而都狹, 民有離心, 莫安其居, 故曰政在悅近而
來遠.”

제17장

자하가 거보 땅의 고을 원이 되어서 정치에 대하여 여쭈었다.

공자　　“빨리 이루고자 욕심내지 말 것이며, 작은 이익에 집착하지도 말거
　　　　라. 빨리 이루고자 하면 제대로 할 수 없고, 작은 이익에 집착하면 큰

일을 성취할 수 없을 것이다."

子夏爲莒父宰, 問政.

子曰　"無欲速, 無見小利. 欲速則不達, 見小利則大事不成."

評　천고의 지극한 진리의 말씀!

千古至言!

遇　일을 함에 제일의 덕목은 번뇌를 인내하는 마음이다. 일체의 좌절, 곤란, 기쁨, 사랑의 양상은 모두 인내를 하면 지나가니, 이는 국가 경영의 좋은 수단이다. 만약 격동하여 위로 올라가게 되면, 이르는 곳마다 성취는 결국 한계가 있게 될 것이다.

做事第一要耐煩心腸, 一切跌磕, 蹭蹬, 歡喜, 愛慕景象, 都忍耐過去, 纔是經綸好手. 若激得動, 引得上, 到底結果有限.

點睛　마음을 보려고 하는 자, 마땅히 이 구절로써 지침을 삼아야 할 것이다.

觀心者, 亦當以此爲箴.

─── 제18장 ───

섭공이 공자에게 말하기를　"우리 마을에 정직한 이가 있는데, 그 아비가 양을 훔치니 그 아들이 증언하였습니다."

공자　"우리 마을의 정직한 이는 이 사람과 다릅니다. 아비는 자식을 위해 숨겨주고 자식은 아비를 위해 숨겨줍니다. 아마 정직은 이런 가운데 있겠지요."

葉公語孔子, 曰 "吾黨有直躬者, 其父攘羊, 而子證之."

孔子曰 "吾黨之直者異於是. 父爲子隱, 子爲父隱, 直在其中矣."

評 섭공은 애초 '정직'이란 글자의 의미를 모른다.

葉公原不識直字.

遇 주계후: "정직이란 최초의 한 생각이 솟아오르는 데서 나오는 것이다. 두 번째 생각에서 나온 것이라면 이는 이미 변질된 것이다. 부자간에 서로 숨겨주려는 것은 꿈속에서도 이러하거늘, 생각하고 의논한 뒤에 숨겨줄 것은 없다. 그러므로 '정직함이 그 가운데 있다'고 말한 것이니, 주자의 주석에서 '정직하기를 구하지 않는다'는 네 글자는 매우 적절하고도 이치에 딱 들어맞는 말이다."

周季侯曰: "直者, 率其最初第一念而出之者也. 纔落第二念, 早已有轉折矣. 在父子相隱, 卒然夢寐之中, 亦自如此, 不必着擬議而後隱也. 故曰: '直在其中.' 註不求爲直四字, 說得直截醒快."

———— 제19장 ————

번지가 인에 대하여 여쭈었다.

공자 "집안에서는 공손하고, 일할 때는 집중하며, 남과 사귈 때는 충심이어야 한다. 이것은 오랑캐 땅에 가더라도 버려서는 안 된다."

樊遲問仁.

子曰 "居處恭, 執事敬, 與人忠. 雖之夷狄, 不可棄也."

논어, 천년의 만남

評　　　성인의 말씀, 곧바로 근원에 도달하도다.

聖人說話, 直是到底.

遇　　　탕곽림: "이 경문 전체를 한 덩어리의 언어로 보면, 끝 구절이
바로 위의 세 구절로부터 와서 결론지은 말이다. 이는 '당황하거나 위급
할 때도 반드시 이 인(仁)에 의거한다'는 뜻과 같다. 반드시 오랑캐 땅에
가더라도 버리지 않아야, 바야흐로 공손하고, 집중하며, 충심이 아닐 때
가 없는 것이다. 이 모든 덕목을 합하여 보면, '인(仁)' 아님이 없다."

湯霍林曰: "通節須打成一片看, 末句乃是從上三句而緊煞之詞, 猶造次
顚沛必於是意. 必到夷狄不棄, 方是無不恭, 無不敬, 無不忠. 而合之,
即是無不仁."

──── 제20장 ────

자공　　"어떻게 하면 선비라 할 수 있습니까?"

공자　　"행동할 때 염치를 알고, 외국에 사신 가서는 임금의 명을 욕되게 하
　　　　지 않는다면 선비라 할 만하다."

자공　　"그다음 가는 이는 어떤 사람입니까?"

공자　　"친족들이 효자라고 칭찬하고, 마을 사람들이 공손하다고 칭찬하는
　　　　사람이지."

자공　　"또 그다음 가는 이는 어떤 사람입니까?"

공자　　"말은 반드시 진실하게, 행동은 매우 과감하게 하는 사람이지. 이런
　　　　사람은 도량이 좁은 소인이기는 하지만 그래도 앞서 말한 이의 다음
　　　　은 가지."

자공	"오늘날 정치하는 사람은 어떻습니까?"
공자	"음! 식견이 좁고 비루한 인간들을 무어 헤아릴 것이 있겠느냐!"

子貢問曰	"何如斯可謂之士矣?"
子曰	"行己有恥, 使於四方, 不辱君命, 可謂士矣."
曰	"敢問其次?"
曰	"宗族稱孝焉, 鄕黨稱弟焉."
曰	"敢問其次?"
曰	"言必信, 行必果. 硜硜然小人哉! 抑亦可以爲次矣."
曰	"今之從政者何如?"
子曰	"噫! 斗筲之人, 何足算也!"

評　　　'효'와 '공손함'은 모두 '염치를 아는 것'에서부터 나온다. ○'말은 반드시 진실하게 행동은 매우 과감하게' 하는 자는 염치없는 행동은 하지 않으려 한다. ○'오늘날 정치하는 사람'은 모두 염치가 없도다!

孝弟都從有恥得來. ○言必信, 行必果也, 只爲不肯無恥. ○今之從政者, 只是一箇無恥!

遇　　　선비는 행동함에 자신이 성현이 되지 못함을 부끄럽게 여긴다. …… 오늘날 정치하는 사람들은 대체로 모두 염치없는 사람들이니, 헤아릴 것도 없다.

士人行己, 恥己之不爲聖賢. …… 今之從政, 大都皆無恥之流矣, 故不足算.

點睛　　만약 사람들이 '진정한 자신'을 안다면, 곧 염치없는 행동을 할 수 없을 것이다. 이 구절의 내용은 바로 선비의 근본이다.

若人知有自己, 便做不得無恥之行, 此句便是士之根本.

────── 제21장 ──────

공자   "올바른 중도를 실천하는 이와 함께 할 수 없다면, 뜻이 고매한 광사 (狂土)나 행동이 고결한 견사(狷土)가 좋도다. 광사는 진취적 기상이 있고, 견사는 나쁜 일은 하지 않는 바가 있다."

子曰   "不得中行而與之, 必也狂狷乎! 狂者進取, 狷者有所不爲也."

評   '진취적 기상'과 '하지 않는 바가 있다'는 구절은 '광(狂)'자와 '견(狷)'자를 풀이한 말이 아니다. 이 말은 곰곰이 음미해보아야만 한다.
進取, 有所不爲, 不是訓釋狂狷, 有味乎其言之也.

遇   탕선성: "중도를 실천하는 사람을 기준으로 삼아, 광사와 견사를 좋지 않게 표현했다고 볼 것은 없다. 성인께서는 실로 '광(狂)'과 '견(狷)'의 좋은 지점을 보셨기에, 특별하게 그들을 생각하신 것이다."
湯宣城曰: "不要把中行形容狂狷不好, 聖人實見得狂狷好處, 故特地思他."

────── 제22장 ──────

공자   "남쪽 지방 사람들 말에 '사람이 변덕스러우면 천한 무당이나 의사도 될 수 없다'고 하니, 참으로 좋은 말이로다."

『주역』「항괘(恒卦)」효사(爻辭)   "그 마음이 변덕스러우면, 수치스러운 일을 당할 수도 있다."

공자   "사람이 변덕스러운 것은 위의 점사(占辭)를 보지 않아서일 것이다."

子曰   "南人有言曰:'人而無恒, 不可以作巫醫.' 善夫!"

        "不恒其德, 或承之羞."

子曰   "不占而已矣."

評   변덕스러우면 천한 무당이나 의사도 될 수 없다고 하니, 이런
행동은 참으로 부끄러워할 만하다.

不可以作巫醫, 眞可羞!

遇   '변덕스러운 사람[無恒之人]'은 그의 마음에 확고하게 자리한 주
인공이 없는 것이다.

無恒之人, 他心中已無定主.

────── 제23장 ──────

공자   "군자는 화합하되 아부하지 않고, 소인은 아부하되 화합하지 않는
다."

子曰   "君子和而不同, 小人同而不和."

評   깨달은 자의 안목.

法眼.

遇   군자와 소인의 간극은 매우 작으니, 공(公)과 사(私)에서 저절로

        논어, 천년의 만남

판가름이 난다.

其間分寸, 自判公私.

—— 제24장 ——

자공   "온 마을 사람들이 좋아한다면, 그는 어떤 사람입니까?"

공자   "알 수 없지."

자공   "온 마을 사람들이 미워한다면, 그는 어떤 사람입니까?"

공자   "알 수 없지. 마을 사람들 중 착한 사람들이 좋아하고 착하지 않은 인간들이 미워하는 사람, 그런 이가 좋다."

子貢問曰   "鄕人皆好之, 何如?"

子曰   "未可也."

               "鄕人皆惡之, 何如?"

子曰   "未可也. 不如鄕人之善者好之, 其不善者惡之."

評   '착하지 않은 인간들이 미워하는 사람', 이는 그 사람에 대한 최고의 경의를 표하는 칭찬이다. 불선(不善)한 인간들이 언제 한 번이라도 자신들을 착하지 않다고 여긴 적이 있었던가.

不善者惡之, 亦是贊嘆頂禮. 不善者, 何嘗不善哉?

點睛   착하지 않은 인간들이 미워하는 사람, 바로 그이가 좋은 사람.

不善者惡, 正是好處.

공자　"군자는 섬기기는 쉬우나 기쁘게 해주기는 어렵다. 정당하지 않은 방법으로 기쁘게 해주고자 하면 기뻐하지 않는다. 군자는 사람을 부릴 때, 그 그릇에 알맞게 일을 맡긴다. 한편 소인은 섬기기는 어려우나 기쁘게 해주기는 쉽다. 비록 정당하지 않은 방법으로 기쁘게 해주더라도 그는 기뻐한다. 소인은 사람을 부릴 때, 아무 일이나 맡기고 다 잘하기를 요구한다."

子曰　"君子易事而難說也. 說之不以道, 不說也. 及其使人也, 器之. 小人難事而易說也. 說之雖不以道, 說也. 及其使人也, 求備焉."

評　　군자와 소인의 마음가짐을 잘 표현하였도다.

曲盡君子小人性情.

遇　　군자의 심기는 매우 뜨겁지만 얼굴은 매우 차갑도다. 온갖 계책을 쓰더라도 그가 하고자 하는 것에 부합할 수 없다. 군자의 뜻은 재주 있는 이를 아껴서, 사람을 대할 때 일찍이 너그럽지 않은 적이 없었다.

　　소인의 얼굴빛은 매우 엄격하나 마음은 매우 유약하도다. 자신의 뜻을 굽혀서 그에게 영합하면 환심을 사지 않는 경우가 없다. 소인의 뜻은 사람이 완전하기를 요구하여서, 남을 대할 때 한결같이 가혹하다.

君子氣甚熱而面甚冷, 百計投之, 不能中其所欲, 而意在憐才, 待人未嘗不恕. 小人色甚屬而心甚荏, 曲意逢之, 無不得其歡心, 而意在求全, 待人惟有一刻.

군자는 도(道)를 기뻐하나, 그 기쁨은 곧 소인이 기뻐하는 기쁨이 아니다. 소인은 기쁘게 해주는 것을 좋아하나, 그 도는 즉 군자가 지향하는 도가 아니다.

君子悅道, 悅卽非悅, 小人好悅, 道卽非道.

제26장

공자 "군자는 차분하되 교만하지 않고, 소인은 교만하되 차분하지 않다."

子曰 "君子泰而不驕, 小人驕而不泰."

評 과연 그러하다.

果然.

點睛 차분하므로 마음이 평탄하여 여유가 있으니, 이는 『중용』의 '보이지 않고 들리지 않는 그곳에서 경계하고 삼가하며 조심하고 두려워하는' 경지로부터 온다. 교만하므로 오래도록 근심하고 우울해하니, 이는 『중용』에서 말한, '소인의 거리낌 없는' 행위에서 온다.

泰故坦蕩蕩, 從戒愼恐懼來. 驕故長戚戚, 從無忌憚來.

제27장

공자 "강직함, 꿋꿋함, 소박함, 어눌함을 실천하면 인에 가까워질 수 있다."

子曰 "剛毅木訥, 近仁."

評　　강직함, 꿋꿋함, 소박함, 어눌함의 실천을 통해 인에 가까워진
다는 것이지, 인 그 자체에는 강직함, 꿋꿋함, 소박함, 어눌함이 없음을
알아야 할 것이다.

要知剛毅木訥都是仁, 仁則幷無剛毅木訥矣.

遇　　정자: "이 구절은『논어』「학이(學而)」에 나오는 '말 잘하고 얼굴
빛 잘 꾸미는 자. 드물도다! 이 중에 어진 사람[巧言令色, 鮮矣仁!]'이라는
경문과 상반되는 의미이다."

程子曰: "此正與巧言令色相反."

──── 제28장 ────

자로　　"어찌해야 선비라고 할 수 있습니까?"

공자　　"정성스럽고 간절하게 일러주는 태도, 온화하고 기뻐하는 자세를 가
　　　　지면 선비라 할 수 있다. 친구 사이에는 정성스럽고 간절하게 일러
　　　　주는 태도를 지녀야 하고, 형제 사이에는 온화하고 기뻐하는 자세를
　　　　가져야 한다."

子路問曰　　"何如斯可謂之士矣?"

子曰　　"切切偲偲, 怡怡如也, 可謂士矣. 朋友切切偲偲, 兄弟怡怡."

評　　이 얼마나 인정에 가까운 말씀인가! ○성현은 선비이기에 매번
선비에 대하여 묻곤 한다. 반면 지금 사람들은 선비가 아니기에 끝내 이
런 질문을 하지 못한다. 가련하도다! ○사람의 마음은 형제 사이에서는
정성스럽고 간절하게 일러 주고자 하고, 친구 사이에서는 온화하고 기

쁘게 지내고자 하는 경향이 있다. 이렇게 하면 안 되기에 분명하게 구분하여 말씀하셨다.

何等説得近人! ○聖賢是士, 所以每每問士. 今人不是士, 所以竟不問了.
可怜! ○人情, 兄弟易切切偲偲, 朋友易怡怡. 所以分別言之.

遇　　장동초: "선비는 본래 자기 내면을 크게 함양한 사람이다. 정성스럽고 간절함, 온화하고 기뻐함은 바로 이 선비의 본래 타고난 심성의 외적 표출이다. 친구와 형제 사이에서 저절로 이런 모습이 나온 것이니, 사람에 따라 알맞게 대응하셨을 뿐이다. 그 분별되는 지점은 보기 쉬우나, 분별되지 않는 지점은 알기 어렵다."

張侗初曰: "士元是太涵養的人, 切偲怡怡, 不過渾成圖畫, 朋友兄弟, 亦是自然流出, 肖物而付耳. 有分別處易見, 無分別處難知."

——— 제29장 ———

공자　　"선한 사람이 백성들을 칠 년간 가르치면, 전쟁터에 내보낼 수도 있다."

子曰　　"善人教民七年, 亦可以卽戎矣."

評　　칠 년의 시간을 말씀하셨는데, 이는 빈말이 아니다.

説七年, 便不是空話.

遇　　선한 사람의 공적이 나타나는 시간은 바로 칠 년 정도 걸린다. 그 가르친 것이 원래 전쟁에 나아가게 하고자 한 것이 아니다. 그러나 가

르침에 따라 예의가 밝아지면, 전쟁터에서 저절로 용감해져 바로 적진으로 달려나감이 또한 불가능한 것도 아니다.

善人功候, 剛在七年. 蓋其所敎, 原不爲卽戎, 而禮義旣明, 戰陣自勇, 卽以從戎, 亦無不可.

제30장

| 공자 | "가르치지 않은 백성들을 전쟁터로 내모는 것은 버리는 것과 같다." |
| 子曰 | "以不敎民戰, 是謂棄之." |

評 　이 두 경문을 읽으면, 공자의 군대에 대한 생각을 알 수 있다.

讀此二項, 可知仲尼軍旅之事.

방비(旁批): 통곡할 만하도다.

可哭.

遇 　제환공(齊桓公)과 진문공(晉文公) 이후, 위정자들은 대부분 역량을 겨루면서 싸움을 벌였다. 이 와중에 백성들을 칼날이 번뜩이는 전장으로 몰아넣으면서, 가르침이란 글자를 전혀 몰랐다. 그러므로 공자께서는 윗 문장에서 "선한 사람이 백성들을 가르친다."라고 하고, 여기에서 "가르치지 않은 백성들을 전쟁터로 내몬다."라고 하셨다. 백성들을 가르치면 전쟁터에 나아가게 할 수 있지만, 가르치지 않으면 이는 그들을 버리는 것이다. 그러므로 백성들이 전쟁터에서 죽는 것은 병기에 의한 것이 아니라, 위정자 그 자신 때문이다. 이 말씀, 얼마나 간절한가!

논어, 천년의 만남

桓文後, 大都角力争鬪, 驅民於鋒鏑, 不識教之一字, 故夫子上説善人教民, 此説以不教民戰. 教則可以即戎, 不教是謂棄之. 然則民之死於兵, 非兵也, 我也, 言甚愷切.

헌
문

원헌(原憲, 原思)이 수치(羞恥)에 대하여 여쭈었다.

공자   "나라에 질서가 있을 때도 봉록(俸祿)을 타 먹으며, 나라에 질서가 없
　　　　을 때도 봉록을 타 먹는다면, 이것은 수치스러운 일이다."

憲問恥.

子曰   "邦有道, 穀. 邦無道, 穀, 恥也."

評   원사가 곡식을 사양한 것은 봉록 받지 않는 것을 통해 자신을
깨끗이 하려는 자세이고, 공자가 어느 시절이나 곡식 받는 것을 수치스
럽게 생각한 것은 봉록 받는 것을 통하여 전범을 보이려는 태도이다.

原思辭粟, 欲脫其身于穀之外. 孔子恥穀, 欲效其身于穀之中.

點睛   방외사: "만약 '현재 이 자리[素位]'에서 살아가야 함을 안다면,
곧 봉록 받지 않는 것을 통해 자신을 깨끗이 하려 하지는 않을 것이다."

方外史曰: "若知素位而行, 便不肯脫身穀外."

원헌   "호승심, 자만심, 원한, 탐욕 같은 마음을 실행하지 않는다면, 인(仁)
　　　　하다고 할 수 있습니까?"

공자   "이렇게 하기도 어렵겠지만, 이렇게 한다고 해서 인(仁)한지 나는 모
　　　　르겠다."

　　　　"克伐怨欲, 不行焉, 可以爲仁矣?"

子曰 "可以爲難矣, 仁則吾不知也."

評 "인(仁)한지 나는 모르겠다."라는 구절은 인할 수도 있고 그렇지 않을 수도 있다는 말씀이 아니다. 이렇게 한다고 해서 인한 것은 아니라는 단정적인 말씀이다.

仁則吾不知, 非兩可之詞, 直說其非仁耳.

點睛 인(仁)을 실천하는 것은 결코 이와 같은 공부가 아니다.

爲仁, 決不是者樣工夫.

제3장

공자 "선비라 자부하면서 안락을 생각하는 자, 선비라 하기에 부족하다."

子曰 "士而懷居, 不足以爲士矣."

評 "선비라 하기에 부족하다."라고 하셨는데, 어떤 사람이 여기에 해당하는가? '안락을 생각하는 자'들은 곰곰이 생각해봐야 하니, 입으로만 읽고 넘어가지 말지어다. 입으로만 읽고 넘어간다면, 이 늙은이의 큰 자비심이 담긴 말씀을 저버리는 것이다.

不足以爲士, 當是恁麼樣人? 懷居者思之, 勿徒口頭讀過, 負却此老大慈悲舌也.

遇 경초동(耿楚侗): "세속의 정감은 농염한데 담박하고자 하며, 세속의 마음은 고뇌에 차 있는데 인내하고자 하며, 세속의 정감은 요동을

치는데 한가하고자 하며, 세속의 마음은 얽혀 있는데 단칼에 베고자 하는 것, 여기가 바로 학문함에 참으로 힘을 쏟아야 하는 지점이다."

耿楚侗曰: "俗情濃艶處淡得下, 俗情苦惱處耐得下, 俗情勞擾處閒得下, 俗情牽絆處斬得下, 斯爲學問眞得力處."

경초동(耿楚侗, 1524~1596): 이름은 정향(定向), 자는 재륜(在倫), 초동(楚侗)은 그의 호이다. 양명학을 계승하였으며, 만년에 천태산(天台山)에서 강학하였다. 이에 사람들이 천태선생이라 불렀다. 저서에 『경천태문집(耿天台文集)』 등이 있다.

—— 제4장 ——

공자   "질서가 바로 선 나라에 살 때는 고상한 말과 고상한 행동을 해야 한다. 그러나 혼란스러운 나라에 살 때는 행동은 고상하게 해도 말은 겸손하게 하여야 한다."

子曰   "邦有道, 危言危行, 邦無道, 危行言孫."

評   '질서가 바로 선 나라'를 언급하실 때는, '고상한 말'이 '고상한 행동'의 앞에 놓였다. 반면 '혼란스러운 나라'를 언급하실 때는 '겸손한 말'이 '고상한 행동'의 뒤에 놓였다. '고상한 말과 고상한 행동'이라 할 때는 '고상함'이란 글자가 '말'이란 글자의 위에 놓였고, '고상한 행동과 겸손한 말'이라고 할 때는 '겸손함'이란 글자가 '말'이란 글자의 아래에 놓였다. 이 얼마나 적절한 안배이며, 이 얼마나 변화무쌍한가! 참으로 절묘한 문장이로다.

邦有道, 危言在危行之前, 邦無道, 言孫在危行之後. 危言危行, 危字在言字之上, 危行言孫, 孫字在言字之下. 多少斟酌, 多少變化, 絶妙文章.

遇　　송우황: "이 경문 전체는 '행동[行]'에 무게중심이 실려 있다. 군
자는 질서가 바로 선 나라에 살 때는 진실로 말과 행동을 모두 고상하게
하여야 한다. 혼란스러운 나라에 살 때는 행동은 또한 고상하게 하면서
변치 말아야 되며, 겸손해야 할 것은 다만 말을 할 때 조금 점검하여서
하면 될 뿐이다."

宋羽皇曰: "通章重行一邊. 君子處有道, 固言與行而俱危. 即無道之世,
行亦危而不變, 所孫者, 特言語之間, 少檢點以出之耳."

─── 제5장 ───

공자　　"덕이 있는 자 반드시 할 말이 있지만, 말을 잘한다고 해서 꼭 덕이
　　　　　있는 것은 아니다. 어진 자 반드시 용기가 있지만, 용감하다고 해서
　　　　　꼭 어진 것은 아니다."

子曰　　"有德者必有言, 有言者不必有德. 仁者必有勇, 勇者不必有仁."

評　　글자마다 번뜩이는 안목이 배어 있으니, 이것이 바로 성인의 글
솜씨다.

字字活眼, 的是聖筆.

遇　　이 경문은 오로지 말로써 덕을 꾸미고 용기로써 어짊을 덮어버
리려는 사람 때문에 말씀하신 것이다. 이 가운데서 진위(眞僞)를 구별해
야 하니, 말과 용기를 중시한 것은 아니다. 요컨대 완전히 인간 내면의
덕을 확충하고 함양하기를 바라는 것이다.

此專爲人之以言飾德, 以勇冒仁者發. 就中別出誠僞, 不重言與勇, 全是

논어, 천년의 만남

要人充養在內.

남궁괄이 공자에게 여쭈기를 "예(羿)는 활을 잘 쏘았고, 오(奡)는 땅에서 배를 끌 정도의 장사였지만 모두 제대로 된 죽음을 맞이하지 못하였습니다. 이에 반해 우임금과 후직(后稷)은 몸소 농사를 지었지만 마침내 천하를 소유하였습니다."

공자께서 묵묵부답이자, 남궁괄이 밖으로 나갔다.

공자 "군자구나, 저 사람은! 덕을 숭상하는구나, 저 사람은!"

南宮适問於孔子, 日 "羿善射, 奡盪舟, 俱不得其死. 然禹稷躬稼而有天下."

夫子不答. 南宮适出.

子曰 "君子哉若人! 尙德哉若人!"

評 '공자께서 묵묵부답'하셨던 것은 꺼리는 바가 있어서가 아니고, 마음 깊은 곳에서 남궁괄의 말에 찬동하셨기 때문이다. "군자구나, 저 사람은! 덕을 숭상하는구나, 저 사람은!"이라는 구절은 입에 다 담을 수 없을 정도의 칭찬이다. 이미 '묵묵부답'하신 그곳에서부터 칭찬의 마음이 우러나온 것이다.

夫子不答, 非有所忌諱也, 契之深也. 君子哉若人, 尙德哉若人, 贊不容口也. 已從不答處釀之矣.

遇 하복자(何復子): "세상을 초월하고자 하는 자는 이 경문의 지향이 없어서는 안 되며, 세상을 유지하고자 하는 자도 이 경문의 논의를 빠

뜨려서는 안 된다."

何復子曰: "欲超世者, 不可無此一段志趣, 欲維世者, 不可無此一段議論."

點睛　천고의 지극한 진리의 말씀으로 이 문장에는 전혀 덧붙일 것이 없다. 때문에 답하지 않으신 것이다. …… 답하지 않은 것이 바로 칭찬한 것이다.

千古至言, 文不加點, 故不答也. …… 不答, 又就是贊處.

─── 제7장 ───

공자　　"군자이면서 어질지 못한 경우는 있다. 그러나 소인이면서 어진 자는 있을 수 없다."

子曰　　"君子而不仁者有矣夫, 未有小人而仁者也."

評　　"군자이면서 어질지 못하다."라는 구절은 의미가 생동하는 말이지만, "소인이면서 어진 자는 있을 수 없다."라는 구절은 무의미한 말이다. 이 경문은 군자를 빌어서 소인을 단죄한 문장이다.

君子不仁, 是活說, 小人非仁, 是死說, 亦借君子以斷小人耳.

點睛　　군자를 경책(警策)하고 소인을 격발(激發)시켰다. 소인이 만약 어질게 되면 바로 군자이니, 어찌 정해진 이름이 있겠는가!

警策君子, 激發小人. 小人若仁, 便是君子, 那有定名?

공자   "자식을 사랑한다면 수고로운 일을 시키지 않아서야 되겠는가. 임금
           에게 충심(忠心)이라면 가르치지 않아서야 되겠는가."

子曰   "愛之, 能勿勞乎? 忠焉, 能勿誨乎?"

評   자식을 사랑하기 때문에 '그를 사랑한다[愛之]'고 하였으며, 자
신의 마음가짐이 충심이기에 '충심이라면[忠焉]'이라고 하였다. 한 글자
의 다름으로 인해 무한한 변화가 생겨났으니, 성인의 붓끝이 아니라면
어찌 이런 표현이 가능하겠는가!

愛子, 故曰愛之, 自忠, 故曰忠焉. 一字之異, 便有無限變化. 非聖筆安得
有此!

遇   이 경문은 사람들에게 충심과 사랑을 가르친 것이지, 지극한 정
감을 드러낸 것이 아니다. 자식을 수고롭게 하는 것과 임금을 가르치는
것은 부모 되고 신하 된 이들에게 부족한 것이기에 공자께서 깨우쳐주
신 것이다.

此是敎人忠愛, 不是闡發至情. 蓋勞誨, 是爲父爲臣者所不足, 故夫子醒之.

———— 제9장 ————

공자   "정(鄭)나라 외교문서는 비침(裨諶)이 초안을 만들고, 세숙(世叔)이
           검토하며, 외교관인 자우(子羽)가 수정하고, 동리에 사는 자산(子産)
           이 윤문(潤文)하였다."

子曰   "爲命, 裨諶草創之, 世叔討論之, 行人子羽修飾之, 東里子産潤色之."

評   '초안', '검토', '수정', '윤문', 이 여덟 글자는 바로 천고의 외교문
서 작성하는 차례와 비결이다.

草創, 討論, 修飾, 潤色八字, 遂爲千古行文次第秘訣.

제10장

어떤 사람이 자산의 인물됨에 대하여 여쭈었다.

공자   "은혜를 베푸는 사람이지."

또 자서(子西)의 인물됨에 대하여 여쭈었다.

공자   "그 사람! 그 사람!"

마지막으로 관중의 인물됨에 대하여 여쭈었다.

공자   "그 사람이 백 씨의 식읍 삼백 호를 빼앗았지만, 백 씨는 거친 밥을
            먹으면서도 평생 한마디 원망도 없었지."

或問子産.

子曰   "惠人也."

問子西.

曰   "彼哉! 彼哉!"

問管仲.

曰   "人也. 奪伯氏騈邑三百, 飯疏食, 沒齒無怨言."

評   한 권의 『춘추』이자, 세 사람에 대한 확정적 평가.

一部『春秋』, 三人定案.

논어, 천년의 만남

點睛 '사람이다[人也]'는 '어질다[仁]'라는 말과 같으니, 어질지 않으면 곧 사람이 아님을 알 수 있다. 원수의 입에서 분노하는 말이 없음은, 인자(仁者)의 감화가 깊지 않으면 그렇게 될 수 없다.

人也, 猶言仁也, 可知不仁卽非人. 使怨家無怒言, 非仁者感化之深不能也.

——— 제11장 ———

공자 "가난한 자가 원망이 없기는 어렵고, 부자가 교만하지 않기는 쉽다."

子曰 "貧而無怨難, 富而無驕易."

評 진정 그러하다, 진정 그러하다. ○성인께서 사람 마음 헤아림이 이와 같구나!

眞情, 眞情! ○聖人體貼人情至此!

遇 구모백: "부자가 교만하지 않은 것은 조금 절제를 아는 자라면 할 수 있는 것으로, 이는 또한 그렇게 어려운 것은 아니다. 그런데 어찌하여 이 세상의 부자들은 그렇게도 교만한가! 이 말의 의미는 언어의 바깥에 있도다."

丘毛伯曰: "若夫富而無驕, 卽稍知節制者能之, 此亦無甚難者, 而奈何世之富者, 盡驕耶? 意在言外."

點睛 삶에 원망이 없는 것, 그것이 바로 즐거움이다.

無怨就是樂.

공자　"맹공작(孟公綽)은 조나 위나라의 원로(元老)가 되기는 넉넉하지만, 작은 등(滕)나라나 설(薛)나라의 대부가 되기는 어렵다."

子曰　"孟公綽爲趙魏老則優, 不可以爲滕薛大夫."

評　맹공작은 공자의 지기.

公綽知己.

遇　아래 경문에서 맹공작의 무욕(無欲)에 대하여 말하고 있으니, 이 사람은 필시 성품이 담박하고 겸양의 자세가 있는 사람이다. 그러므로 존경받는 원로가 되는 것은 비록 조나라나 위나라 같은 대국에서도 또한 넉넉하지만, 실제 일을 해야만 하는 대부의 자리는 등나라나 설나라 같은 소국에서도 감당하기에 부족함이 있다.

下章言公綽之不欲, 則其人必恬澹廉退之人, 故爲老, 雖趙魏亦優, 大夫, 雖滕薛不足.

자로가 완성된 인간에 대하여 여쭈었다.

공자　"장무중(臧武仲)의 지혜, 맹공작의 무욕, 변장자(卞莊子)의 용기, 염구의 재주에다 예와 악이 더해진다면, 완성된 인간이라 할 수 있다."

공자　"그런데 오늘날 완성된 인간은 꼭 이럴 것까지는 없다. 이익을 보면 정의를 생각하고, 위험을 보면 목숨을 바치며, 오래전에 한 약속도 평소 잊지 않는다면, 완성된 인간이라 할 수 있다."

子路問成人.

子曰　　"若臧武仲之知, 公綽之不欲, 卞莊子之勇, 冉求之藝, 文之以禮樂, 亦
　　　　可以爲成人矣."

曰　　　"今之成人者何必然? 見利思義, 見危授命, 久要不忘平生之言, 亦可
　　　　以爲成人矣."

評　　　이 경문을 읽고서야, 우리들은 완성된 인간이 아님을, 완성된
인간이 아님을 알 수 있노라.

讀此書後, 方知我輩不成人, 不成人!

미비(眉批): 지혜, 청렴, 용기, 재주, 이것은 구리와 쇠. 예와 악은 이를 녹
여내는 단약(丹藥).

知, 廉, 勇, 藝, 是銅鐵, 禮樂是丹頭.

點睛　　방외사: "네 사람에게 만약 예악(禮樂)이 더해진다면, 네 사람이
곧바로 각각 완성된 사람이 될 것이니, 네 사람의 장점을 다 가질 것을
요구하는 것이 아니다. '예(禮)'는 이 마음을 절도 있게 꾸민 것이고, '악
(樂)'은 이 마음이 크게 조화로운 곳에서 나온 것이다. 마음에 성실하면
밖으로 드러나는 까닭에 '문(文)'이라고 이름하였으니, 외면에서 꾸밈을
지극하게 하는 것이 아니다."

方外史曰: "四子若能文之以禮樂, 則四子便各各成人, 非要兼四子之長
也. 禮是此心之節文, 樂是此心之太和. 誠於中而形於外, 故名爲文, 非
致飾於外也."

제14장

공자께서 공명가(公明賈)에게 공숙문자(公叔文子)의 사람됨에 대하여 다음과 같이 물었다.

공자 "사실입니까? 공숙문자께서는 말도 하지 않고, 웃지도 않으며, 받지도 않는다고 하더군요?"

공명가 "말을 전한 자가 지나쳤습니다. 공숙문자께서는 때에 맞게 말을 하기에 사람들이 그분의 말을 싫어하지 않고, 즐거운 일에 웃으시는지라 사람들이 그분의 웃음을 싫어하지 않으며, 정의로운 물건만을 받으니 사람들이 그분이 받는 것을 싫어하지 않는 것입니다."

공자 "그런가요? 정말 그런가요?"

子問公叔文子於公明賈,曰 "信乎, 夫子不言, 不笑, 不取乎?"

公明賈對曰 "以告者過也. 夫子時然後言, 人不厭其言, 樂然後笑, 人不厭其笑, 義然後取, 人不厭其取."

子曰 "其然? 豈其然乎?"

評 공자께서 공숙문자의 장점을 기꺼이 수용하신 말씀이지, 그를 시기하여서 하신 말씀이 아니다.

夫子是樂取之詞, 非猜疑之語.

點睛 방외사: "성인께서는 남의 선(善)한 점을 보면 마치 자신의 선인 것처럼 여기니, 이는 뒷날의 선비들과 절로 같지 않은 점이다."

方外史曰: "聖人見人之善, 如己之善, 與後儒自是不同."

공자　　“장무중이 방 땅을 차지하고서는 노나라에 후계자를 세워줄 것을 요구하였다. 이에 대해 사람들은 그가 '임금에게 강요한 것은 아니다'라고 하지만, 나는 믿지 않는다."

子曰　　“臧武仲以防求爲後於魯, 雖曰不要君, 吾不信也.”

評　　『춘추』필법.

『春秋』.

遇　　첫 구절은 사건이고, 아래 두 구절은 판단이며, '방 땅을 차지하고서[以防]'라는 두 글자는『춘추』의 서법(書法)이다.

首句是案, 下二句是斷, 以防二字是書法.

공자　　“진나라 문공은 교활하되 바르지 않고, 제나라 환공은 바르되 교활하지 않다."

子曰　　“晉文公譎而不正, 齊桓公正而不譎.”

評　　공자께서 이미 “제나라 환공은 바르되 교활하지 않다.”라고 말씀하셨는데, 지금 사람들은 이 확정적 평가를 뒤집고자 한다. 어찌 이리도 공자를 믿지 않으려 하는가.

夫子已明說齊桓公正而不譎矣, 今人定要翻案, 何不肯信夫子至此?

遇　　『양자치언(楊子卮言)』: "제나라 환공이 주도한 규구(葵丘)에서의 회맹은 천자를 정하고 왕실을 안정시켰기에 대의(大義)라 할 수 있다. 그러므로 '제나라 환공은 바르되 교활하지 않다'라고 공자께서 말씀하셨다. 한편 진나라 문공이 주도한 천토(踐土)의 회맹은 천자를 끼고서 제후들에게 명령을 내렸으니 사정(私情)이라 할 수 있다. 때문에 '진나라 문공은 교활하되 바르지 않다'라고 말씀하셨다."

『楊子卮言』曰: "葵丘之會, 定天子以安王室, 大義也, 故曰: '齊桓公正而不譎.' 踐土之會, 挾天子以令諸侯, 私情也, 故曰: '晉文公譎而不正.'"

─── 제17장 ───

자로　　"환공이 공자 규(糾)를 죽였을 때, 규의 신하였던 소홀(召忽)은 따라 죽었는데 관중은 죽지 않고 오히려 환공의 신하가 되었습니다. 이것으로 보아 관중은 어질지 못한 사람이 아닐는지요?"

공자　　"환공이 천하의 제후들을 규합할 때, 무력을 쓰지 않은 것은 관중의 힘이다. 그러니 그처럼 어진 이가 어디 있겠느냐! 그처럼 어진 이가 어디 있겠느냐!"

子路曰　　"桓公殺公子糾, 召忽死之, 管仲不死, 曰未仁乎?"

子曰　　"桓公九合諸侯, 不以兵車, 管仲之力也. 如其仁! 如其仁!"

評　　"무력을 쓰지 않았다."라는 것은 천하를 보전한 것이 크다는 의미이니, 이것이 인(仁)이 아니고 무엇이겠는가. ○자로는 자신의 절개를 지키다 죽는 것을 인으로 여겼지만, 공자는 만백성을 살게 해 주는 것을 인으로 생각하셨다. 과연 어느 것이 큰 것이고 어느 것이 작은 것인가.

○"그처럼 어진 이가 어디 있겠느냐! 그처럼 어진 이가 어디 있겠느냐!"라는 말씀은 환공의 어짊을 말한 듯하나, 실제로 이는 관중의 어짊을 가리킨 것이다.

不以兵車, 所全者大矣, 非仁而何? ○子路以一身之死爲仁, 孔子以萬民之生爲仁, 孰大孰小? ○如其仁! 如其仁, 言雖桓公之仁, 實如管仲之仁也.

遇　"어질지 못한 사람이 아닐런지요?"라는 구절은 관중의 마음을 두고 한 말이요, "그처럼 어진 이가 어디 있겠느냐!"라는 구절은 관중의 공적을 두고 한 말이다.

未仁乎, 以心術言, 如其仁, 以事功言.

點睛　무력을 쓰지 않았기 때문에 "그처럼 어진 이가 어디 있겠느냐!"라고 하였으니, 바로 관중이 전쟁의 재난에서 구원해준 것에 대한 진심이 담긴 실제 이야기이다.

不以兵車, 故如其仁, 乃救刀兵劫之眞心實話.

─── 제18장 ───

자공　"관중은 인자(仁者)가 아닌 듯합니다. 환공이 공자 규를 죽였을 때, 따라 죽지 않고 오히려 그를 도와주었습니다."

공자　"관중은 환공을 도와 그를 제후의 우두머리로 만들어 마침내 천하를 바로잡았다. 이에 백성들은 오늘에 이르기까지 그 혜택을 받고 있다. 관중이 아니었다면, 우리들은 모두 머리를 풀어헤치고 옷깃을

왼쪽으로 여미는 오랑캐가 되었을 것이다. 관중이 만약 평범한 사람들처럼 지조를 지키려고 개울가에서 목매어 죽었다면, 아무도 그를 아는 이가 없었을 것이다."

子貢曰 "管仲非仁者與? 桓公殺公子糾不能死, 又相之."

子曰 "管仲相桓公, 霸諸侯, 一匡天下, 民到于今受其賜. 微管仲, 吾其被髮左衽矣. 豈若匹夫匹婦之爲諒也, 自經於溝瀆而莫之知也?"

評 "백성들은 오늘에 이르기까지 그 혜택을 받고 있다."라는 한 마디를 보면, 앞 문장에서 공자가 "그처럼 어진 이가 어디 있겠느냐! 그처럼 어진 이가 어디 있겠느냐!"라고 하신 말씀에 담긴 평가가 더욱 분명해진다.

看此民到于今受其賜一語, 則前面如其仁, 如其仁之語, 更了然.

點睛 대장부는 세상에 태어나서 오직 백성 구제를 제일의(第一義)로 삼아야 하니, 작은 명분과 작은 절개를 어찌 논할 가치가 있겠는가. 천하후세의 사람들이 그 은택을 받았으니, 인(仁)이 이보다 더 큰 것이 없다. 가령 절개를 위해 목숨을 바치는 것은 충(忠)에 지나지 않을 뿐이니, 어찌 인을 실천한다고 하겠는가. …… "충신은 두 임금을 섬기지 않고, 열녀는 두 번 남편을 모시지 않는다."라는 말은, 본래 성현의 말씀이 아니요, 바로 필부의 작은 신의이다. …… 대장부는 한번 생각해주기를 바란다.

大丈夫生於世間, 惟以救民爲第一義, 小名小節, 何足論也. 天下後世受其賜, 仁莫大焉. 假使死節, 不過忠耳, 安得爲仁? …… 若夫忠臣不事二君, 烈女不更二夫, 本非聖賢之談, 正是匹婦之諒. …… 大丈夫幸思之.

공숙문자가 자신의 가신인 대부 선(僎)을 자신과 동격으로 추천하여 함께 조정에 나아갔다.

이를 들으신 공자 "'문(文)'이란 시호를 줄 만하구나."

公叔文子之臣大夫僎, 與文子同升諸公.

子聞之曰 "可以爲文矣."

評　　공숙문자의 시호가 '문자(文子)'였기에 "문(文)'이란 시호를 줄 만하구나."라고 말씀하신 것이다. '문(文)'이란 글자에 너무 얽매일 필요는 없으니, 요컨대 이 경문은 공숙문자를 크게 인정하신 말씀이다.

因他諡文子, 故曰可以爲文. 文字不必太泥, 總之, 極其許可之詞.

遇　　공숙문자가 졸(卒, 대부의 죽음)하자, 그의 아들이 시호를 청하였다. 위나라 임금이 말하기를, "옛날에 우리 위나라가 흉년이 들어 굶주리게 되었을 때, 선생이 죽을 쑤어 그들에게 나누어주었으니, '혜(惠)'가 아니겠는가. 위나라에 국난이 있었을 때 선생이 죽음을 무릅쓰고 과인을 호위하였으니, '정(貞)'이 아니겠는가. 선생이 위나라의 정치를 맡아 하면서 제도를 만들고 이웃 나라와 잘 교류하였으니 '문(文)'이 아니겠는가."라고 하고는, 그 시호를 '정혜문자(貞惠文子)'라고 내려주었다.

　이것을 보면, 문자의 시호가 '문(文)'인 것은 애초 그가 가신인 선을 천거하였기 때문이 아니다. 그런데 공자는 바로 이 한 가지 일 때문에 또한 시호를 '문(文)'이라 할 수 있다고 생각하셨으니, 아마도 『춘추』의 시법(諡法)을 보완해주신 듯 하다.

公叔文子卒, 其子請諡. 君曰:"昔日衛國凶餓, 夫子爲粥與國之餓者, 不亦惠乎? 衛國有難, 夫子以其死衛寡人, 不亦貞乎? 聽衛國之政, 修其班制以與四鄰交, 衛之社稷不辱, 不亦文乎?"故諡爲貞惠文子. 觀此, 則文子諡文, 原不爲薦僕起見. 孔子謂卽此一事, 亦可爲之文矣, 蓋爲『春秋』補一諡法."

────── 제20장 ──────

공자께서 위령공(衛靈公)의 무도함에 대하여 강자(康子)에게 말씀하셨다.

강자　　"그런데도 어째서 망하지 않는 것입니까?"

공자　　"위나라의 신하 중에 중숙어(仲叔圉)는 외교를 맡고, 축타(祝鮀)는 종묘의 의식을 담당하며, 왕손가(王孫賈)는 국방을 맡고 있습니다. 이처럼 좋은 인재들이 요직에 있으니, 어찌 망하겠습니까."

子言衛靈公之無道也.

康子曰　　"夫如是, 奚而不喪?"

孔子曰　　"仲叔圉治賓客, 祝鮀治宗廟, 王孫賈治軍旅. 夫如是, 奚其喪?"

評　　인재가 나라의 흥망에 관계됨이 이와 같도다! ○집이 가난해도 부지런히 마당을 쓸고 못생긴 여자라도 깨끗하게 머리를 빗으면, 또한 절반은 구제할 수 있다.

人之有關于國如此! ○家貧勤掃地, 醜女淨梳頭, 也救得一半.

遇　　중숙어 등 세 사람은 비록 바른 사람은 아니었지만 모두 취할 만한 한 가지 장점은 있었다. 위령공은 이들을 등용하여 그 재주에 합당

한 일을 맡겨서 나라의 보존을 도모할 수 있었다. 하물며 그 재주가 세 사람보다 뛰어나고, 그 임금도 또한 위령공처럼 무도하지 않는다면 어떠하겠는가. 속담에 "집이 가난하면 마당이라도 부지런히 쓸고, 여자가 못났으면 머리라도 깨끗이 빗어야 한다."라고 하였는데, 또한 완전하지 않을지라도 그 반은 쓸데가 있는 것이니, 인재가 국가의 흥망에 관계됨이 이와 같다.

仲叔圉三人, 雖非正人, 而皆有一長可取. 衛靈公用當其才, 尚可以圖存, 而況才不止於三人, 其君又不若靈公之無道乎? 諺曰: "家貧勤掃地, 醜女淨梳頭." 也救得一半, 則人才之關係於國家也如此.

點睛　낮고 낮은 사람들도 오히려 크게 쓰면 이와 같은데, 하물며 성현을 등용함에 있어서랴.

低低人尚有大用若此, 況肯用聖賢者乎?

―――― 제21장 ――――

공자　　"함부로 말하는 것을 부끄럽게 여기지 않는다면, 나중에 행동으로 실천하기 어려울 것이다."

子曰　　"其言之不怍, 則爲之也難."

評　　"행동으로 실천하기 어렵다."라는 구절은 실천하지 않을 것임을 단정한 말이다. '함부로 말하는 것을 부끄럽게 여기지 않는 자'들, 이 말을 듣고도 부끄러움이 없는가!

爲之也難, 斷其不爲也. 言之不怍者, 聞此其能無怍乎!

遇　　손뼉 치며 과장되게 이야기를 하면서도 조금도 부끄러움이 없으니, 이는 일종의 들뜨고 교만한 기운이다. 눈 밝은 이가 이것을 보고는 결국 싫어하게 된다. …… 그들은 입을 여는 그 즉시, 일찌감치 간파를 당한 것이다.

卽其抵掌而談, 毫無愧怍, 一種虛驕之氣, 明眼人見之, 直恁可惡. …… 卽在啓口時, 蚤已說破.

───── 제22장 ─────

진나라 성자(成子)가 그 임금인 간공(簡公)을 죽였다.

이에 공자가 목욕재계하고서 조정에 나아가 애공에게 고하였다.

공자　　"진항(陳恒, 진성자의 이름)이 그 임금을 죽였습니다. 토벌하기를 청하옵니다."

애공　　"저 세 대부에게 가서 이야기하시오."

공자　　"내가 대부의 말석이나마 차지하였기에 아뢰지 않을 수 없었다. 그런데 임금께서 '저 세 대부에게 가서 이야기하거라'라고 하시는구나."

공자는 세 대부에게 가서 이야기하였는데, 안 된다고 하였다.

공자　　"내가 대부의 말석이나마 차지하였기에 아뢰지 않을 수 없었다."

陳成子弑簡公.

孔子沐浴而朝, 告於哀公, 曰 "陳恒弑其君, 請討之."

公曰　　"告夫三子."

孔子曰　　"以吾從大夫之後, 不敢不告也. 君曰 '告夫三子'者."

之三子告, 不可.

논어, 천년의 만남

孔子曰　"以吾從大夫之後, 不敢不告也."

評　진항을 비록 토벌하지는 못하였지만, 세 대부의 마음은 이미 토벌하였도다. ○"내가 대부의 말석이나마 차지하였기에 아뢰지 않을 수 없었다."라는 말씀은 매우 음미할 만하다. 이 말은 '신하의 신분으로 이런 군신간의 변란을 당하여 어찌 좌시할 수 있겠는가'라는 의미이다. 그리고 또 한편으로는 '내가 역적을 토벌할 권한이 없기에 와서 고하였을 뿐이니, 만약 역적을 토벌한 권한이 있다면 어찌 이렇게 고하기만 하겠는가'라는 의미가 들어 있기도 하다.

陳恒之身雖不曾討, 而三子之心已討之矣. ○以吾從大夫之後, 不敢不告, 極有味. 一則見得曾爲臣子, 值此君臣之變, 如何坐視? 一則見得吾無討賊之柄, 故來告耳. 如有討賊之柄, 何必告也?

遇　심무회: "춘추시대에 임금을 시해한 자가 36명이었다. 이런 역적들을 토벌하는 대의가 사람들의 마음에서 없어진 지가 오래되었다. 공자께서는 늙은 대부의 신분으로 세 대부들에게 고하여 천하에 대의를 드러내었다. 그리하여 만세의 뒤에 진항이 법망을 빠져나간 대역죄인이며, 세 대부는 아직 드러나지 않는 진항임을 알게 하신 것이다."

沈無回曰:"春秋之世, 殺君三十六. 討賊之義, 泯滅於人心久矣. 夫子以告老之大夫, 提揭於天下, 而萬世之下知陳恒爲漏網之大逆, 三家爲未露之陳恒."

자로가 임금 섬기는 방도를 여쭈었다.

공자 "속이지 말 것이며, 잘못이 있거든 간언을 해야 한다."

子路問事君.

子曰 "勿欺也, 而犯之."

評 제대로 알지 못하여서 속이는 경우도 있다. 이런 것이 아니라면 자로가 어찌 속이기야 하겠는가!

知之所不到都是欺. 不然, 子路安得有欺乎!

點睛 오늘날 감히 임금을 거슬러 간언하지 못하는 자들은 대부분 임금을 속이는 자들이다. 그런데도 임금은 속이는 자들을 기뻐하고 거슬러 간언하는 신하들을 기뻐하지 않으니, 어찌하면 좋겠는가!

今之不敢犯君者, 多是欺君者也. 爲君者喜欺, 不喜犯, 奈之何哉!

공자 "군자는 날로 고명한 경지로 올라가고, 소인은 날로 저급한 데로 내려간다."

子曰 "君子上達, 小人下達."

評 "날로 저급한 데로 내려간다."라는 글자, 매우 가련하도다! ○군자는 머무름 없이 나아가고, 소인은 머물러 있지도 못한다.

下達字可憐! ○君子住脚不得, 小人留脚不住.

遇　심무회: "선(善)을 따름은 산을 오르는 것과 같고, 악(惡)을 따름
은 산이 무너져 내리는 것과 같다. 이성과 욕망은 이처럼 모두 저절로 그
칠 수 없는 형세가 있다. 때문에 군자는 머무름 없이 나아가고, 소인은
머물러 있지도 못하는 것이다."

沈無回曰: "從善若登, 從惡若崩, 理欲皆有不能自己之勢, 君子便住脚
不得, 小人亦留脚不住."

제25장

공자　"예전에 공부하던 이들은 자신을 위해 하였는데, 요즘 공부하는 자
　　들은 남에게 보이고자 하는구나."

子曰　"古之學者爲己, 今之學者爲人."

評　'요즘 공부하는 자들', 그 속셈이 마침내 이 노인장에 의해 간파
당하였도다. ○옛 선비가 "예전 벼슬하던 이는 남을 위하였는데, 요즘 벼
슬하는 이는 자신을 위하는구나."라고 하였는데, 이 경문과 함께 보면 세
상의 돌아가는 모습을 볼 수 있다.

今之學者, 竟爲此老看破. ○先儒曰: "古之仕者爲人, 今之仕者爲己."
合看可觀世道.

遇　서경현(徐儆弦): "자신을 위하면, 천지의 만물이 모두 나에게 소
속된다. 반면 남을 위하면 형체와 이목이 모두 남에게 소속된다. 오직 자

신을 위하기에 자신의 욕망을 이길 수 있고, 오로지 남을 위하기에 더욱 타인을 잃는 것이다."

徐儆弦曰: "爲己, 則天地萬物皆屬之己, 爲人, 則形骸耳目皆屬之人. 惟爲己, 故能克己, 惟爲人, 故益失人."

點睛　온 천지가 자기이다. 이 때문에 중생을 다 제도하는 것을 이름하여, '자신을 위한다[爲己]'라고 한다. 만약 자기 이외의 타인을 위함을 본다면, 곧 진정으로 보리심을 발현한 자가 아니다.

盡大地是個自己, 所以度盡衆生, 只名爲己. 若見有己外之人可爲, 便非眞正發菩提心者矣.

제26장

거백옥(蘧伯玉)이 어떤 사람을 공자에게 심부름 보냈다.

공자께서 그와 마주 앉아 물었다.

공자　"거 선생은 요즘 어떻게 지내시는가?"

심부름꾼　"거 선생님은 요즘 허물이 적고자 노력하시지만, 잘 안 되시나 봅니다."

대화를 마치고 심부름꾼이 나갔다.

공자　"참으로 훌륭한 심부름꾼이다. 훌륭한 심부름꾼이다."

蘧伯玉使人於孔子.

孔子與之坐而問焉,

曰　"夫子何爲?"

對曰　"夫子欲寡其過而未能也."

使者出,

子曰　　"使乎! 使乎!"

評　　이날, 공자께서는 거백옥과 마주 앉아 이야기하신 것과 진배없다.
此日夫子又與伯玉對面一番矣.

방비(旁批): (심부름꾼이) 거백옥의 정신을 그린 듯이 표현하였도다.
幷精神畵出.

遇　　거백옥과 공자는 진정 마음이 통하였으니, 천 리 왕래길을 피차
간에 말없이도 서로를 이해하였다. 그 사이에 심부름꾼 또한 여기에 참
여하였다. '허물이 적고자 하나 잘 안 된다'는 한마디 말이 입에서 나오
자마자 지기(知己)의 얼굴을 마주한 것 같아서 감탄도 부족해서 읊조린
것이다. 이른바 '훌륭한 심부름꾼이다. 훌륭한 심부름꾼이다'라는 말은
바로 이를 표현한 것이다.
遽伯玉與聖人眞氣味, 千里往來, 彼此都是不言而喩. 其間使命, 亦是借
景. 寡過未能, 一言道着, 便如知己面承, 磋漢之不足, 故咏歌之. 所謂使
乎使乎者, 是也.

點睛　천고 성현들의 진실한 학문, 진정한 혈맥이 심부름꾼의 한마디
에서 꼭 집어 나올 줄은 생각도 못 하였도다. 진기하도다, 진기하도다!
千古聖賢眞學問, 眞血脈, 不億使者一言點出, 眞奇! 眞奇!

──── 제27장 ────

공자   "그 위치에 있지 않다면, 그 일을 간섭하지 않는다."

子曰   "不在其位, 不謀其政."

評   재삼 간곡하게 고하신 말씀. 여기에서 말한 '위치'와 '일'은 관리
가 되어 하는 일이 아님을 알아야 할 것이다.

又叮嚀. 須知位政不指做官説.

──── 제28장 ────

증자   "군자의 생각은 자신의 자리를 벗어나지 않는다."

曾子曰   "君子思不出其位."

評   자신의 '자리'가 어디인지를 알아야만, '벗어나지 않는다'는 구
절이 무엇을 의미하는지 알 수 있다.

要知是何位, 方知是如何不出.

遇   이충일: "어떤 자리에 있으면서 생각을 하지 않는 것과 그 자리
에 있지 않으면서 넘어서는 생각을 하는 것은, 모두 자신의 자리를 벗어
난 것이다."

李衷一: "位在而廢思, 與位不在而越思, 都是出位."

━━━ 제29장 ━━━

공자 "군자는 말이 행동보다 앞서가는 것을 부끄럽게 여긴다."

子曰 "君子恥其言而過其行."

評 '부끄러움'이란 글자, 이 얼마나 고매한 정신인가! '앞서간다'라는 글자, 이 얼마나 힘이 실려 있는가!

恥字, 何等精神! 過字, 何等力量!

━━━ 제30장 ━━━

공자 "군자가 지녀야 할 도리가 세 가지 있는데, 나는 하나도 잘하는 것이 없다. 어진 자는 근심하지 않고, 지혜로운 자는 헤매지 않으며, 용감한 자는 두려워하지 않는다."

자공 "선생님이 당신 자신을 두고 하신 말씀이다."

子曰 "君子道者三, 我能能焉. 仁者不憂, 知者不惑, 勇者不懼."

子貢曰 "夫子自道也."

評 미비(眉批): 바로 이 지점, 공자의 부러움이 극에 달하도다.

夫子于此, 亦垂涎極矣.

遇 진미공(陳眉公): "만약 자신이 잘한다고 여긴다면 이는 곧 성인의 도가 아니다. 만약 자신이 잘한다고 생각하면서 일부러 잘하지 못한다고 겸손해한다면, 이는 더욱 성인의 마음이 아니다."

陳眉公曰: "若見以爲能, 便非聖人之道. 若見以爲能, 而故謙處於不能, 尤非聖人之心."

點睛 '인자(仁者)', '지자(知者)', '용자(勇者)'에서 세 '자(者)'자는 바로 '도자(道者)'의 '자(者)'자와 상응하니, 이른바 한 마음에 갖추어진 세 가지 덕이지 각기 다른 세 가지 덕목이 아니다.

仁者, 知者, 勇者, 三個者字, 正與道者者字相應, 所謂一心三德, 不是三件也.

───── 제31장 ─────

자공은 사람들의 장단점을 따져 잘 비교하였다.

공자　"사야! 너는 벌써 현자가 되었느냐? 나는 남의 장단점을 따질 겨를이 없다."

子貢方人.

子曰　"賜也賢乎哉? 夫我則不暇"

評　훌륭하신 가르침.

好棒喝.

遇　　추동곽(鄒東郭): "배우는 자들은 남과 다름과 같음에 대하여 비교하기를 좋아하는데, 이렇게 하면 자신을 향한 공부에 차질이 생겨난다. 비록 그 비교가 매우 분명하다 할지라도, 나에게 무슨 이익이 있겠는가. 비유하자면 내 손안에 세금으로 거둬들인 백만의 곡식이 있다고 한들, 모두 다른 사람 배 속에 들어가고 나는 여전히 예전과 똑같이 궁핍하다면, 내가 누리는 것은 하나도 없도다."

鄒東郭曰: "學者喜較異同, 却錯過了自家工夫, 就使較勘甚明, 與我何益? 譬如總算手收人戶百萬稅粮, 盡在伊腹中, 依舊是條窮漢, 無勺合受用."

추동곽(鄒東郭, 1491~1562): 이름은 수익(守益), 자는 겸지(謙之), 시호는 문장(文莊), 동곽(東廓)은 그의 호이다. 왕양명의 학문을 계승하여 신독(愼獨)과 치양지(致良知)를 중시하였다. 저서에 『동곽추선생유고(東廓鄒先生遺稿)』가 있다.

點睛　　'겨를이 없다[不暇]'는 두 글자는 '정수리에 놓는 한 방의 침[頂門一針]'이다. 만약 자공이 남과 같아지기를 생각하여 안으로 성찰할 수 있었다면, 비록 아름다움과 추함을 그 자리에서 바로 변별했을지라도 '사람들의 장단점을 따져 잘 비교하였다'라고 일컬어지지 않았을 것이다.

不暇二字, 頂門針也. 若能思齊內省, 則雖妍媸立辨, 不名爲方人矣.

—— 제32장 ——

공자　　"남이 나를 알아주지 않는 것을 근심하지 말고, 나의 능력 없음을 걱정해야 한다."

子曰　　"不患人之不己知, 患其不能也."

評   '나의 능력 없음'이라는 구절, 매우 곰곰이 생각해보아야만 한다.
不能些恁極可思.

遇   추동곽: "배워서 능력을 증가시킨다면, 이것이 바로 자신을 위
하는 실제적인 공부이다."
鄒東郭曰: "學而求能, 乃爲己之實功."

─── 제33장 ───

공자   "남이 나를 속이리라 넘겨짚지도 말고, 남이 나를 믿지 않으리라 억
측하지도 말라. 그러나 먼저 밝게 안다면, 이런 사람은 현자일 것이
다."

子曰   "不逆詐, 不億不信, 抑亦先覺者, 是賢乎!"

評   넘겨짚고 억측하여서 미리 안다면, 이런 사람은 현자가 아님을
알 수 있다.
逆億而覺者, 不賢可知.

遇   '먼저[先]'라는 글자는 체험적 인식이 요청된다. 예컨대 거울이
여기에 있다고 하자. 어떤 사물이 없을 때도 여기에는 비춤이 있다. 대체
로 비추는 기능이 먼저 있기에 사물이 이르렀을 때 비추는 것이지, 사물
이 이르자 비추게 된 것은 아니다.
先字亦要體認, 如鏡在此, 無物, 亦未嘗不昭. 蓋先有照以待物, 非物至
而索照也.

만약 '먼저 밝게 알고자[先覺]' 한다면, 모름지기 속이지 않고 의심하지 않고 넘겨짚지 않고 억측하지 않는 것으로부터 착수해야 할 것이다. 그리하여 곧바로 지성(至誠)의 경지에 도달하면, 저절로 먼저 밝게 알게 될 것이다.

若欲先覺, 須從不詐不疑不逆不億下手. 直到至誠地位, 自然任運先覺.

———— 제34장 ————

미생묘(微生畝)가 공자에게 말하기를 "그대는 어찌 이리 정처 없이 돌아다니시는가? 혹 말재주를 부리려는 것은 아닌가?"

공자 "내 말재주를 부리려는 것은 아니라오. 고집불통을 싫어해서라오."

微生畝謂孔子, 曰 "丘何爲是栖栖者與? 無乃爲佞乎?"

孔子曰 "非敢爲佞也, 疾固也."

評 방비(旁批): 절묘한 답변이로다.

妙答.

遇 정(鄭)나라의 어떤 사람이 동문(東門)에 서 있는 공자의 실의(失意)한 모습이 마치 상갓집의 개와 같다고 비웃었다. 이는 공자의 정처 없이 다니는 형상을 선명하게 묘사한 것이다. 자공이 이 말을 전하자, 공자께서 흔쾌하게 웃으시며, "겉모습은 자잘한 부분이지만, 상갓집 개와 같다고 하니, 그럴듯하다, 그럴듯하다!"라고 하셨다. 공자는 일찍이 정처 없는 모습으로 방황하지 않은 적이 없었다. 이때 다만 미생묘의 말이 나이 많음을 빙자하여 오만하기에, 열국을 주유하는 의도를 당시에 정식

으로 말한 것이다.

東門之譏, 以孔子爲纍纍若喪家之狗, 分明畫出栖栖情狀. 孔子欣然笑
曰:"形狀, 末也, 而似喪家之狗, 然哉! 然哉!"孔子未嘗不以栖栖自任,
但微生畝之言, 挾長而傲, 故不得不以周流本意正告當時.

제35장

공자 "천리마인 기(驥)는 그 기력(氣力)을 칭찬한 것이 아니라, 그 순한 덕
성을 칭찬한 것이다."

子曰 "驥不稱其力, 稱其德也."

評 단지 말에 관하여 하신 말씀이다. ○덕이 없는 자, 말보다 못하
리라.

只說馬. ○無德者馬不如矣.

遇 전서산(錢緖山):"선비는 덕행을 우선시하고 재능을 뒤로 여긴
다. 한편 말도 순한 덕성을 우선시하고 천 리를 갈 능력은 뒤로 여긴다.
이는 공자의 근본을 중시하는 논의이다."

錢緖山曰:"士先德器而後才能, 馬先馴良而後千里. 此夫子重本之論."

전서산(錢緖山, 1496~1574): 이름은 관(寬), 자는 덕홍(德洪), 서산(緖山)은 그의 호이
다. 왕양명의 수제자로, 스승이 돌아가신 뒤 천하를 주유하면서 양명학의 보급에 노력했
다. 왕양명의 저술인 『전습록(傳習錄)』과 『왕문성공전서(王文成公全書)』의 편집을 실질
적으로 이끌었다. 저서에 『서산회어(緖山會語)』, 『서산집(緖山集)』 등이 있다.

點睛　사람이 되어 말보다 못해서야 되겠는가.

可以人而不如馬手?

제36장

어떤 이의 질문 "은덕으로 원망을 갚으면 어떻습니까?"

공자　"그러면 은덕을 베푼 이에게는 무엇으로 갚을 것인가? 올곧은 도리로 원망을 갚고, 은덕에는 은덕으로 갚아야 할 것이다."

或曰　"以德報怨, 何如?"

子曰　"何以報德? 以直報怨, 以德報德."

評　"은덕으로 원망을 갚는다."는 구절은 무언가 격렬한 마음에서 우러나온 말이다. 격렬한 마음이라면 결코 그 내면은 평온하지 않은 것이다.

以德報怨, 亦是有激之言. 然激則不平矣.

遇　애천자(艾千子): "'원망[怨]'과 '원수[仇]'의 의미는 같지 않다. 부모의 원수, 형제의 원수, 임금의 원수는 갚지 않을 수가 없다. 『논어』에 나오는 '원(怨)'은 '구(仇)'와 비교할 수 없다. 오직 원망에만 머문다면, 사랑과 증오, 취함과 버림에 한결같이 지공무사(至公無私)할 것이니, 올곧은 도리로 갚아주면 될 뿐이다."

艾千子曰: "怨字與仇字不同. 父母之仇, 兄弟之仇, 君之仇, 此不可不報者也. 『論語』中怨字, 皆不得與仇字較. 惟其止於怨, 則愛憎取舍, 一以至公而無私, 以直報之耳."

애천자(艾千子, 1583~1646): 이름은 남영(南英), 호는 천용자(天傭子), 천자(千子)는 그의 자이다. 명대 저명한 문학가이자 사학자였다. 명말 망국의 상황에서 청나라와 전투에 앞장서기도 하였다. 저서에 『천용자집(天傭子集)』, 『애천자전고(艾千子全稿)』 등이 있다.

點睛　원망은 마땅히 잊어야 하므로 올곧은 도리로 갚는 것이니, 이것을 두고 '원망이 있음을 보지 못한다'라고 이른다. 은덕은 잊을 수 없으므로 은덕으로 갚는 것이니, 이것을 두고 '은혜를 알아서 은혜로 갚는다'라고 한다.

怨宜忘, 故報之以直, 謂不見有怨也. 德不可忘, 故報之以德, 謂知恩報恩也.

────── 제37장 ──────

공자　"나를 알아주는 이가 없구나!"

자공　"어찌 선생님을 알아주는 이가 없는지요?"

공자　"하늘을 원망치 않고 사람을 탓하지 않으며, 현실의 공부를 통해 저 하늘의 이치에 통달하려 한다. 그러니 나를 알아주는 자, 바로 하늘일 것이로다!"

子曰　"莫我知也夫!"

子貢曰　"何爲其莫知子也?"

子曰　"不怨天, 不尤人, 下學而上達. 知我者 其天乎!"

評　헛소리를 하신 것이 아니다. ○하늘을 원망하고 사람을 탓하는 자는 장차 공부하지 않을 것이니, 어찌 저 하늘의 이치에 통달할 수 있겠는가. ○학문은 원망하지 않고 탓하지 않는 데서부터 시작된다.

不作誑語. ○怨天, 尤人者且不學, 安得達. ○學從不怨尤始.

방비(旁批): 편안하시도다.

受用.

遇　　원칠택(袁七澤): "공자는 인연 따라 살면서 옷 입고 밥 먹으며, 하늘도 원망치 않고 사람도 탓하지 않았다. 세상에서는 이를 두고 보통의 현실적 학문이라고 하는데, 바로 이것이 하늘의 이치를 담은 학문임을 알지 못한 것이다. 이른바 '신통(神通)과 묘용(妙用)은 물 긷고 땔나무를 하는 데 있다'는 격이니, 담박한 일상에 깊고 깊은 의미가 있다는 말이다."

袁七澤曰: "夫子隨緣任運, 着衣吃飯, 也不怨天, 也不尤人, 世謂此尋常下學耳. 不知即是上達也. 所謂神功並妙用, 運水及搬柴, 此義愈淡愈深."

원칠택(袁七澤, ?~?): 이름은 사유(士瑜), 칠택(七澤)의 그의 호이다. 명대 공안파의 저명한 인물인, 원굉도(袁宏道)의 부친이다. 논란의 여지는 있지만, 그의 저서로 유불의 소통을 다룬 『해려편(海蠡編)』이 있다.

點睛　　마음 밖에 하늘이 없으므로 하늘을 원망치 않으며, 마음 밖에 사람이 없으므로 사람을 탓하지 않는다.

心外無天, 故不怨天, 心外無人, 故不尤人.

제38장

공백료(公伯寮)가 계손(季孫)에게 자로를 중상모략하였다.

자복경백(子服景伯)이 이 일을 듣고 공자에게 아뢰었다.

자복경백 "계손씨가 공백료의 중상모략에 넘어갔습니다. 제힘으로 공백료를
죽여서 저잣거리에 내걸겠습니다."

공자 "도가 시행되는 것도 천명이며, 도가 폐지되는 것도 천명이다. 공백
료 따위가 천명을 어찌할 수 있겠는가!"

公伯寮愬子路於季孫.

子服景伯以告, 曰 "夫子固有惑志於公伯寮, 吾力猶能肆諸市朝."

子曰 "道之將行也與, 命也, 道之將廢也與, 命也. 公伯寮其如命何?"

評 자복경백은 그래도 공백료를 사람으로 보고 있지만, 공부자는
공백료를 끝내 사람으로 간주하지 않는다. 이 노인장, 이렇게 단호하시네.

子服景伯還把公伯寮當箇人, 孔夫子把公伯寮竟不看做一箇人. 此老直恁狠.

遇 제씨(齊氏): "노나라에서 국가를 좀먹는 해충으로 계씨 같은 이
가 없었다. 공자가 노나라에서 정치를 하실 때, 그의 분수에 넘치는 짓
거리를 억제하려고 하였다. ...... 공백료가 계씨에게 자로를 중상모략한
것은 참으로 이런 짓을 통해 공자를 꺾고자 해서이다. 때문에 공자는 자
로의 화를 피하는 계책을 세우지 않고, 우리 도의 흥폐(興廢)를 말씀하신
것이다."

齊氏曰: "魯爲公室之蠹者, 莫如季氏. 孔子爲政於魯, 大率欲裁其僭.
...... 公伯寮愬子路, 固假手以阻孔子, 故孔子不爲子路禍福計, 而吾道興
廢之說云."

공자　"현자는 세상을 피하고, 그다음 가는 이는 혼란한 지방을 피하며, 그 다음 가는 이는 대하는 얼굴빛이 나쁘면 피하고, 그다음 가는 이는 좋지 않은 말을 들으면 피한다."

子曰　"賢者辟世, 其次辟地, 其次辟色, 其次辟言."

評　태평성대라면 어찌 이런 것이 있겠는가. 아, 슬프도다!
此豈盛世所有? 嗚呼!

點睛　정자: "이 네 가지 태도는 우열이 있는 것이 아니다. 각기 만난 상황이 같지 않았을 뿐이다."
程子曰: "四者非有優劣, 所遇不同耳."

공자　"혼란한 세상을 버리고 떠나 버린 이가 일곱이나 되었다."
子曰　"作者七人矣."

評　처연한 심정!
凄然!

遇　이 당시, 실로 천지(天地)는 닫히고 현인은 강개한 마음으로 은거하였도다.

於此時, 實有天地閉, 賢人隱之慨.

———— 제41장 ————

자로가 석문에 하룻밤 묵게 되었다.

문지기　"어디서 오는 길손인가?"

자로　　"공자의 문하에 있는 사람이오."

문지기　"아, 안 되는 줄 알면서도 세상을 위해 노력하시는 그분."

子路宿於石門.

晨門曰　"奚自?"

子路曰　"自孔氏."

曰　　　"是知其不可而爲之者與?"

評　　이 사람은 성인의 좋은 친우이다. ○공자께서도 당신 스스로 "천하에 도가 있다면, 내 바꾸려 하지 않았을 것이다."라고 하셨다.

是聖人大知己. 夫子自家亦説: "天下有道, 丘不與易也."

遇　　안 되는 줄 모르고서 하는 이는 '바보'이고, 안 되는 줄 알고서 하지 않는 이는 '현인'이며, 안 되는 줄 알면서도 하는 이는 '성인'이다. …… 문지기의 한마디, 이 또한 성인을 알아주는 지기(知己)이다. 이탁오는 말하였다. "마음이 세속을 벗어나서 세상을 버리고 소부(巢父)나 허유(許由) 같은 이가 되기는 쉽다. 마음이 세속을 벗어났지만 세상 속에서 살아가는 주공(周公) 같은 이가 되기가 어렵다."

不知不可爲而爲之, 愚人也, 知其不可爲而不爲, 賢人也, 知其不可爲而

　　　　　논어, 천년의 만남

爲之, 聖人也. …… 晨門一語, 亦是聖人知己. 李卓吾曰:"心出世間矣,
棄世間而爲巢許也易. 心出世間矣, 混世間而爲周公也難."

點睛 이 한마디 말이 공자의 신성(神聖)을 잘 묘사하였다.
只此一語, 描出孔子之神.

―――― 제42장 ――――

공자께서 위나라에서 경쇠를 치고 있었는데, 바구니를 메고서 공자의 집 앞을
지나는 사람이 있었다.

그 사람 "세상을 생각하는 마음이 담겼구나, 경쇠 소리에!"

잠시 뒤 또 하는 말 "비루하군! 경쇠 소리에 담긴 마음이! 나를 알아주지 않으
면 그만이지. '물 깊으면 옷 입은 채로, 물 얕으면 바지를 걷고 건넌
다'라는 말도 있지 않느냐"

이를 들으신 공자 "과감하기도 하지. 그렇게만 할 수 있다면, 세상에 어려운 일
은 없겠지."

子擊磬於衛, 有荷蕢而過孔氏之門者,

曰 "有心哉, 擊磬乎!"

旣而曰 "鄙哉硜硜乎! 莫己知也, 斯已而已矣. 深則厲, 淺則揭."

子曰 "果哉! 末之難矣."

評 이 사람, 또한 기인으로 큰 뜻을 품은 사람일 것이다. 그러하기
에 한 번 경쇠 소리를 듣고 마침내 당대를 생각하는 마음을 일으켰다. 잠
시 후 뒷생각을 더하여 자신의 마음과 어긋난다는 말을 하였다. 공자께

서 이를 아시고 '과감하기도 하지. 그렇게만 할 수 있다면, 세상에 어려운 일은 없겠지'라고 하여, 그 마음을 북돋워주고 또 그를 위하여 한 번 더 경쇠를 치셨다.

此人亦奇, 當是大有心人. 一聞磬聲, 遂動當世之想. 旣而參以後念, 故作違心之語. 夫子知之, 以果哉末之難矣, 挑之, 又爲此人增一擊矣.

點睛　경쇠 소리에 담긴 심정도 알고 또한 마음도 이해하였으나, 세상 구제에 마음을 둔 목탁의 뜻을 알지 못하였을 뿐이다.

旣知音, 亦知心, 但不知木鐸之意耳.

제43장

자장　　"『서경』에 '고종께서 상(喪) 중에 삼 년 동안 말씀하지 않으셨다'고 하는데, 무슨 뜻입니까?"

공자　　"어찌 고종뿐이겠느냐. 옛사람들은 모두 그러하였다. 임금이 죽으면 모든 관리들은 자신의 직무를 가다듬어 삼 년 동안 총리의 지시를 받았느니라."

子張曰　　"『書』云: '高宗諒陰, 三年不言.' 何謂也?"

子曰　　"何必高宗, 古之人皆然. 君薨, 百官總己以聽於冢宰三年."

評　　자장의 안목은 기특하고, 공자의 말씀은 이처럼 평이하도다.

子張看作奇特, 夫子説來直憑平常.

點睛　　"옛사람들은 모두 그러하였다."라는 한 구절은 지금의 세태를

마음 아파하고 옛날을 그리워한 것이니, 매우 마음 아프구나! 매우 마음 아프구나!

古之人皆然一句, 傷今思古, 痛甚! 痛甚!

| 공자 | "윗사람이 예를 좋아하면, 백성을 부리기 쉽다." |

子曰 　　"上好禮, 則民易使也."

評 　이 경문에서 우리는 윗사람이 예를 좋아하지 않으면 백성을 부리기가 어려움을 알 수 있다.

必曾見不好禮而民難使者來.

자로가 군자에 대하여 여쭈었다.

공자 　　"경(敬)으로 자신을 수양하는 사람이다."

자로 　　"이뿐입니까?"

공자 　　"자신을 수양하고서 남을 편안하게 해준다."

자공 　　"이뿐입니까?"

공자 　　"자신을 수양하고서 백성들을 편안하게 해준다. 자신을 수양하고서 백성들을 편안하게 해주는 일은 요임금 순임금도 걱정하셨던 일이다."

子路問君子.

子曰　　"修己以敬."

曰　　　"如斯而已乎?"

曰　　　"修己以安人."

曰　　　"如斯而已乎?"

曰　　　"修己以安百姓. 修己以安百姓, 堯舜其猶病諸?"

評　　　자로의 질문을 살펴보면, 그의 자질이 매우 고매하여 안연이
'나라 다스리는 방도를 질문'한 것과 그 경지가 상당히 가까움을 볼 수
있다. ○두 번 '이뿐입니까?'라는 질문에서 자로의 '외적 정치 지향성[外
王]'을 볼 수 있고, 한 번 '요임금 순임금도 걱정하셨던 일이다'라는 답변
에서 공자의 '내적 수양의 중시[內聖]'를 알 수 있다.

據子路之問, 品地盡高, 與問爲邦近矣. ○兩如斯而已乎, 見子路之外王.
一堯舜其猶病諸, 見孔子之內聖.

遇　　　성인께서 사람을 편안하게 하고 백성을 평안하게 함을 보면, 자
기 내면의 매우 중대한 일로 여겼으니, 이를 외적인 일로 치부해서는 안
될 것이다.

聖賢看得安人安百姓, 是我己中一件吃緊之事, 不可推出外邊.

點睛　　시방세계(十方世界)가 모두 자기 자신이다. …… 그러므로 사람
과 백성도 자기 마음속에 떠오른 하나의 털끝 정도의 경계에 지나지 않
을 뿐이다. 자로는 단지 '자신'에 대하여 완전하게 이해하지 못하였기에
두 번이나 '이뿐입니까?'라는 질문을 연달아서 했던 것이고, 공자는 '자
신'에 대하여 투철하게 알았기 때문에 '요임금 순임금도 걱정하셨던 일

이다'라고 말씀하신 것이다. 이는 백성들을 편안하게 하지 못하는 것을 걱정으로 여겼던 것이 아니라, 자신을 닦았으나 그 경지가 아직 지극한 곳에 도달하지 못한 것을 오직 근심으로 여겼을 뿐이다.

盡十方世界是個自己. …… 人與百姓, 不過自己心中所現一毛頭許境界耳. 子路只因不達自己, 所以連用兩個如斯而已乎, 孔子見得己字透徹, 所以說到堯舜猶病, 非病不能安百姓也, 只病修己未到極則處耳.

──── 제46장 ────

공자의 친구 원양(原壤)이 거만하게 걸터앉고서 공자를 맞이하였다.

이를 본 공자 "어려서는 불손하고 자라서는 볼 만한 것이 없더니, 늙어서는 죽지도 않는구나. 참으로 도둑놈이로고"

그리고는 지팡이로 정강이를 툭 치셨다.

原壤夷俟.

子曰 "幼而不孫弟, 長而無述焉, 老而不死, 是爲賊."

以杖叩其脛.

評   한편 꾸짖으면서 한편으로는 때리기도 하셨다. 공부자가 이처럼 자비로우셨다.

一頭罵, 一頭打, 孔夫子直恁慈悲.

방비(旁批): 늙은 벗을 편안케 하시다.

老者安之.

遇   갈기첨(葛屺瞻): "정강이를 치신 것이 바로 침이나 돌침으로 약

을 쓰신 것이다."

葛屺瞻曰: "叩脛是針砭之藥."

갈기첨(葛屺瞻, 1570~1646): 이름은 인량(寅亮), 자는 수감(水鑒), 기첨(屺瞻)은 그의 호이다. 명나라 관원으로, 명나라가 망하자 곡기를 끊고 순국하였다. 『금릉범찰지(金陵梵刹志)』를 지었는데, 이 책은 명대 불교 연구의 중요 참고자료이다.

點睛　때리고 꾸짖는 것으로써 불사(佛事)를 행하셨다.

以打罵作佛事.

—— 제47장 ——

궐(闕) 마을의 소년이 공자의 심부름을 하였다.

어떤 사람이 질문하기를　"진취성이 있는 아이입니까?"

공자　"내가 보니, 그 아이는 몰래 어른의 자리에 앉기도 하고 또 선생과 나란히 걸어가기도 합디다. 그러니 진취성이 있다기보다는 빨리 어른이 되고 싶어 하는 아이입니다."

闕黨童子將命.

或問之, 曰　"益者與?"

子曰　"吾見其居於位也, 見其與先生並行也. 非求益者也, 欲速成者也."

評　'몰래 어른의 자리에 앉거나', '선생과 나란히 걷는 것'에서 이 소년이 '빨리 어른이 되고 싶어 함'을 볼 수 있다. 그렇다고 해서 그 아이가 뒷자리에 앉아서 공자를 수행하지 않은 것은 아니다. 만약 뒷자리에 앉아서 공자를 수행하지 않았다면, 이 아이는 제멋대로 행동하는 어린

종일 것이니, 어찌 심부름인들 시킬 수 있었겠는가.

在居位, 竝行處, 見其欲速成, 非不隅坐隨行也. 若是不隅坐隨行, 一放
牛小厮矣, 何以將命?

미비(眉批): 어린애를 품어주시다.

少者懷之.

遇   공자께서 소년에게 심부름시킨 것은 그의 으스대고 교만한 객
기(客氣)를 제거하고 겸허와 공손을 가르치신 것이다. 성인이 사람을 가
르칠 때, 삶의 일상인 물 뿌리고 청소하며 나아가고 물러나며 타인과 관
계를 맺음 속에서 좋은 방도를 구비하였음을 볼 수 있다.

童子將命, 全是消其客氣, 教其謙恭. 可見聖人教人, 只此洒掃進退應對
之中, 具有良藥.

點睛   학문을 하면 날로 더해지고 도(道)를 행하면 날로 덜어지는데,
사람들은 이를 두 갈래 길로 간주한다. 만약 아래로 평이한 일상에서 실
천하여 위로 고매한 이치를 통달한다면, 곧 날로 더해지는 곳이 날로 덜
어지는 곳임을 알게 될 것이다. 지금 소년이 어른의 자리에 있기도 하며
공자와 나란히 걷기도 하니, 이 얼마나 뜻과 기운이 높은가! 다만 그가
아래로 평이한 일상에서 실천함을 떠나 위로 고매한 이치를 추구할까
염려되어, 곧 중용의 도(道)에 의지하도록 하였다. 그러므로 그에게 심부
름시켰던 것이니, 그 지조와 실천을 충실하게 한 것일 뿐이다.

爲學日益, 爲道日損, 人都看作兩橛. 若知下學而上達, 則日益處卽日損
處矣. 今童子而能居位竝行, 何等志氣! 但恐其離下學而求上達, 便使依
乎中庸之道, 故令之將命, 所以實其操履耳.

위
령
공

衛靈公

위나라 영공(靈公)이 공자에게 군대의 일에 대하여 질문하였다.

공자 "저는 제기(祭器)를 진설하는 법은 들은 적이 있어도, 군대에 관한 일 은 아직 배우지 못하였습니다."

그리고는 다음 날 떠나갔는데, 진나라에 도달할 즈음 양식은 떨어지고 제자들 은 병이 들어 일어나지를 못하였다.

이를 본 자로 북받치는 얼굴로 말하기를 "군자도 이처럼 곤궁할 때가 있는 지요?"

공자 "군자만이 참으로 곤궁 속에서도 꿋꿋할 수 있으니, 소인은 곤궁하 면 분수에 넘치는 짓을 하느니라."

衛靈公問陣於孔子.

孔子對曰 "俎豆之事, 則嘗聞之矣. 軍旅之事, 未之學也."

明日遂行. 在陳絶糧, 從者病, 莫能興.

子路慍見曰 "君子亦有窮乎?"

子曰 "君子固窮, 小人窮斯濫矣."

評 성인의 거동과 말씀을 들여다보라. 조금의 머뭇거림과 따져 계 산함이 있던가.

看聖人擧動言辭, 有一毫遲回計較否?

點睛 다만 북받치는 모습을 보이는 것만으로도, 바로 분수에 넘치는 짓을 할 개연성이 있다. 만약 어떤 상황에서도 즐거움이 그 속에 있음을 안다면, 어찌 마음이 북받칠 만한 곤궁함이 있음을 보겠는가.

只消慍見便是濫, 若知樂在其中, 那見有窮可慍?

—— 제2장 ——

공자	"사야! 너는 내가 많이 배우고 그것들을 기억하고 있는 이라고 생각하느냐?"
자공	"그렇게 생각합니다. 아닙니까?"
공자	"아니다. 나는 하나의 근본원리를 통해 세상사를 꿰뚫고 있느니라."
子曰	"賜也, 女以予爲多學而識之者與?"
對曰	"然. 非與?"
曰	"非也, 予一以貫之."

評　　못난 선비들, "그렇게 생각합니다. 아닙니까?"라고 질문한 자공의 경지는, "예. 알겠습니다."라고 답변한 증자의 경지에 미치지 못한다고 여긴다. 참으로 가소롭도다.

腐儒以然非與處, 謂不如曾氏之唯, 可發一笑.

遇　　왕양명: "배우는 자들은 다양한 모든 현상들이 곧 '하나[一]'로 돌아감을 참으로 깨달아야만 하니, 이 '하나'가 바로 도(道)인 것이다. 이것이 아마도 공자의 '하나로써 모든 것을 꿰뚫고 있다[一以貫之]'는 말씀에 가까울 것이다."

王陽明曰: "學者眞悟多卽一, 一卽道也, 斯則庶幾爲夫子之一貫矣."

──── 제3장 ────

공자 "유야! 덕을 아는 이가 적구나."

子曰 "由! 知德者鮮矣."

評 자로를 일깨워주시다.

喚醒他.

點睛 통렬하게 침 한 방을 놓으시도다.

痛下一針.

──── 제4장 ────

공자 "함이 없이 저절로 다스린 사람은 아마도 순임금일 것이다. 그분이 무엇을 하였던가? 몸을 공손히 하여 왕위에 앉아 계시기만 하였도다."

子曰 "無爲而治者其舜也與? 夫何爲哉? 恭己正南面而已矣."

評 그분이 아랫사람을 침범하지 않았음을 묘사한 것이다.

形容他不下侵也.

遇 장동초: "무위(無爲)의 제왕지도는 '저절로 그러함[自然]'이다. 관자는, '마음이 몸의 아홉 구멍(귀, 눈, 코의 여섯 구멍과 입, 요도, 항문의 세 구멍)을 조절하지 않지만, 아홉 구멍은 잘 작동한다. 임금이 다섯 관직

(고대 중국의 중요 관직인 司徒, 司馬, 司土, 司空, 司寇)을 직접 다스리지 않지만, 다섯 관직은 잘 다스려진다. 선(善)을 행한 자에게는 임금이 상을 주고, 비리를 저지른 자에게는 임금이 벌을 준다. 임금은 그 발생한 원인에 의거하여 상응하는 조치를 취하면, 수고롭지 않을 것이다'라고 하였으니, 이 말은 순임금의 무위의 정치에 대한 뜻풀이다."

張侗初曰："帝道無爲者, 自然也. 管子曰：'心不爲九竅, 九竅治. 君不爲五官, 五官治. 爲善者, 君予之賞. 爲非者, 君與之罰. 君因其所以來因而予之則不勞矣.'此舜無爲之義也."

點睛   지금까지 성현들께서는 결단코 인위적인 다스림이 없었다. 만약 한 번이라도 인위적으로 다스리려는 마음이 있었다면, 천하는 더욱 어지러워졌을 것이다.

從來聖賢, …… 斷斷無有爲治者. 若一有爲治之心, 則天下益亂矣.

제5장

자장이 어디서나 통행되는 도리에 대하여 여쭈었다.

공자   "충실하고 신의 있는 말을 하고 독실하고 공경스런 행동을 한다면, 비록 오랑캐 땅에 가더라도 통할 수 있을 것이다. 그러나 말에 충심과 신의가 없고 행동에 독실함과 공경스러움이 없다면, 비록 고향 마을에서라도 통할 수 있겠느냐. 서 있을 때는 충실, 신의, 독실, 공경 등이 앞에 서 있는 듯, 수레 안에 있을 때는 이러한 덕목들이 멍에 위에 기대어 있는 듯한 모습을 보아야만 할 것이다. 이같이 한 뒤에야 어디서나 통할 수 있을 것이다."

자장이 이 말씀을 큰 띠에 적었다.

子張問行.

子曰　“言忠信, 行篤敬, 雖蠻貊之邦, 行矣. 言不忠信, 行不篤敬, 雖州里, 行
乎哉? 立則見其參於前也, 在輿則見其倚於衡也, 夫然後行.”

子張書諸紳.

評　‘앞에 서 있는 듯’, ‘멍에 위에 기대어 있는 듯’이라는 구절, 매
우 오묘한 표현이다. 이런 표현이 없었다면, 마침내 ‘충실’, ‘신의’, ‘독실’,
‘공경’ 등으로 통하기를 구하였을 것이니, 어찌 통할 수 있었겠는가. ○
‘이같이 한 뒤에야[夫然後]’라는 세 글자, 의미가 매우 깊다. 이같이 하지
않는다면 또한 통하지 않을 것임을 알 수 있도다.

參前, 倚衡一節, 申得最妙. 不然, 竟有以忠信篤敬求行者矣, 如何得行?
○夫然後三字極有味. 見不如此亦不行也.

遇　‘앞에 서 있는 듯’, ‘멍에 위에 기대어 있는 듯’ 한다는 것은, 시시
각각 모두 그러함이며 어느 곳에서든 항상 보는 것이니, 이는 자연스레
본체를 지향하는 공부이다.

參前倚衡, 刻刻皆然, 處處皆見, 此是自然本體功夫.

—— 제6장 ——

공자　“정직하구나, 사관 어(魚)여! 잘 다스려지는 나라에서는 화살 같고,
혼란스러운 나라에서도 화살 같구나. 군자로구나, 거백옥이여! 잘
다스려지는 나라에서는 벼슬하고, 혼란스러운 나라에서는 재능을

감추고 은거를 하는구나."

子曰 　"直哉史魚! 邦有道如矢, 邦無道如矢. 君子哉蘧伯玉! 邦有道則仕, 邦
　　　無道則可卷而懷之."

評　　　각기 자신의 장점을 완성하신 분들이니, 우열을 나눌 것이 없다.
各成其是, 勿置軒輊.

點睛　봄의 난초, 가을의 국화, 각기 그 아름다움을 뽐내는구나.
春蘭秋菊, 各擅其美.

제7장

공자　　　"말할 만한 사람에게 말하지 않으면 사람을 잃고, 말할 만하지 않은
　　　사람에게 말하면 말을 잃는다. 지혜로운 자는 사람도 잃지 않고 말
　　　도 잃지 않는다."

子曰　　"可與言而不與之言, 失人, 不可與言而與之言, 失言. 知者不失人, 亦
　　　不失言."

評　　　'잃는다'는 글자, 오묘하도다.
失字妙.

遇　　　이 경문은 말함과 침묵에 중점을 두고 있지 않다. 이 경문의 중
점은 사람을 알아보는 명철함에 있다. 말함과 침묵이 그 마땅함을 잃는
것은 모두 그 사람을 알지 못하는 데서 기인한다.

　　　　　　　　　　　　　논어, 천년의 만남

此節不重語默, 重在知人之明上. 語默各失其宜, 皆緣不知人中來.

—— 제8장 ——

공자   "뜻 있는 선비와 어진 사람은 살기 위해서 인을 버리지 않고, 자신을
               희생하여서라도 인을 이루고자 한다."

子曰   "志士仁人, 無求生以害仁, 有殺身以成仁."

評   '않는다[無]', '한다[有]'는 실제 일이 아니고, 그 결단이 이와 같
음을 표현한 말이다.

無有非實事, 言其斷如此耳.

點睛   이와 같아야만 비로소 '뜻 있는 선비[志士]', '어진 사람[仁人]'이
라고 이름을 붙일 수 있다. 오늘날의 지사(志士)와 인인(仁人)은 마땅히
이것으로써 자신을 살펴보아야 할 것이다.

如此方名志士仁人. 今之志士仁人宜以此自勘.

—— 제9장 ——

자공이 인을 실천하는 방법에 대하여 여쭈었다.

공자   "기술자가 자신의 일을 잘하려면 먼저 그 연장을 잘 벼려야 할 것이
               다. 마찬가지로 어떤 나라에 살게 되면 그 나라 대부 중에 현명한 이
               를 섬기고, 그 나라 선비 중에 어진 이를 사귀어야 한다."

子貢問爲仁.

子曰　　"工欲善其事, 必先利其器. 居是邦也, 事其大夫之賢者, 友其士之仁者."

評　　오늘날 천하에는 다만 '연장 무딘 이'들이 많으니, 이를 어찌할꼬!

今天下只是多鈍器, 奈何!

遇　　장동초: "사람은 인(仁)의 씨앗을 품고 있다. 이 씨앗은 생각이 현전(現前)하면, 항상 드러난다. …… 어떤 일이 있으면 생겨나니, 여기가 바로 인의 생기가 현현(顯現)하는 지점이다."

張侗初曰: "人含仁種, 當念常生. …… 即此事發處, 都是仁生機流動處."

點睛　　'현명한 이'와 '어진 이'는 모두 나의 예리한 연장이니, 어찌 무디어지도록 내버려두겠는가.

賢之與仁, 皆吾利器也, 奈何鈍置之耶?

──── 제10장 ────

안연이 나라 다스리는 방법에 대하여 여쭈었다.

공자　　"백성들을 위주로 하는 하나라의 달력을 쓰며, 검소한 은나라의 수레를 타고, 제도가 잘 갖추어진 주나라의 관복을 입으며, 음악은 바로 순임금의 소악(韶樂)을 사용해야 한다. 그리고 정나라의 음악을 버리고, 아첨하는 인물들을 멀리해야 한다. 정나라의 음악은 음란하고 아첨하는 인물은 위험하기 때문이다."

顔淵問爲邦.

子曰　　"行夏之時, 乘殷之輅, 服周之冕, 樂則韶舞. 放鄭聲, 遠佞人. 鄭聲淫,
佞人殆."

評　　이 기상, 요순시대에 비해 어떤가?

氣象還讓唐虞否?

遇　　혜산인(慧山人): "'음악은 바로 순임금의 소악(韶樂)이다'라고 하
셨는데, 공자께서 말씀이 여기에 이르렀을 즈음, 부지불식간에 정신이
거기에 노닐었다. 때문에 말투가 이와 같으셨다."

慧山人曰: "樂則韶舞, 夫子說到此, 不覺神游於其間, 故口氣如此."

點睛　　왕양명: "안자는 성인의 본체를 구비하였기에, 그 나라를 다스
리는 대본(大本)과 대원(大原)이 이미 모두 완비되어 있었다. 공자는 평
소 이것을 깊이 알았기 때문에, 여기에서 이 지점에 대하여 꼭 말할 필요
가 없었다. 때문에 단지 제도(制度)와 문명(文明)의 측면을 말씀하신 것
이다. 이런 것들도 소홀히 해서는 안 되니, 반드시 이처럼 해야만 비로소
최선을 달성할 수 있다.

또 자기의 본령(本領)이 바르다고 해서 방비를 소홀히 해서는 안 되
니, 반드시 정(鄭)나라의 음란한 음악을 추방하며 아첨하는 사람을 멀리
해야만 한다. 안자는 극기(克己)를 하여 덕에 중심을 두고 마음을 쓰는
사람이었다. 이에 공자는 그가 외면의 지엽적인 예절에 혹여 소략한 것
이 있을까 걱정하였다. 그러므로 그의 부족한 곳에 나아가 보완해서 말

씀해주신 것이다."

王陽明曰: "顔子具體聖人, 其於爲邦的大本大原, 都已完備. 夫子平日
知之已深, 到此都不必言, 只就制度文爲上說. 此等處亦不可忽略, 須要
是如此方盡善. 又不可因自己本領是當了, 便於防範上疏闊, 須是要放鄭
聲, 遠佞人. 蓋顔子是克己, 向里德上用心的人, 孔子恐其外面末節或有
疎略, 故就他不足處幫補說."

──── 제11장 ────

공자 "사람이 먼 앞일을 생각하지 않으면, 반드시 눈앞의 근심이 있게 된
다."

子曰 "人無遠慮, 必有近憂."

評 이 경문의 여덟 글자, 분명 『역경』의 핵심을 표현한 것이라고 나
는 생각한다.

余嘗謂此八字, 分明一部『易經』.

遇 사람의 생각이 먼 데까지 미치지 않는 것은, 구차하게 눈앞의
상황을 편안하게 여겨서이다. 그러나 이것은 생각이 멀리 미치지 않고
안배가 완전하지 않으면, 눈앞의 일도 곧 편안하지 않음을 몰라서이다.
가까운데도 이러하다면, 먼 데는 물어 무엇 하겠는가.

凡人慮不及遠, 以爲可苟目前之安. 殊不知所慮不遠, 處置不十全, 只目
前便不安了, 遑問久遠.

삼계(三界)의 밖을 벗어나지 못하면 모두 오행(五行) 가운데에 있다. 이장(二障, 번뇌와 집착)을 다 끊어내야 사려가 깊어진다.

未超三界外, 總在五行中. 斷盡二障, 慮斯遠矣.

제12장

공자　"이제 그만 포기해야겠다. 나는 여태 덕을 좋아하기를 여자 좋아하듯 하는 이를 보지 못하였다."

子曰　"已矣乎! 吾未見好德如好色者也."

評　"이제 그만 포기해야겠다."라고 앞에 붙여진 말, 바람이 더욱 절실하도다. 이 구절을 절망의 심정을 표현한 것으로 보아서는 안 된다.

加已矣乎, 望之愈切矣, 不作絶望看.

點睛　바로 절망하지 않으려는 것이다.

正是不肯絶望.

제13장

공자　"장문중은 자신의 지위를 도둑질한 자로다. 유하혜(柳下惠)의 어짊을 알고도 함께 조정에 나아가 서지 않았도다."

子曰　"臧文仲其竊位者與? 知柳下惠之賢而不與立也."

評　유하혜의 어짊을 알지 못했다면 그만이지만, 알고도 함께 조정

에 나아가 서지 않았기 때문에 이것이 유감스러우신 것이다. ○이 경문은 반드시 그럴 만한 이유가 있었기에 하신 말씀이다. 그렇지 않다면 공자께서 공연히 죽은 사람의 이름을 거론하지는 않았을 것이다.

不知也罷了, 知而不與立, 所以可恨. ○此處亦必有所指. 不然, 孔子不徒點鬼簿已也.

遇　　옛사람은 현자를 추대하고 능력 있는 자들에게 양보하였으니, 이는 '관직'을 공적인 영역으로 간주하였기 때문이다. 장문중이 유하혜의 어짊을 알고도 함께 조정에 나아가 서지 않았다면, 이는 분명 질투하는 마음이 있었음이다. 오로지 현자가 등용되어 자신의 지위를 핍박할까 두려워해서이다. 그러므로 공자께서 '지위를 도둑질한 자로다'라고 하였으니, 이는 그 마음 씀에 벌을 내리신 것이다.

古人推賢讓能, 看得位是公家的. 知其賢而不與立, 分明有娼嫉之心, 惟恐賢者見用而逼已. 夫子曰竊位, 誅其心也.

點睛　　그 마음에 벌을 내리고자 하시는 의도가, '알고도[知]'라는 한 글자에 담겨 있다.

誅心在一知字.

제14장

공자　　"자신을 반성할 때 깊이 뉘우치고 남을 꾸짖을 때 가벼이 한다면, 원망이 멀어지게 될 것이다."

子曰　　"躬自厚而薄責於人, 則遠怨矣."

　　　　논어, 천년의 만남

評 　　원망을 멀리하기 위해 남을 꾸짖을 때 가벼이 하지는 않으니, 이렇게 하는 것이 이치에 맞다. 자신을 반성할 때 깊이 뉘우치면 남을 꾸짖을 때는 가벼이 하게 될 것이니, 이는 형세가 그러하다.

不爲遠怨而薄責於人, 理合如此. 此躬自厚必薄責人, 勢亦如此.

點睛 　　남을 엄하게 꾸짖는 자, 자신을 반성할 때 깊이 뉘우칠 수 없을 것이다.

厚責人者, 只是不能自厚耳.

—— 제15장 ——

공자 　　"'어떻게 할까, 어떻게 할까?'라고 하지 않는 자는 나도 어떻게 해줄 수 없다."

子曰 　　"不曰'如之何, 如之何'者, 吾末如之何也已矣."

評 　　실로 성인이신지라, 이런 사람을 '어떻게 할까'라고 한 번 더 말씀하신 것이다. ○문장 또한 교묘하도다.

實是聖人又如之何一番矣. ○文亦巧.

遇 　　'어떻게 할까, 어떻게 할까?'라는 말은, 바로 마음과 입이 서로 호응할 때 나오는 소리이다. 마음 내키는 대로 성급하게 행동하는 사람의 병폐는 두 가지가 있다. 첫째는 조급하고 경솔하여, '어떻게 할까?'라고 생각하려 하지 않는 것이다. 두 번째는 목석(木石)같이 우둔해서 '어떻게 할까'라는 것을 아예 모르는 것이다. 이에 성인께서 '어떻게 할

까?[如之何]'라는 세 글자를 가져다가 이들을 깨우쳐주셨으니, 노파심이
깊으시도다.

如之何, 如之何, 乃心與口自相商量之詞. 率意妄行的人, 其病有二, 一
是躁妄, 不肯如之何, 一是木石, 不知如之何. 聖人卽借此三字喚醒, 然
是婆心.

———— 제16장 ————

공자　"여러 사람들과 종일토록 모여 있으면서 도의(道義)에 관한 이야기
　　　　는 한마디도 하지 않으면서, 작은 총기(聰氣)를 부리는 것만 좋아한
　　　　다면 이런 사람은 정말 곤란하도다."

子曰　"群居終日, 言不及義, 好行小慧, 難矣哉!"

評　참으로 곤란하도다.

眞箇難.

點睛　끝끝내 이 사람을 어찌할 것인가?

畢竟將如之何?

———— 제17장 ————

공자　"군자는 정의를 본질로 삼아서, 예를 통해 이를 실천하고, 겸손을 통
　　　　해 이를 표현하며, 신의를 통해 이를 완성한다. 군자답도다!"

子曰　"君子義以爲質, 禮以行之, 孫以出之, 信以成之. 君子哉!"

評 　군자가 정의로써 본질을 삼고 예의로써 실천하고 겸손으로써 말하고 신의로써 완성한다고 한 것이 아니다.

不是君子以義爲質, 以禮行之, 以孫出之, 以信成之.

遇 　원칠택: "본질[質]'은 나무줄기이다. 줄기가 있고 난 뒤에야 가지와 잎이 거기에 붙는 것이다. 또한 '본질[質]'은 흰 바탕이다. 흰 바탕이 있고 난 뒤에야 채색을 더할 수 있다. 만약 이 도리를 밝히지 않고서 예의, 겸손, 신의에 힘을 써서 완전해지고자 한다면 이는 고집스러운 소인배이니, 어찌 군자라고 할 수 있겠는가."

장동초: "이 경문은 군자의 전신(全身) 화상(畵像)이다. 이는 달마대사(達磨大師)가 제자들에게 인가(印可)하면서, 도부(道副)에게는 나의 가죽을 얻었다고 하였고, 도육(道育)에게는 나의 뼈를 얻었다고 하였으며, 혜가(慧可)에게는 나의 골수를 얻었다고 한 것과 같으니, 이 모두를 합쳐야만 비로소 하나의 온전한 몸이 되는 것이다."

袁七澤曰:"質, 幹也, 有幹然後枝葉附焉. 又質, 素也, 有質然後彩色加焉. 若不明此簡, 而務爲禮遜信, 即做得周全, 亦祇是一個硜硜小人, 豈曰君子?"

張侗初曰:"此君子全身圖畵也, 猶云得我皮, 得我骨, 得我髓, 只是一完全身也."

點睛 　실천함은 이 정의를 실천하는 것이며, 표현함은 이 정의를 표현함이고, 완성함은 이 정의를 완성하는 것이다.

行之, 行此義也, 出之, 出此義也, 成之, 成此義也.

—— 제18장 ——

공자　"군자는 자신의 무능을 부끄러워하고, 남이 자신을 알아주지 않는 것을 원망하지 않는다."

子曰　"君子病無能焉, 不病人之不己知也."

評　진정 능력 있는 사람이라면, 남이 알아주는 것을 오히려 부끄럽게 여길 것이다.

眞正有能, 定以人知爲病.

遇　이 경문의 두 번 나오는 '병(病)'자와 아래 경문의 '질(疾)'자는 자신에게 절실한 병으로, 그 아픔은 자신만이 알고 남은 전혀 관여하지 못한다.

二病字與下章疾字, 切膚之恙, 痛痒自知, 全不干與人事.

—— 제19장 ——

공자　"군자는 세상 마치도록 칭송받을 만한 이름이 없음을 가슴 아프게 생각한다."

子曰　"君子疾沒世而名不稱焉."

評　세상 마칠 때 칭송받을 만한 이름을 반드시 남기고자 한다면, 이것 또한 가슴 아픈 일이다.

必欲沒世稱名, 也是箇疾.

논어, 천년의 만남

遇 　왕양명: "'칭(稱)'자는 거성(去聲, 부합하다)으로 읽어야 한다. 실상이 명성과 부합하지 않으면, 살아서는 그래도 보완할 수 있지만 죽으면 어찌할 수가 없다."

王陽明曰: "稱字去聲讀, 實不稱名, 生猶可補, 沒則無及矣."

제20장

공자 　"군자는 자기 내면에 있는 것을 구하고, 소인은 남에게서 찾고자 한다."

子曰 　"君子求諸己, 小人求諸人."

評 　소인은 자기 내면에 있는 것을 알지 못한다. 가련하도다! 가련하도다!

不知小人已在那裡去了. 可憐! 可憐!

遇 　왕양명: "군자의 학문은 자신에게 있는 것을 구하는 데 힘쓸 뿐이다. 비난, 칭찬, 영예, 모욕이 오더라도 그 마음이 흔들리지 않을 뿐 아니라, 이를 자기 수양의 바탕으로 삼는다. 그러므로 군자는 어디를 간들 만족하지 않음이 없으니, 바로 어떤 상황도 배움의 터전이 아님이 없다. 만약 칭찬을 듣고 기뻐하거나 비난을 듣고 슬퍼한다면, 바깥에 신경 쓰느라 온종일이 부족할 터이니 어찌 군자라 하겠는가."

王陽明曰: "君子之學, 務求在己而已. 毀譽榮辱之來, 非獨不以動其心, 且資之以爲切磋砥礪之地, 故君子無入而不自得, 正以其無入而非學也. 若夫聞譽而喜, 聞毀而戚, 則將皇皇於外, 惟日之不足矣, 其何以爲君子?"

자기를 알면 자연스레 자신에게서 구하게 된다. 소인은 다만 자기를 알지 못할 뿐이니, 애달프도다.

識得自己, 自然求己. 小人只是不知自己耳, 哀哉.

———— 제21장 ————

공자　　"군자는 자긍심이 높되 다투지 않아야 하고, 함께 살되 파당을 만들지 말아야 한다."

子曰　　"君子矜而不爭, 群而不黨."

評　　이 경문은 가르치는 말씀으로 보아야지, 찬미한 말로 보아서는 안 된다. 이렇게 읽어야만 의미가 심장해진다.

此等處畢竟作訓辭, 不作贊詞, 方味長.

點睛　　자긍심이 높으면 다투기 쉽고 함께 살면 파당을 만들기 쉽다. 때문에 다투지 말 것과 파당 짓지 말라는 말씀으로 경계하고 힘쓰게 하신 것이다.

矜則易爭, 群則易黨. 故以不爭不黨爲誡勉.

———— 제22장 ————

공자　　"군자는 말 잘한다고 사람을 등용하지 않고, 사람이 못났다고 그 말까지 버리지는 않는다."

子曰　　"君子不以言擧人, 不以人廢言."

評　　세속의 병폐는 '말 잘한다고 사람을 등용하지 않는 것'은 쉽게 여기고, '사람이 못났다고 그 말까지 버리지 않는 것'은 어렵게 여기는 데 있다.

世俗之病, 不以言擧人易, 不以人廢言難.

遇　　양웅(揚雄)의 『법언(法言)』이나 유흠(劉歆)의 『열녀전(列女傳)』에 대하여, 군자들은 이 책의 언어들이 고심(高深)하고 전아(典雅)하다고 해서 이들을 성현의 반열에 올리지 않았다. 반면 회남왕(淮南王, 劉安)의 『홍열(鴻烈)』과 여불위(呂不韋)의 『여람(呂覽)』에 대하여, 군자들은 그 사람됨이 모반하였거나 더러운 짓거리를 한 노애(嫪毐)를 추천하였다고 해서 이 책을 문학의 반열에서 배척하지 않았다.

揚雄『法言』, 劉歆『列女』, 君子未嘗以其高文典册, 而躋之聖賢之列. 淮南『鴻烈』, 不韋『呂覽』, 君子亦未嘗以其叛人嫪毒, 而斥之文學之科.

───── 제23장 ─────

자공　　"죽을 때까지 받들어 실천할 만한 한마디 말이 있습니까?"

공자　　"'내 마음을 미루어 남의 마음을 짐작한다'는 의미의 '서(恕)'라는 말일 것이다. 자신이 하고 싶지 않은 것을 남에게 시키지 말거라."

子貢問曰　"有一言而可以終身行之者乎?"

子曰　　"其恕乎! 己所不欲, 勿施於人."

"자신이 하고 싶지 않은 것을 남에게 시키지 말거라.[己所不欲, 勿施於人]"라는 여덟 글자, 말씀에 의미가 넘쳐나고 있다.

己所不欲, 勿施於人, 八簡字, 說得津津有味.

遇 요원소(姚元素): "사람 마음에 하고픈 것이 생기면 사심(私心)이 개입되기도 하는데, 하고 싶지 않은 것에 대해서는 그 마음이 더욱 절실하다. 때문에 자신이 하고 싶지 않은 것을 남에게 시키지 않는 자세는, 그 생각이 가장 공정하다고 할 것이다. 『대학』에서 자신의 마음으로 남의 마음을 미루어 짐작하는 혈구(絜矩)의 도를 이야기할 때, 유독 사람 마음의 싫어하는 것을 기준으로 삼아 말한 것도 바로 이러한 의미이다."

姚元素曰: "人情於所欲, 猶有涉於私者, 至所不欲, 而其情最眞, 不欲能勿施, 其念亦最公. 『大學』絜矩只言所惡, 亦此意."

—— 제24장 ——

공자 "내가 사람에 대하여 누구는 탓하고 누구는 칭찬하겠는가? 만약 칭찬한 사람이 있으면, 시험해본 바가 있기 때문이다. 요즘 백성들은 하, 은, 주 삼대(三代)의 곧은 도로 살아온 사람들이기 때문이다."

子曰 "吾之於人也, 誰毁誰譽? 如有所譽者, 其有所試矣. 斯民也, 三代之所以直道而行也."

評 "요즘 백성들은 하, 은, 주 삼대의 곧은 도로 살아온 사람들이기 때문이다."라는 구절에서, 차마 속일 수 없음을 볼 수 있다.

斯民也, 三代之所以直道而行也, 見亦不忍欺之也.

遇   육경업(陸景鄴): "이 경문은, '사람의 공심(公心)은 속일 수 없으니, 삼대부터 옳은 것을 옳다 하고 그른 것을 그르다고 하는 바로 그것이다. 이 속일 수 없는 그것에 나의 비난과 칭찬이 들어갈 틈이 있겠는가'라는 말씀일 것이다."

陸景鄴曰: "蓋言民心之公, 不可欺, 三代所以是其是, 非其非, 而不敢欺者也, 而容吾毀譽乎哉?"

육경업(陸景鄴, 1575~1634): 이름은 몽룡(夢龍), 자는 군계(君啓), 시호는 충렬(忠烈), 경업(景鄴)은 그의 호이다. 일찍이 『역략(易略)』이라는 『주역』 주석서를 지었는데, 사실과 고증에 뛰어나다는 평을 들었다. 이외에 『정격시말(挺擊始末)』 등의 저술이 있다.

點睛   사람들은 자신을 삼대(三代)의 뒤에 있다고 여기는데, 공자가 보기에 그들은 모두 삼대와 동시대인이었다. 마찬가지로 여래(如來)께서 정각(正覺)을 이루셨을 때, 일체중생이 모두 정각을 이루고 있었음을 보셨다.

人自謂在三代後, 孔子視之, 皆同於三代時. 所以如來成正覺時, 悉見一切衆生成正覺.

 제25장

공자   "나는 예전에 사관들이 불명확한 사실을 기록하지 않는 것과, 말이 있는 이가 남에게 빌려주어 타게 하는 것을 보았었다. 그런데 지금은 이런 이가 없구나!"

子曰   "吾猶及史之闕文也, 有馬者借人乘之. 今亡矣夫!"

탄식의 마음이 들어 있다. ○이 경문은 필히 무슨 이유가 있어서 하신 말씀이다. 그러나 말씀인즉 옳도다. 그렇지 않다면 이는 아무 의미 없는 말이 된다.

感慨係之矣. ○此必有爲而言. 說得是. 不然, 便無謂.

遇 소동파(소식): "사관이 불명확한 사실을 기록하고 말을 남에게 빌려주지 않는다고 해서, 어찌 세상에 손해가 된다고 하겠는가. 그러나 분명히 알아야 할 것이다. 이렇게 되면 세상의 군자와 덕망이 높은 이들이 날로 멀어져 갈 것이다. 그러면 후세 사람들은 다시는 그들의 유풍(流風)과 공적(功績)을 볼 수 없을 것이며, 세상은 날로 계교와 아첨을 추종할 것이니, 이런 세상의 도래를 만류할 수 없을 것이다."

蘇東坡曰: "史之不闕文, 與馬之不借人, 豈有損益於世者哉? 然且識之, 以爲世之君子, 長者, 日以遠矣. 後生不復見其流風遺列, 是以日趨於智巧便佞, 而莫之止也."

제26장

공자 "그럴듯하게 꾸며대는 말은 덕을 손상하고, 작은 일을 참지 못하면 큰 계획을 그르친다."

子曰 "巧言亂德, 小不忍則亂大謀."

評 두 가지 폐단은 모두 자신에게서 나온 것이다. 첫 번째는 들뜬 성품에서, 두 번째는 조급한 성품에서.

二病都在自家. 一失之浮, 一失之躁.

點睛　두 가지 경우는 모두 자신이 자기를 그르치는 것이다.

二皆自亂自己耳.

제27장

공자　"뭇사람이 미워하더라도 반드시 살펴보며, 뭇사람이 좋아하더라도

반드시 살펴보아야 한다."

子曰　"衆惡之, 必察焉, 衆好之, 必察焉."

評　'미워함'이 '좋아함'의 앞에 놓여 있다. 이는 매우 음미할 만하

다. ○'뭇사람이 좋아하는 이'를 살피지 않으면, 그 잘못이 소인을 곁에

두는 것에 불과하다. 그러나 '뭇사람이 싫어하는 이'를 살피지 않으면,

그 잘못이 곧바로 군자를 잃는 데 이를 것이다.

惡在好前, 大有味. ○衆好不察, 不過誤得小人. 衆惡不察, 直至誤失君子.

點睛　위 구절은 호걸(豪傑)들을 드러내주려 함이요, 아래 구절은 향

원(鄕愿)들을 낱낱이 들추려 함이다.

上句爲豪傑伸屈, 下句爲鄕愿照膽.

제28장

공자　"사람이 도를 넓히는 것이지, 도가 사람을 넓혀주는 것은 아니다."

子曰　"人能弘道, 非道弘人."

評 　"인의에 의거하여 행한 것이지, 인의를 '이롭게 여겨' 행한 것은 아니다"라는 맹자의 말과 서로 표리를 이룬다. 어떤 이는 이 구절을 이해하지 못하고서 다음과 같이 말한다. "도는 사람으로부터 나오니, 도가 있고 난 뒤에 사람이 이를 넓히는 것이 아니다. 이는 마치 인의는 순(舜)으로부터 나오니 인의가 있고 난 뒤에 순이 이것을 행하는 것이 아니다는 의미와 같다."

與由仁義行, 非行仁義也, 相表裏. ○或不解, 曰: "道從人出, 非有道而後人弘之也. 猶仁義從舜出, 非有仁義而後舜行之也."

遇 　주자(朱子): "천지간에 있는 도를 사람이 넓히지 않는다면, 이 도는 어디에 붙을 것인가? 가령 황제가 되고, 왕이 되며, 현자가 되고, 성인이 되는데, 도가 그 사람을 크고 넓게 하지 않는 것은 아니다. 그러나 마침내는 사람이 도를 넓히는 것이니, 사람이 연계하여 함께 하여야만 가능한 것이다. 자세하게 생각해보면, 이것이 바로 '사람이 도를 넓힌다'는 구절의 의미이다."

朱子曰: "道在天地間, 人不去弘他, 道將焉附? 即使爲帝爲王爲賢爲聖, 道未嘗不弘大其人, 畢竟是人去弘道, 連人纏帶挈得起. 仔細思之, 還是人能弘道."

—— 제29장 ——

공자 　"허물이 있을 때 고치지 않는 것, 이것이 바로 허물이다."

子曰 　"過而不改, 是謂過矣."

評　　넓으신 포용력, 대자대비하신 마음.

放條寬路, 大慈大悲.

遇　　한 번 실수하면 '잘못[誤]'이라고 하고, 두 번 실수하면 '허물
[過]'이라 한다. 허물이 생겼을 때 고친다면, 그 허물이 어디에 있겠는가.

一則成誤, 二則成過, 過而能改, 更有何過?

───── 제30장 ─────

공자　　"내 종일 먹지 않고 밤새도록 자지 않고 생각해보았는데, 별것 없었
　　　　다. 배우는 것만 못하다."

子曰　　"吾嘗終日不食, 終夜不寢, 以思, 無益, 不如學也."

評　　'지각식별의 능력을 극대화하는 것[致知]'은 '사물의 이치를 궁
리함[格物]'에 달려 있고, '본성을 명확하게 아는 것[盡性]'도 '사물의 이
치를 궁리함[窮理]'에 달려 있다. 이는 공자께서 이미 몸소 증명해 내신
것이다. 저 마음을 배움의 주제로 삼은 자들, 어떠한가?

致知, 必在格物, 盡性, 必在窮理. 孔子已身驗之矣, 彼講心學者何如?

遇　　황우용(黃寓庸): "생각에 치우치면 '텅 빔[虛]'으로 들어가고, 배
움에 치우치면 '꽉 참[實]'으로 들어간다. 마음은 그 '텅 빔'과 '꽉 참'의
사이를 관통하면서, 천시(天時)에 순응하고, 일을 잘 처리하며, 현재의
자리를 편안하게 여기고, 그 항상적 도리를 따라야만 할 것이다. 이것을
일러 '학문'이라 한다."

黃寓庸曰："偏用思則入虛, 偏用學則滯實. 心固貫於虛實之間, 因其時, 履其事, 素其位, 蹈其常, 此之謂學."

點睛   외적 배움의 추구와 내적 사유의 추구는 본래 두 가지 일이 아 니다. 이 말씀은 내적 사유에만 치중하는 데서 오는 실수를 교정하고자 하신 것이다.

學思, 本非兩事. 言此, 以救偏思之失耳.

제31장

| 공자 | "군자는 진리를 힘쓰고 의식주를 생각지 않아야 한다. 밭 가는 가운데도 굶주림이 있을 수 있고, 공부하는 가운데도 녹봉이 있을 수 있다. 이 때문에 군자는 진리의 성취 여부를 근심하여야지 가난을 근심해서는 안 된다." |

공자   "군자는 진리를 힘쓰고 의식주를 생각지 않아야 한다. 밭 가는 가운 데도 굶주림이 있을 수 있고, 공부하는 가운데도 녹봉이 있을 수 있 다. 이 때문에 군자는 진리의 성취 여부를 근심하여야지 가난을 근 심해서는 안 된다."

子曰   "君子謀道不謀食. 耕也, 餒在其中矣. 學也, 祿在其中矣. 君子憂道不 憂貧."

評   가르치는 말씀으로 보아야 한다. 그래야 네 구절의 문맥이 매우 정연해진다.

作訓辭看. 四語血脈, 大是井然.

遇   이 경문은 오로지 이익과 녹봉에 마음 쏟는 자를 위하여서 하신 말씀이다. …… 군자의 관점은 매우 투철하여서 도에 대한 걱정을 알 뿐, 다시 가난을 걱정하지 않는다.

논어, 천년의 만남

此章專爲分心利祿者説. …… 君子看得極透, 故但知憂道, 更不憂貧.

── 제32장 ──

공자 "앎이 넉넉하더라도 어짊으로 이를 지켜내지 못하면, 비록 얻었더라도 반드시 잃을 것이다. 앎이 넉넉하고 어짊으로 지키더라도 엄숙한 태도로 다스리지 않으면, 백성들은 공경하지 않는다. 앎이 넉넉하고 어짊으로 지키며 엄숙한 태도로 다스리더라도 예의에 알맞게 백성들을 동원하지 않으면, 선(善)한 것은 아니다."

子曰 "知及之, 仁不能守之, 雖得之, 必失之. 知及之, 仁能守之, 不莊以涖之, 則民不敬. 知及之, 仁能守之, 莊以涖之, 動之不以禮, 未善也."

評   『대학(大學)』「경일장(經一章)」: "『대학』의 도는 밝은 덕을 밝히는 데 있으며, 백성들을 친애하는 데 있으며, 지극한 선에 머무름에 있다."

『大學』之道, 在明明德, 在親民, 在止於至善.

遇   어떤 사람의 질문: "도(道)를 보는 것과 지키는 것 중에, 어떤 것이 더 어렵습니까?"

선생(張九成): "보는 것이 더 어렵다네."

어떤 사람: "지금 배우는 자들이 보는 것이 있어도 지키지를 못한다면, 그 본 것도 아울러 잃게 되지 않는지요?"

선생: "그렇지 않다네. 그들은 단지 본 것이 투철하지 못하였을 뿐이라네. 예컨대 물에 빠지는 것이나 불에 타는 것을 명백하게 살펴보았다면,

결단코 물과 불 속으로는 들어가지 않을걸세."(장무구 어록에서)

或問: "所見與所守, 二者孰難?" 先生曰: "所見難." 或曰: "今學者有
所見而不能守, 則並與其所見而喪之?" 先生曰: "不然, 只見得不到故
爾. 如水之溺, 火之烈, 見之審矣, 決未有入水火者."(張無垢語錄)

點睛　앎이 넉넉하고 이를 어짊으로 지키는 것은 밝은 덕을 밝히는 일
이며, 엄숙한 태도로 다스리는 것은 백성을 친애하는 일이고, 예의에 알
맞게 백성을 동원하는 것은 지극한 선(善)에 머무르는 것이다. 엄숙한
태도로 다스리거나 예의에 알맞게 백성들을 동원하지 못하면, 곧바로
인을 지킴이 완전하지 못할 것이다. 인을 지킴이 완전하지 못하면, 곧 앎
이 넉넉해지지 못할 것이니, 생각 또 생각할지어다.

知及仁守, 是明明德. 莊以涖之, 是親民. 動之以禮, 是止至善. 不能莊
涖動禮, 便是仁守不全. 不能仁守, 便是知之未及, 思之思之.

───── 제33장 ─────

공자　"군자는 은미한 부분은 알기 어렵고, 그 드러난 면으로 보면 포용력
　　　이 넓다. 소인은 드러난 면에서 보면 포용력이 없고, 그 은미한 부분
　　　은 쉽게 알 만하다."

子曰　"君子不可小知, 而可大受也. 小人不可大受而可小知也."

評　"은미한 부분은 알기 어렵다."는 것은 '생각으로 헤아릴 수 없다
[不可思議]'는 말과 같다. "그 드러난 면에서 보면 포용력이 넓다."는 것은
바로 "은미한 부분은 알기 어렵다."는 곳에 근거한 것이다. 작은 일에 있

　　　　　　　　논어, 천년의 만남

어서 반드시 볼 만한 것이 없다고 한다면, 이 어찌 군자라 하겠는가.

不可小知, 猶言不可思議. 大受正在不可小知處. 若曰于細事未必可觀,
何以爲君子?

點睛　"은미한 부분은 알기 어렵다."는 것은 생각으로 헤아릴 수 없다
는 것이다. "그 드러난 면에서 보면 포용력이 넓다."는 것은 마치 큰 바다
가 용왕이 뿌리는 비를 받아들이고 여러 강물의 흐름을 받아들일 수 있
는 것과 같다. 소인은 이와는 반대이다.

不可小知, 不可以思議測度之也. 可大受, 如大海能受龍王之雨, 能受衆
流之歸也. 小人反是.

제34장

공자　"백성들에게 인의 필요함은 물, 불보다 더하다. 나는 물, 불을 사용하
　　　다 죽은 이를 보았지만, 인을 실천하다 죽은 이는 아직 보지 못하였
　　　다."

子曰　"民之於仁也, 甚於水火. 水火, 吾見蹈而死者矣, 未見蹈仁而死者也."

評　　끝 두 구절에 무한한 감상이 담겨 있다. 이는 앞의 "인의 필요함
은 물, 불보다 더하다."라는 경문의 각주이다. 이 노인장의 한 조각 노파
심을 그대 저버리지 말지어다.

末二語有無限感慨. 竟作仁甚水火注脚. 却不孤負此老一片婆心.

遇　　왕관도(王觀濤): "인을 실천하다 죽은 이는 아직 보지 못하였다'

는 구절은 상리(常理)에 의거한 말씀이다. 앞에 나온 '자신을 희생하여서 라도 인을 이루고자 한다'는 구절은 비록 죽더라도 살아 있음과 같다는 의미이니, 또한 마땅히 별도의 논의로 보아야 한다."

王觀濤曰: "未見蹈仁死, 據常理言, 若殺身成仁, 雖死猶生, 又當別論."

點睛　이미 "인(仁)을 실천하다가 죽은 자는 아직 보지 못하였다."라고 말하였는데, 또 "자신을 희생하여서라도 인을 이루고자 한다."라고 말씀 하셨으니, 바야흐로 자신을 희생하더라도 죽는 것이 아니라는 것을 믿 을 수 있다.

既曰未見蹈仁而死, 又曰有殺身以成仁, 方信殺身不是死.

제 | 35장

공자　"인을 실천할 때는 선생에게도 양보하지 않는다."

子曰　"當仁不讓於師."

評　매우 의미 있는 말씀. 배우는 자들이 오직 인을 실천하는 한 가 지 일에 있어서만 선생에게 양보함이 있다. 때문에 "인을 실천할 때는 선생에게도 양보하지 않는다."라고 말씀하셨다.

最有味. 只爲學者, 惟有當仁一事, 讓師. 故曰: "當仁不讓於師."

遇　장충보(莊忠甫): "순(舜)임금은 인을 실천할 때 어버이에게 양보 하지 않았으며, 주공(周公)은 인을 실천할 때 형제들에게 양보하지 않았 고, 백이와 숙제는 인을 실천할 때 임금에게 양보하지 않았다. 그렇다면

스승이라고 해서 어찌 양보하겠는가!"

莊忠甫曰："大舜當仁而不讓於親, 周公當仁而不讓於兄, 夷齊當仁而不讓於君. 然則師又奚讓焉?"

장충보(莊忠甫): 이름은 원신(元臣), 호는 방호(方壺), 충보(忠甫)는 그의 자이다. 유가뿐 아니라, 불가의 여러 전적도 아울러 섭렵하여, 유불회통(儒佛會通)의 사유를 지향하였다. 저서에『장충보잡저(莊忠甫雜著)』, 『숙저자(叔苴子)』 등이 있다.

點睛   견식이 스승보다 뛰어나야만, 바야흐로 전수(傳授)를 감당할 수 있다.

見過於師, 方堪傳授.

—— 제36장 ——

공자   "군자는 곧고 바르되 작은 신의에 얽매이지 않는다."

子曰   "君子貞而不諒."

評   그렇다면 작은 신의에 얽매이는 자는 필히 소인일 것이다.

然則諒者必是硜硜小人.

遇   『주역』「건괘」 문언전에서, "'정(貞)'이란, 사물의 근간(줄기)이다."라고 하였다. 여기서 '근간[幹]'이란, 중도(中道)에 처하여 곧게 서서, 한쪽으로 기울지 않음을 의미한다. 만약 조금이나마 한쪽으로 기운다면, 이것이 곧 '작은 신의[諒]'인 것이다.

貞者, 事之幹也. 幹, 居中植立, 靠着一邊不得. 若略着邊際, 便爲諒矣.

공자　"임금을 섬길 때, 자신의 직무는 일심(一心)으로 하고 봉록은 뒤로 미룬다."

子曰　"事君, 敬其事而後其食."

評　'경(敬)'자를 들여다보라. 이 얼마나 고매한 정신인가! 봉록을 뒤로 미루리라 다짐하지 않더라도 저절로 뒤로 밀려지게 될 것이다. ○ '봉록'은 자신의 본분 안에서 받을 만한 것인데도 오히려 뒤로 미루거늘, 하물며 백성들에 속해 있는 것을 탐하겠는가. 생각이 여기에 미치자, 차마 말을 할 수 없구나.

但看敬字, 何等精神! 不期食之後而自後矣. ○其食, 本分內者也, 且後之, 況在民間者乎? 思及此, 不忍言矣.

遇　'뒤로 미룬다[後]'는 것은 곧바로 이 생각을 끊어서 마음속에 두지 않는 것이다. 주자가 『논어집주』에서, "얻는 것을 뒤로 미룬다[後獲]"라고 할 때의 '후(後)'와 같다."라고 한 주석을 보면, 명백하다.

後, 直是絶是念, 而不存於胸中. 觀註後獲之後, 可見.

공자　"가르침에 차별은 없다."

子曰　"有敎無類."

評　　　하늘, 땅처럼 넓은 부모 같은 마음.

天地父母之心.

遇　　　성인의 친절하고도 정성스러운 가르침은 마치 하늘에서 내려오는 이슬과 같아서, 땅 위의 한 물건도 적셔주지 않음이 없다. 때문에 좋은 재목, 나쁜 재목, 가시, 난초를 차별함이 없도다.

聖人曲成之敎, 如天之雨露, 無一不在其滋潤之中, 故無有良材, 惡木, 荊棘, 芝蘭之別.

點睛　　불보살의 마음이다. 만약 차별을 둔다면, 곧 가르침이 없는 것이다.

佛菩薩之心也. 若使有類, 便無敎矣.

제39장

공자　　　"길이 다르면 서로 의논하지 않는다."

子曰　　　"道不同, 不相爲謀."

評　　　진리. ○이는 병폐를 지적한 말씀이지만, 또한 처방약이기도 하다.

眞. ○此是病語, 亦是藥語.

點睛　　터럭만큼이라도 차이가 나면 하늘과 땅만큼 어긋나니, 인(仁)과 불인(不仁)일 뿐이다.

毫釐有差, 天地懸隔, 仁與不仁而已矣.

공자 "문장이란 의미를 잘 전달하면 된다."

子曰 "辭達而已矣."

評 이 다섯 글자야말로 작문(作文)의 오의(奧義)를 말씀하신 것이다.
五字便是談文秘密藏.

遇 장동초: "반드시 알아야 할 것은, 산 아래 샘이 있어야만 이것이
사방의 바다로 흘러간다는 것이다. '달(達)'이란 근본이 있다는 것이니,
오직 근본이 있어야만 도달한 다음에 머물 수 있다."
張侗初曰: "須知山下之泉, 放乎四海. 達者有個本在, 惟有本, 故達而能
止."

點睛 예로부터 참으로 잘 전달한 문장, 그 얼마나 있는가?
從古有幾個眞正達的?

—— 제41장 ——

맹인 악사 면(冕)이 공자를 뵈러 와서는 계단에 도착하였다.

이를 보신 공자 "계단이네."

면이 계단을 거쳐 자리에 이르렀다.

공자 "자리이네."

모두 자리에 앉았다.

공자께서 면에게 하시는 말씀 "아무개는 저기에, 또 아무개는 저기에 앉아
있네."

악사 면이 나갔다.

자장　　"악사와 이야기하는 도리입니까?"

공자　　"그렇다. 이것이 참으로 악사를 도와주는 도리이니라."

師冕見, 及階.

子曰　　"階也."

及席.

子曰　　"席也."

皆坐.

子告之曰 "某在斯, 某在斯."

師冕出.

子張問曰 "與師言之道與?"

子曰　　"然, 固相師之道也."

評　　계단에 도착하자 '계단'이라 말씀하시고, 자리에 이르자 '자리
이다'라고 말씀하시며, 모두 자리에 앉자 "아무개는 저기에, 또 아무개는
저기에 앉아 있네."라고 말씀하셨다. 이는 매우 평이하고 상식적인 행동
이셨다. 그런데 자공이 '도리입니까?'라고 질문하자, 평이하고도 상식적
인 행위가 기이하고 특별한 행동에 가까워진 듯하였다. 하지만 공자께
서 '악사를 도와주는 도리'라고 말씀하시자, 기이하고도 특별한 것이 다
시 평이하고 상식적인 일로 환원되었다.

及階言階, 及席言席, 皆坐而曰:"某在斯, 某在斯."事極平常, 一有道
與之問, 平常幾爲奇特. 夫子歸之相師之道, 奇特復還平常.

遇　　왕용계: "『논어』는 아직 깨닫지 못한 자들을 위한 설법집이니, 이른바 맹인을 도와주는 도리가 담겨 있다. 그러므로 계단과 자리에 이르렀다고 말하고, '아무개는 저기에, 또 아무개는 저기에 앉아 있네'라고 말씀하셨다. 이는 하나하나 손가락으로 가리키면서 그에게 말씀하신 것이다. 만약 눈 밝은 사람에게 이런 말씀을 하셨다면, 곧 쓸데없는 말이 되었을 것이다."

王龍谿曰: "一部『論語』爲未悟者說法, 所謂相師之道也, 故曰及階, 及席, 某在斯, 某在斯, 一一指向他說. 若爲明眼人說, 卽成剩話."

點睛　　자장은 '도(道)'를 기이하고 특별한 것으로 보았는데, 공자는 '도(道)'를 평이하고 상식적인 일로 풀이하셨다.

子張看得道字奇特, 孔子注得道字平常.

계
씨

季氏

계씨가 전유국(顓臾國)을 정벌하려고 준비하였다.

계씨의 가신인 염유와 계로가 공자를 뵈었다.

염유　"계씨가 전유를 정벌하려 합니다."

공자　"구야! 이것은 너의 잘못이 아니더냐? 저 전유국은 그 옛날 주나라 선왕께서 동몽산(東蒙山)의 제주(祭主)로 삼았던 나라이다. 그리고 또한 우리 노나라의 경내(境內)에 있으니, 이는 사직을 함께 하는 신하국이다. 어찌 이런 나라를 치려 하느냐."

염유　"계씨께서 하고자 하심이지, 저희 두 사람은 반대했사옵니다."

공자　"구야! 예전에 주임(周任)이 말하기를, '힘을 다해 신하의 직분을 행하고, 어찌할 수 없으면 그만둔다'고 하였느니라. 위급할 때 잡아주지 않고 넘어질 때 부축해주지 않는다면, 그 도와주는 사람을 어디 쓸 데가 있겠느냐. 이 때문에 너의 말이 잘못되었다는 것이다. 범이나 들소가 우리 밖으로 뛰쳐나오고, 거북껍질이나 보석이 궤 속에서 부서져버린다면, 이것은 누구의 잘못이겠느냐."

염유　"오늘날 전유국은 성(城)이 견고하고 또한 비(費) 땅에 가깝습니다. 지금 빼앗지 않으면 훗날 반드시 자손들의 우환거리가 될 것입니다."

공자　"구야! 군자는 '욕심이 난다'고 하지 않고 핑계 대는 것을 미워한다. 내 듣기에 '나라를 소유한 자는 사람 적은 것을 걱정하지 않고 공평하지 않은 것을 걱정하며, 가난을 걱정하지 않고 안정되지 않는 것을 걱정한다'고 하였다. 대체로 공평하면 가난이 없어지고 화목하면 사람이 적어지지 않으며 안정되면 기울어지지 않는다. 그렇기 때문에 먼 데 있는 사람들이 복종하지 않으면, 문교(文敎)와 도덕(道德)을 닦아서 그들을 오게 하여야 한다. 그리하여 왔다면 편안히 살게 해줄 것이다. 그런데 유와 구, 너희들은 계씨를 돕되 먼 데 있는 사람들이 복종하지 않는데도 오게 하지 못하고, 나라가 나눠지고 인심이 흩어져도 지켜내지 못하고서 국내에서 전쟁을 일으키고자 한다. 나는 계손씨의 근심이 전유에 있지 않고 나라 안에서 생길까 걱정이 되는구나."

季氏將伐顓臾.

冉有, 季路見於孔子, 曰 "季氏將有事於顓臾."

孔子曰　"求! 無乃爾是過與? 夫顓臾, 昔者先王以爲東蒙主, 且在邦域之中矣, 是社稷之臣也. 何以伐爲?"

冉有曰　"夫子欲之, 吾二臣者皆不欲也."

孔子曰　"求! 周任有言曰 '陳力就列, 不能者止.' 危而不持, 顚而不扶, 則將焉用彼相矣? 且爾言過矣. 虎兕出於柙, 龜玉毁於櫝中, 是誰之過與?"

冉有曰　"今夫顓臾, 固而近於費. 今不取, 後世必爲子孫憂."

孔子曰　"求! 君子疾夫舍曰欲之而必爲之辭. 丘也聞有國有家者, 不患寡而患不均, 不患貧而患不安. 蓋均無貧, 和無寡, 安無傾. 夫如是, 故遠人不服, 則修文德以來之. 旣來之, 則安之. 今由與求也, 相夫子, 遠人不服, 而不能來也, 邦分崩離析, 而不能守也, 而謀動干戈於邦內. 吾恐季孫之憂, 不在顓臾, 而在蕭牆之內也."

評　　염구와 자로, 두 사람이 왔는데 공자께서는 염구만을 책망하셨다. 이는 자로가 온 것이 염구가 시켜서임을 아셨기 때문이다. 자로는 곧기만 한 사람이어서 자신을 움직이게 한 사람이 누군지를 알지 못하였

지만 공자께서는 이를 아신 것이다. 때문에 염유가 '저희 두 사람'이라고 말하여서 자로와 죄를 함께 나누려는 뜻을 보였지만, 공자께서는 끝내 염구에게만 말씀을 하셨다. 이에 염구가 비켜갈 수 없고 또 어찌할 수 없어서 할 수 없이 "지금 빼앗지 않으면 훗날 반드시 자손들의 우환거리가 될 것입니다."라고 진술하였다. 이 진술에서 염구와 계손씨가 은밀히 모의하였음을 알 수 있다. 이에 공자께서는 자로까지 아우르시고서는 드디어 "계손씨의 근심이 전유에 있지 않고 나라 안에서 생길까 걱정이 되는구나."라고 말씀하시었다. 아! 만약 계손씨가 이 말씀을 들었더라면, 어찌 혼백이 달아날 정도로 놀라지 않았겠는가. 그리고 그는 또한 염구가 나라 안의 일을 도모하지 않고 전유를 도모하고자 했던 것을 원망해서, 자신에게 불충(不忠)한다고 여겼을 것이다. 공자께서는 악인을 변화시키는 데 진정 신묘하시도다.

兩人同來, 而夫子只責冉求. 知子路之來, 亦冉有使之也. 盖子路是簡直人, 不知其中關庚子, 夫子則知之矣. 及冉有曰吾二臣, 有分罪于子路意, 夫子到底只是說求. 求躲閃不得, 無可奈何, 只得直陳供狀曰: "今不取, 後世必爲子孫憂." 此求與季孫之密謀可知已. 夫子于是略及子路, 而遂言: "季孫之憂, 不在顓臾而在蕭墻之内." 嗚呼! 使季孫聞之, 不驚魂喪魄也哉! 且將怨冉有不謀蕭墻之内而謀顓臾, 以爲非忠于我矣. 夫子眞神于變惡者哉!

방비(旁批): 신명 같은 통찰.

神明.

미비(眉批): 계손씨의 혼백을 빼앗도다. 담장 안의 우환은 고금의 동일한 걱정거리.

又奪季孫之魄, 蕭墻之變, 古今同患.

點睛　노련한 관리가 소송을 판결하는데, 그 곡직(曲直)이 분명하다.

老吏斷獄, 曲直分明.

제2장

공자　"천하가 태평할 때는 예를 제정함과 음악을 작곡함, 그리고 군대를 내어 정벌하는 권한이 모두 천자에게서 나온다. 반면 천하가 혼란할 때는 예를 제정함과 음악을 작곡함, 그리고 군대를 내어 정벌하는 권한이 제후로부터 나온다. 제후에게서 이러한 권한들이 나오게 되면 십대(十代) 만에 나라를 잃지 않는 이가 드물며, 대부에게서 이러한 권한들이 나오게 되면 오대(五代) 만에 나라를 잃지 않는 이가 드물 것이고, 가신들이 정권을 잡는다면 삼대(三代) 만에 나라를 잃지 않는 이가 드물 것이다. 천하가 태평하면 정권이 대부에게 있지 않고, 천하가 태평하면 백성들이 나랏일에 대하여 분분하게 논의하지 않을 것이다."

孔子曰　"天下有道, 則禮樂征伐自天子出, 天下無道, 則禮樂征伐自諸侯出. 自諸侯出, 蓋十世希不失矣, 自大夫出, 五世希不失矣, 陪臣執國命, 三世希不失矣. 天下有道, 則政不在大夫, 天下有道, 則庶人不議."

評　뒤의 두 구절을 읽어 보면, 분명 화(禍)의 근본을 따져 밝힌 것이다. 무한한 감개와 원망의 의미가 내재되어 있도다.

讀後二節, 分明追求禍本, 有無限感慨怨慕之意.

미비(眉批): 분명하게 신하를 주벌하고, 은근하게 임금을 책망하도다.

明誅臣子, 隱責君人.

遇　　이 경문은 춘추시대의 시말(始末)을 개괄해 놓고 있다. '예를 제
정함과 음악을 작곡함, 그리고 군대를 내어 정벌하는 권한이 모두 천자
에게서 나온다'는 구절은 춘추시대 이전의 사정이었다. '이런 권한이 제
후로부터 나온다'는 것은 노(魯)나라 은공(隱公), 환공(桓公), 장공(莊公),
민공(閔公) 때의 춘추시대였다. '이런 권한이 대부로부터 나온다'는 것은
노나라 희공(僖公), 문공(文公), 선공(宣公), 성공(成公) 때의 춘추시대였
다. '가신들이 정권을 잡는다'는 것은 노나라 양공(襄公), 소공(昭公), 정
공(定公), 애공(哀公) 때의 춘추시대였다.

此章備春秋之始終. 禮樂征伐自天子出, 是春秋以前事. 自諸侯出, 隱,
桓, 莊, 閔之春秋也. 自大夫出, 僖, 文, 宣, 成之春秋也. 陪臣執國命,
襄, 昭, 定, 哀之春秋也.

―――― 제3장 ――――

공자　　"나라의 권력이 노나라 임금의 손에서 떠난 지 이미 오대(五代)이고,
　　　　　정권이 대부의 손에 들어간 지 사대(四代)이다. 이 때문에 저 노나라
　　　　　환공(桓公)의 세 자손들이 이렇게 쇠미해졌다."

孔子曰　　"祿之去公室五世矣, 政逮於大夫四世矣, 故夫三桓之子孫微矣."

評　　명백하게 그 증거를 제시하셨다.

明白還他證左去.

遇　　선조 장남헌(張南軒): "노 환공의 세 자손인 삼가(三家)가 노나
라의 권력을 독차지하고 노나라 정권을 훔칠 때, 그들의 본래 사심(私心)

은 그 자손들을 이롭게 하고자 함이었다. 그런데 그 자손들이 쇠미함이
실로 여기에 그 조짐이 있었음을 어찌 알았으랴."

家南軒曰: "方三家專公室之祿, 而竊魯國之政, 本其私意, 欲以利其子
孫, 而豈知其子孫之微實兆於此?"

장남헌(張南軒, 1133~1180): 이름은 식(栻), 자는 경부(敬夫), 흠부(欽夫), 남헌(南軒)은
그의 호이다. 호상학파(湖湘學派)의 영수로서 주희의 학설에 큰 영향을 주었다. 주희, 여
조겸과 더불어 '동남삼현(東南三賢)'으로 불렸다. 저서에 『논어설(論語說)』, 『맹자설(孟
子說)』과 주희가 편찬한 장식의 유고 문집 『남헌집(南軒集)』 등이 있다.

———— 제4장 ————

공자   "유익한 벗이 셋 있고, 해로운 벗이 셋 있다. 정직한 이를 벗하고, 신
실한 이를 벗하며, 견문이 넓은 이를 벗하면 유익할 것이다. 꾸미기
만 좋아하는 이를 벗하고, 아첨하길 좋아하는 이를 벗하며, 말만 많
은 이를 벗하면 해롭다."

孔子曰   "益者三友, 損者三友. 友直, 友諒, 友多聞, 益矣. 友便辟, 友善柔, 友便
佞, 損矣."

評   오늘날, 꾸미는 것을 정직하다 하고, 아첨하는 것을 신실하다
하며, 말만 잘하는 것을 견문이 넓다고 여기는 이들이 많다. 이들을 어찌
할 것인가!

今又有便辟而托于直者, 善柔而托于諒者, 便佞而托于多聞者, 奈何?

遇   허경암(許敬庵): "유익한 벗과 함께함은 마치 봄과 여름의 해와
같다. 점점 해가 길어져도 알지를 못한다. 해로운 벗과 함께함은 마치 불

위에 끓는 기름과 같다. 점점 없어지는데도 알지를 못한다."

許敬庵曰: "與益友處, 如春夏之日, 以漸加長而不覺. 與損友處, 如火之於膏, 亦以漸消滅而不覺."

허경암(許敬庵, 1535~1604): 이름은 부원(孚遠), 자는 맹중(孟中), 시호는 공간(恭簡), 경암(敬菴)은 그의 호이다. 왕양명의 학문을 존숭했고, 양지(良知)를 깊이 믿었다. 나여방(羅汝芳)의 문인 양기원(楊起元)과 왕기(王畿)의 문인 주해문(周海門) 등과 남경(南京)에서 강학을 하기도 하였다. 명대 저명한 양명학자 유종주(劉宗周)가 그의 문인이다. 저서에 『경화당집(敬和堂集)』이 있다.

—— 제5장 ——

공자 "유익한 기쁨이 셋 있고, 해로운 기쁨이 셋 있다. 예와 음악이 절도에 맞는 것을 기뻐하고, 남의 좋은 것 칭찬하기를 기뻐하며, 현명한 친구가 많은 것을 기뻐하면 유익할 것이다. 교만과 쾌락을 기뻐하고, 질펀하게 노는 것을 기뻐하며, 마시고 먹는 데서 오는 쾌락을 기뻐한다면, 해로울 것이다."

孔子曰 "益者三樂, 損者三樂. 樂節禮樂, 樂道人之善, 樂多賢友, 益矣. 樂驕樂, 樂佚遊, 樂宴樂, 損矣."

評 이 두 경문 끝의 '유익할 것이다[益矣]', '해로울 것이다[損矣]'라는 두 글자에는 천만 번 타이르고 경계하는 의미가 들어 있다. 참으로 '그 말은 끝났지만 의미는 무궁하다'라는 구절은 이를 두고 한 말이다.

此二篇末後叫益矣, 損矣二字, 有萬千叮嚀, 萬千告戒之意, 正所云言有盡而意無窮也.

點睛　유익함과 해로움은 모두 유익함을 구하고 해로움을 초래하는 것이 자기 자신이라는 관점에서 말한 것이다.

益者損者, 都就求益招損的自身上說.

────── 제6장 ──────

공자　"군자를 모시고 말할 때, 세 가지의 허물이 있기가 쉽다. 말할 차례가 되지 않았는데 말하는 것을 '조급함'이라 하고, 말할 차례가 되었는데도 말하지 않는 것은 '숨김'이라 하며, 군자의 안색을 살피지 않고서 말하는 것을 '눈먼 장님'이라 한다."

孔子曰　"侍於君子有三愆. 言未及之而言, 謂之躁. 言及之而不言, 謂之隱, 未見顏色而言, 謂之瞽."

評　조급함에서 오는 허물은 천박함이니 싫어할 만하고, 숨기는 데서 오는 허물은 악함이니 의심할 만하며, 눈먼 데서 오는 허물은 어리석음이니 불쌍하도다.

躁之愆, 淺可厭. 隱之愆, 惡可疑. 瞽之愆, 癡可憐.

遇　주자: "성인께서는 다만 사람이 때에 맞게 말을 해야지 망발해서는 안 됨을 경계하셨다. 조급한 사람은 적당한 때보다 앞서 말하며, 숨기는 사람은 적당한 때보다 뒤에 말하고, 눈먼 사람은 적당한 때를 아예 모른다."

朱子曰: "聖人只是戒人言語以時, 不可妄發. 躁者先時, 隱者後時, 瞽者不能相時."

| 공자 | "군자는 일생 동안 세 가지를 경계하여야 한다. 나이가 젊었을 때는 혈기가 안정되지 않았으니, 여색을 경계하여야 한다. 장성한 뒤에는 혈기가 바야흐로 왕성해지니, 싸움을 경계하여야 한다. 늙어지면 혈기가 쇠약해지니, 물욕을 경계하여야 한다." |
| 孔子曰 | "君子有三戒. 少之時, 血氣未定, 戒之在色. 及其壯也, 血氣方剛, 戒之在鬪. 及其老也, 血氣旣衰, 戒之在得." |

評　술, 여색, 재물, 혈기, 이 중 공자의 가르침은 세 가지만 경계시키는 데 그쳤다. 무한한 주량을 지니셨던 성인 공자, 술은 경계하는 대상이 아니었음을 알 수 있도다.

酒色財氣, 孔子之訓止戒其三. 固知無量之聖, 不知酒之當戒也.

미비(眉批): 세간의 병통을 간파하도다.

看破世間病痛.

遇　이 세 가지는 모두 혈기가 움직여서 생겨난다. 군자는 성명(性命)의 학문으로 자신을 굳게 세워야만, 혈기에 영향을 받지 않을 것이다.

三者皆血氣用事, 君子以性命之學主持得定, 便不爲血氣纏擾.

點睛　경계함이 있으면 혈기를 제어할 수 있고, 경계함이 없으면 혈기에 휘둘리게 된다. 『역경』한 책에는 '삼계(三戒)'가 다 들어 있다.

有戒則能禦血氣, 無戒則被血氣使. 一部『易經』, 三戒收盡.

공자   "군자는 두려워하는 세 가지가 있다. 천명을 두려워하고, 대인(大人)

을 두려워하며, 성인의 말씀을 두려워한다. 소인은 천명을 알지 못

하기에 두려워하지 않으며, 대인을 함부로 대하며, 성인의 말씀을

업신여긴다."

孔子曰   "君子有三畏. 畏天命, 畏大人, 畏聖人之言. 小人不知天命而不畏也,

狎大人, 侮聖人之言."

評   하늘이 인간의 마음에 심어준 것을 본성(本性)이라 한다. 대인

은 이러한 본성을 다 발휘한 사람이고, 성인의 말씀은 이런 본성을 다 발

휘할 수 있도록 해주는 방도이다. 오늘날 심학(心學)을 강론하는 자, 천

명을 두려워하는지? 대인을 함부로 대하는지? 성인의 말씀을 업신여기

는지? 스스로 생각해볼지어다.

天命之謂性. 大人盡性之人, 聖人之言, 盡性之方. 今之講心學者, 畏耶?

狎耶? 侮耶? 自考之.

미비(眉批): 이 편의 문자는 전환이 가장 신묘하고 활발하도다.

此篇文字, 最轉換得神活.

點睛   '천명(天命)에 의거한 본성'은 참과 거짓을 구분하기 어렵기 때

문에 두려워해야 하는 것이요, '대인(大人)'은 도(道)를 닦아 본성을 회복

하여 나의 밝은 스승이자 어진 벗이기 때문에 두려워해야 하는 것이며,

'성언(聖言)'은 도(道)를 닦아서 본성을 회복하는 요점을 보여주기 때문

에 두려워해야 한다. …… 천명을 알지 못하면, 또한 대인을 알지 못하고

성인의 말씀도 알지 못한다. 소인은 이 모두 알지 못하기에 두려워하지
않고, 군자는 다 알기 때문에 모두 두려워할 뿐이다.

天命之性, 眞妄難分, 所以要畏, 大人修道復性, 是我明師良友, 所以要
畏, 聖言指示修道復性之要, 所以要畏. …… 不知天命, 亦不知大人, 亦
不知聖人之言. 小人旣皆不知而不畏, 則君子皆知, 故皆畏耳.

—— 제9장 ——

공자　　“나면서부터 도리를 아는 자는 상등의 인간이고, 배워서 아는 자는
　　　　그 다음이며, 곤란함을 만나서 배우는 자는 또 그 다음이다. 만약 곤
　　　　란함을 만났는데도 배우지 않는다면, 백성 중에 이는 가장 하등이
　　　　다.”

孔子曰　“生而知之者, 上也, 學而知之者, 次也, 困而學之, 又其次也, 困而不學,
　　　　民斯爲下矣.”

評　　배우지 않음에 이르러서야 바야흐로 '백성'이라는 글자를 언급
하였으니, 오직 하등해야만 비로소 백성이라고 할 수 있을 뿐이다. 여기
에서 선비의 본질은 순전히 배움에 있음을 볼 수 있다. 오늘날 선비라는
이름을 가지고서 배우지 않는 자들은 선비인가, 백성인가? 스스로 생각
해 볼지어다.

到不學方說出民字, 惟下始爲民耳. 可見士全在學. 今之名爲士, 而不學
者, 士乎? 民乎? 自思之.

미비(眉批): '이는[斯]'이라는 글자 오묘하도다. 여기에 이르면 가장 하등
임을 볼 수 있다. 그러나 배우려 하면 다시는 하등이 되지 않으리라.

斯字妙, 見得到此方下. 肯學仍復不下也.

點睛　다만 배움을 중시한 것이지, 백성들을 낮춘 것이 아니다.
只是肯學, 便非下民.

───── 제10장 ─────

공자　"군자는 아홉 가지의 생각함이 있어야만 한다. 볼 때는 눈 밝음을 생
　　　각하고, 들을 때는 귀 밝음을 생각하며, 낯빛은 따뜻하기를 생각하
　　　고, 몸가짐은 공손함을 생각하며, 말은 충실하기를 생각하고, 일은
　　　전념하기를 생각하며, 의문이 있으면 묻기를 생각하고, 분노가 솟아
　　　오르면 뒤의 곤란함을 생각하며, 이득을 보면 마땅한지를 생각해야
　　　만 한다."

孔子曰　"君子有九思. 視思明, 聽思聰, 色思溫, 貌思恭, 言思忠, 事思敬, 疑思
　　　問, 忿思難, 見得思義."

評　천하에 오직 짐승만이 생각함이 없다. ○이 경문은 군자라면 마
　　땅히 이러한 아홉 가지의 생각함이 있어야만 한다고 가르치신 것이지,
　　군자에게는 이러한 아홉 가지의 생각함이 있다고 칭찬하신 것이 아니
　　다. ○가르치신 말씀으로 보면 의미가 바야흐로 심장(深長)해진다.
　　天下惟禽獸無思. ○此是訓君子當有此九思, 不是贊君子能有此九思. ○
　　作訓詞看, 味方雋永.

遇　양복소: "이 경문은 사람들이 '타고난 지각(知)'을 자각하는 방

　　　　　　　　　　　논어, 천년의 만남

법에 대하여 알려주고 있다. 그들에게 자잘한 것부터 생각하게 하여, 저절로 하나의 완전한 '지(知)'가 드러나게 한 것이다. 그리하여 하나의 감각기관이 그 청정한 본래 자리로 돌아가면, 여섯 감각기관이 나란히 해탈하게 된다."

楊復所曰: "此指人以求知之路也. 教他零碎思去, 自有一個圜圖知迸出來. 一根既返元, 六根齊解脫."

────── 제11장 ──────

공자　"'선(善)을 보면 마치 미치지 못하는 듯, 불선(不善)을 보면 마치 끓는 물에 손을 넣는 듯 하라'는 옛말이 있는데, 나는 이렇게 하는 사람도 보았고 이런 말도 들은 적이 있다. '은거하여서 자신의 뜻을 추구하며, 의를 실행하여서 자신의 도를 달성시킨다'는 옛말도 있는데, 나는 이런 말을 들었으나 이렇게 하는 사람은 아직 보지 못하였다."

孔子曰　"見善如不及, 見不善如探湯. 吾見其人矣, 吾聞其語矣. 隱居以求其志, 行義以達其道. 吾聞其語矣, 未見其人也."

評　옛말 아래에 평이한 네 마디 말씀을 덧붙였는데, 바로 여기에 무한한 감개가 서려 있도다.

于古語之下, 平添四語, 便有無限感慨.

遇　원중랑(袁中郎): "은거는 헛된 은거가 아니라, 은거함으로써 자신의 뜻을 추구하는 것이다. 실행도 단순히 하는 행동이 아니라, 그렇게 실행함으로써 자신의 도를 달성하는 것이다. 두 번 나오는 '~여서[以]'라

는 글자에 의미가 실려 있다."

袁中郞曰: "隱非空隱, 隱以求其志, 行非徒行, 行以達其道. 如此說, 兩
以字方有着落."

원중랑(袁中郞, 1568~1610): 이름은 굉도(宏道), 호는 석공(石公), 중랑(中郞)은 그의
자이다. 형 원종도(袁宗道), 동생 원중도(袁中道)와 함께 '삼원(三袁)'으로 일컬어지며,
출신지 이름을 따서 공안파(公安派)로 불린다. 이지(李贄)의 문하에서 수학하였다. 복고
적인 문풍에 대해 비판하면서 성령(性靈)을 중시하였다. 저서에 『원중랑집(袁中郞集)』
등이 있다.

—— 제12장 ——

제나라 경공이 사천 필의 말이 있었지만, 죽는 날에 백성들이 칭찬할 만한 덕이
없었다. 반면 백이와 숙제는 수양산 아래에서 굶어 죽었지만, 백성들이 오늘날
까지 칭찬하고 있다. 이런 것을 두고 하는 말이겠지.

齊景公有馬千駟, 死之日, 民無德而稱焉. 伯夷叔齊餓于首陽之下, 民到于今稱之.
其斯之謂與?

評　　"이런 것을 두고 하는 말이겠지."라는 말씀은 공자께서 반드시
지적하는 바가 있는 것이다. 다만 경공과 백이, 숙제를 빌어서 본보기로
삼았을 뿐이다.

其斯之謂與, 夫子必有所指, 特借景公, 夷, 齊爲樣子耳.

遇　　마군상(馬君常): "'백성'이라는 글자를 통해 천고의 진정한 월단
평(月旦評, 인물평)을 제출하였으니, 이른바 삼대의 곧은 도로 살아온 백
성들이다."

馬君常曰: "民字提出千古眞月旦, 所謂三代直道而行也."

마군상(馬君常, 1584~1644): 이름은 세기(世奇), 호는 소수(素修), 군상(君常)은 그의 자이다. 명나라 말엽의 저명한 신하였다. 이자성(李自成)이 북경을 함락하자, 스스로 목을 매 죽었다. 이에 두 첩들도 따라 죽었다. 저서에 『서경직해(書經直解)』, 『충경록(忠鏡錄)』 등이 있다.

──── 제13장 ────

진항(陳亢)이 백어(伯魚)에게 질문하기를 "그대는 아버지인 공자에게 달리 들은 것이라도 있소?"

백어 "그런 것은 없습니다. 다만 언젠가 홀로 서 계시거늘, 내가 종종걸음으로 앞을 지나게 된 적이 있었는데, '시를 배웠느냐?'라고 말씀하시기에 내가 '아직 배우지 못하였습니다'라고 답하였더니, '시를 배우지 않으면 남과 제대로 말할 수 없느니라'라고 하시기에 내 물러 나와 시를 배웠습니다. 또 어느 날엔가 홀로 서 계시거늘, 내가 종종걸음으로 앞을 지나게 된 적이 있었는데, '예를 배웠느냐?'라고 말씀하시기에 내가 '아직 배우지 못하였습니다'라고 답하였더니, '예를 배우지 않으면 남과 제대로 말할 수 없느니라'라고 하시기에 내 물러나와 예를 배웠습니다. 이제껏 이 두 가지를 들었습니다."

진항이 물러나오며 기뻐서 말하기를 "한 가지를 질문하였는데 세 가지를 얻어들었도다. 시와 예에 관한 것을 듣고, 또 군자는 그 자식을 남달리 가르치지 않는다는 것을 들었도다."

陳亢問於伯魚, 日 "子亦有異聞乎?"

對日 "未也. 嘗獨立, 鯉趨而過庭. 日: '學詩乎?' 對日: '未也.' '不學詩, 無以言.'

鯉退而學詩. 他日, 又獨立, 鯉趨而過庭. 曰: '學禮乎?' 對曰: '未也.' '不
學禮, 無以立.' 鯉退而學禮. 聞斯二者."

陳亢退而喜, 曰 "問一得三, 聞詩, 聞禮, 又聞君子之遠其子也."

評　　이 남자, 묘한 사람이네.

此公的是妙人.

방비(旁批): 이 바보, 무엇을 얻었다고?

癡子竟何所得?

遇　　심무회: "만약 공자께서 고의로 그 아들을 멀리하였다면, 이는
특별히 그 아들에게 다른 가르침을 내리지 않았다고 할 수 없다. '멀리함
[遠]'과 '달리함[異]'은 모두 동일한 사심(私心)이다. 진항은 끝내 명백하
게 이해하지 못하였다."

沈無回曰: "有意於遠其子, 則不能無意於異其子矣. 遠與異, 一私心也.
陳亢到底不曾明白."

點睛　　진항은 얻지 못하였는데 얻었다고 여겨서, 헛되이 부질없는 기
쁨을 드러내었으니, 가소롭도다, 가소롭도다!

未得謂得, 枉了一個空歡喜, 可笑, 可笑!

제14장

제후의 아내. 임금이 부를 때는 '부인(夫人)', 부인이 자신을 부를 때는 '소동(小
童)', 나라 사람들이 부를 때는 '군부인(君夫人)', 다른 나라 사람들에게 말할 때는

'과소군(寡小君)', 다른 나라 사람들이 부를 때는 또한 '군부인(君夫人)'.

邦君之妻, 君稱之曰夫人, 夫人自稱曰小童, 邦人稱之曰君夫人. 稱諸異邦曰寡小君, 異邦人稱之亦曰君夫人.

評   이 문장의 오묘함은 그 끊어졌다가 이어짐이 표출되지 않는 데서 찾을 수 있다. 문장의 신묘한 조화가 이런 경지에까지 이르다니!

妙在尋他斷續不出, 神化至此!

미비(眉批): 고문 중에 가장 기이한 문장.

古文之最離奇者.

遇   선조 장남헌: "이 경문은 '명분을 바로 잡는다[正名]'는 뜻이 들어 있다. 춘추시대에 아버지의 첩을 '부인(夫人)'이라고 하는 경우가 많았으며, 심지어 자신의 첩을 '부인'이라 하기도 하였다. 노나라, 위나라, 진나라 평공(平公)이 그렇게 하였으니, 명분과 실제의 어긋남이 이런 지경에 이르렀다. 그 명분을 바로잡음은 명분과 실제의 부합을 요구하는 것이다."

家南軒曰: "此正名之意. 春秋時以妾母爲夫人者多矣, 甚則以妾爲夫人, 如魯衛, 晉平之爲者, 名實之乖, 一至於此. 正其名, 所以責其實也."

양

화

陽貨

양화(陽貨)가 공자를 보고자 하였는데, 공자가 피하고 보지 않으려 하자, 공자의 집에 돼지를 선물로 보냈다.

그러자 공자께서 양화의 집에 가셨는데, 때마침 그가 없어서 빈집에 인사만 하고 돌아오다가 길에서 그와 마주쳤다.

이에 양화가 공자에게 말하기를 "오시오! 내 그대에게 할 말이 있소이다."

양화가 다시 말하길 "보배로운 덕을 품고서도 나라의 어지러움을 돌보지 않는다면 '어질다'고 할 수 있겠소이까?"

공자 "그렇다고 할 수 없지요."

양화 "나랏일 하기를 좋아하면서도 좋은 기회를 여러 번 놓친다면 '지혜롭다'고 할 수 있겠소?"

공자 "그렇다고 할 수 없지요."

양화 "세월은 흘러가나니, 나를 기다려주지 않는 법이라오.

공자 "그렇지요. 내가 이른 시일 안에 벼슬하도록 하겠습니다."

陽貨欲見孔子, 孔子不見, 歸孔子豚.

孔子時其亡也, 而往拜之, 遇諸途.

謂孔子曰 "來! 予與爾言."

曰 "懷其寶而迷其邦, 可謂仁乎?"

曰 "不可."

"好從事而亟失時, 可謂知乎?"

曰 "不可."

"日月逝矣, 歲不我與."

孔子曰 "諾, 吾將仕矣."

　　　어디에도 공자가 보이지를 않는구나. ○양화는 의도가 가득 차

있건만 공자는 한결같이 무심하도다. 이른바 "산 귀신의 수법은 유한하

지만 노승의 수단은 무궁하다."는 격이로다. ○맹자가 "공자께서 또한

양화가 없는 틈을 엿보아 빈집에 절하고 돌아오셨다."라고 하였는데, 이

는 맹자의 말일 뿐이다. 공자께서 어찌 이러하셨겠는가. 공자께서 만약

이러하셨다면 모습만 양호를 닮은 것이 아니로다.

到底是介孔子不見. ○陽貨都是有意, 孔子一味無心. 所謂山鬼之伎倆有

限, 而老僧之伎倆無窮也. ○孟子謂: "亦瞰其亡也而往拜之." 是說孟子

話, 孔子那得如此? 孔子如此, 不獨貌似陽虎矣.

點睛　　"때마침 그가 없었다."라고 하였으니, 이는 우연히 그가 없는 때

를 만난 것이다. 맹자는 "그가 없는 틈을 엿보았다."라고 하였는데, 이러

한 해설은 공자가 계책을 꾸몄다는 의미여서, 마침내 공자를 양화와 같

은 인간으로 만들어버리는 것이다. 어찌 옳은 해석이겠는가.

時其亡, 只是偶値其亡耳. 孟子作瞰其亡, 便令孔子作略, 僅與陽貨一般,

豈可乎哉?

──── 제2장 ────

공자　　"선천적 성(性)은 서로 가깝지만, 후천적 습(習)에 의해 서로 멀어지

　　　　게 된다."

子曰　　"性相近也, 習相遠也."

評　　　명백하신 말씀. ○원래 본성의 선함에 대한 말씀이다. 그런데

정자와 주자의 주석을 보면 이를 뒤집어 '가깝다'라는 이 한 글자의 의미를 무너뜨렸으니, 매우 애석하도다.

分疏明白. ○原是說性善, 倒爲程朱注脚看壞了近字, 可恨.

遇　　　장동초: "사람이 이 땅에 태어나 겨우 움직일 때, 생성되는 지각(知覺)이 바로 '습(習)'이다. 사랑을 알고 공경을 알 때, 바로 '습'의 시작이다. 이 '습'의 너머, 부모에게서 태어나기 이전, 어떠했는가? 공자의 '본성이 서로 가깝다'라는 말씀은 여기에 착안한 것이다. 만약 주자가 주석을 낸 것처럼, 이 성을 '기질의 성[氣質之性]'이라고 한다면, 만장의 마구니를 더한 것일 뿐만이 아니다."

張侗初曰: "人生墮地纔動, 知覺便是習. 知愛, 知敬, 都是習始也. 試看父母未生前如何? 所以曰相近. 若註云氣質, 則何啻添萬丈魔."

—————— 제3장 ——————

공자　　　"최상의 지혜를 가진 이와 최하의 어리석음을 가진 이는, 옮겨가려 하지 않는다."

子曰　　　"唯上知與下愚不移."

評　　　노파심. ○이 경문은 어리석은 이를 옮겨 가게 하고자 하신 말씀이다. 옮겨 가지 않으면 병이 되고, 옮겨 간다면 바로 약이 된다. ○이 경문은 개탄스러운 마음에서 우러나온 말씀이며, 또한 분발시키고자 해서 하신 말씀임을 알아야 한다. 만약 이를 진정으로 하신 말씀이라 여긴다면, 바로 위의 경문의 '본성은 서로 가깝다'라는 말과 어긋나게 된다.

婆心. ○正要他移. 不移是病, 移便是藥. ○要知此是慨嘆語, 亦是激發
語. 若作實說, 便與相近處有礙.

遇　　　"옮겨 가려 하지 않는다."라고 말씀하셨으니, 저들이 스스로 옮
겨 가려 하지 않을 뿐이지, 이것이 본성과 상관없는 일임을 알 수 있다.
曰不移, 亦彼自不肯移耳, 可見也不干性事.

─── 제4장 ───

공자께서 제자인 자유가 다스리는 무성으로 가셨는데, 거문고와 노랫소리를 들
으셨다.
이에 공자께서 빙그레 웃으시며 말씀하시기를　　"닭 잡는데 어찌 소 잡는 칼
　　　　　　을 쓰느냐?"
자유　　　"그전에 제가 선생님께 듣기를 '위정자가 도를 배우면 백성을 아끼
　　　　　　고, 백성들이 도를 배우면 부리기가 쉽다'라고 하셨습니다."
공자　　　"제자들아, 자유의 말이 옳다. 내 앞서 한 말은 농담이니라."
子之武城, 聞弦歌之聲.
夫子莞爾而笑, 曰　"割鷄焉用牛刀?"
子游對曰　　"昔者偃也聞諸夫子曰: '君子學道則愛人, 小人學道則易使也.'"
子曰　　　　"二三子, 偃之言是也. 前言戲之耳."

評　　　"닭 잡는데 어찌 소 잡는 칼을 쓰느냐?"라는 말은 바로 공자께
서 기쁨이 넘쳐난 까닭에 반어적으로 하신 말씀이다. 자유가 이를 이해
하지 못하고서 이 말씀을 참이라 여길 것이라고 예상하지 못하셨다. 이

　　　　　　　　　　　　　논어, 천년의 만남

에 공자께서 자유의 말이 옳다고 하시고서 자신의 말씀을 농담으로 치부하셨으니, 이 얼마나 원만하신가! 참으로 때에 맞추어 적절하게 행하는 성인이시도다. 우리들은 여기에서 또한 둔한 사람을 대처하는 방법을 배운다.

割鷄焉用牛刀, 乃是夫子喜極, 故反言之. 不料子游不解, 認眞起來. 夫子只說他是, 自家反招一介戱語, 何等圓活? 眞介是時中聖人. 吾輩從此亦得待板人之法.

방비(旁批): 매우 오묘하고도 원만하도다.

妙圓甚.

───── 제5장 ─────

노나라 계씨의 가신인 공산불요(公山弗擾)가 비(費) 땅을 점령하여 배반하고서는 공자를 초청하니, 공자께서 가려 하셨다.

이를 본 자로가 기뻐하지 않으며 말하기를 "가실 곳이 없으면 그만두실 것이지, 하필 공산불요에게 가려 하십니까?"

공자 "나를 초청한다면 어찌 헛된 일이겠느냐. 만약 나를 쓴다면 나는 노나라를 동주(東周)처럼 만들 것이로다."

公山弗擾以費畔, 召, 子欲往.

子路不說, 曰 "末之也已, 何必公山氏之之也?"

子曰 "夫召我者, 而豈徒哉? 如有用我者, 吾其爲東周乎?"

評　　뱃속 가득 뜨거운 피. ○성인에게는 성인의 솜씨와 성인의 안목이 있다. 공산불요가 한 번 부름에 공자는 서방의 미인(서주(西周)의 성왕

(聖王)과 그들이 이룬 치세(治世)를 가리킴)을 생각하는 마음이 갑자기 솟아났으니, 자로가 이를 어찌 알겠는가. ○"나는 노나라를 동주로 만들 것이로다!"라는 구절은 필히 서주를 염두에 둔 말이지, 동주를 두고 하신 말씀이 아니다. 이 구절에 대한 해석은 동시대의 양승암의 말이 핵심을 얻었다.

一腔熱血. ○聖人自有聖人之手, 聖人自有聖人之眼. 公山一召, 西方美人之思勃然, 子路如何知得? ○吾其爲東周乎, 言必爲西周, 不爲東周也. 本朝楊升庵得之.

遇 　　양용수(楊用修, 양승암): "공자께서 『춘추』를 지으실 때 평왕(平王)에서 시작하셨으며, 왕풍(王風)은 「서리(黍離)」에서 정하였고, 회풍(鄶風)에는 「서귀(西歸)」시를 기록하였으며, 「간혜(簡兮)」에는 서방의 미인을 채록해 놓았으니, 대개 일찍이 하루도 서주(西周)를 잊으신 적이 없다. 그러므로 '나는 노나라를 동주처럼 만들 것이로다'라고 하셨지만, 이어찌 당신을 써준다면 미약하고 치우쳐 있는 동주에 만족하겠다는 말씀이겠는가. 아마도 공자의 마음은 서주의 문왕, 무왕, 성왕, 강왕의 성세(盛世)에 이르지 않고서는 멈추지 않으셨을 것이다."

楊用修曰: "夫子作『春秋』, 始於平王, 定王風於「黍離」, 錄「西歸」於鄶風, 采美人於「簡兮」, 蓋未嘗一日忘西周也. 故曰: '吾其爲東周乎?' 言如有用我者, 肯爲東周之微弱偏安而已乎? 意不至於文, 武, 成, 康之盛, 不止也."

자장이 공자에게 인에 대하여 여쭈었다.

공자 "이 다섯 가지를 세상에서 실천할 수 있다면, 인이라 할 것이다."

자장 "그 다섯 가지가 무엇입니까?"

공자 "공경, 너그러움, 믿음, 민첩함, 은혜이다. 공경하면 남이 업신여기지 못하며, 너그러우면 대중들의 마음을 얻을 것이고, 믿음직하면 남이 신뢰할 것이며, 민첩하면 공을 이룰 것이고, 은혜를 베풀면 남을 부리기가 쉬울 것이다."

子張問仁於孔子.

孔子曰 "能行五者於天下爲仁矣."

"請問之."

曰 "恭, 寬, 信, 敏, 惠. 恭則不侮, 寬則得衆, 信則人任焉, 敏則有功, 惠則足以使人."

評 효과를 말했으니, 바로 이렇게 실천하기를 바라서였다. ○공자는 세상을 상대로 인을 말했는데, 송나라 유학자들은 꼭 집어 한 사람(자장을 가리킴)을 상대로 인을 말했다고 한다. 무슨 까닭에서인가? 무슨 까닭에서인가?

言效, 正要他行. ○孔子自天下言仁, 宋人定要從一人身上言仁. 何故? 何故?

遇 안자의 공부는 타고난 그대로 완성된 것이니, 성인께서 내재적 천성에 더하여 외재적 행위의 준칙을 제시하셨다. 자장의 공부는 고심

하고 광대하니, 성인께서 외재적인 작용의 측면에서 본체를 탐구케 하셨다. 그 실상은 만물일체(萬物一體)이니, 근원에서 살펴보면 애초 서로 다른 둘이 아니다.

顔子功夫渾成, 聖人從天性上點出形色, 子張功夫高大, 聖人從作用上究竟本體. 其實萬物一體, 源頭初無二也.

제7장

필힐(佛肸)이 공자를 초청하였는데, 공자께서 가려 하셨다.

이를 본 자로가 말하기를 "전날 제가 선생님에게 듣기로 '몸소 옳지 않은 일을 한 자에게로 군자는 가지 않는다'고 하셨습니다. 필힐이 중모(中牟) 땅을 근거지로 자신의 주군을 배반하였거늘, 선생님께서는 그에게로 가려 하시니 어찌 된 일입니까?"

공자 "그렇지. 내 이런 말을 한 적이 있지. 그러나 갈아도 얇아지지 않는다면 참으로 견고하다고 말할 수 있지 않겠느냐. 또 물들여도 검어지지 않는다면 참으로 흰 것이라 말할 수 있지 않겠느냐. 내 어찌 아무런 쓸 데도 없는 저 박 덩어리와 같을 수 있겠느냐. 어찌 한곳에 목을 달아두고 사람이 따 먹지도 못하게 하겠느냐."

佛肸召, 子欲往.

子路曰 "昔者由也聞諸夫子曰 '親於其身爲不善者, 君子不入也.' 佛肸以中牟畔, 子之往也, 如之何?"

子曰 "然, 有是言也. 不曰堅乎, 磨而不磷, 不曰白乎, 涅而不緇. 吾豈匏瓜也哉? 焉能繫而不食?"

評　　안자는 공자의 경지가 견고하여 뚫을수록 더욱 단단함을 알았고, 증자는 공자의 경지가 강수(江水)와 한수(漢水)에 씻어놓은 것처럼 맑음을 알았으며, 소옹(邵雍)은 공자가 만세의 왕임을 알았다. 그러나 공자는 자로에게 "유야! 덕을 아는 이가 적구나."라고 말씀하셨다.

顏子知他鑽之彌堅, 曾子知他江漢以濯之, 邵子知他以萬世爲王. 子曰: "由! 知德者鮮矣."

遇　　세상의 진정한 군셈과 흼은 바로 갈아지거나 물들여지는 상황을 겪고 나서, 더 이상 견고할 것도 하얘질 것도 없는 경지가 되어야만 가능하다. 만약 갈아서 얇아지거나 물들여서 검어짐을 회피하고서 군세거나 희다고 일컫는다면, 이는 다만 자기 홀로 잘났다고 하는 사람이 될 뿐이다.

世有堅白, 正爲磨涅地也, 更爲不堅不白地也. 如避磷淄而稱堅白, 只作一自了漢.

—— 제8장 ——

공자　　"너는 여섯 가지 미덕과 여섯 가지 폐단에 대하여 들었느냐?"

자로　　"아직 듣지 못하였습니다."

공자　　"앉거라! 내 너에게 말해주마. 인을 좋아하되 학문을 좋아하지 않으면 우둔한 폐단이 생기고, 지혜를 좋아하되 학문을 좋아하지 않으면 방탕한 폐단이 생기며, 신의를 좋아하되 학문을 좋아하지 않으면 남을 해치는 폐단이 생기며, 정직을 좋아하되 학문을 좋아하지 않으면 조급해하는 폐단이 생기고, 용기를 좋아하되 학문을 좋아하지 않으

495

면 난리를 일으키는 폐단이 생기며, 굳셈을 좋아하되 학문을 좋아하지 않으면 제멋대로 하고자 하는 폐단이 생긴다."

子曰 "由也, 女聞六言六蔽矣乎?"

對曰 "未也."

"居! 吾語女. 好仁不好學, 其蔽也愚. 好知不好學, 其蔽也蕩. 好信不好學, 其蔽也賊. 好直不好學, 其蔽也絞. 好勇不好學, 其蔽也亂. 好剛不好學, 其蔽也狂."

評 자로의 가려운 곳을 긁어주었으며 또한 자로의 아픈 곳을 긁어주신 것이다. 더 나아가 천하 만세의 아프고 가려운 곳을 긁어주신 것이다. ○아! 오늘날 천하에 폐단이 있는 자, 어찌 적겠는가. 양지(良知)를 말하면서 학문을 말하지 않으니, 이들은 또한 우둔하고 방탕하며 남을 해치고 조급해하며 난리를 일으키고 제멋대로 하는구나.

搔著子路痒處, 亦搔著子路痛處, 亦搔著天下萬世痛痒處. ○嗚呼! 今天下蔽者豈少哉? 言良知而不言學, 亦愚, 亦蕩, 亦賊, 亦絞, 亦亂, 亦狂.

遇 학문을 좋아하지 않으면, 여섯 가지 미덕은 각자 외곬으로 빠져서 저절로 폐단이 있게 된다. 학문을 하면 여섯 가지 미덕이 상호 소통하여 하나가 되니, 어찌 폐단이 생기겠는가.

不好學則六言各自一路, 自然有蔽. 學則六言通而爲一, 如何有蔽?

— 제9장 —

공자 "제자들아! 어찌하여 『시경』을 배우지 않느냐. 『시경』은 사람들의 정서를 흥기시켜줄 수 있고, 정치의 득실을 고찰할 수 있으며, 단결하여 살아가게 할 수 있고, 제대로 원망하게 할 수 있으며, 가까이로는 부모를 섬기고 멀리는 임금을 섬기게 할 수 있고, 짐승과 초목의 이름을 많이 알게 해 준다."

子曰　"小子何莫學夫『詩』.『詩』可以興, 可以觀, 可以群, 可以怨, 邇之事父, 遠之事君, 多識於鳥獸草木之名."

點睛　오늘날의 사람들은 도무지 『시경』을 배웠다고 할 수 없다.

今人都不曾學『詩』.

——— 제10장 ———

공자께서 백어에게 말씀하시기를　"너는 『시경』의 「주남」과 「소남」의 내용을 실천하였느냐. 사람으로서 「주남」과 「소남」의 내용을 실천하지 않는다면, 담장을 마주하고 서 있는 것과 같으니라."

子謂伯魚, 曰　"女爲「周南」,「召南」矣乎? 人而不爲「周南」,「召南」, 其猶正牆面而立也與?"

評　　이 두 편을 합해보니, 『시경』의 효용이 이와 같도다. 그런데 오늘날에는 이를 시험과목으로만 삼으려 할 뿐이다. 이는 바로 귀한 야명주로 보잘것없는 참새를 맞히려는 격이니, 잘못되지 않았는가. ○공자는 '배움'을 말하면서 '실천'을 언급하였는데, 맹자는 바야흐로 '암송'이란 글자만을 말하였도다.

合看兩篇,『詩』之有用如此. 今特以之取科第而已. 所云夜明珠彈黃雀者, 非耶? ○孔子言學言爲, 孟子方言頌字.

遇　'실천한다'라는 것은 자신이 진리를 실천하는 것이다. 그 자신이 진리를 실천하지 못하면 처자식에게도 행세할 수 없으니, "담장을 마주하고 서 있다."라고 하시는 것이다.

爲之者, 以身行道也. 身不行道, 不能行於妻子, 故曰: "面牆."

─────── 제11장 ───────

공자　"예니 예니 하지만, 어찌 옥이나 비단으로 예를 차리는 것만을 말하는 것이겠는가. 음악이니 음악이니 하지만, 어찌 종과 북을 치는 것만을 말하는 것이겠는가."

子曰　"禮云禮云, 玉帛云乎哉? 樂云樂云, 鍾鼓云乎哉?"

評　의미는 말 밖에 있도다. 물속에 뜬 달이요, 거울 속에 비친 꽃이로다. 절묘한 문자로다.

意在言外. 水月鏡花, 是絶妙文字.

遇　예가 무너질 때 예가 살아났으며, 음악이 붕괴될 때 음악이 살아났다. 이로 말미암아 생각해보면, 예는 옥이나 비단으로 형식을 차림에 있지 않고, 음악은 종과 북으로 연주함에 있지 않은 것이 더욱 명백하다.

禮有時而壞, 乃所以爲禮, 樂有時而崩, 乃所以爲樂. 由是以思, 禮不在玉帛, 而樂不在鍾鼓也, 益明矣.

498

공자   "엄한 얼굴빛을 지녔지만 내면이 연약한 사람은, 비유하자면 소인 중에서도 남의 담장을 뚫거나 넘나드는 도적과 같도다."

子曰   "色厲而內荏, 譬諸小人, 其猶穿窬之盜也與?"

評   요마(妖魔)를 비추는 거울. ○'엄한 얼굴빛을 지녔지만 내면이 연약한 사람'이 바로 소인이다. '비유하자면 소인 중에서도'라는 말을 하필 또 쓸 것이 있겠는가.

照妖鏡. ○色厲內荏, 便是小人. 何必又譬諸小人?

遇   왕안석(王安石): "이 경문은 어떤 이유가 있어서 하신 말씀이다. '비유하자면 소인 중에서도'라는 말씀은, 엄한 얼굴빛을 지녔지만 내면은 연약한 당시의 대인(大人)을 가리킨다."

王氏曰: "此有爲之言. 曰譬諸小人, 則指當時之大人也."

왕안석(王安石, 1021~1086): 자는 개보(介甫), 호는 반산(半山)이다. 북송 때 정치가, 문학자, 사상가로서 명망을 떨쳤다. 특히 신법당(新法黨)의 영수로, 송 신종(神宗) 때 강력한 개혁정책을 펼쳤다. 저서에 『왕임천선생집(王臨川先生集)』, 『주관신의(周官新義)』 등이 있다.

———— 제13장 ————

공자   "저 시골 사람의 두루뭉술함은 덕을 해치는 행위이다."

子曰   "鄕原, 德之賊也."

評　　　노련한 포졸과 맞닥뜨리니, 또한 숨기지를 못하는구나.

撞著老捕快, 又偸不成.

공자　　"길에서 들은 말을 생각 없이 길에서 말해버리면, 이는 덕을 포기하
　　　　는 것이다."

子曰　　"道聽而塗說, 德之棄也."

評　　　가련하도다! 덕을 해치기만 할 뿐, 쌓을 줄 모르는구나.

可憐賊也不會做.

遇　　　"길에서 듣는다."는 것은 마음으로 듣지 않고, 귀로 듣는 것이
다. "길에서 말한다."는 것은 몸에 새겨서 자신의 것으로 만들지 않고, 입
으로 내뱉는 것이다. 귀로 듣고서 입으로 말해버리면, 이는 자신의 근원
인 본래의 집에서 벗어나 떠돌게 된다. 때문에 '길에서[道, 途]'라고 말씀
하신 것이다.

道聽者, 不聽以心, 而以耳. 塗説者, 不體諸身, 而以口. 口耳不是家舍,
故曰道途.

공자　　"저 야비한 사내들과 임금을 섬길 수 있겠는가. 그는 벼슬을 얻지 못
　　　　하면 얻을 것을 근심하고, 얻고 나서는 잃을까 근심한다. 만약에 그

자리를 잃을 것 같으면 하지 못하는 짓이 없다.”

子曰 “鄙夫可與事君也與哉? 其未得之也, 患得之, 旣得之, 患失之. 苟患失
之, 無所不至矣.”

評 한편의『춘추』로다.

一部『春秋』.

遇 소식이 송(宋)나라 신종(神宗)에게 아뢰기를, “신이 처음에는
야비한 사내들이 자신의 자리를 잃을까 걱정하는 것에 대하여, 그 자리
를 지키려고 구차한 짓을 하는 데 불과할 것으로 생각하였습니다. 그러
나 진(秦)나라의 이사(李斯)가 몽염(蒙恬)이 자신의 권세를 빼앗을까 걱
정하다가, 마침내 이세(二世)를 세워 진나라를 망하게 하는 것을 보았습
니다. 또 당나라의 노기(盧杞)가 이회광(李懷光)이 자신의 죄악을 거론
할 것을 걱정하다가, 결국에는 당나라 덕종(德宗)을 잘못된 길로 이끌어
거듭 난(亂)을 초래하는 것을 보았습니다. 그들의 마음은 자신의 자리를
잃을까 걱정한 것이었는데, 그 화(禍)는 나라를 망하게 하는 결과를 초
래하였습니다.”라고 하였다. 참으로 이 경문의 주석이라 할 만하다.

蘇軾告神宗曰: “臣始以爲鄙夫之患失, 不過備位以苟容. 及觀李斯憂蒙
恬之奪其權, 則立二世以亡秦. 盧杞憂懷光之數其惡, 則誤德宗以再亂.
其心本於患失, 其禍乃至於喪邦.”可爲此章註疏.

點睛 요마를 비추는 거울이자, 요마를 참살하는 보검.

照妖鏡, 斬妖劍.

공자 "옛사람들에게는 세 가지 폐단이 있었는데, 지금 사람들은 이조차도 없도다. 옛사람 중 뜻이 높은 이들은 작은 절개에 얽매이지 않았는데, 지금 사람 중 뜻이 높다는 이는 방탕하기만 하다. 옛사람 중 긍지 높은 이는 반듯하였는데, 지금 사람 중 긍지 높다는 이는 싸우기만 한다. 옛사람 중 어리석은 이는 정직하였는데, 지금 사람 중 어리석은 이는 사기만 칠 뿐이다."

子曰 "古者民有三疾, 今也或是之亡也. 古之狂也肆, 今之狂也蕩. 古之矜也廉, 今之矜也忿戾. 古之愚也直, 今之愚也詐而已矣."

評 분명하신 분석. 이 또한 한 첩의 기사회생의 묘약이다. 병을 숨기고 의원을 기피하여 이 노인장의 기대를 저버릴까 두렵도다. ○오늘날의 방탕하거나 싸우는 행위도 모두 사기일 뿐이다.

剖析分明, 亦是一劑起死回生之藥. 只怕諱疾忌醫, 仍復辜負此老耳. ○ 若到今日, 幷蕩與忿戾, 亦都詐矣.

遇 왕관도: "미덕만 옛날보다 못할 뿐 아니라 그 병통도 또한 옛날보다 못하다고 하시니, 무한한 탄식이 들어 있도다. '작은 절개에 얽매이지 않음', '반듯함', '정직함'은 병의 본래 증상이다. '방탕', '싸움', '사기'는 이 병이 변해서 별도의 증상이 된 것이다. 변종의 증상은 치료하기 어려우니, 어떤 침을 써야 하는가?"

王觀濤曰: "不特美德不如古, 卽疾亦不如古, 有無限感慨. 蓋曰肆, 曰廉, 曰直, 猶是本證, 曰蕩, 曰忿戾, 曰詐, 則已變而爲別候矣. 變證難醫, 如何下得針砭?"

點睛　원(元)나라 때의 명의, 갈가구 선생이 정수리에 침을 놓았다. 그
런데 그 증상이 치료되었는지를 알지 못하겠도다. 슬프고 가련하다!
萬可久頂門針, 不知還救得否? 可悲可憐!

제17장

공자　"말 잘하고 얼굴빛 잘 꾸미는 자. 드물 것이로다! 이 중에 어진 사람."
子曰　"巧言令色, 鮮矣仁!"

評　다시 한 번 말하니, 더욱 맛이 있도다.
再説一番, 更有味.

제18장

공자　"나는 자주색이 빨간색을 침탈함을 미워하며, 정나라 음악이 아악
(雅樂)을 어지럽힘을 미워하며, 말 잘하는 입을 가진 소인이 나라 뒤
엎는 것을 미워한다."
子曰　"惡紫之奪朱也, 惡鄭聲之亂雅樂也, 惡利口之覆邦家者."

評　문장의 격조가 매우 오묘하도다! 다만 두 개의 '야(也)'자를 쓰
고서 하나의 '자(者)'자를 드러내었으니, 주객(主客)이 선명하게 드러났
도다. 후인들이 어찌 이러한 글쓰기를 할 수 있으리요.

文格甚妙! 只用二也字叫一者字, 主客了然. 後人如何有此隨筆?

遇　바로 입에서 뱉어진 말의 해로움이 칼날보다 참혹함을 볼 수 있다.
正見舌鋒之害, 慘於戈矛也.

제19장

공자	"내가 말을 하지 않고자 하노라."
자공	"선생님께서 말씀하시지 않는다면, 저희들은 무엇을 전술(傳述)하겠습니까?"
공자	"하늘이 무슨 말을 하더냐. 사계절은 흘러가고 만물은 절로 생장(生長)하니, 하늘이 무슨 말을 하더냐."
子曰	"予欲無言."
子貢曰	"子如不言, 則小子何述焉?"
子曰	"天何言哉? 四時行焉, 百物生焉. 天何言哉?"

評　도처에 말씀이 넘쳐나는구나.
到底說了許多.

遇　어떤 사람이 여항 정선사(政禪師)에게, "선사께서는 선(禪)으로 이름이 높은데, 어째서 선(禪)에 대한 말씀은 하지 않으십니까?"라고 물으니, 선사가 "선에 관한 이야기는 말만 허비할 뿐이라네. 나는 게을러서 그런 이야기할 여유도 없다네. 또한 그런 이야기는 밤낮으로 온 세상에 펼쳐져 있는 진리를 번거롭게 할 뿐이라네."라고 답하였다. 말에는 틈이

　논어, 천년의 만남

있지만, 이 진리는 다함없이 충만하다. 이른바 조화는 광대무변(廣大無邊)하여 다함이 없도다.

有問餘杭政禪師曰："師以禪名而不談禪, 何耶?"曰："徒費言語. 吾懶, 寧假曲折? 但日夜煩萬象爲敷演耳." 言語有間, 而此法無盡, 所謂造化無盡藏也.

點睛　'말을 하지 않고자 함'이 어찌 말 없음이겠는가. '무슨 말을 하더냐?'는 도리어 말 있음이다. 영가(永嘉) 현각(玄覺)은 말하였다. "말할 때 말 없고, 말 없을 때 말함이여!" 이것을 참구하라!

無言豈是不言, 何言卻是有言. 說時默, 默時説. 參!

────── 제20장 ──────

유비가 와서 공자를 뵈려 하였는데, 공자가 병이 났다고 핑계 대고서 만나지 않으려 하였다.

이 말을 전하러 온 자가 문을 나서려 하자, 거문고를 뜯으며 노래하여 그에게 들리게 하였다.

孺悲欲見孔子, 孔子辭以疾.

將命者出戶, 取瑟而歌, 使之聞之.

評　이러한 행위는 성인께서 병이 나지 않으셨음을 알리는 것이다. 유비는 돌아가서 틀림없이 진짜 병이 났을 것이다.

這叫做聖人不會作病, 孺悲回去, 定要眞病.

　　거문고를 켜면서 노래하셨으니, 이는 음악으로 가르침을 내린

것이다. 이미 귀에 들리게 하였는데, 반드시 얼굴을 마주할 필요가 있겠

는가. 바람이 지나가고 우레가 치는 것으로 만물이 생장하니, 하늘이 인

간에게 베푸는 교화가 아닌 것이 없도다. 그러나 여기에 하늘이 무슨 말

을 하던가.

取瑟而歌, 是以聲敎也. 旣已耳提, 何必面命? 風霆流行, 庶物露生, 無

非敎也. 天何言哉?

─── 제21장 ───

재아가 질문하기를 "부모의 삼년상이 너무 긴 듯합니다. 군자가 삼 년 동안

예를 익히지 않으면 예가 반드시 폐기되고, 삼 년 동안 음악을 연주

하지 않으면 음악이 반드시 실전될 것입니다. 묵은 곡식은 다 먹고

새 곡식이 올라오며, 나무를 뚫어서 불씨를 일으키는 불나무를 바꾸

게 되니, 일 년 정도면 충분할 듯합니다."

공자　　"상을 당한 지 일 년 만에 쌀밥을 먹고 비단옷을 입는 것이 네 마음에

편안하겠느냐?"

재아　　"편안할 것 같습니다."

공자　　"네가 편안할 것 같으면 그렇게 하여라! 군자가 상을 당하면 맛있는

음식도 달지 않으며, 음악을 들어도 즐겁지 않으며, 거처함에 편안

치 않기에 상을 짧게 하지 않는 것이다. 지금 네가 편안하다면 그렇

게 하거라."

대화가 끝난 후 재아가 밖으로 나갔다.

공자　　"재아는 참으로 어질지 못하구나! 자식은 태어난 지 삼 년이라야만

부모의 품을 벗어날 수 있다. 때문에 삼년상은 천하에 공통된 상례(喪禮)이다. 재아는 부모에게 삼 년 동안 사랑을 받지 않았단 말인가?"

宰我問 "三年之喪, 期已久矣. 君子三年不爲禮, 禮必壞, 三年不爲樂, 樂必崩. 舊穀旣沒, 新穀旣升, 鑽燧改火, 期可已矣."

子曰 "食夫稻, 衣夫錦, 於女安乎?"

曰 "安."

"女安則爲之! 夫君子之居喪, 食旨不甘, 聞樂不樂, 居處不安, 故不爲也. 今女安則爲之."

宰我出.

子曰 "予之不仁也! 子生三年, 然後免於父母之懷. 夫三年之喪, 天下之通喪也. 予也有三年之愛於其父母乎?"

評 　　재아의 생각 도무지 말이 되지 않으니, 늙으신 공자 또한 화가 나셨도다. 한마디 한마디마다 서린 책망의 기운, 이날 재아는 어떻게 감당할 수 있었을까! ○재아가 책망을 당할 만한 대목은 처음 질문한 데 있지 않고, "편안할 것 같습니다."라고 대답한 데 있다.

宰我固不成話, 老孔亦狠. 著著都是殺著. 宰我當日如何當得起! ○宰我可殺處, 不在起初來問, 而在曰安處.

遇 　　공자께서는 불충(不忠), 불효(不孝)한 인간을 만나면, 지극한 정으로 그들의 속마음을 들추어내어 온몸에 땀이 흥건하게 하였다. "사람은 태어나서 3년이 지난 뒤에야 부모의 품을 벗어날 수 있다."는 말을 들어보라. 효자든 불효자든 일제히 눈물이 떨어지리라.

夫子遇不忠不孝之人, 只以至情上挑剔, 使其通身汗下. 言及三年然後免
於父母之懷, 世間孝子逆子一齊墮淚.

點睛　삼년상이 곧 3년 동안의 사랑을 갚을 수 있다고 말하기는 어렵
다. 인정(人情)의 진실하고 절실한 지점에서 지적하여 깨닫게 하였던 것
일 뿐이다.

　　진민소(陳旻昭): "재아가 '편안할 것 같습니다'라는 답변은 참으로 조
달(調達, 提婆達多)이 지옥에 들어가는 격이로다. 재아의 이러한 대답 뒤
에, 바야흐로 공자의 한바탕 호된 꾸지람이 나왔도다. 그제서야 비로소
천하 후세의 자식들이 모두 편안함을 얻지 못하게 하였으며, 바야흐로
영구한 세월에 걸쳐 자식들로 하여금 삼년상을 줄이고자 하는 사설(邪
說)을 철저하게 막았다."

難道三年之喪便報得三年之愛. 且就人情眞切處點醒之耳. 陳旻昭曰:
"宰我答安, 眞有調達入地獄的手段. 得他此答, 方引出孔子一番痛罵,
方使天下後世之爲子者, 皆不得安, 方杜絶千古世後欲短喪之邪說."

진민소(陳旻昭, ?~?): 이름은 단충(丹衷), 민소(旻昭)는 그의 자이다. 명나라 숭정 연간
의 인물로 시문에 뛰어났다. 후일 출가하여 승려가 되었다고 한다.

제22장

공자　"온종일 배불리 먹기만 하고 아무런 마음 쓰는 데가 없다면 딱한 일
　　　이로다. 장기나 바둑 같은 것이라도 있지 않느냐. 이런 것이라도 하
　　　는 것이 아무것도 하지 않는 것보다는 현명할 것이다."

子曰　"飽食終日, 無所用心, 難矣哉! 不有博奕者乎? 爲之猶賢乎已."

評　　생각해보라! "온종일 배불리 먹기만 하고 아무런 마음 쓰는 데가 없다."면, 이는 어떤 물건인가? 분명 그가 돼지임을 꾸짖은 것이다. 또 생각해보라. 돼지가 된 뒤에 그 결과가 어떠할지? 필경 사람에게 먹거리로 제공될 것이다. 때문에 "딱한 일이다."라고 말씀하신 것이다.

請思! 飽食終日, 無所用心, 是甚麼東西? 分明罵他是介猪. 請又思, 猪後來如何結果? 畢竟供人一飽食而已. 故曰: "難矣哉!"

遇　　마음에 작용이 없으면 곧 '놓아버린 마음[放心]'이며, 마음에 작용이 있으면 바로 '영활한 마음[靈心]'이다. 놓아버린 마음은 어둡고 흩어져 밖으로만 치달리며, 영활한 마음은 활발하며 내면으로 수렴된다.

心無所用, 便是放心, 心有所用, 便是靈心. 放心昏散而外馳, 靈心活潑而中斂.

제23장

자로　　"군자도 용맹을 숭상합니까?"

공자　　"군자는 정의를 최상의 가치로 삼는다. 군자로서 용맹하기만 하고 정의로움이 없다면 반란을 일으킬 것이요, 소인이 용맹하기만 하고 정의로움이 없다면 도둑이 될 것이다."

子路曰　　"君子尙勇乎?"

子曰　　"君子義以爲上. 君子有勇而無義爲亂, 小人有勇而無義爲盜"

評　　명쾌하신 답변.

答得斬截.

양화　　　　　　　　　　　　　　　　　　　　　　　　　　509

遇   '숭상[尚]'과 '최상[上]'은 다르다. '숭상'은 곧 자신의 의기로 사람에게 더한다는 뜻이 있다. '최상'은 우주에서 제일가는 사업으로, 다시 의(義) 위에 더할 것이 없다. 이것은 곧 학문의 정심(精深)한 지점이다.

尚與上不同. 曰尚, 便有以意氣加人意, 曰上, 則宇宙第一等事業, 更無 加於義之上者, 此便是其學問精深處.

點睛   용맹한 자, 혼백(魂魄)이 나갔도다.

勇者奪魄.

제24장

자공   "군자도 미워하는 것이 있습니까?"

공자   "미워하는 것이 있다. 남의 악함을 칭찬하는 자를 미워하며, 아래에 있으면서 윗사람을 헐뜯는 자를 미워하며, 용맹하기만 하고 무례한 자를 미워하며, 과감하지만 꽉 막힌 자를 미워한다."

이어서 공자께서 말씀하시길   "사야! 너도 미워하는 것이 있느냐?"

자공   "남의 잘못 엿보는 것을 지혜롭다고 여기는 자를 미워하며, 불손함을 용맹하다고 여기는 자를 미워하며, 남의 비밀을 들추어내는 것을 정직하다 여기는 자를 미워합니다."

子貢曰   "君子亦有惡乎?"

子曰   "有惡. 惡稱人之惡者, 惡居下流而訕上者, 惡勇而無禮者, 惡果敢而窒 者."

曰   "賜也亦有惡乎?"

        "惡徼以爲知者, 惡不孫以爲勇者, 惡訐以爲直者."

논어, 천년의 만남

評　　이 중에서 '남의 악함을 칭찬하는 자', 더욱 증오스럽다.

內中稱人之惡者, 更可惡.

遇　　공자께서 미워한 것은 패덕(悖德)이니, 이는 겉으로 드러난 악(惡)이다. 자공이 미워한 것은 난덕(亂德)이니, 이는 속으로 숨겨진 악이다. 성인과 현인의 남을 대할 때의 두터움과 얇음의 미세한 구분이 있다. 때문에 미워함의 깊고 얕음 또한 같지 않은 것이다.

孔子所惡是悖德者, 皆是陽惡, 子貢所惡是亂德者, 皆是陰惡. 聖賢于此微分厚薄, 故其所惡, 深淺亦有不同.

點睛　　반드시 자신을 점검해서, 이 두 분의 미움을 사지 말라.

大須各自簡點, 莫使此二人惡.

제25장

공자　　"여자와 소인배는 함께 하기가 참으로 어렵도다. 가까이하면 불손하고 멀리하면 원망한다."

子曰　　"唯女子與小人爲難養也, 近之則不孫, 遠之則怨."

評　　경험에서 우러나온 생각.

想曾經歷來.

공자　"나이 사십이 되어서도 미움을 받는다면, 그의 인생도 끝난 것이다."

子曰　"年四十而見惡焉, 其終也已."

評　늙은 폐물에 불과하다. ○그러나 반드시 이때 미워하는 사람이
어떤 종류의 인간인지를 따져보아야 한다. 만약 선하지 않은 두루뭉술
한 시골 사람이라면, 백 년 동안 그에게 미움을 받더라도 무슨 상관이 있
겠는가.

也是介老廢物. ○亦須問惡人者爲何如人? 若是鄕人之不善者, 卽百歲見
惡, 也何妨.

遇　보통 사람들은 사십 세가 되면, 마음이 꿋꿋해져 벼슬할 수 있
다는 의미에서 '강사(强仕)'라고 한다. 성인은 사십 세가 되면, 외부의 환
경에 의해 마음이 흔들리지 않는다는 의미에서 '불혹(不惑)', 혹은 '부동
심(不動心)'이라 한다. 이 모두는 나이 사십 세가 되면, 마음의 지향이 대
체로 확정되었다는 의미이다.

凡人四十曰强仕, 聖人四十而不惑, 聖人四十不動心. 年至四十, 心志趨
向大約定矣.

　　　　　논어, 천년의 만남

미
자

微子

은나라 마지막 왕인 주왕(紂王)이 포악하니, 미자(微子)는 나라를 떠났고, 기자 (箕子)는 노예가 되었으며, 비간(比干)은 간언을 하다가 죽임을 당하였다.

이에 대하여 공자께서 평하시길 "은나라에는 세 명의 어진 이가 있었도다!"

微子去之, 箕子爲之奴, 比干諫而死.

孔子曰　　"殷有三仁焉."

評　　천고의 탁월한 비평안(批評眼).

千古隻眼.

遇　　고경양(顧涇陽): "누구는 떠나가고, 누구는 노예가 되었으며, 누구는 죽임을 당하였다. 이들 모두는 동일한 마음이었으나, 각자 다른 방법으로 실천하였다. 모두 다양한 방식으로 폭군을 깨닫게 하고자 한 것이었다."

顧涇陽曰: "或去, 或奴, 或死, 總只一副心腸, 各分頭去做. 凡皆多方設法爲感悟獨夫也."

고경양(顧涇陽, 1550~1612): 이름은 헌성(憲成), 자는 숙시(叔時), 경양(涇陽)은 그의 호이다. 명나라 말엽에 생겨난 학파 동림당(東林黨)의 영수이다. 이 때문에 동림선생(東林先生)이라 불렸다. 고경양은 주자학으로써 양명학(陽明學) 말류(末流)의 폐단을 바로잡으려 하였는데, 특히 경세치용의 학을 주장하였다. 이 학풍은 명말 청초의 황종희, 고염무, 왕부지 등에 계승되었다.

點睛　　방외사: "후대 유학자들의 식견에 의거하자면, 미자(微子)가 떠나간 것과 기자(箕子)가 무왕에게 「홍범(洪範)」을 진언한 것을 어찌 비간

(比幹)과 동일선상에서 논의할 수 있겠는가. 오호! 인(仁)의 이치가 밝혀지지 못한 것이 오래되었도다."

方外史曰：“若據後儒見識, 則微子之去, 箕子之陳「洪範」於武王, 安得與比干同論? 嗚呼! 仁理之不明也久矣.”

—— 제2장 ——

유하혜는 노나라 사법관이 되었을 때 세 번이나 쫓겨났다.

이에 어떤 사람이 말하기를 "그대는 이렇게 쫓겨나는데도 노나라를 떠나려 하지 않으시오?"

유하혜 "바른 도로써 사람을 섬긴다면 어딜 간들 세 번 정도 쫓겨나지 않겠습니까. 그른 도로써 사람을 섬기려 한다면 어찌 반드시 조국을 떠날 필요야 있겠습니까."

柳下惠爲士師, 三黜.

人曰 "子未可以去乎?"

曰 "直道而事人, 焉往而不三黜? 枉道而事人, 何必去父母之邦?"

評 식견도 있고 소신도 있도다.

有見有守.

遇 유하혜는 사법관이 되었다가 세 번 쫓겨났다. 여기서 그가 사람을 죽여서 남에게 아첨하지 않으려 함을 알 수 있다. 차라리 관직에서 쫓겨나더라도 본심을 어기지 않고자 하였기에, 맹자는 "유하혜는 삼공(三公)의 벼슬로도 그의 지조를 바꾸지 않았다."라고 말하였다.

士師三黜, 知其不肯殺人媚人, 寧甘廢棄, 不欲昧心, 故曰: "三公不以易其介."

點睛　방외사: "식견이 진실된 까닭에 지조도 견고하도다."
方外史曰: "惟見得眞, 故守得定."

──── 제3장 ────

제나라 경공이 공자의 대우에 대하여 언급하면서 "내가 노나라 임금이 그의 가신인 계씨를 대우하듯 할 수는 없으나, 계씨와 맹씨의 중간 정도로 대우는 할 것이다."
얼마 후에 다시 말하길 "내 늙은지라 등용하지 못하겠도다."
이 말을 들은 공자는 제나라를 떠났다.

齊景公待孔子, 曰 "若季氏, 則吾不能, 以季孟之間待之."
曰　　　　"吾老矣, 不能用也."
孔子行.

評　　떠나지 않고 무엇을 하겠는가.
不行何爲?

遇　　"계씨와 맹씨의 중간 정도로 대우는 할 것이다."라는 말은, 바로 제 경공이 니계(尼谿) 땅으로 봉해주겠다고 한 일을 가리킨다. 이는 전지와 녹봉을 가리키는 것으로, 단지 예우만 하겠다는 것이 아니었다. "내 늙은지라 등용하지 못하겠도다."라고 말한 것은, 안자(晏子)가 제 경공이

공자를 등용하려는 것을 저지하였기 때문이다.

以季孟之間待之, 正指尼谿之封一事, 指田禄, 非指禮遇也. 曰："吾老矣, 不能用." 則晏子之阻入矣.

제4장

제나라에서 노나라에 많은 여악사(女樂士)를 보내자, 당시 노나라의 정권을 잡았던 계환자(季桓子)가 이를 받고서 삼 일간 조회를 폐지하였다. 이에 공자께서 노나라를 떠나셨다.

齊人歸女樂, 季桓子受之, 三日不朝. 孔子行.

評　　공자께서 제나라에 계실 적에 순임금이 지은 소악(韶樂)을 들으시고, 삼 개월 동안 고기 맛을 잊으셨다. 그리고 제나라에서 노나라에 많은 여악사를 보내자, 노나라에서는 삼 일간 공자의 존재를 잊어버렸다.

子在齊聞韶, 三月不知肉味, 齊人歸女樂, 三日不知孔子.

제5장

초나라의 광자(狂者) 접여가 노래를 부르며 공자의 수레 앞을 지나가며 노래하기를 "봉황이여! 봉황이여! 어찌하여 덕이 쇠퇴하였느냐. 지난 일을 어찌하리요. 오는 일이나 잘해야지. 그만두어라, 그만두어라! 오늘날 정치에 종사하는 자, 참으로 위태롭도다."

이 노래를 들은 공자 수레에서 내려 그와 이야기하려 하였으나, 그는 재빨리 피해 달아나니 함께 말을 나눌 수 없었다.

楚狂接輿歌而過孔子, 曰 "鳳兮! 鳳兮! 何德之衰? 往者不可諫, 來者猶可追. 已
而, 已而! 今之從政者殆而!"

孔子下, 欲與之言, 趨而辟之, 不得與之言.

評　　　공자는 쇠퇴한 봉황이 아니며, 초나라의 광자는 실로 용 같은 인
물이로다. ○이 경문을 읽으면 마치 기이한 곳에 이르러 기인을 만나 몇
날이 지난 뒤에 표표히 날아올라 신선이 된 듯하니, 참으로 즐겁도다!

孔非衰鳳, 狂實猶龍. ○讀此, 如到異境遇異人, 數日後猶飄飄欲僊, 樂哉!

遇　　　이 초나라 광자는 아마도 세상사를 밝게 알고서 천하의 변화를
고요하게 관찰하는 자일 것이다. 그러므로 공자께서 그와 더불어 말하
고자 하였으니, 단지 그의 은거를 만류하고자 해서가 아니었다.

此楚狂, 蓋識世務而靜觀天下之變者, 故夫子與之言, 非特欲挽其隱也.

點睛　　또한 이 사람은 성인의 지기(知己)이다. "재빨리 피해 달아났
다."라는 대목, 선기(禪機)가 서려 있도다.

又是聖人一介知己. 趨而辟之, 又有禪機.

———— 제6장 ————

장저(長沮)와 걸익(桀溺)이 나란히 밭을 갈고 있었는데, 공자가 그 곁을 지나다
가 자로를 시켜 나루터를 물어보게 하였다.

장저　　"저 수레 고삐를 잡은 이는 누구인가?"

자로　　"공구(孔丘)입니다."

장저	"노나라의 공구인가?"
자로	"그렇습니다."
장저	"그 사람은 나루터를 잘 알고 있을 터이다."

이에 자로가 걸익에게 나루터를 물었다.

걸익	"그대는 누구인가?"
자로	"중유입니다."
걸익	"노나라 공구의 제자인가?"
자로	"그렇습니다."
걸익	"도도한 흐름 속에 천하가 잠겨 있으니, 누가 이것을 바꿀 수 있겠는가. 그대는 사람을 피해 다니는 공자 같은 선비를 따르기보다, 세상을 피해 사는 우리 같은 이를 따르는 것이 어떠한가?"

이렇게 말하고서는 나란히 밭 가는 것을 멈추지 않았다.

자로가 돌아와서 이를 그대로 공자에게 아뢰었다.

이에 공자께서 처연한 모습으로 말씀하시길   "나는 저 짐승들과는 무리를 지어 살 수가 없으니, 내 이 사람들과 함께하지 않고 누구와 더불어 살아가겠는가. 천하가 잘 다스려졌다면, 내가 바꾸려 하지 않았을 것이다."

長沮桀溺耦而耕, 孔子過之, 使子路問津焉.

長沮曰	"夫執輿者爲誰?"
子路曰	"爲孔丘."
曰	"是魯孔丘與?"
曰	"是也."
曰	"是知津矣."

問於桀溺.

桀溺曰　“子爲誰?”

曰　　　“爲仲由.”

曰　　　“是魯孔丘之徒與?”

對曰　“然.”

曰　　　“滔滔者天下皆是也. 而誰以易之? 且而與其從辟人之士也, 豈若從辟
　　　世之士哉?”

耰而不輟.

子路行以告.

夫子憮然曰　“鳥獸不可與同群, 吾非斯人之徒與而誰與? 天下有道, 丘不與易
　　　也.”

評　　　참으로 성인의 말씀이로다.

眞聖人之言.

遇　　　고경양: “천하에 털 한 오라기라도 하지 말아야 할 것이 있으면,
　　　호걸은 손을 대려 하지 않을 것이다. 천하에 털 한 오라기라도 해야 할
　　　것이 있으면, 성현은 손을 놓으려 하지 않을 것이다.”

顧涇陽曰: “天下有一毫不可爲, 豪傑不肯犯手. 天下有一毫可爲, 聖賢
不肯放手.”

點睛　　보살의 마음이요, 목탁의 직분이로다.

菩薩心腸, 木鐸職分.

자로가 공자를 따라다니다가 뒤처지게 되었는데, 지팡이에 대그릇을 메고 오는 노인을 만났다.

이에 자로가 질문하기를 "그대는 혹 우리 선생님을 보셨소이까?"

노인 "사지를 게을리하며, 오곡을 분별하지도 못하는데, 누가 선생님이란 말인가?"

이렇게 말하고서 지팡이를 땅에 꽂고서는 김을 매었다. 자로가 두 손을 모아 공손히 서 있었더니, 노인이 자로를 머물게 하여 재워주었다. 그리고 그날 밤 닭을 잡고 기장밥을 지어 먹이고는 그의 두 아들을 자로에게 인사시켰다.

다음 날 자로가 공자를 찾아서는 이런 일들을 아뢰었다.

이를 들으신 공자 "은자이시다."

자로를 시켜 되돌아가 만나게 하였는데, 자로가 가보니 이미 떠나가버렸다.

이에 자로가 말하기를 "나라에 벼슬하지 않는 것은 의리가 없는 것이며, 장유유서(長幼有序)의 예절을 폐기할 수 없는 것이다. 임금과 신하의 의리를 어떻게 폐지할 수 있겠는가. 이는 자기 개인의 몸을 깨끗이 하고자 큰 윤리를 어지럽히는 짓이다. 군자가 벼슬하는 것은 그 의리를 실천하고자 함이니, 도가 실행되지 못할 것은 선생님도 이미 알고 계시는 것이다."

子路從而後, 遇丈人, 以杖荷蓧.

子路問曰 "子見夫子乎?"

丈人曰 "四體不勤, 五穀不分, 孰爲夫子?"

植其杖而芸. 子路拱而立, 止子路宿, 殺雞爲黍而食之, 見其二子焉.

明日子路行以告.

子曰　“隱者也.”

使子路反見之, 至則行矣.

子路曰　“不仕無義. 長幼之節, 不可廢也. 君臣之義, 如之何其廢之? 欲潔其身
　　　　而亂大倫. 君子之仕也, 行其義也. 道之不行, 已知之矣.”

評　　이러한 광경을 보고 있으면, 사람의 마음 울컥해진다.

看此等光景, 令人感感.

遇　　춘추시대 사람들은 대부분 벼슬을 공명(功名)을 획득하는 수단
으로 보았다. 이 때문에 당시 고매한 선비들은 마음을 죽이고서 세상을
피해 은거하였다. 이에 성인께서 큰 윤리를 드러내어, 이 은거한 무리를
일깨워주셨다.

春秋時人皆看仕爲功名之會, 故一時高士死心避世. 聖賢提出大綱常來,
喚醒丈人輩.

──── 제8장 ────

고결한 은자는 백이, 숙제, 우중(虞仲), 이일(夷逸), 주장(朱張), 유하혜, 소련(少連)
등이다.

이들에 대하여 공자께서 평하시길　“자신의 뜻을 굽히지 않고 몸을 욕되이
　　　　하지 않는 이는 이 중에 백이와 숙제뿐이로다.”

유하혜와 소련에 대하여 공자께서 평하시길　“자신의 뜻을 굽히고 몸을 욕
　　　　되게 하였을지라도, 그들의 말은 윤리에 들어맞았고 행동은 사려 깊
　　　　었을 따름이다.”

우중과 이일에 대한 공자의 평 "숨어 살며 함부로 말을 하였을지라도 몸가
짐은 맑게 하였으며, 속세에서 도피하되 권도(權道)에 맞게 하였다.
그러나 나는 이들과 달라서, 반드시 옳다고 여기는 것도 반드시 틀
렸다고 여기는 것도 없도다."

逸民, 伯夷, 叔齊, 虞仲, 夷逸, 朱張, 柳下惠, 少連.

子曰　　"不降其志, 不辱其身, 伯夷叔齊與!"

謂柳下惠, 少連 "降志辱身矣, 言中倫, 行中慮, 其斯而已矣."

謂虞仲, 夷逸 "隱居放言, 身中淸, 廢中權. 我則異於是, 無可無不可."

評　　천하 만세의 모범이 되신 몸으로 은자들과 비교를 하셨도다. 유
감이 매우 깊으셨도다.

把天下萬世之身, 與逸民較量, 其有所感深矣.

방비(旁批): 그들을 위해 눈물을 흘리도다.

爲之墜泪.

遇　　장동초: "은자들의 양상은 같지 않았지만, 모두 이 속세를 떠났
다는 점에서는 동일하다. 속세를 떠났다 하더라도 세상 속에 있으니, 이
세상을 어찌 떠날 수 있으리오. 이와는 달리 성인은 세상 속에 있으면서
도 세상을 떠나 있도다. 그러므로 '반드시 옳다고 여기는 것도 반드시 틀
렸다고 여기는 것도 없도다'라고 말씀하신 것이다."

張侗初曰: "逸民不同, 總是離世, 離世世在, 世何可離? 聖人卽世而離
世, 故曰: '無可無不可.'"

點睛　　"반드시 옳다고 여기는 것도 반드시 틀렸다고 여기는 것도 없도

　　　　　　　　　　　　　　　논어, 천년의 만남

다."라는 말로써 은자들의 부류에 자신을 덧붙였으니, 이는 공자를 두고 서 '목탁'이라 한 평가에 대한 주석이라 할 수 있다.

以無可無不可而附於逸民之科, 又是木鐸一個注腳.

제9장

노나라가 어지러워지니, 악관들이 사방으로 흩어졌도다. 태사(大師)였던 지(摯) 는 제나라로 갔고, 아반(亞飯)으로 있던 간(干)은 초나라로 갔으며, 삼반(三飯)으 로 있던 요(繚)는 채나라로 갔고, 사반(四飯)으로 있던 결(缺)은 진나라로 갔으며, 또 북을 치던 방숙(方叔)은 황하의 물가로 들어갔고, 작은 북을 치던 무(武)는 한 수로 들어갔으며, 소사였던 양(陽)과 경쇠 치던 양(襄)은 바닷가로 가버렸다.

大師摯適齊, 亞飯干適楚, 三飯繚適蔡, 四飯缺適秦, 鼓方叔入於河, 播鼗武入於 漢, 小師陽, 擊磬襄入於海.

評　　평이한 서술 속에 무한한 감개가 서려 있도다. 문장의 품격 또 한 고상(高尙)하고 고아(古雅)하도다.

平平敍去, 而有無限感慨, 文品亦高古.

遇　　그 관직에서 죄를 지은 것이 아니었기에 그들의 직책을 기술하 였다. 그 사람이 죄를 지은 것이 아니었기에 그들의 이름을 기술하였다. 그 마음에 노나라가 없는 것이 아니었기에 그들이 간 땅을 기술하였다.

非其官之罪也, 故書其職, 非其人之罪也, 故書其名, 非其心之亡魯也, 故書其地.

點睛 쓸쓸하고도 가슴 쓰린 풍경, 만세토록 눈물을 흐르게 하도다. 이 경문은 불가의 무상관(無常觀)의 문호로 들어가게 하는 데 도움이 된다.

悽愴之景, 萬古墮淚, 亦可助發苦空無常觀門.

제10장

주공이 아들 노공(魯公)에게 훈계하여 말씀하시기를 "윗자리에 있는 군자는 친척을 멀리하지 말 것이며, 대신에게 등용시켜주지 않는다는 원망을 품게 하지 말 것이다. 옛 벗이 큰 과오가 없으면 버리지 말 것이며, 한 사람에게서 모든 것이 갖추어지기를 구하지 말아야 된다."

周公謂魯公曰 "君子不施其親, 不使大臣怨乎不以. 故舊無大故, 則不棄也. 無求備於一人."

評 문장의 품격이 매우 고아하도다.

文品古甚.

遇 사람을 배양하는 것으로써 논의를 세우고, 혈족의 신하를 후대하며, 대신을 중용하고, 역대로 공이 있는 신하를 보호하며, 여러 신하를 재주에 따라 배치하는 것, 이것이 바로 주공이 노나라를 다스린 가법(家法)이다.

以樹人立論, 厚親臣, 用大臣, 保世臣, 器使群臣, 周公治魯之家法也.

주나라에는 여덟 명의 어진 선비가 있었으니, 백달(伯達), 백괄(伯适), 중돌(仲突), 중홀(仲忽), 숙야(叔夜), 숙하(叔夏), 계수(季隨), 계와(季騧) 등이었다.

周有八士, 伯達, 伯适, 仲突, 仲忽, 叔夜, 叔夏, 季隨, 季騧.

評   총괄하여 비평한다. 이 「미자(微子)」 한 편의 경문을 읽으면, 마치 패관소설, 야사, 각국의 역사서를 읽는 듯하여 사람으로 하여금 잠 못 이루게 한다. 이 또한 경전(經典) 안의 사서(史書)로다.

總批. 讀此一篇, 如讀稗官小說, 野史, 國乘, 令人不寐. 其亦經中之史乎?

미비(眉批): 문자의 품격이 매우 고아하도다.

文品古甚.

遇   미자, 기자, 비간 세 분의 인자(仁者)가 떠나감에 은나라는 폐허가 되었고, 여덟 분의 현사(賢士)가 나오자 주나라는 흥성하였다. 이 경문에서 특히 은나라의 멸망과 주나라의 흥성의 원인을 볼 수 있다.

三仁去而殷墟, 八士生而周熾, 此特見商周興廢之故.

자
장

子張

자장 "선비는 위험하더라도 때로 목숨을 바치고, 재물을 얻을 때는 의리
    를 생각하며, 제사를 모실 때는 공경을 생각하고, 상을 당해서는 애
    통함을 지닌다. 이렇게 할 수 있으면 그것으로 선비가 되기에 충분
    하다."

子張曰 "士見危致命, 見得思義, 祭思敬, 喪思哀, 其可已矣."

評 '목숨을 바친다[致命]'라고 할 때는 '생각한다[思]'라는 글자를
쓰지 않았으니, 일리(一理)가 있도다.

致命不用思字, 有理.

遇 진서산: "의리, 공경, 애통에는 모두 '생각[思]'이란 것을 하지만,
목숨을 바치는 순간에는 유독 생각이란 것을 하지 않는다. 죽고 사는 즈
음에는 오직 '의(義)'를 따를 뿐, 생각한 뒤에 결정하는 것이 아니기 때문
이다."

眞西山曰: "義, 敬, 哀, 皆言思, 致命, 獨不言思者, 死生之際, 惟義是
徇, 有不待思而決也."

자장 "덕을 지키되 넓히지 못하고 도를 믿되 독실하지 못하다면, 어찌 도
    와 덕이 있느니 없느니 따질 것이 있겠는가."

子張曰 "執德不弘, 信道不篤, 焉能爲有? 焉能爲亡?"

罵得狠.

點睛　　방외사: "'넓히다[弘]', '독실하다[篤]'는 글자, 오묘하도다."

方外史曰: "弘字篤字用得妙."

──── 제3장 ────

자하의 제자가 자장에게 벗을 사귀는 도리에 대하여 여쭈었다.

자장　　"그대의 선생인 자하께서는 무엇이라 하더냐?"

자하의 제자　"스승인 자하께서는 '사귈 만한 이는 사귀고, 이것이 불가능한 이
　　　　　　는 거절하여야 한다'라고 말씀하셨습니다."

자장　　"내가 들은 것과는 좀 다르구나. 군자는 어진 이를 높이고 대중을 포
　　　　　용하며, 좋은 이는 격려하고 무능한 이는 불쌍히 여기는 법이다. 만
　　　　　약 내가 크게 어질다면 내가 남을 포용하지 못할 것이 무엇이 있겠
　　　　　는가. 그리고 내가 어질지 못하다면 사람들이 나를 거절할 것인데,
　　　　　내 어찌 남을 거절할 것이 있겠는가."

子夏之門人問交於子張.

子張曰　　"子夏云何?"

對曰　　"子夏曰 '可者與之, 其不可者拒之.'"

子張曰　　"異乎吾所聞, 君子尊賢而容衆, 嘉善而矜不能. 我之大賢與, 於人何所
　　　　　不容? 我之不賢與, 人將拒我, 如之何其拒人也?"

評　　　말씀이 통쾌하도다. 자장은 참으로 심묘(深妙)한 사람이었기에,

자하의 문인들이 와서 질문한 것이다.

說得痛快. 子張固是妙人, 所以來子夏門人之問也.

遇　　왕양명: "자하가 말한 것은 초학자의 사귐이요, 자장이 말한 바
는 성인(成人)의 사귐이다. 잘 운용하면, 두 경우 모두 폐단이 없다."

王陽明曰: "子夏所言, 是初學之交, 子張所言, 是成人之交. 若善用之,
亦皆無弊."

點睛　　이 경문을 보면, 공자께서 "자기보다 못한 이를 벗 삼지 말라."
라고 말씀하셨는데, 이는 애초 남을 거절한 것이 아니다.

毋友不如己者, 原不是拒人.

─── 제4장 ───

자하　　"비록 작은 재주라 하더라도 반드시 볼 만한 것이 있다. 그러나 원대
한 목표에 도달하는데 장애가 될까 봐, 군자는 이런 것을 하지 않는
다."

子夏曰　　"雖小道, 必有可觀者焉. 致遠恐泥, 是以君子不爲也."

評　　진솔한 사람.

老實頭.

遇　　도에는 두 갈래 도가 있는 것이 아니다. 통하면 대도(大道)요, 얽
매이면 소도(小道)이다. …… 자하는 사람들이 기능에 얽매여서 끝내 비

루한 학문을 이룰까 걱정하였다. 때문에 특별하게 '소도는 하지 않는다'라고 하였으니, 이는 모두 자하의 독실하게 도를 지키는 견해이다.

道無二道, 通之則爲大道, 泥之則爲小道. …… 子夏恐人拘泥技能, 終成曲學, 故特詔人以不爲, 總是子夏篤守之見.

─────── 제5장 ───────

자하　　"날마다 모르던 것을 알아내고 달마다 잘하는 것을 잊어버리지 않는다면, '학문을 좋아하는 이'라고 할 만하다."

子夏曰　　"日知其所亡, 月無忘其所能, 可謂好學也已矣."

評　　경험에서 우러나온 말.

經歷語.

遇　　소자첨(소식): "옛날에 배우는 자들은 자신이 모르는 것과 자신이 잘하는 것을 모두 하나둘 세어서 날과 달로 분명하게 이해하였다. 오늘날의 배우는 자들에게 모르는 것은 과연 무슨 물건이며, 잘하는 것은 과연 무슨 일인가?"

蘇子瞻曰: "古之學者, 其所亡與其所能, 皆可以一二數而日月見也. 如今世之學, 其所亡者果何物, 而所能者果何事與?"

─────── 제6장 ───────

자하　　"학문을 널리 배우되 뜻을 독실하게 가지며, 질문을 절실하게 하되 생각을 가까운 곳에서부터 해나간다면, 인이 그 안에 있을 것이다."

子夏曰   "博學而篤志, 切問而近思, 仁在其中矣."

評   진리.

眞.

遇   양복소: "'인이 그 안에 있을 것이다'라는 말씀은 마치 거울 속에 비친 꽃과 같다. 들여다보라! 배우는 것, 지향하는 것, 질문하는 것, 생각하는 것이 모두 인이다. 또한 배우고자 하는 것, 뜻을 세우고자 하는 것, 질문하고자 하는 것, 생각하고자 하는 것도 모두 인이다. 이와 다르게 배움에서 떠나가는 것, 뜻을 세우지 않는 것, 질문을 하지 않는 것, 생각하지 않는 것도 모두 인이다. 참구하고 또 참구하라! 저절로 진리와 상봉하는 날이 올 것이다."

楊復所曰: "仁在其中, 如鏡中有花. 且道所學, 所志, 所問, 所思, 是仁. 即學, 即志, 即問, 即思, 是仁. 離學, 離志, 離問, 離思, 是仁. 參之參之, 自有覿面相逢日子."

———— 제7장 ————

자하   "여러 기술자들은 공장에서 일하여 그 일을 완수하고, 군자는 배워서 그 도를 이르게 한다."

子夏曰   "百工居肆以成其事, 君子學以致其道."

評   오늘날 '여러 기술자들이 공장에서 일하여 그 일을 완수하는 경

우'는 다반사이지만, 지금 '군자로서 배워서 그 도를 이르게 하는 자' 몇
사람이나 되는가.

今之百工居肆以成其事者比比, 今之君子學以致其道者幾人哉?

遇　　소자첨: "도는 '이르게[致]' 할 수는 있어도 '구할 수[求]'는 없는
것이다. 무엇을 '이르다[致]'라고 하는가? 손무(孫武)가 말하기를 '전쟁을
잘하는 자는 적을 유인하여 이르게 하고, 적에게 끌려가지 않는다'라고
하였으니, 자연스레 추구하여 도 그 자신이 이르도록 맡겨둔다. 이것이
두고 바로 '이르다[致]'라고 하는 것이다."

蘇子瞻曰: "道可致而不可求. 何謂致? 孫武曰: '善戰者致人, 而不致於
人.' 循循求之, 而聽其自至, 斯所謂致與?"

제8장

자하　　"소인의 잘못은 반드시 그 잘못을 꾸미는 데 있다."
子夏曰　　"小人之過也必文."

評　　천고의 소인의 형상을 설파하셨도다. ○지금 사람 중에 만약 잘
못을 꾸미려는 생각을 가졌다면, 이 한 생각으로 인해 바로 소인이 될 것
이다.

說破千古小人情狀. ○今人倘有文過之念, 這念便是小人了.

遇　　육상산: "배우는 자들은 크게 나아가려고 하지 않고, 다만 자신
이 이기기를 좋아한다. 옛사람들은 잘못이 있으면 고치고, 선(善)을 보면

그리로 옮겨 갔다. 지금 사람들은 각기 자신의 견해를 고집하다가, 남의 지적을 받으면 매우 놀란다. 이때 온갖 계책으로 잘못을 꾸며서, 마침내 자신이 옳다는 결론을 끌어낸다. 이 때문에 날로 낮은 경지로 내려가게 된다."

陸象山曰:"學者不長進, 只是好己勝. 古人惟知過則改, 見善則遷. 今各執己見, 被人點破, 便愕然, 百計文飾, 到底要說箇是. 以此日流於汚下."

제9장

자하　"군자는 세 가지 다른 모습이 있으니, 멀리서 그 얼굴을 바라보면 위엄이 있으며, 가까이 다가가서 보면 온화하고, 그 말을 들어보면 조리가 정연하다."

子夏曰　"君子有三變, 望之儼然, 卽之也溫, 聽其言也厲."

評　그 모습, 그린 듯하도다.

畫.

遇　나근계(羅近溪):"군자는 그 마음에 중화(中和)의 이치를 구비하고 있다. 이 때문에 일상적인 외모와 말씀에도 마음의 본체가 흐르고 있다. 곁에서 보는 사람들은 군자의 다양한 행위들이 각각 절도에 맞아 들어가는 것을 보고는, 군자의 '다른 모습'에 대하여 말하곤 한다. 그러나 실상 군자는 그 상도(常道)를 이탈한 다른 모습이란 없다."

羅近溪曰:"君子一心備中和之理, 其容貌詞氣之常, 皆是心體流行. 自觀者見其各中其節, 故言變. 其實君子只是不失其常."

나근계(羅近溪, 1515~1588): 이름은 여방(汝芳), 자는 유덕(惟德), 근계(近溪)는 그의 호이다. 양명좌파의 대표적 학자로 왕용계(王龍溪)와 함께 '이계(二溪)'로 불린다. 저서에 『효경종지(孝經宗旨)』, 『명통보의(明通寶義)』 등이 있다.

———— 제10장 ————

자하 "위정자로서의 군자는 신임을 얻은 뒤에야 백성들을 동원할 수 있다. 만약 신임을 얻지 못하였는데 그렇게 하면, 자신들을 해친다고 여길 것이다. 또한 윗사람에게 신임을 얻은 뒤에 그에게 간언해야만 한다. 만약 신임을 얻지 못하였는데 그렇게 하면, 자신을 비방한다고 생각할 것이다."

子夏曰 "君子信而後勞其民, 未信, 則以爲厲己也. 信而後諫, 未信, 則以爲謗己也."

評 매우 소심하도다. 이런 사람들은 시비 또한 매우 적을 것이다.

小心之極. 這等人極少是非.

點睛 『명심보감』에 "소심하면, 천하를 돌아다녀도 탈이 없을 것이다."라고 하였다.

小心天下去得.

---- 제11장 ----

자하 "중대한 예절을 엄수하여 그 경계를 넘지 않는다면, 작은 예절은 드나듦이 있더라도 괜찮을 것이다."

子夏曰 "大德不踰閑, 小德出入可也."

評 가장 방정(方正)하지만 또 한편 가장 원활하도다. ○'드나듦'은 그 활동을 묘사한 것일 뿐이다. 어찌 이치에 합당함이 미진하다고 말할 수 있겠는가.

最方而最圓. ○出入形容其活動耳, 緣何便說未盡合理?

點睛 방외사: "만약 이치에 합당하지 않다면, 어찌 '소덕(小德)'이라 이름 붙일 수 있겠는가.

方外史曰: "若不合理, 何名小德."

---- 제12장 ----

자유 "자하의 제자들은 집 안 청소, 손님 접대, 나아가고 물러나는 일들은 잘하지만, 이는 지엽적 문제이다. 학문의 근원적 문제에 대한 탐구가 없으니, 이를 어찌할까?"

이를 들은 자하가 말하기를 "아! 자유의 말이 좀 지나치구나. 군자의 도를 배우는데 무엇을 먼저 가르치고 무엇을 뒤에 가르치겠는가. 군자의 도는 초목에 비유될 수 있으니, 그 부류에 따라 구분된다. 이 때문에 군자의 도는 그 부류에 맞추어서 가르쳐야 하니, 이러한 도리를 어

찌 왜곡할 수 있겠는가. 처음과 끝을 모두 갖춘 이는 오로지 성인뿐
이다."

子游曰 "子夏之門人小子, 當灑掃應對進退則可矣, 抑末也. 本之則無, 如之
何?"

子夏聞之曰 "噫! 言游過矣! 君子之道, 孰先傳焉? 孰後倦焉? 譬諸草木, 區以別
矣. 君子之道, 焉可誣也? 有始有卒者, 其惟聖人乎?"

評 두 사람의 말은 모두 결점이 있다. 만약 제자들을 가르칠 때, 자
하의 말을 근리(近理)하다고 여긴다면 이는 이 제자들을 위해 매우 애석
한 것이다. ○자하는 원래 근본과 말단의 합일을 말한 것인데, 해석하는
자들이 이를 이해하지 못한 것이다. 정자만이 그 뜻을 정확하게 파악하
였으니, 그가 말한 다섯 조목을 상세하게 살펴보면 알 수 있을 것이다.
兩家說話, 都有病痛. 若教門人小子, 使子夏爲近也, 只是可惜了這門人
小子. ○子夏原言本末合一, 解者失之. 程伯子猶得其意也, 詳玩五條便
可知.

點睛 자유의 나무람은 문인들에게 근본을 알게 하려고 한 것이요, 자
하의 변론은 문인들이 말단에 나아가 근본을 깨닫게 하려고 한 것이다.
단지 이러한 집 안 청소, 손님 접대, 나아가고 물러나는 일을, 만약 말단
으로만 생각한다면 모두가 말단일 것이요, 만약 그 근본을 안다면 천하
만사 모두 다 근본적인 일일 것이다. 두 현인이 각기 수단을 내어 문인들
을 인도한 것이니, 잘잘못을 가려서 이해하려고 하지 말라.
子遊之譏, 是要門人知本, 子夏之辯, 是要門人卽末悟本. 只此灑掃應對
進退, 若以爲末, 到底是末, 若知其本, 頭頭皆本. 二賢各出手眼接引門

人, 莫作是非會也.

제13장

자하　"벼슬하다가 여가가 있으면 학문을 할 것이고, 학문을 하다가 실력
　　　이 풍부해지면 벼슬할 것이로다."

子夏曰　"仕而優則學, 學而優則仕."

評　지금 사람들은 학문을 하다가 실력이 풍부해지지도 않았는
도 벼슬을 하곤 한다. 그러니 벼슬하다가 여가가 있더라도 어찌 학문을
하겠는가. ○이 구절은 '벼슬'과 '학문'을 동일시하는 말이다. 때문에 '벼
슬하다가 여가가 있으면'이라는 말로 시작한 것이다.

今人學未優則已仕矣. 仕而優, 如何肯學? ○此言仕學合一也, 所以從仕
而優説起.

點睛　방외사: "오직 그 배움이 충분하지 않은데도 곧장 벼슬을 하니,
이 때문에 벼슬한 뒤에 영영 여유로운 시간이 없는 것이다."

方外史曰: "惟其學未優便仕, 所以仕後永無優時."

제14장

자유　"상을 당해서는 슬픔을 극진히 할 뿐이다."

子游曰　"喪致乎哀而止."

評　　당시에 반드시 상을 당하여 슬퍼하지 않는 자가 있었기에 이렇게 말씀하신 것이다.

當時必有臨喪不哀者, 故有此言.

遇　　최자종(崔子鍾): "'극진히 함[致]'은 것은 미루어 지극히 하는 것이다. '상을 당해서는 슬픔을 극진히 할 뿐이다'라는 구절은 그 마음을 다 쏟은 뒤에야 멈춘다는 말이다."

崔子鍾曰: "致, 推而極之也. 喪致乎哀而止, 言無所不用其情而後已."

최자종(崔子鍾, 1478~1541): 이름은 선(銑), 자는 소석(少石), 시호는 문민(文敏), 자종(子鍾)은 그의 호이다. 학문은 정주(程朱)를 정통으로 여겼으며, 육왕학은 선학(禪學)이라 여겨 배척했다. 저서에 『독역여언(讀易餘言)』, 『회암문초(晦庵文鈔)』 등이 있다.

───── 제15장 ─────

자유　　"나의 벗 자장은 어려운 일을 잘하나, 아직 어진 데는 이르지 못하였다."

子游曰　　"吾友張也爲難能也, 然而未仁."

評　　아래 구절과 합해서 읽으면, 성인의 문하생들이 서로 간에 인을 보충해주는 실상을 알 수 있다.

合讀下節, *乃知聖門之輔仁如此.*

點睛　　좋은 친구는 참으로 얻기가 어렵구나. 오늘날의 사람들, 어찌 이같이 친구의 결점을 말하려 하겠는가.

好朋友眞難得, 今人那肯如此說病痛?

──── 제16장 ────

증자   "당당하구나, 자장이여! 그러나 그대와 더불어 인을 행하기는 어렵
        구나."

曾子曰   "堂堂乎張也! 難與並爲仁矣."

評   미비(眉批): '당당하구나'라는 글자, 기이하도다.

堂堂乎字, 奇.

遇   공자께서 자로를 지목하여, "중유의 학문은 마루에 올랐으나 다
만 방에 들지 못했을 뿐이다."라고 하셨다. 그런데 지금 증자는 자장을
지목하여 "당당하구나[堂堂]"라고 하여, '당(堂)'자를 겹쳐 사용하였으니
매우 고명(高明)하다는 평가이다.

    한편 증자가 자장에 대하여 "더불어 인을 행하기는 어렵구나!"라고
언급하였는데, 이는 또한 공자가 자로에 대하여 평가하면서 '방에 들어
갔다'라고 한 공부의 경지보다 약간 떨어진다.

夫子目子路曰: "由也, 升堂矣, 未入於室也." 今曾子目子張曰: "堂
堂." 堂而又復曰堂, 則高明極矣. 難與爲仁, 亦只少入室工夫.

──── 제17장 ────

증자   "나는 선생님에게 이처럼 들었다. 사람이 평소에 자신의 정성을 다

할 수 없을지라도, 어버이 상을 당해서는 반드시 정성을 다해야 할

것이다."

曾子曰 "吾聞諸夫子, 人未有自致者也, 必也親喪乎!"

評 효자의 말씀. ○ "자신의 정성을 다한다.[自致]"는 글자 기묘하도다.

孝子之言. ○ 自致字奇.

遇 "자신의 정성을 다한다."라고 할 때, '자신[自]'이라는 한 글자는

바로 혈연에 의한 부모와 자식 간의 지극한 정감으로, 자연스레 그리되

는 것이다. 이는 바로 『중용』에서 언급한, '생각하지 않아도 얻어지고, 힘

쓰지 않아도 맞아 들어가는 것'이다. 또한 『맹자』에서 '배우지 않아도 잘

하는 양능(良能)이며, 생각지 않아도 아는 양지(良知)'라고 말한 것이기

도 하다. 여기에서 본성의 선함을 볼 수 있고, 또 여기에서 하늘이 내려

준 본성을 볼 수 있다.

一自字便是天親至情, 自然而然, 即『中庸』所謂: "不思而得, 不勉而

中." 即『孟子』所謂: "不學而能, 不慮而知." 於此見性之善, 於此見天

命之性.

———— 제18장 ————

증자 "나는 선생님에게 이처럼 들었다. 맹장자의 효도는 다른 것은 나도

할 수 있는데, 그가 아버지의 가신과 아버지가 행하신 정치를 바꾸

지 않는 것은 잘하기 어려운 일이다."

曾子曰 "吾聞諸夫子, 孟莊子之孝也, 其他可能也, 其不改父之臣與父之政, 是

논어, 천년의 만남

評　　결코 맹장자를 위해 하신 말씀이 아니다. 증자가 맹장자처럼 실천하였다고 생각할 수 있다.

決不爲孟莊子而言. 曾子則以爲爲孟莊子矣.

제19장

맹씨가 양부(陽膚)를 법관으로 삼았는데, 양부가 증자에게 가르침을 청하였다.

이에 증자가 말씀하시길 "위정자가 도리를 잃어 백성들이 흩어진 지 오래되었습니다. 만약 그들이 죄를 지은 증거를 찾았다면, 불쌍히 여길 것이지 잡았다고 기뻐하지는 마십시오."

孟氏使陽膚爲士師, 問於曾子.

曾子曰　　"上失其道, 民散久矣. 如得其情, 則哀矜而勿喜."

評　　어진 사람의 말씀.

仁人之言.

遇　　소송을 판결하는 관리는 "위정자가 도리를 잃어 백성들이 흩어진 지 오래되었습니다."라는 경문에 생각이 미치면, 저절로 애달픈 마음이 생겨서 가혹한 처벌을 하지 않게 될 것이다. 실로 번열증(煩熱症)에 청량환(淸凉丸)을 복용함이로다.

聽獄者, 能想到上失其道, 民散久矣, 則自然矜憐, 不致苛刻. 此是煩熱症中一服淸凉丸散.

點睛　오직 지극히 효자만이 더없이 자비로울 수 있으니, 만세(萬世)
에 법관들의 좌우명이 될 만하다.

惟至孝者方能至慈, 堪爲萬世士師座右銘.

제20장

자공　"은나라의 마지막 임금 주(紂)의 선하지 않음이 전해져 내려오는 것
처럼 심한 것은 아니었다. 이 때문에 군자는 하류(下流)에 기거하는
것을 싫어한다. 한 번 하류에 기거하면 천하의 악명(惡名)이 모두 그
에게로 흘러들어가기 때문이다."

子貢曰　"紂之不善, 不如是之甚也. 是以君子惡居下流, 天下之惡皆歸焉."

評　공론(公論)이다. ○주임금을 변명해주려고 한 말이 아니다. 실
로 사람들이 주임금처럼 되지 말기를 바라는 데서 한 말이다.

公論. ○非爲紂分疏, 實不欲人爲紂耳.

遇　선조 남헌(南軒, 張栻) 선생: "주임금의 무도함이 극치에 도달하
였는데, 그가 날로달로 악을 쌓아 그 악함이 가득 차서 넘쳐났기 때문이
다. 이는 마치 하천이 아래에 있으면 여러 갈래 물이 모여드는 격이니,
이 때문에 군자는 그 시작점에서 삼가고 조심한다."

家南軒曰: "紂不道極矣, 惟其日積月累, 以至惡貫滿盈, 猶川澤居下, 而
衆水歸之, 君子所以謹之於始也."

點睛　은나라의 본보기, 멀지 않도다.

논어, 천년의 만남

般鑒不遠.

제21장

자공　"군자의 허물은 일식, 월식과 같다. 허물이 있으면 사람들이 모두 쳐 다보고, 고치면 사람들이 모두 우러러본다."

子貢曰　"君子之過也, 如日月之食焉, 過也, 人皆見之, 更也, 人皆仰之."

評　훌륭한 인간 형상.

善狀.

遇　옥(玉)은 하자(瑕疵)를 가리지 않는데, 사람들은 그 하자 때문에 돌보다 옥을 천시하지 않는다.

　거울은 먼지에 뒤덮임을 숨기지 않는데, 사람들은 그 먼지 때문에 거울보다 쇳덩어리를 귀하게 여기지 않는다.

　군자는 허물을 가리지 않는데, 사람들은 그 허물 때문에 군자보다 소인을 귀하게 여기지 않는다.

　군자의 허물은 참되지만, 소인의 허물없음은 거짓이다.

玉不揜瑕, 人不以瑕而賤玉於石. 鏡不揜翳, 人不以翳而貴鐵於鏡. 君子不揜過, 人不以過而貴小人於君子. 君子之過, 眞, 而小人之無過, 僞也.

제22장

위나라 공손조(公孫朝)가 자공에게 질문하기를 "중니께서는 누구에게 배웠습니까?"

자공이 대답하기를 "문왕과 무왕의 도가 실전되지 않고 사람들 사이에 전해
지고 있습니다. 그래서 현명한 자는 그 큰 것을 기록해 놓았고, 현명
하지 못한 자는 그 소소한 것을 기록해 놓았습니다. 이 중에 문왕과
무왕의 도가 아닌 것이 없습니다. 그러니 우리 선생님께서 어디에선
들 배우지 않으셨겠으며, 또한 어찌 정해진 스승에게서만 배웠겠습
니까."

衛公孫朝, 問於子貢, 曰 "仲尼焉學?"

子貢曰 "文武之道, 未墜於地, 在人. 賢者識其大者, 不賢者識其小者, 莫不有文
武之道焉. 夫子焉不學? 而亦何常師之有?"

評 공자의 스승이 문왕과 무왕이라고 분명 말하고 있는데, 그 말씀
이 저절로 원만하고 오묘하도다.

分明説他師文武, 而語自圓妙.

遇 문왕과 무왕의 도가 실전되지 않았기에, 중니께서 문왕과 무왕
이 마련한 제도를 따르셨다. 그런데도 자공은 "공자께서 어디에선들 배
우지 않으셨겠습니까.", "어찌 정해진 스승이 있었겠습니까."라고 하였
으니, 이는 성인 학문의 원만, 미묘한 지점을 잘 묘사한 것이다.

강물에 달이 비추면 달은 강으로 들어오며, 그릇에 달이 들어오면 달
은 그릇 속에 있게 된다. 달에 크고 작은 구분은 없지만, 달을 강물과 그
릇에 담긴 것으로만 보지는 말라. 현명한 자와 현명하지 못한 자가 문왕
과 무왕의 도를 대하는 식견이 이와 같다.

文武之道未墜於地, 仲尼只是憲章文武, 子貢却説他焉不學, 何常師, 是

形容聖學圓妙處.

江水印月而月在江, 盂水受月而月在盂. 蓋月無大小, 不應作江水盂水
看, 賢不賢之識, 亦如是.

───── 제23장 ─────

숙손무숙(叔孫武叔)이 조정에서 대부들에게 말하기를 "자공이 중니보다
　　현명합니다."

자복경백(子服景伯)이 이 말을 자공에게 고하였다.

이 말을 들은 자공 "담장에 비유하자면 나의 담장은 어깨 높이여서 집 안의 좋
　　은 곳을 엿볼 수 있다. 그러나 선생님의 담장은 높이가 몇 길이나 되
　　니, 그 문을 들어서지 못하면 종묘의 아름다움과 백관의 번다함을
　　볼 수가 없다. 그 문에 들어선 자 적으니, 숙손무숙의 말씀이 한편 마
　　땅하지 않은가."

叔孫武叔語大夫於朝, 曰 "子貢賢於仲尼."

子服景伯以告子貢.

子貢曰 "譬之宮牆, 賜之牆也及肩, 窺見室家之好. 夫子之牆數仞, 不得其門而
　　入, 不見宗廟之美, 百官之富. 得其門者或寡矣, 夫子之云, 不亦宜乎!"

評　　숙손무숙은 본래 중니를 핑계 삼아 자공을 받들려고 하였는데,
도리어 자공에게 비난받았다. 아마도 "한편 마땅치 아니한가."라는 자공
의 말을 들었다면, 부끄러움에 흘리는 땀이 등을 적시지 않겠는가. 아!
소인이 스스로 비루함에 빠지는 것이 이와 같도다.

叔孫本欲借仲尼以奉承子貢, 反爲子貢所鄙. 倘令聞不亦宜乎之語, 不愧

汗浹背也乎? 嗚呼! 小人之自取賤也如此.

방비(旁批): 절묘한 비유.

妙譬.

遇　　공자는 부처, 자공은 보살이다. 부처는 청정무위(淸淨無爲)하며
보살은 신통광대(神通廣大)하다. 외도(外道)들은 그 외면으로 드러난 용
상(龍象)과 광명(光明)만을 보기 때문에 보살이 부처보다 우월하다는 생
각을 면할 수 없는 것이다. 숙손의 견해도 이와 마찬가지이다.

孔子是佛, 子貢是菩薩, 佛有淸淨無爲, 而菩薩則神通廣大. 外道見其龍
象光明, 未免認是菩薩勝佛. 叔孫之見亦是如此.

제24장

숙손무숙이 중니를 비방하였다.

이를 들은 자공　"이런 짓을 하지 말라! 중니는 헐뜯을 수 없느니라. 다른 이의
어짊은 언덕과 같아 넘어갈 수 있지만, 중니는 해와 달 같은 분이어
서 넘어설 수가 없다. 사람이 비록 해와 달을 등지려 하나, 저 해와
달에게 무슨 손상이 되겠는가. 다만 자신의 역량을 알지 못함을 드
러낼 뿐이다."

叔孫武叔毀仲尼.

子貢曰　"無以爲也! 仲尼不可毀也. 他人之賢者, 丘陵也, 猶可踰也, 仲尼日月
也, 無得而踰焉. 人雖欲自絶, 其何傷於日月乎? 多見其不知量也."

評　　"이런 짓을 하지 말라!"라는 말씀, 매우 묘하도다. 숙손은 참으

로 중니를 비방하는 것을 유용하다 여기고 그 헐뜯음의 무용함을 알지 못하였다. 종래 틀림없는 소인배가 될 것이다.

無以爲也, 說得最妙. 叔孫認眞毁仲尼爲有用, 不知其毁無用也. 却不枉 做了小人.

遇   『불설사십이장경(佛說四十二章經)』: "악인이 현인을 해침은 마 치 하늘을 보고 침을 뱉는 것과 같다. 침은 하늘에 이르지 않고, 도리어 자신을 향해 떨어질 것이다. 또한 바람을 맞으면서 먼지를 날리는 것과 같다. 먼지는 저 사람에게 이르지 않고 도리어 자신에게로 모여들 것이 다. 현인은 비방할 수 없으니, 헐뜯고자 한다면 반드시 자신을 손상시킬 것이다."

經曰: "惡人害賢, 猶仰天而唾, 唾不至天, 還從己墮. 迎風颺塵, 塵不至 彼, 還坌己身. 賢不可毁, 毁必滅己."

─── 제 25 장 ───

진자금(陳子禽)이 자공에게 말하기를   "그대가 공손해서 그렇지, 중니가 어 찌 그대보다 현명하겠소"

자공   "군자는 한마디 말로 인해 지혜롭다 평가받기도 하고 지혜롭지 않 다고 말을 듣기도 합니다. 이 때문에 말은 신중하지 않을 수 없습니 다. 선생님에게 미칠 수 없음은 마치 하늘에 사다리를 대고 오를 수 없는 것과 같습니다. 선생님이 나라를 다스릴 수 있었다면, 이른바 그 나라를 서게 하면 이에 설 것이고, 인도하면 이에 갈 것이며, 편안 하게 해주면 이에 올 것이고, 움직이게 하면 화합할 것입니다. 그리고 살아계실 때는 영광으로 여길 것이며 돌아가시면 애통해 할 것이니, 어떻게 미칠 수 있겠습니까."

陳子禽謂子貢, 曰 "子爲恭也, 仲尼豈賢於子乎?"

子貢曰 "君子一言以爲知, 一言以爲不知, 言不可不愼也. 夫子之不可及也, 猶天之不可階而升也. 夫子之得邦家者, 所謂立之斯立, 道之斯行, 綏之斯來, 動之斯和. 其生也榮, 其死也哀, 如之何其可及也?"

評 어리석은 사람을 대해서는 이처럼 천근(淺近)하게 말하지 않을 수 없다.

對痴人, 不得不如此淺說.

點睛 방외사: "세간의 어리석은 사람은 모두 이와 같다. 그들에게 지극히 천근한 일을 말하면, 그들은 곧장 심원하다고 본다. 그러나 그들에게 지극히 심원한 이치를 이야기하면 그들은 알아듣지를 못하고서, 도리어 이를 천근하다고 생각한다.

方外史曰: "世間癡人都如此. 向他說極淺事, 他便見得深, 向他說極深理, 他旣不知, 反認作淺."

요
왈

堯曰

요임금 "아! 순아. 하늘이 내려준 제왕의 운수가 너의 몸에 있으니, 삼가 그 중도를 지키거라. 천하가 곤궁하면 하늘이 내려준 봉록이 영원히 끊어지리라."

순임금도 이 말을 우임금에게 전하였다.

탕임금 "나 소자 이(履, 탕임금의 이름)는 검은 희생(犧牲)을 써서 감히 크나크신 상제께 아뢰옵니다. 죄 있는 이는 감히 용서하지 않고, 상제의 신하를 가리지 않겠으니, 선택은 상제께 달려 있습니다. 내 몸에 죄가 있음은 만방의 백성 때문이 아니고, 만방의 백성들에게 죄가 있는 것은 그 죄가 나의 몸에 있는 것입니다."

주나라 무왕이 크게 상을 내려준 일이 있었는데, 착한 이들이 이에 부유해졌다.

무왕 "비록 지극히 친밀한 친척이 있더라도 어진 사람보다는 못하다. 백성들에게 허물이 있다면 그 책임은 나 한 사람에게 있는 것이다."

무왕이 도량형을 살피고 법도를 심의하며 폐기된 관서(官署)를 복구하니 사방의 정치가 바르게 시행되었다.

또 무왕은 없어진 나라를 일으키며 끊어진 세계(世系)를 이어주며 은자를 등용하였으니, 이에 천하 백성들의 마음이 그에게로 귀의하였다.

그가 소중하게 생각한 것은, 백성, 먹을 것, 상례, 제례였다.

너그러우면 백성들의 마음을 얻고 신의가 있으면 백성들이 믿어주며 일을 빠르게 하면 공로가 있고 공평하게 한다면 백성들이 기뻐할 것이다.

堯曰 "咨爾舜! 天之曆數在爾躬, 允執其中. 四海困窮, 天祿永終."

舜亦以命禹.

曰 "予小子履敢用玄牡, 敢昭告于皇皇后帝, 有罪不敢赦, 帝臣不蔽, 簡在帝心. 朕躬有罪, 無以萬方, 萬方有罪, 罪在朕躬."

周有大賚, 善人是富.

"雖有周親, 不如仁人. 百姓有過, 在予一人."

謹權量, 審法度, 修廢官, 四方之政行焉.

興滅國, 繼絶世, 擧逸民, 天下之民歸心焉.

所重, 民, 食, 喪, 祭.

寬則得衆, 信則民任焉, 敏則有功, 公則說.

評　　소멸되었다가 빠졌다가 끊어졌다 이어지는 듯. 알록달록 마치 상나라와 주나라의 오래된 제기(祭器)를 보는 듯, 고색창연하게 사람을 비추도다. 좋아할 만하고 암송할 만하도다.

若滅若沒, 若斷若續. 班班駁駁, 如商彛, 如周鼎, 古色淋漓照人. 可愛, 可誦.

遇　　서경현: "드넓은 천하를 요임금이 순임금에게 전할 때 그 당부한 말씀은 서너 마디뿐이었으며, 다시 별다른 말씀은 없었다. 여기에서 당시 마음이 계합하며 우주의 맑고 고요한 정황을 볼 수 있다.

　　탕임금이 걸임금을 토벌할 즈음에 곧 하늘을 향해 천명을 요청하고 아래로 제후들에게 고하면서 말씀을 많이 하셨다. 그러나 '서(誓)'와 '고(告)'의 형식을 빌려 아뢰었을 뿐이다.

　　무왕이 주임금을 토벌할 즈음에 곧 허다한 인심을 수습하여 기강을 유지해야만 하는 사정이 있었기에 기력을 소모하셨다.

　　여기서 세도(世道)와 인심(人心)의 변화를 살필 수 있으니, 이에 제왕들이 시대에 따라 대처함에 그 번쇄함과 간략함의 같지 않음이 이와 같

논어, 천년의 만남

았다.

위에 언급한 네 종의 말씀은 현재 『서경』의 '전(典)', '모(謨)', '훈(訓)', '고(誥)'에 실려 있지 않은 것을 후세에 모아 놓은 것으로, 여기서 우리는 치도(治道)가 심법(心法)을 벗어나지 않음을 알 수 있다."

徐儆弦曰："許大天下, 堯舜以之授, 其所囑付, 只是三四言而止, 又更無別説. 此可想見當時精神契合, 宇宙清寧之意. 至湯伐桀, 便去上請天命, 下告諸侯, 却費辭説. 然亦陳之誓告而已. 至武王伐紂, 便有許多收拾人心, 扶植風紀之事, 却費氣力. 此見世道人心之變, 帝王所以隨時措置, 其煩簡之不一如此也. 四者典謨訓誥所不載記者, 綴之於後, 見治法總不出心法之外."

——— 제2장 ———

자장이 공자에게 여쭈기를 "어찌하면 정치를 잘 할 수 있을까요?"

공자　"다섯 가지 미덕을 존중하며, 네 가지 악덕을 물리치면 정치를 잘 할 수 있다."

자장　"다섯 가지 미덕은 무엇입니까?"

공자　"윗자리에 있는 군자는 백성들에게 은혜를 베풀되 낭비하지 않고, 수고롭게 하되 원망을 사지 않으며, 욕망은 있되 탐욕스럽지 않고, 태연하되 교만하지 않으며, 위엄 있되 사납지 않아야 할 것이다."

자장　"어떻게 하면 은혜를 베풀되 낭비하지 않을 수 있겠습니까?"

공자　"백성들이 이익으로 여기는 것에서 이익을 얻게 해준다면, 이것이 바로 '은혜를 베풀되 낭비하지 않는 것'이 아니겠느냐. 수고롭게 할 만한 일을 택하여서 그들을 수고롭게 한다면 또한 누가 원망하겠느냐. 인을 하고자 하여 인을 얻는다면 또 어찌 탐욕스럽다고 하겠느냐. 윗자리에 있는 군자가 사람의 많고 적음과 일의 크고 작음을 막론하고 감히 소홀히 하지 않는다면, 이것이야말로 '태연하되 교만하지 않은 것'이 아니겠느냐. 군자가 의관을 단정히 하고, 바른 자세로 쳐다보고, 장중한 모습을 지녀 타인이 쳐다볼 때 외경심을 가지게 한다면, 이 또한 '위엄 있되 사납지 않은 것'이 아니겠느냐."

자장 "네 가지 악덕은 무엇입니까?"

공자 "가르치지 않고서 죽이는 것을 '잔학(殘虐)'이라 하고, 미리 경계시키지 않고서 성공을 강요하는 것을 '조급(躁急)'이라 하며, 명령을 느리게 전달해놓고서 기한을 재촉함을 '해적(害賊)'이라 하고, 이왕 주어야 할 것인데도 내어주는 것에 인색함을 '유사(有司) 같다'고 한다."

子張問於孔子, 曰 "何如斯可以從政矣?"

子曰 "尊五美, 屛四惡, 斯可以從政矣."

子張曰 "何謂五美?"

子曰 "君子惠而不費, 勞而不怨, 欲而不貪, 泰而不驕, 威而不猛."

子張曰 "何謂惠而不費?"

子曰 "因民之所利而利之, 斯不亦惠而不費乎? 擇可勞而勞之, 又誰怨? 欲仁而得仁, 又焉貪? 君子無衆寡, 無小大, 無敢慢, 斯不亦泰而不驕乎? 君子正其衣冠, 尊其瞻視, 儼然人望而畏之, 斯不亦威而不猛乎?"

子張曰 "何謂四惡?"

子曰 "不教而殺謂之虐, 不戒視成謂之暴, 慢令致期謂之賊, 猶之與人也, 出納之吝, 謂之有司."

評 절묘한 문자로다.

是絶妙文字.

미비(眉批): '존중[尊]'과 '물리침[屛]'이라는 두 글자, 고아하도다.

尊屛二字古.

遇 　'다섯 가지 미덕'은 도심(道心)을 따라 작용되며, '네 가지 악덕'
은 인심(人心)을 따라 뻗어나간다. 다섯 가지 미덕을 존중하고 네 가지
악덕을 물리침에 법도와 계율이 선명하였다. 제왕에 관한 일의 뒤에 이
경문을 서술하였으니, 치통(治統)과 도통(道統)이 확실하게 관련 있음이
로다.

五美從道心上運用, 四惡從人心上恣肆. 一尊一屛, 法戒昭然. 叙此章於
帝王之後, 治統道統確有淵源.

————— 제3장 —————

공자 　"천명을 알지 못하면 군자가 될 수 없고, 예를 알지 못하면 주체적 인
　　　격을 확립할 수 없으며, 남의 말의 속뜻을 알지 못하면 그 사람을 제
　　　대로 알 수 없다."

子曰 　"不知命, 無以爲君子也, 不知禮, 無以立也, 不知言, 無以知人也."

評 　문장의 법도가 지극히 평이하고 순조롭도다.

文法極平順.

遇 　옛사람은 몸을 쓰는 칼과 톱이 앞에 있고 몸을 끓이는 가마솥이
뒤에 있어도, 전혀 회피함이 없었다. …… 이 가운데 큰 이치가 있고 큰

학문이 있다. 따라서 가벼이 '천명을 아는 것[知命]'에 대하여 언급하지
말고, 또한 성급하게 '군자가 되는 것[爲君子]'에 대하여 말하지 말라.

'그 사람을 제대로 아는 것[知人]'은 그 사람의 인품을 변별하는 것이
아님을 알아야 한다. 이는 바로 자기 학문의 공력을 증명해내는 것이니,
이 때문에 어렵다.

古人刀鋸在前, 湯鑊在後, 全無趨避. …… 此中大有機宜, 大有學問, 不
是輕輕説一知命, 亦不是草草成一君子. 要知知人處, 不只是辨別人品,
正是驗自己學力, 所以爲難.

點睛　'천명을 알면[知命]' 인과(因果)를 깊이 믿을 것이요, '예를 알면
[知禮]' 관심(觀心)을 잘할 것이다. …… '말을 알면[知言]' 법을 듣는 것에
능숙할 것이다.

知命只是深信因果耳. 知禮則善於觀心 …… 知言則善於聞法.

論語

논어, 천년의 만남

1판 1쇄 찍음 2023년 5월 23일
1판 1쇄 펴냄 2023년 6월 12일

지은이 이지 · 장대 · 지욱
옮긴이 이영호

주간 김현숙 | **편집** 김주희, 이나연
디자인 이현정, 전미혜
영업·제작 백국현 | **관리** 오유나

펴낸곳 궁리출판 | **펴낸이** 이갑수

등록 1999년 3월 29일 제300-2004-162호
주소 10881 경기도 파주시 회동길 325-12
전화 031-955-9818 | **팩스** 031-955-9848
홈페이지 www.kungree.com
전자우편 kungree@kungree.com
페이스북 /kungreepress | **트위터** @kungreepress
인스타그램 /kungree_press

ⓒ 이영호, 2023.

ISBN 978-89-5820-831-0   93150